厚大教育 Education

从入门到精通：国有企业混合所有制改革法律操作实务

FROM ENTRY TO MASTERY

LEGAL PRACTICE OPERATION FOR THE MIXED OWNERSHIP REFORM OF STATE-OWNED ENTERPRISES

中国政法大学出版社

2019·北京

图书在版编目（CIP）数据

从入门到精通：国有企业混合所有制改革法律操作实务/娄爽编著. —北京：中国政法大学出版社，2019.6

ISBN 978-7-5620-9069-4

Ⅰ.①从… Ⅱ.①娄… Ⅲ.①国有企业—企业改革—企业法—研究—中国 Ⅳ.①D922.291.914

中国版本图书馆 CIP 数据核字(2019)第 135040 号

出版者	中国政法大学出版社
地　址	北京市海淀区西土城路 25 号
邮寄地址	北京 100088 信箱 8034 分箱　邮编 100088
网　址	http://www.cuplpress.com（网络实名：中国政法大学出版社）
电　话	010-58908285(总编室) 58908433（编辑部）58908334(邮购部)
承　印	北京铭传印刷有限公司
开　本	720mm×960mm　1/16
印　张	24.5
字　数	415 千字
版　次	2019 年 6 月第 1 版
印　次	2019 年 6 月第 1 次印刷
定　价	75.00 元

序　一

何红锋*

本书的作者娄爽，是我的学生。所以，尽管他已年近不惑，但我仍然喜欢称呼他为“娄爽同学”。在跟随我攻读经济法硕士期间，娄爽同学还是天津市国资委的一名公务员。他给我留下的印象是：正直、踏实、勤奋，肯于吃苦、乐于钻研，不仅在本职工作中独当一面、表现优异，还能充分利用业余时间孜孜以求、不断进步。更加难能可贵的是，法学硕士学位已经是他取得的第二个硕士学位，可见在学识和学业的追求上，他真的毫无功利之心，但有进取之意。撰写毕业论文的时候，他选定的题目为《外资并购国有企业引发国有资产流失法律问题研究》，当时我有些惊讶。在国资领域，外资并购是外国投资者对华投资的主要方式，也是比较前沿的方式。在国资监管领域，国有资产流失的问题又是核心问题，研究探讨外资并购国企引发国有资产流失的法律问题无疑具有很大的挑战性，势必困难重重。然而，娄爽同学却结合自身工作的实际，通过不断的奋进和勤勉，在搜集整理大量文献资料的基础上，撰写了一篇五万余字出色的学位论文，并顺利通过了答辩委员会的答辩。

研究生毕业后，娄爽同学和我的联系一直非常密切，他经常将工作和生活中遇到的问题同我探讨，听取我的意见和建议。2017 年初，娄爽同学在我的支持下，毅然放弃了 14 年的公职生涯，走进律所成为一名执业律师。后来，又在我的建议下，加盟了中伦文德律师事务所。可以说，我是看着他华丽转身，又一步步走向成功。我对他做律师充满信

* 南开大学法学院教授，博士生导师。

心，认为他一定会在律师这一充满朝气、面向未来又富有激情的行业中有所作为。而意想不到的是，刚刚执业一年多，娄爽同学就呈递给我一本国企改革领域的全新力作：《国有企业混合所有制改革法律操作实务》。与此同时，我还得知，娄爽同学不仅承接了大量的非诉业务、商事案件和刑事案件，还做了大量公益普法工作，包括成为中央电视台《律师来了》的节目嘉宾、天津电视台“3·15”晚会嘉宾、天津广播电台《今晚有说法》的节目嘉宾、天津市法学会经济法学分会的理事、天津市南开区宜宾里小学法治副校长、天津工业大学法律硕士校外导师等，为政府机关、高等院校、企事业单位举办了大量的讲座培训活动。倍感欣慰与高兴之余，我也欣然应娄爽同学之邀，为其新作作序。

发展混合所有制经济，是党的十八届三中全会确定的重大任务，也是深化国有企业改革的重要举措。当前，我们看到有一些国有企业响应党和国家的号召，走在了改革的前列，取得了混改工作的成功，同时更多的企业正在按部就班地走在改革的路上。娄爽同学的新作《国有企业混合所有制改革法律操作实务》，是一部国有企业混合所有制改革领域的法律专著，也是他亲自参与国企混改一线工作的全面总结。在撰写这本书之前，娄爽同学曾经在国资系统法规战线上深耕八年，牵头起草了《天津市国资监管清单》《天津市国资监管负面清单》《天津市市管企业境外国有资产监督管理暂行办法》《天津市市管国有企业违规经营投资责任追究试行办法》等重要国资监管制度，对于国有企业和国企改革有着深入的研究，特别是他曾全面参与天津市首批市管企业的混改工作，可谓是将理论与实践相结合，同时结合自身的经验总结，无疑对于国企混改工作的法律操作具有积极的实践意义，相信参与国企混改的相关人士，包括辅助国企混改的律师们，均能通过参看这本力作，较快地掌握国企混改的基本知识以及国企混改法律实操的有关经验与要领。

归总起来看，本书主要有三大特点：

第一，系统而全面地对国企混改的法律实务予以介绍。在国企混改的工作中，既要严格依照《中华人民共和国公司法》《中华人民共和国企业国有资产法》等法律法规以及《中共中央、国务院关于深化国有企业改革的指导意见》《国务院关于国有企业发展混合所有制经济的意见》等相关政策来进行操作，又要结合企业实际，“一企一策”，有针对性地开展。混改工作有一定的模式和流程，更需要多种法律文书、文件作为支撑，涉及尽职调查、商务谈判以及产权交易等多项法律服务，特别是在混改工作中可能会出现法律风险，需要对于这些风险进行预防和应对。而所有这一切，在《国有企业混合所有制改革法律操作实务》中都做了相对系统和全面的归纳与总结。

第二，对混改工作中律师工作的指导。在国企混改的工作中，律师将起到非常重要的作用，重点包括开展尽职调查、起草法律意见书、审查相关文件、参与商务谈判、辅助产权交易等内容，在本书中对于各项律师业务也都有具体的介绍和指引。我们知道，律师之间互为竞争关系，娄爽同学可以看淡同行相忌，详细传授混改经验，这点实属难能可贵。

第三，采取了范例化写作模式，更加实用有效。本书在写作中，多次引用了各种文书的范例，如《混合所有制改革工作方案》范例、《混合所有制改革实施方案》范例、《混合所有制改革职工安置方案》范例、《法律意见书》范例等，不仅给读者直观上的学习感受，也有助于相关人士在操作的时候借鉴与仿效。

综上所述，凡是有志于从事国企改革业务的年轻律师或者与混改工作相关的企业人员，都不妨一书在手。相信在读过本书之后，读者不仅可以了解国企混改的基本知识，还可以全面而系统地掌握国企混改法律操作的种种事宜，从而有力推动国企混改工作的顺利开展。

是为序。

序 二

温志胜*

初识作者，是在一个冬天的夜晚，深觉此君聪慧、善谈且言之有物。作者六年从警，八年在国资委从事法律工作，于两年前毅然辞职，从事一个我心飞翔的职业——律师，更有缘分的是现在成了我的同事。

世人多将律师分为专业、开拓、管理等类型，而此书的作者对自己的定位也是精准的专业律师。十年磨一剑，正是由于有了作者十数年在国资治理方面的深耕细作，才有了这本浩浩数十万字、倾其心血而成的著作。

专业的律师永远是律师行业发展的方向，而深耕行业的专业律师无疑是客户最需求的。专业就是把单项能力做到极致，把一件事情做到全面、深入乃至掘地三尺。本书作者有着扎实的法律基础功底，拥有多年在国资监管部门的工作经验，又善于研究，这些都为本书的行业专业性打下了坚实的基础。

本书的构架新颖，行业经验与专业知识并行。国资监管工作的经验使得作者对行业知识如行云流水般娓娓道来。扎实的法律服务经验是律师行业的要求，正如美国著名法学家、最高法院大法官霍姆斯所说，“法律的生命在于经验，而不在于逻辑”，法律即经验也。本书将行业与专业结合得相得益彰、十分完美，可以使读者从其中拿之可用、十分受益。诚如作者所言，律师业最担心的是“教会徒弟，饿死师傅”。但作者的心胸无疑是开放的，格局定位是有一定高度的，所以才愿意将其

* 天津市律师协会副会长，北京中伦文德（天津）律师事务所主任、创始合伙人。

真材实料的知识与日积月累的经验分享奉献予大家。

学到的就要教人，赚到的就要给人。这是做人、做律师追求的人生高度，本书作者无疑是做到了。国家近年来大力培育青年律师、专业律师，并为此制定落实了相关规划。律师行业最稀缺的是懂行业的专业律师，希望作者作为青年律师的优秀人才、代表人物，带头践行这一标准。相信律师界今后会涌现出更多如同作者这样的优秀青年专业律师，为行业的发展做出更多贡献。也希望作者不骄不躁，再接再厉，我现在已经开始期待他的下一部著作了。

开篇语

为促进国有资本保值增值、提高国有经济竞争力、放大国有资本功能，作为中央实施做强做大国有企业方针的重大战略步骤，国有企业改革一直被党和国家高度重视。特别是2013年党的十八届三中全会之后，按照中央部署，国务院和各省市积极推进中央企业和地方国企的混合所有制改革工作，国企改革进入到一个宏伟而热烈的全新阶段。

在紧锣密鼓又如火如荼的国企混改大潮中，当然少不了法律人奋斗拼搏的身影。无论是企业的法务人员，还是受聘的执业律师，一旦参与到国企混改的工作中，便会深刻感受到这一新兴的前沿工作，政策性强、内容庞杂、任务艰巨、责任重大、工作体量之巨、创新难度之强，都远远超出了常规法律业务。但是，有风险才有机遇、有挑战才有价值，在探索中发掘、在摸索中总结，不仅可以为国企混改业务提供坚强的法律支撑和优质的法律服务，还可以为国企改革工作创立新颖的服务模式、构筑完备的法律框架、提炼丰硕的法律成果，从而为国企改革依法依规的有序推进奠定坚实的法律基础和长久持续的保障。

在写这本书之前，我作为天津市国资委常年法律顾问，有幸参与了天津市首批市管企业的混改工作，为天津一商集团有限公司、天津市建筑材料集团（控股）有限公司、天津市旅游（控股）集团有限公司、天津市水产集团有限公司、天津市建工集团（控股）有限公司等多家集团的混改工作提供混改专项法律服务，并出具法律意见书。如今，天津市管企业的混改工作捷报频传，已经取得了丰硕成果：

——2018年5月4日，天津市建筑材料集团（控股）有限公司与北京金隅集团成功签约，北京金隅集团以40.18亿元（占总资产的55%）成功入股。

——2018年8月6日，天津药物研究院有限公司混改项目正式签约，招商局集团所属天津招商天合医药科技发展合伙企业受让天津药研院65%股权。

——2018年8月14日，天津市建工集团（控股）有限公司混改项目成功签约，上海绿地集团受让65%股权。

——2018年11月20日，北方国际信托股份有限公司分别与日照钢铁控股集团有限公司、上海中通瑞德投资集团有限公司、益科正润投资集团有限公司等三家投资人签署《北方信托混改投资合作协议》，混改项目成功落地。

——2018年12月7日，四川交投产融控股有限公司增资天津农商银行7.49亿股，天津港等原股东同步合计增资1.16亿股，天津农商银行混改项目成功签约。

——2018年12月20日，天津市水产集团有限公司混改项目成功签约，其100%国有股权转让给了民营企业巨石控股有限公司……

相信未来，中央企业和地方国企混改成功的喜讯将会此起彼伏、遍地开花。作为混改历史的亲历者和参与者，我在感到无比骄傲和显赫荣耀的同时，也感到重大的责任和巨大的压力。我们都知道，国企改革业务在律师业务实践中被奉为“高端业务”，有时显得过于神秘，给人以高不可攀的感觉，这就造成很多执业律师浅尝辄止或者不敢涉足，严重影响了国企改革法律业务的发展和提高。于是，写一本书，将为国企混改工作提供法律服务的经验予以总结和推广，激发起更多律师从事、开拓、研究国企改革业务的兴趣，成为我强烈的心愿和执着的梦想。也曾有朋友提醒我，毫无保留地著说传授会不会影响自身业务的开展和市场的维护。但我认为，业务垄断并不利于业务发展，良性竞争才能维护合理市场，我愿意以此书抛砖引玉，并在此基础上促进更多实践经验足、研究能力强的专家同行推出操作性、专业性更强的优秀著作，供大家学习和研究。我坚信，只有越来越多的专业律师加入到国企混改法律服务队伍中，国企混改法律服务市场才会有更为广阔的发展空间，服务质量才会有更大的提升。

鉴于此，本书并不专注于国企改革的专业知识领域，而是讲述从事国企混改法律实务的工作经验和实操方法，它实际上是一本国企混改法律业务入门的操作指南，具有普及性和浅显性，对于初入国企改革领域的同行可能更为有益，而对于已在国企改革领域服务多年的杰出同行，则可能太过简单。即便如此，国企混改作为一项新兴的改革工作，处于国企改革的前沿阵地，涉及的法律关系复杂新颖，在实践中又缺乏统一的法律支撑和操作指引，本书的撰写虽然在很大程度上依托了我在实践中的亲身摸索和潜心研究，倾尽了我最大的能力，但仍难避免疏漏，贻笑大方之处，还请各位专家前辈不吝赐教。

喜欢牛顿的一句话："如果说我比别人看得更远些，那是因为我站在了巨人的肩膀上。"我们这一代青年律师，未必能比别人看得更远，但是每一份探索，每一点成绩，每一份收获，都能让我们深刻地感受到源自学界专家的指导和帮助以及业内前辈的支持和关照。正是因为有治学严谨、思想深邃的教授恩师无私奉献，有学识渊博、孜孜以求的律师同仁勇于开拓，才为我们的法学领域和律师行业打下坚实的理论基础，积累丰富的实务经验，使得我们能够在一个崭新的业务领域开拓进取和企盼作为的时候，不会一筹莫展、无所适从，可以得心应手、潜心钻研。我写的这本书，从形式上看，是对国有企业混合所有制改革业务领域法律服务的阐释和介绍，而事实上，它更像是我一个阶段的工作总结，更像是我向授业恩师和业界前辈们的一次学习心得和思想体会的汇报。

谨以此本拙作，向我尊敬的授业恩师、专家学者和律师界的前辈同仁致敬！

目录

CONTENTS

第一章

国企混改法律操作实务概述

开宗明义，本书所述及的“国企混改”即指“国有企业混合所有制改革”。国有企业混合所有制改革，是指通过产权转让、增资扩股、新设企业、收购股权或出资入股等方式，引进战略投资者，从而在国有企业中实现国有资本、集体资本、非公有资本等多种资本形式的交叉持股和互相融合的新形式，以促进国有企业转换经营机制，放大国有资本功能，提高国有资本配置和运行效率，实现各种所有制资本取长补短、互相促进、共同发展。国有企业混合所有制改革是20余年来国企改革的延续和深化，是新一轮国资国企改革的重头戏，具有十分重大的意义。

在2013年11月12日，中国共产党第十八届中央委员会第三次全体会议通过了《中共中央关于全面深化改革若干重大问题的决定》，明确提出积极发展混合所有制经济，标志着国有企业混合所有制改革的开始。此后，国务院国资委积极推进央企的混合所有制改革工作，同时，各省市的国企混改工作也被列入日程、逐步推进。国有企业的混合所有制改革工作，是新形势下国有企业改革的必然选择，但同时应该看到，国企混改作为一项新兴的改革工作，处于国企改革的前沿，政策性强，内容庞杂，工作艰巨，责任重大，涉及的法律关系非常复杂。目前，国企混改工作仍然处于探索阶段，针对国有企业混改的专门性法律法规尚未出台，配套的政策制度又缺乏统一性、及时性和全面性，特别是每个企业的具体情况不甚相同，要求必须“一企一策”来操作，这就造成国企混改工作缺乏统一的法律支撑和操作指引，为国企混改前沿战线的践行者提出了新的挑战，稍有不当便会带来法律风险，影响混改进程和效果。因此，以法律为工具，重视国企混改工作中法律的价值，将为国企混改依法依规推进奠定坚实基础，是国企混改顺利进行的重要保障。

本章作为国企混改法律操作实务的基础部分，将对国有企业改革的历程进行回顾，对国企混改的基本情况进行解读，并在此基础上重点对国企混改的规范体系、国企混改法律服务类型和国企混改业务中法律服务的作用作出介绍和讲解。

第一节　国有企业改革回顾

在改革开放之前，为了促进国民经济的恢复和建立比较齐全的工业体系，我国的国有资本归国家所有并由国家直接经营，国营企业实行高度集中的计划经济管理模式。这样的模式，造成我国的国营企业长期存在政企分割不清、股权结构单一、企业效率低下、缺乏经营活力等问题，现代企业制度远未建立，严重制约着我国国营企业的健康成长，也深刻影响着我国国有经济的发展壮大。

改革开放之后，国企改革被推上历史舞台，如何突破高度集中的计划体制，改革国企的管理模式，解放社会生产力，成为不可避免且亟需解决的历史性课题。

纵观我国国有企业的改革历程，从改革开放开始的 1978 年至今，已经走过了 40 年。在这 40 年的历程中，国有企业改革始终围绕着适应社会化大生产和市场经济要求的主线积极推进，历经扩大经营自主权、逐步推进政企分开、转换国有企业的经营机制、建立现代企业制度、完善国资监管体制、发展混合所有制经济等几大阶段，寻找能够使国有企业机制更符合市场经济要求的有效途径，国企改革一直在探索中前进，收获的成果也非常显著。

以时间为顺序，国有企业几次重大改革的开始，皆是由于中央重要会议的召开。正是这些会议的伟大决定，促使我国国有企业稳妥、有序地走在改革的正确道路上。总结来说，引领国企改革的重要会议分别有：1978 年 12 月召开的党的十一届三中全会、1984 年 10 月召开的党的十二届三中全会、1992 年 10 月召开的中国共产党第十四次全国代表大会、1993 年 11 月召开的党的十四届三中全会、2002 年 11 月召开的中国共产党第十六次全国代表大会和 2013 年 11 月召开的党的十八届三中全会。

1978 年 12 月，党的十一届三中全会召开。会议指出，“现在我国经济管理体制的一个严重缺点是权力过于集中，应该有领导地大胆下放，让地方和工农业企业在国家统一计划的指导下有更多的经营管理自主权”。并指出，“应该在党的一元化领导之下，认真解决党政企不分、以党代政、以政代企的现象”。此后，按照全会精神，国营企业开始实行了扩大经营自主权方面的改革，企业生产经营的积极性有所提高。

1984 年 10 月，党的十二届三中全会胜利召开。会议通过了《中共中央关于经济体制改革的决定》，在我国经济体制改革进程中具有里程碑的重要意义。该决定指出“增强企业的活力，特别是增强全民所有制的大、中型企业的活力，是以城市为重点的整个经济体制改革的中心环节”，还指出“按照政企职责分开、简政放权的原则进行改革，是搞活企业和整个国民经济的迫切需要”，从而确立了逐步推进政企分开，使企业独立经营、自负盈亏的改革思路。党的十二届三中全会后，国有企业承包经营责任制全面推开，所有权与经营权开始逐步分离。

1992 年 10 月，中国共产党第十四次全国代表大会在北京举行。大会通过了《加快改革开放和现代化建设步伐，夺取有中国特色社会主义事业的更大胜利》报告，报告指出“国有企业、集体企业和其他企业都进入市场，通过平等竞争发挥国有企业的主导作用”，从而确立了建立社会主义市场经济体制的改革目标，要求转换国有企业的经营机制。

1993 年 11 月，在党的十四届三中全会上，中央通过了《中共中央关于建立社会主义市场经济体制若干问题的决定》。其中明确提出国企要建立现代企业制度，“必须坚持以公有制为主体、多种经济成份共同发展的方针，进一步转换国有企业经营机制，建立适应市场经济要求，产权清晰、权责明确、政企分开、管理科学的现代企业制度”，标志着国有企业改革进入制度创新的新阶段。会后，国有企业改革向纵深发展，积极推进制度创新、摸索建立现代企业制度、着力调整国有经济布局，国有企业固有的社会负担重、历史包袱多、企业冗员严重等问题开始暴露出来，并被着力解决。

2002 年 11 月，中国共产党第十六次全国代表大会在京召开。中央通过了《全面建设小康社会，开创中国特色社会主义事业新局面》报告。报告明确指出：“坚持和完善基本经济制度，深化国有资产管理体制改革。根据解放和发展生产力的要求，坚持和完善公有制为主体、多种所有制经济共同发展的基本经济制度。第一，必须毫不动摇地巩固和发展公有制经济。……第二，必须毫不动摇地鼓励、支持和引导非公有制经济发展。”2003 年 4 月，根据党的第十六次全国代表大会的精神，国务院正式组建了国有资产监督管理委员会，即国务院国资委。2004 年，全国 31 个省（自治区、直辖市）和新疆生产建设兵团国资委全部组建完毕。随着国有资产管理体制的建立和完善，国有企业进一步落实监管责任，规范董事会建设、创新选人用人机制、调整优化结构，管理水平得到大力提升，经营活力得到有效激发，国有企业管理体制和经营机制基本同市场经济相融合。

2013 年 11 月，在党的十八届三中全会上，通过了《中共中央关于全面深化改革若干重大问题的决定》。该决定指出，“完善产权保护制度……推动国有企业完善现代企业制度”，特别提出，“积极发展混合所有制经济。国有资本、集体资本、非公有资本等交叉持股、相互融合的混合所有制经济，是基本经济制度的重要实现形式，有利于国有资本放大功能、保值增值、提高竞争力，有利于各种所有制资本取长补短、相互促进、共同发展。允许更多国有经济和其他所有制经济发展成为混合所有制经济。国有资本投资项目允许非国有资本参股。允许混合所有制经济实行企业员工持股，形成资本所有者和劳动者利益共同体”，从而首次提出了国有企业混合所有制改革的宏伟蓝图。该决定强调，要“完善国有资产管理体制，以管资本为主加强国有资产监管，改革国有资本授权经营体制，组建若干国有资本运营公司，支持有条件的国有企业改组为国有资本投资公司”，“以规范经营决策、资产保值增值、公平参与竞争、提高企业效率、增强企业活力、承担社会责任为重点，进一步深化国有企业改革”。

相关概念

国有资本投资公司和国有资本运营公司

国有资本投资公司和国有资本运营公司都是国家授权经营国有资本的公司制企业，都是国有资本的出资人代表，都是国有资本发展战略和国有资本经营预算的实施载体，都采用国有独资形式，但二者经营的侧重点不同。从经营对象看，国有资本投资公司主要从事实业投资，以投融资和项目建设为主。国有资本运营公司主要从事股权投资和财务管理，运营的对象是持有的国有资本（股本）。从经营目标看，国有资本投资公司旨在实现政府的特定目标，通过资本投资而不是行政权力保持对某些产业和企业的控制力，以社会目标为主，兼顾经济目标。国有资本运营公司旨在改善国有资本的分布结构和质量效益，强调资金的周转循环，追求资本在运动中的增值，着力提高国有资本运营绩效，以经济目标为主、社会目标为辅。

从经营方式看，国有资本投资公司是混合控股公司，通过产业资本与金融资本的融合，提高国有资本流动性和配置效率。国有资本运营公司是纯粹控股公司，不从事具体的实业投资，主要通过资本运作有效组合配置国有资本，既可以在资本市场上发行股票、债券融资，又可以通过产权市场来改善国有资本的分布结构和质量。

从功能定位看，国有资本投资公司肩负实现国家战略目标和国有资本保值增值的双重功能，主要是在实现提供公共服务、支持科技进步、保障国家安全等特定公共目标中，更好地发挥国有资本的带动作用。国有资本运营公司主要肩负国有资本盈利功能，重点是推动国有资本合理流动、提高国有资本经营效率。

从作用方式看，国有资本投资公司侧重于发挥政府的调控作用，弥补市场失灵，在市场无力或不愿意投资但对国民经济又特别重要的领域，以及关系国家安全和国民经济命脉的领域，发挥带动作用。国有资本运营公司侧重于发挥市场机制的作用，将实物形态的国有资产转换成可以用财务指标清晰界定、计量并具有良好流动性、可进入市场运作的国有资本，提高国有资本的盈利能力。

（资料来源于郭春丽：《组建国资投资运营公司　加快完善国有资本管理体制》，载《经济纵横》2014 年第 10 期）

第二节　国企混改的基本解读

国有企业混合所有制改革作为当前国企改革的新型模式，是国有企业改革发展的历史选择，也历经了·系列的发展阶段，其具有很多自身的特点，值得研究和探索。

一、国企混改的历史发展

在改革开放的过程中，中央对有关所有制的论断和基本经济制度的认识也在不断深化，伴随着国有企业改革的逐步推进，对混合所有制经济所体现的资本融合、机制活力和市场竞争力的认识越发清晰。通过对混合所有制经济的发展历程进行梳理，不难看出，中央的重要会议为混合所有制改革的诞生和发展指明了方向，赋予了动力。

1992年10月召开的党的十四大，确立了社会主义市场经济体制的改革目标。

1993年11月召开的党的十四届三中全会，指出“在积极促进国有经济和集体经济发展的同时，鼓励个体、私营、外资经济发展，并依法加强管理。随着产权的流动和重组，财产混合所有的经济单位越来越多，将会形成新的财产所有结构”，从而阐述了市场经济条件下以股份制为特征的混合所有制经济发展的必然趋势。

1997年9月召开的党的十五大，阐述了公有制和混合所有制的关系，即“公有制经济不仅包括国有经济和集体经济，还包括混合所有制经济中的国有成分和集体成分”，第一次提出了混合所有制经济的概念。

1999年9月召开的党的十五届四中全会，指出“积极探索公有制的多种有效实现形式，大力发展股份制和混合所有制经济，重要企业由国家控股”。

2002年11月召开的党的十六大，指出“除极少数必须由国家独资经营的企业外，积极推行股份制，发展混合所有制经济”。

2003年10月召开的党的十六届三中全会，指出“要适应经济市场化不断发展的趋势，进一步增强公有制经济的活力，大力发展国有资本、集体资本和非公有资本等参股的混合所有制经济，实现投资主体多元化，使股份制成为公有制的主要实现形式”。

2007年10月召开的党的十七大，指出要“以现代产权制度为基础，发展混合所有制经济”。

2013年11月召开的党的十八届三中全会，指出要“积极发展混合所有制经济。国有资本、集体资本、非公有资本等交叉持股、相互融合的混合所有制经济，是基本经济制度的重要实现形式，有利于国有资本放大功能、保值增值、提高竞争力，有利于各种所有制资本取长补短、相互促进、共同发展。允许更多国有经济和其他所有制经济发展成为混合所有制经济。国有资本投资项目允许非国有资本参股。允许混合所有制经济实行企业员工持股，形成资本所有者和劳动者利益共同体”。

2015年8月，中共中央、国务院印发的《关于深化国有企业改革的指导意见》，从“推进国有企业混合所有制改革”“引入非国有资本参与国有企业改革”“鼓励国有资本以多种方式入股非国有企业”“探索实行混合所有制企业员工持股”等方面对国企混改做出了明确部署。

综上可见，党的十八届三中全会上提出要对国有企业进行混合所有制改革，并不是一时之念，而是伴随我国国有企业发展的历史选择，是历经时代检验，不断推进而被逐步认同的。

二、国企混改的重要意义

根据《国务院关于国有企业发展混合所有制经济的意见》，国有企业发展混合所有制经济的目标，是“推动完善现代企业制度，健全企业法人治理结构；提高国有资本配置和运行效率，优化国有经济布局，增强国有经济活力、控制力、影响力和抗风险能力，主动适应和引领经济发展新常态；促进国有企业转换经营机制，放大国有资本功能，实现国有资产保值增值，实现各种所有制资本取长补短、相互促进、共同发展，夯实社会主义基本经济制度的微观基础”。

通过对国有企业完成混合所有制改革，希望可以达到的效果为：在股权设置上，打破国有股“一股独大”的状态，全面放开国有产权，宜控则控、宜参则参、宜退则退；在公司治理上，摒除“内部人控制”的可能，通过不同“东家”之间的相互制约，真正形成协调运转、有效制衡的公司治理机制；在选人用人上，政企分轨，推行职业经理人和市场化选聘经营管理者制度，企业领导人员不再比照行政级别，加快完成向真正企业家的制式转换；在激励机制上，改变“平均分配”的状况，与企业领导人员制式转换同步推进薪酬制度改革，对组织任命和管理的企业负责人实行限薪，使职业经理人与市场接轨，对市场化选聘的经营管理者实行上限调控，薪酬水平与考核挂钩。

因此，开展国有企业混合所有制改革，具有以下重要意义：

1. 从完善经济体制角度看：开展国有企业混合所有制改革，有利于实现国有经济与市场经济的有机结合，促使微观市场主体不断成熟完善，基本经济制度运行更加有效和成熟。自改革开放以来，国有企业改革不断深化，一批国有企业通过改制、改组、上市等途径发展成为混合所有制企业，混合所有制经济对国家整体经济发展的贡献越来越大。

2. 从资本利用角度看：开展国有企业混合所有制改革，有利于国有资本放大功能、保值增值、提高竞争力。国有企业依托混合所有制的多元产权框架及其运行机制，可以增强国有资本对其他资本的辐射功能，放大国有资本功能，激发国有企业的内生动力，在市场竞争和优化重组中不断增强国有经济的活力、控制力、影响力和抗风险力。

3. 从企业管理体制看：推动国有企业混合所有制改革，有利于促进国有企业转换经营机制，更好地按照市场化要求经营、遵循市场规律，有利于推动完善现代企业制度，健全企业法人治理结构，强化管理者的经营责任，提高管理的有效性、资源的利用效率，增强公司的存续力，实现企业整体效率的提升。

成功经验

中国建材集团积极探索建立职业经理人制度

中国建材集团是一家靠联合重组快速发展起来的企业。近年来，企业积极探索建立职业经理人制度，目前已形成有着1200多人的职业经理人队伍，既有效解决了人才短缺的难题，又激发了人才队伍的活力，为企业竞争发展提供了坚实的人才保障。同时，企业在多渠道选聘职业经理人、适度差异化管理职业经理人、优化职业经理人发展软环境等方面进行了富有成效的探索。

在多渠道选聘职业经理人方面，一是按照市场化原则，采取专才选聘和公开招聘的方式。成立专项小组，对同行中高端人才建立了“搜索评估——推荐人选——确定目标——谈判聘用”的专才选聘机制。同时，充分借助市场中介力量，与多家猎头公司建立密切合作关系，扩大选聘渠道。对部分中层及中层以下职位，加大公开招聘力度。二是注重整合搭建重组企业管理团队向职业经理人转化的平台。近年来，中国建材集团联合重组了337家企业。这其中既有国有企业，也有民营企业。为留住优秀人才，中国建材集团注重提供更广阔的职业平台，甚至保留一定股权，努力吸引他们以职业经理人身份参与到中国建材的事业发展中。二是构建现有人员向职业经理人转化的内部培养机制，提升职业化素养。在适度差异化管理方面，在职业经理人市场发展尚不成熟的现阶段，对国有企业管理人员与市场化职业经理人员采取求同存异的差异化管理原则，按照“两个相同、三个不同”对职业经理人实施管理。“两个相同”即职业经理人与非职业经理人遵循相同的企业管理制度，享受除薪酬之外相同的奖惩、福利、培训等相关待遇。“三个不同”主要表现为对职业经理人实行契约化管理、强化以经营绩效为关键要素的考核、实行相对市场化的薪酬激励标准。中国建材集团在加快企业发展、搭建事业平台、构建留住人用好人基础的同时，在发挥企业文化感召力、加强素质培养、坚持人文关怀上，努力营造职业经理人真正融入企业发展的良好环境。

（资料来源于晓甘主编：《经营方略：宋志平管理精粹》，企业管理出版社2013年版）

合肥市积极探索职业经理人制度

近年来，合肥市国资委大力推进国有企业高管选拔任用体制机制改革，积极探索建立职业经理人制度。其做法具有以下特点：

一是实行契约化管理，实现由“任命制”向“聘任制”转变。打破国有企业“机关化”“行政化”的倾向，全面推行领导人员聘任制和任期制。聘任制和任期制的建立，使企业领导人员能上能下、能进能出，强化了企业领导人员的危机意识和责任意识，推进了领导人员的科学流动和人才资源的优化配置。二是实行经营目标责任制，实现由“上级考评”向“经营业绩”转变。根据各企业的规模、类型、所属行业、发展状况等不同情况，分类制订经营责任指标，对其业绩完成情况进行考核，根据考核结果兑现年薪。三是采取市场化方式选拔，实现由“伯乐相马”向“赛场选马”转变。坚持党管人才与市场化选聘相结合原则，面向社会，拓宽渠道，敢于打破身份、地域、行业等界限，不拘一格选人才，实现了企业选人、用人的多项选择。四是实施“交流轮岗”，实现由“系统内流动”向“跨系统轮岗”转变。在推动企业改革过程中，结合企业并购重组，加大企业负责人的交流力度。

为完善职业经理人体系建设，第一，强化制度顶层设计。按照市场化要求，建立科学的职业经理人选聘制度，实行公开招聘，竞聘上岗。明确董事会对职业经理人的职责界定，让职业经理人能够自主行使董事会赋予的经营管理权限，充分调动职业经理人的积极性、主动性和创造性。建立职业经理人的退出机制。实行职业经理人和出资人双向选择制度，按照聘任合同约定，以资本管理和经营业绩为核心，建立解聘退出机制。第二，注重培育完善市场体系。降低准入门槛，鼓励引导社会资本投资兴办职业经理人中介服务机构，通过信息发布引导经理人合理流动，通过教育培训提高经理人的能力素质。同时，逐步建立一套业务独立、运作规范、手段先进、方法科学的社会中介评价体系，加大对中介组织的监管，规范其运作行为，营造竞争有序、公平合理的市场环境。第三，规范激励约束机制。对于职业经理人实行多元化的年薪制。职业经理人薪酬的构成主要是基本年薪、效益年薪和奖励年薪，结合中央规范国有企业高管薪酬的文件规定，积极探索长期激励机制，做好制度设计。注重精神激励。在给予物质激励的同时，注重国有企业职业经理人在成就感、社会认可度等方面的追求，并完善相关制度。

（资料来源于中国合肥门户网站，http：//www.hefei.gov.cn）

三、国企混改的基本原则

2015 年 9 月 23 日，《国务院关于国有企业发展混合所有制经济的意见》（国发［2015］54 号）正式发布，其中明确指出了混改工作的基本原则：

1. 政府引导，市场运作。尊重市场经济规律和企业发展规律，以企业为主体，充分发挥市场机制作用，把引资本与转机制结合起来，把产权多元化与完善企业法人治理结构结合起来，探索国有企业混合所有制改革的有效途径。

2. 完善制度，保护产权。以保护产权、维护契约、统一市场、平等交换、公平竞争、有效监管为基本导向，切实保护混合所有制企业各类出资人的产权权益，调动各类资本参与发展混合所有制经济的积极性。

3. 严格程序，规范操作。坚持依法依规，进一步健全国有资产交易规则，科学评估国有资产价值，完善市场定价机制，切实做到规则公开、过程公开、结果公开。强化交易主体和交易过程监管，防止暗箱操作、低价贱卖、利益输送、化公为私、逃废债务，杜绝国有资产流失。

4. 宜改则改，稳妥推进。对通过实行股份制、上市等途径已经实行混合所有制的国有企业，要着力在完善现代企业制度、提高资本运行效率上下功夫；对适宜继续推进混合所有制改革的国有企业，要充分发挥市场机制作用，坚持因地施策、因业施策、因企施策，宜独则独、宜控则控、宜参则参，不搞拉郎配，不搞全覆盖，不设时间表，一企一策，成熟一个推进一个，确保改革规范有序进行。尊重基层创新实践，形成一批可复制、可推广的成功做法。

从上述基本原则的设定可以看出，国有企业混合所有制改革，是以充分尊重市场经济规律和企业发展规律为前提，通过政府的积极引导，充分发挥企业的主体作用，在引资本、实现产权多元化的同时，实现机制的转变和企业法人治理结构的完善。在改革过程中，要构建完善相关制度，健全交易规则，严格改革程序，强化交易监管，有效保护混合所有制企业各类出资人的产权权益和交易过程的公平公正。此外，混改工作不搞拉郎配，不搞全覆盖，不设时间表，根据企业独特的情况，推进实施，有序进行。

四、国企混改的核心思路

按照《国务院关于国有企业发展混合所有制经济的意见》的相关规定，国有企业混合所有制改革的核心思路，包括以下四个方面：分类分层改革，各类资本参与，健全治理机制，依法合规操作。

（一）分类分层改革

分类分层改革，是指根据国有企业的不同类别和不同级别等不同的情况，设置不同的改革办法，采取不同的改革措施。

1. 分类改革是指要根据企业的不同类别，包括企业是否已经混合、是否适宜混合、企业的性质是公益类还是商业类等来有针对性地发展混合所有制经济。

（1）区分“已经混合”和“适宜混合”的国有企业。在《国务院关于国有企业发展混合所有制经济的意见》中明确规定，对于已经通过实行股份制、上市等途径实行混合所有制改革的国有企业，下一步要在完善现代企业制度、提高资本运行效率上下功夫。对于适宜继续推进混合所有制改革的国有企业，则要充分发挥市场机制作用，坚持因地施策、因业施策、因企施策，宜独则独、宜控则控、宜参则参，一企一策，积极推进，确保改革规范有序进行。

（2）区分公益类和商业类国有企业。根据国有资本的战略定位和发展目标，结合不同国有企业在经济社会发展中的作用、现状和发展需要，将国有企业分为公益类企业和商业类企业，并区别对待。

对于公益类国有企业，要引导推动其改革。公益类国有企业涉及水电气热、公共交通（民航、铁路、地铁等）、公共设施等行业和领域，以保障民生、服务社会、提供公共产品和服务为主要目标，因此，要根据不同业务特点，加强分类指导，推进具备条件的企业实现投资主体多元化，提高公共服务效率和能力。这类企业可以采取国有独资形式，具备条件的也可以推行投资主体多元化，还可以通过购买服务、特许经营、委托代理等方式，鼓励非国有企业参与经营。政府要加强对价格水平、成本控制、服务质量、安全标准、信息披露、营运效率、保障能力等方面的监管，根据企业不同特点有区别地考核其经营业绩指标和国有资产保值增值情况，考核中要引入社会评价。

对于商业类国有企业，要按照市场化要求实行商业化运作，以增强国有经济活力、放大国有资本功能、实现国有资产保值增值为主要目标，依法独立自主开展生产经营活动，实现优胜劣汰、有序进退。

第一，主业处于充分竞争行业和领域的商业类国有企业，要稳妥推进。对于这一类企业，原则上都要实行公司制股份制改革，按照市场化、国际化要求，以增强国有经济活力、放大国有资本功能、实现国有资产保值增值为主要目标，以提高经济效益和创新商业模式为导向，充分运用整体上市等方式，积极引入其他国有资本或各类非国有资本实现股权多元化，国有资本可以绝对控股、相对控股，也可以参股，并着力推进整体上市。坚持以资本为纽带完善混合所有制企业治理结构和管理方式，国有资本出资人和各类非国有资本出资人以股东身份行使权利和履行职责，使混合所有制企业成为真正的市场主体。对这些国有企业，重点考核经营业绩指标、国有资产保值增值和市场竞争能力。

第二，主业处于关系国家安全、国民经济命脉的重要行业和关键领域、主要承担重大专项任务的商业类国有企业，要保持国有资本控股地位，支持非国有资本参股。

第三，对自然垄断行业，实行以政企分开、政资分开、特许经营、政府监管为主要内容的改革，根据不同行业特点实行网运分开、放开竞争性业务，促进公共资源配置市场化；对需要实行国有全资的企业，也要积极引入其他国有资本实行股权多元化；对特殊业务和竞争性业务实行业务板块有效分离，独立运作、独立核算。同时加强分类依法监管，规范盈利模式。其中，对于重要基础设施、重要自然资源、重要传输网络、重要技术、数据和战略物资、国防军工产业以及其他重要产业，国有资本如何保持控股地位，非国有资本如何参与，《国务院关于国有企业发展混合所有制经济的意见》都作了明确规定。

相关规定

国务院关于国有企业发展混合所有制经济的意见

（国发［2015］54号）

……

二、分类推进国有企业混合所有制改革

……

（四）有效探索主业处于重要行业和关键领域的商业类国有企业混合所有制改革。对主业处于关系国家安全、国民经济命脉的重要行业和关键领域、主要承担重大专项任务的商业类国有企业，要保持国有资本控股地位，支持非国有资本参股。对自然垄断行业，实行以政企分开、政资分开、特许经营、政府监管为主要内容的改革，根据不同行业特点实行网运分开、放开竞争性业务，促进公共资源配置市场化，同时加强分类依法监管，规范营利模式。

——重要通信基础设施、枢纽型交通基础设施、重要江河流域控制性水利水电航电枢纽、跨流域调水工程等领域，实行国有独资或控股，允许符合条件的非国有企业依法通过特许经营、政府购买服务等方式参与建设和运营。

——重要水资源、森林资源、战略性矿产资源等开发利用，实行国有独资或绝对控股，在强化环境、质量、安全监管的基础上，允许非国有资本进入，依法依规有序参与开发经营。

——江河主干渠道、石油天然气主干管网、电网等，根据不同行业领域特点实行网运分开、主辅分离，除对自然垄断环节的管网实行国有独资或绝对控股外，放开竞争性业务，允许非国有资本平等进入。

——核电、重要公共技术平台、气象测绘水文等基础数据采集利用等领域，实行国有独资或绝对控股，支持非国有企业投资参股以及参与特许经营和政府采购。粮食、石油、天然气等战略物资国家储备领域保持国有独资或控股。

——国防军工等特殊产业，从事战略武器装备科研生产、关系国家战略安全和涉及国家核心机密的核心军工能力领域，实行国有独资或绝对控股。其他军工领域，分类逐步放宽市场准入，建立竞争性采购体制机制，支持非国有企业参与武器装备科研生产、维修服务和竞争性采购。

——对其他服务国家战略目标、重要前瞻性战略性产业、生态环境保护、共用技术平台等重要行业和关键领域，加大国有资本投资力度，发挥国有资本引导和带动作用。

成功经验

国企分类改革和监管的国际经验

根据国有企业的设立目的和市场定位的不同，国外一些国家对国企进行了分类，主要有三种方法。

一是按企业市场地位或竞争程度分类，以法国和新加坡为代表。法国政府根据企业的法律地位、竞争性以及产品价格管制与否，将企业分为垄断性国有企业和竞争性国有企业两类，法国的电力、铁路、航空、邮政和电信等都属于垄断性国有企业，加工业、建筑业和服务业中的国有企业被划分为竞争性国有企业。新加坡将国有企业分为垄断性法定机构和竞争性政府联系公司，经济发展局、电信局、港口、公用事业局等都属于垄断性法定机构，而淡马锡、新科技等四大控股公司及其投资控股的子公司等属于竞争性政府联系公司。

二是按利益属性和赋予目标分类，以芬兰、瑞典、新西兰和挪威为代表。芬兰将国有企业划分为承担特定任务的国有企业、有战略利益的商业性国有企业和以投资者利益为主的纯粹商业性国有企业三类，芬兰电网、芬兰产业投资公司属于第一类，芬兰铁路、芬兰航空属于第二类，养老金信息服务公司则属于第三类。挪威将国有企业分为执行特殊产业政策国企、兼有商业化和其他特定目标的国企、商业化但总部须在挪威的国企和完全商业化国企四大类，机场公司、能源管理公司、国家电网、林业集团等被划分为第一类企业，挪威邮政、国家铁路、国家电力、铁路服务公司被划分为第二类企业，国家石油、海德鲁、挪威电信被划分为第三类企业，北欧航空、国立摇滚乐博物馆等属于第四类企业。

三是按法律地位及持股比重分类，以英、美、韩为代表。英国将国有企业划分为政府直接管理的国有企业、具有独立法人地位的国有企业、公私合营的国有股份公司三类，企业的地位和政府持股比例均有不同，地理信息公司属于第一类，皇家邮政属于第二类，浓缩和核电技术服务公司属于第三类。

（资料来源于张政军：《国有企业分类管理如何推进》，载《经济日报》2013 年 5 月 3 日）

2. 分层改革是指区分集团公司和子公司、中央企业和地方企业等不同层级的国有企业，因企制宜地发展混合所有制经济。

中央企业集团公司主要是指由国务院国资委监管的中央一级企业以及中央其他部门监管的一级企业；二级及以下子公司主要是指有中央企业集团公司履行出资人职责并全资、控股或参股的集团公司成员企业；地方企业主要是指由地方政府投资或中央划归地方管理的企业。根据企业不同层级，国有企业混合所有制改革分层推进的方式分别为：

（1）中央企业集团公司层面，要进行探索，在国家有明确规定的特定领域，坚持国有资本控股，形成合理的治理结构和市场化经营机制；在其他领域，通过鼓励整体上市、并购重组、发行可转债等方式，逐步调整国有股权比例，积极引入各类投资，形成股权结构多元、股东行为规范、内部约束有效、运行高效灵活的经营机制。

（2）子公司层面，要进行引导，对国有企业集团公司的二级及以下企业，重点在创新研发、生产服务等实体企业中，引入非公有资本，促进管理创新、技术创新、商业模式创新，合理限定法人层级，有效压缩管理层级，优化企业股权结构和公司治理体制。此外，应使股东的法律地位及股东在资本收益、重大决策、管理者选择等方面的权利清晰明确，并确保股东依法出资比例和公司章程规定行使权利、履行职责。

(3) 地方企业层面，要进行鼓励，各地区区分不同情况，制定完善改革方案和相关配套措施，稳妥开展混合所有制改革，确保改革依法合规、有序推进。

(二) 各类资本参与

各类资本参与是指在发展混合所有制经济的过程中，国家鼓励各类资本按照交叉持股、相互融合的原则参与和进入。各类资本包括：国有资本、非公有资本、集体资本、外资以及企业员工出资入股等。

1. 国有资本。鼓励国有资本以多种方式入股非国有企业。在公共服务、高新技术、生态环境保护和战略性产业等重点领域，对发展潜力大、成长性强的非国有企业进行股权投资。鼓励国有企业通过投资入股、联合投资、并购重组等多种方式，与非国有企业进行股权融合、战略合作、资源整合。国有资本参股非国有企业或国有企业引入非国有资本时，允许将部分国有资本转化为优先股。在少数特定领域探索建立国家特殊管理股制度，行使特定事项否决权，保证国有资本在特定领域的控制力。

专家解读

国有资本功能

基于我国的特点，国有资本有两大功能：一是政策性功能，即作为政府实现特殊公共目标的资源；二是收益性功能，获取财务回报，用于公共服务。两者的比例结构应当与时俱进地调整。在经济发育程度较低、政府主导经济增长阶段，国家更加重视它的政策性功能。国有经济主要是政府调控经济的工具，配置资源的抓手，推动经济增长的拳头，但这一发展阶段正在过去。当前，在国家有需要、非公经济不愿进入或不准进入的领域、天然垄断行业、涉及国家安全和某些公共服务等领域，以国有资本投资实现政府特定的公共目标的功能还不可少。但在市场起决定性作用的情况下，政策性功能应限定在市场失灵的领域，并经过充分论证和法定程序列入“负面清单”，随形势发展逐步减少，避免随意性，不可泛化。另一方面，很多曾经的“重要行业、关键领域”已经成了竞争领域；而制约经济社会发展的瓶颈、关系“国民经济命脉”的很多方面也已发生变化。社会保障、基本公共服务均等化和某些社会产品的短缺已经上升为主要矛盾。相应地，国有经济作为“工具”和“抓手”的功能应大幅度转向收益性功能，以投资收益作为公共财政的补充来源，弥补体制转轨中积累的必须由财政支付的历史欠账和民生需求。一方面补充社会保障资金的不足、保住社会底线；另一方面补充社会公益性资金，减少社会不公、促进区域协调发展。以此保障体制转轨的平稳进行，并使全民所有回归到全民分享的本性。

（资料来源于陈清泰：《国企改革突破口是“管资本”》，http://www.360doc.com/content/15/0929/13/9950369_502194996.shtml）

2. 非公有资本。鼓励非公有资本投资主体通过出资入股、收购股权、认购可转债、股权置换等多种方式，参与国有企业改制重组或国有控股上市公司增资扩股以及企业经营管理。非公有资本投资主体可以货币出资，或者以实物、股权、土地使用权等法律法规允许的方式出资。

成功经验

浪潮齐鲁软件收购泰山旅游

齐鲁软件作为浪潮的软件旗舰，也是我国首批四大国家级软件产业园——齐鲁软件园骨干企业之一。公司基本定位确定为“面向通信、金融、政府等多行业的大型应用软件开发与系统集成商”，并与浪潮其他的 IT 产业发展形成互动。公司拥有通信、金融、行政机关等行业适用的三十多种自主版权应用软件。

泰山旅游是国家旅游局推荐的第一家上市公司，也是山东省上市的第一家旅游企业，是山东省旅游行业和泰安经济的支柱企业，资产质量好，获利能力强，是一个不可多得的优质壳资源。

齐鲁软件对“泰山旅游”的并购分为两个步骤：一是齐鲁软件与泰安国资局签订了部分国有股的转让协议，进行了股权转让，从而使齐鲁软件成为“泰山旅游”的第一大股东；二是进行资产重组，即将齐鲁软件的优质软件资产转换装入泰山旅游。其中通信软件产品作为重要部分，包含了电信运营支撑类（含网管、业务支持、管理支持三层）和电信业务构成类（含增值业务、终端嵌入两层），已形成了完整的面向电信运营商的软件产品体系。其中 WAP 网关平台与移动终端 WAP 软件研究中标信息产业部国家移动通信产品研发项目，并成为该项目的牵头单位；网络管理、GPRS 计费、CRM 等 10 余种大型通信应用软件产品，在通信行业的激烈竞争中，都已进入行业用户的选型范围，在我国软件企业中，成为通信软件产品成系统进入市场的极少数之一。同时在今年 9 月份，又成为信息产业部首批认证的 11 个国家一级资质系统集成商，获得了承建国家级计算机网络工程资质。强劲的技术支持和市场拉动，使齐鲁软件进入了迅速发展的快车道。全部收购活动完全结束后，在沪市挂牌的“泰山旅游”（600756）将更名为“齐鲁软件”。齐鲁软件将为股东带来持续的投资价值。

齐鲁软件并购泰山旅游为浪潮软件产业的发展注入了强大的动力，这同时也使齐鲁软件面对更多的机遇和挑战。怎样通过公司的高端战略组合与观念的拉动、核心竞争力的推动和高素质企业团队的驱动实现企业的高成长性和运营的高效益性就成为发展的重点。齐鲁软件将通过贯彻“为客户赢得客户”和“创造无止境”的运营与发展观念，实施建立在科学基础上的创造性的发展战略，实现超常规、跳跃式发展。

（资料来源于 http：//news. chinabyte. com/451/1248451. shtml）

3. 集体资本。明晰集体资产产权，发展股权多元化、经营产业化、管理规范化的经济实体。允许经确权认定的集体资本、资产和其他生产要素作价入股，参入国有企业混合所有制改革。

相关概念

集体企业的形成渠道

——20 世纪 50 年代公私合营发展起来的集体企业。

——由手工业合作社发展起来的集体企业。

——各级供销社由集体改国营，又由国营改集体的成建制转来的集体企业。

——国家与地方政府投资，以集体的名义注册的集体企业。

——由国家和地方政府承担贷款风险，靠银行贷款形成的集体企业。

——靠城镇居民劳动积累发展起来的集体企业。

——为安置待业青年和富余人员兴办的“厂办厂”型集体企业，如劳动服务公司等。

——为安置残疾人就业兴办的社会福利型集体企业。

——以勤工俭学名义兴办的各类校办工厂和其他集体企业。

集体企业资产形成来源

——组建企业时个人投入的资金或实物，如手工业合作社、供销社社员股金等。

——公私合营时的私营财产。

——劳动积累形成的财产。

——国有企业划拨的少量资产逐步地发展起来的集体企业资产，如“厂办厂”资产、劳动服务公司资产等。

——靠国家或地方政府各有关部门投入形成的资产，或者提供贷款担保，即担保贷款风险而发展起来的企业资产。

——国家给予减免税照顾，允许税前还贷形成的资产等。

——职工个人借贷性和投资性出资。

——社会集资等。

（资料来源于叶正茂：《关于集体企业的产权界定》，载《浙江学刊》1999 年第 2 期）

4. 外资。引入外资参与国有企业改制重组、合资合作，鼓励通过海外并购、投融资合作、离岸金融等方式，充分利用国际市场、技术、人才等资源和要素，发展混合所有制经济。深度参与国际竞争和全球产业分工，提高资源全球化配置能力。

成功经验

两岸企业合作实现优势互补、共赢发展

2010 年 9 月 29 日，东风汽车公司董事长徐平和台湾裕隆企业集团董事长严凯泰代表合资双方在合同上签字，标志着东风汽车公司与台湾裕隆企业集团关于东风裕隆项目的合资合同正式签订。

东风汽车公司和裕隆大陆投资有限公司各出资7.75亿元人民币，双方各持股50%；项目建设地点为杭州萧山临江工业园区；产品涵盖运动型乘用车、多功能乘用车、轿车及纯电动汽车产品；将致力于发展高端自主品牌汽车事业；合资双方共同注册和拥有“纳智捷”大中华品牌；2011年年中第一个平台的产品可望正式批量投产和投放市场。

（资料来源于http：//auto.qq.com/a/20100929/000230.htm）

国家电网公司成功收购葡萄牙国家能源网公司25%股份

2012年2月2日，葡萄牙政府正式宣布中国国家电网公司中标葡萄牙国家能源网公司股权私有化项目。在本次收购中，国家电网公司出资约3.87亿欧元收购葡萄牙国家能源网公司25%股份，并购后派出高级管理人员参与葡萄牙国家能源网公司的经营管理。国家电网公司作为战略投资者，谋求与葡方长期稳定合作，积极履行股东职责，通过发挥在电网规划、建设、运行、管理方面的综合优势，提高葡萄牙国家电网运营水平，促进地区经济发展，努力成为欧洲中资企业的典范，树立中国公司在海外的良好形象。

当前欧洲深陷主权债务危机，本次收购时机适当，溢价合理，预期经济效益较好。这是中国企业首次在欧洲成功收购国家级电网公司，对于进入工业化国家市场具有里程碑意义。葡萄牙国家能源网公司的输电和天然气业务在葡境内具垄断地位，对其成功并购将深入推动中葡、中欧战略合作，有效提高我国在国际上的影响力。

注：葡萄牙国家能源网公司是该国唯一国家级能源传输公司（含电力和天然气输送业务），拥有150千伏及以上输电线路8049公里、变电容量3020.5万千伏安，天然气高压管道1296公里；拥有该国输电网45年特许经营权和天然气高压输送网络34年特许经营权（从2012年算起）。

（资料来源于http：//www.cec.org.cn/yaowenkuaidi/2012-02-06/79738.html）

5. 企业员工。员工持股主要采取增资扩股、出资新设等方式，优先支持人才资本和技术要素贡献比较高的转制科研院所、高新技术企业和科技服务型企业开展试点，支持对企业经营业绩和持续发展有直接或较大影响的科研人员、经营管理人员或业务骨干等持股。

成功经验

平安员工持股范围

2015年2月6日，中国平安发布公告称，公司核心人员持股计划在2015年第一次临时股东大会上以97.43%的高票得以通过。此次持股计划的覆盖范围包括中国平安集团及下属子公司中对公司整体业绩和中长期发展具有重要作用的核心关键人员。公告表明，此持股计划的资金来源为计划持有人的合法薪酬和业绩奖金额度，而持股计划的投资范围为购买和持有中国平安的股票。此次持股计划拟委托资产管理机构招商证券设立资产管理计划，且持有股票总数累计不超过公司总股本的10%，单个持有人累计所获股份权益对应的股票总数累计不超过总股本的1%。目前，该持股计划拟覆盖约1000名核心人员，鼓励管理层及骨干员工自愿以其薪酬及业绩奖金增持公司股票。这将减少他们的当期现金收入占比，强化长期价值导向，使核心人员更紧密地与股东、公司利益保持一致，专注公司业绩持续增长。

在拟覆盖的1000名员工中，超过80%的人员是集团及专业公司部门负责人等中层主管，还包括部分资深的专业技术骨干。在征得员工同意后，其部分薪酬和业绩奖金将转入该计划，并设立不少于12个月的锁定期，结束后分3年挂钩公司业绩归计划持有人所有。

若按中国平安91.4亿元的总股本计算，公司员工持股计划累计购买股份的上限将高达9.14亿股。该部分股份对应当天收盘价66.31元的市值合计将达606.07亿元。中国平安的员工持股计划也因此将成为A股市场规模最大的一次员工持股计划。

（资料来源于《平安员工持股计划称雄A股　央地国企加速度破冰》，2015年2月9日，http：//business.sohu.com/20150209/n408849780.shtml）

联想控股集团案例

联想控股公司设立于20世纪80年代中期，隶属于中国科学院，当时性质上是国有全资企业，但设立时只是向中国科学院借款20万元，而后又偿付了全部借款。随着联想控股公司的发展壮大，管理层在1993年提出了管理层和员工持股的要求，但由于体制障碍没有成功获得股权，不过中国科学院给予了管理层和员工以35%股份的分红权。2001年，经过联想控股公司管理层努力争取，国务院领导特批，财政部等部门将联想控股公司列为改制试点。

经过艰难协商，联想控股公司员工持股会用多年积累下来的35%的股份分红资金购买了35%的股份，国家在出售这35%的股份时以净资产的7折出售。中国科学院国有资产经营有限公司持有联想控股65%的股份，员工持股会持有35%的股份。在持股会中，核心创业人员持股35%，200名其他创业人员持股20%，其余45%留给后来进入联想控股的重要员工。中国科学院国有资产经营有限公司并不干预联想控股的经营决策，其在联想控股的6名成员董事会中只有1名董事，其余5名董事均为联想控股管理层成员，使联想控股实际上成为一个由非控股股东所控制的企业。

后来，联想控股通过资产重组的方式引入民营资本，进一步实现股权结构的多元化。国科控股将其持有的联想控股29%的股权，通过在北京市产权交易所挂牌出售的方式转让给中国泛海控股集团有限公司（民企）。泛海集团以协议方式将其所持有联想控股9.6%的股权转让给柳传志等5位最高管理层，8.9%的股权转让给北京联恒永信投资中心。目前，联想控股公司的股权结构为：国科控股持股比例为36.0%，联持志远（老员工持股）持股比例为24.0%，泛海集团持股比例为20.0%，联恒永信（新员工股权激励）持股比例为8.9%，管理层持股比例为9.6%，其他外部股东持股比例为1.5%。

（资料来源于国家发展改革委体改司编：《国企混改面对面——发展混合所有制经济政策解读》，人民出版社2015年版）

美、日、英员工持股的启示

世界各国积极推行的员工持股制度存在多种模式，其中具有代表性的国家有美国、日本和英国等。从美国、日本、英国的员工持股制度，可以得到以下几点借鉴与启示。

一是资本共同体与利益共同体“合二为一”。国外员工持股制的成功经验表明，西方国家一直都在努力探求企业制度的创新。在对企业制度的创新过程中，它们非常重视吸引员工共同参与对企业的投资，以形成广大员工同企业经营管理者的资本共同体和利益共同体，给予员工一定的经济权利和经济民主，使他们能够以合法的身份在企业的经营管理中行使发言权和利润分配权，从而对企业产生某种程度的认同感和责任感。而将员工的工作努力与其收入挂钩、企业的盈利和员工的收益直接结合等，也有效地提高了劳动者工作和创造的热情。

二是强大的法律支持。法律规制对员工持股的意义非常重大，极大地推动了员工持股的发展。例如，美国有最完善的关于员工持股的立法。美国的员工持股计划在20世纪70年代以前基本停留在理论家们的实践试验阶段，当时全国只有300余家企业进行了员工持股计划。自1974年以来，美国通过《员工退休收入保障法案》《税制改革法》《企业就业保护法》《赋税人信任法》等20余个相关法律，规范和促进了员工持股的开展。20世纪90年代，实行员工持股的企业已经发展到约12 000家。

三是员工持股具备可操作性。国外关于ESOP都有一套严密而详细并能够适应市场经济的实际运行方法。

四是严格限制员工股的转让。几乎所有推行员工持股制度的国家和企业，都严格地限制员工股的转让，一般是若干年以后才能取得其全部股份。美国规定5~7年，英国规定5年。在这之前离开，员工将有较大的损失。

五是专门机构实行统一管理。各国对员工持有的股份基本上都通过专门、专业的机构实行统一管理。管理员工股的机构主要有两类，即“内部”管理机构和“外部”管理机构。内部管理机构，就是在企业内部设立员工持股委员会，并由其管理本企业的员工股。员工自愿加入而成为该委员会的会员，可以每月从工资和奖金中扣缴一部分作为购买股票的出资。员工持股委员会用其积累的资金购买本企业的股票，并按比例记入会员员工账上。外部管理机构是独立于企业之外的合法实体，即信托基金会。这种形式避免了持股会与企业的合谋风险，更有利于员工利益，但同时也需要有健康的金融环境和社会信托平台。

（资料来源于梁慧瑜：《企业员工持股法律问题研究》，法律出版社2012年版）

6. 社会资本。通过投资补助、基金注资、担保补贴、贷款贴息等，优先支持引入社会资本的项目。组合引入保险资金、社保基金等长期投资者参与国家重点工程投资。鼓励社会资本投资或参股基础设施、公用事业、公共服务等领域项目。

（三）健全治理机制

健全治理机制是指在开展国企混改的工作中，要进一步确立和落实企业市场主体地位，建立健全现代企业治理机制，推行混合所有制企业职业经理人制度。

1. 进一步确立和落实企业市场主体地位。政府不得干预企业自主经营，股东不得干预企业日常运营，确保企业治理规范、激励约束机制到位。

落实董事会对经理层成员等高级经营管理人员选聘、业绩考核和薪酬管理等职权，维护企业真正的市场主体地位。

成功经验

实行“六个清单”管理，确立企业市场主体地位

天津开展国有企业混合所有制改革，实行了“六个清单管理”，从而确立了企业市场主体地位。

一是改革任务清单。建立名单制，“一企一策”落实改革任务，做到“四个清楚”。“我有什么”——底数清，对企业的资产、负债、效益、资源、职工等基础数据“一清二楚”。“我要什么”——需求清，全面分析企业的优势、劣势、机会和威胁，对企业缺什么、混改要什么、解决什么问题、建立什么样的体制机制“目标明确”。“跟谁合作”——对象清，对拟混改企业实行动态管理，谈了几家、定了几家、准备选哪家，以及每家的优势劣势、与企业的匹配度“心中有数”。“怎么混改”——模式清，是引入外资、民企等非公资本混，还是出资入股非国有企业混；是存量引资混、项目引资混，还是出资新设混、增资扩股混；是整体上市混，还是骨干持股混；是联合投资、共同设立股权投资基金混，还是认购可转债、股权置换、PPP 模式混等，都坚持“一企一模式”，哪种模式好，就采取哪种模式。

二是企业效益清单。经过定性与定量分析，将国企划分为亏损低效、微利缓增、稳盈增盈三个类别，分类指导、分类施策，对亏损低效的着力治亏增效，对微利缓增的着力转型增效，对稳盈增盈的着力提质增效，以企业增效检验国企改革成果。

三是债务风控清单。依据企业生产运营情况和债务状况，按正常、关注、重点关注三个级别，分类管控，精准发力，使正常类企业的债务风险保持在可控区间，关注类企业尽快回到安全区间，重点关注类企业转危为安。

四是国资监管清单。科学界定监管边界，明确哪些事项需国资委审核、备案和核准，未列入监管清单的事项，由企业依法自主决策，并搞好放管服结合，确保下放的事项企业接得住、管得好。

五是国资监管负面清单。建立“红线”清单，明确国企经营管理和改革发展中哪些事不能干，从投资项目、投资并购、企业改制、职工持股、资产转让、资产评估、抵押担保等十八个方面，明示禁止性条款，提出和落实特别监管措施。

六是国有股东代表分类评价清单。以政治思想、业务技能、职业素养、履职能力、廉洁从业等为主要评价要素，按“好、中、差”三个等级，对混改企业国有股东代表进行分类评价。“好”的表彰奖励，优先考虑提拔重用；“中”的谈话提醒，督促整改提高；“差”的给予组织处理或工作调整。

通过“六个清单”管理，使国企改革工作有抓手、可考核、能评价。

（资料来源：笔者根据相关资料整理）

2. 建立健全混合所有制企业现代企业制度，明晰产权，同股同权，依法保护各类股东权益。规范企业股东（大）会、董事会、经理层、监事会和党组织的权责关系，按章程行权，对资本监管，靠市场选人，依规则运行，形成定位清晰、权责对等、运转协调、制衡有效的法人治理结构。

3. 推行混合所有制企业职业经理人制度。按照现代企业制度要求，建立市场导向的选人用人和激励约束机制，通过市场化方式选聘职业经理人依法负责企业经营管理，畅通现有经营管理者与职业经理人的身份转换通道。职业经理人实行任期制和契约化管理，按照市场化原则决定薪酬，可以采取多种方式探索中长期激励机制。严格职业经理人任期管理和绩效考核，加快建立退出机制。

成功经验

上海市管企业领导实施任期制契约化管理

作为上海新一轮国资国企改革的重要一环，突出去行政化的市管企业领导人员任期制契约化管理。

1. 实施任期制契约化管理

“上海国资国企改革20条”提出，上海将全面推行国有企业领导人员任期制契约化管理，明确责任、权利、义务，严格进行任期管理和目标考核。

按照设计，其适用范围主要包括：设董事会的市管企业董事长和总经理、副总经理、总工程师、总经济师、财务总监等经理班子成员；未设董事会的市营企业总经理、副总经理、总工程师、总经济师、财务总监等经理班子成员。其中，董事长、总经理每届任期为3年，经理班子副职成员的任期由董事会确定，一般不超过本届董事会。市管企业领导人员任期届满，经考核合格的可以连任，但在同一岗位任职时间一般不超过3届。退休年龄最高不超过63周岁。在任期届满当年年底至次年年初开始实施任期评价，结果将作为是否续任的主要依据，并作为兑现延期支付薪酬、中长期激励的依据。

2. 三类国企任期目标不同

上海三类不同国企的领导有不同的任期目标。主要领导的目标由市国资委制订，其他班子成员目标由董事会或总经理等确定。

竞争类企业董事长的任期目标，主要包括制定战略规划、科学民主决策、实现风险管控、执行国有资本经营预算、完善公司治理和推动可持续发展等。功能类企业董事长或总经理的任期目标，主要包括执行战略任务、完成重大专项任务、实施风险管理、完成经营效益目标和推动可持续发展等。公共服务类企业董事长或总经理的任期目标，主要包括执行政府决策任务、民生保障、管理效能、服务水平和推动可持续发展等。

除任期制管理外，国企改革强调完善市管企业法人治理结构。根据竞争类、功能类和公共服务类企业的特点，分类健全协调运转、有效制衡的公司法人治理结构，确立法定代表人在公司治理中的中心地位。完善市管企业领导人员考核评价和激励机制，竞争类企业领导人员的薪酬主要由基薪、绩效薪和中长期激励组成。

（资料来源于《解放日报》2014年10月19日）

西方国家大型企业职业经理人的产权激励办法

股权激励制度在西方发达国家的实践起源于1952年的美国辉瑞制药公司，当时辉瑞制药公司为了更好地约束和激励自己的员工，达到促进公司快速发展的目的，根据公司股价的波动给予员工相应的收益，同时还可以降低职工纳税的金额，更好地保障员工的利益。在20世纪70年代，在西方发达国家，公司治理改革的主要内容就是想办法降低委托代理的成本，主要采取的方式就是让管理层持有本公司的股份，合理解决经营权和所有权分离造成的问题。在80年代，随着经济的全球化，经营管理人员持有公司的股份已经成为一种趋势。到了80年代中期，传统的基本工资以及奖金收入模式已经开始被股票期权替代了。到了90年代，股票期权成了公司高层管理人员收入的重要组成部分。1994年西方发达国家运用股票期权计划的上市公司达到了10%以上，到了1997年该比例达到45%。一些大型的上市公司的首席执行官这种股票期权收入占到了其整体收入的九成以上。

（资料来源于张孜伟：《国有上市公司股权激励问题探析》，江西财经大学2013年硕士学位论文）

（四）依法合规操作

依法合规操作就是要建立依法合规的操作规则，严格规范操作流程和审批程序，健全国有资产定价机制，切实加强监管。

1. 严格规范操作流程和审批程序。在组建和注册混合所有制企业时，要依据相关法律法规，规范国有资产授权经营和产权交易等行为，健全清产核资、评估定价、转让交易、登记确权等国有产权流转程序。国有企业产权和股权转让、增资扩股、上市公司增发等，应在产权、股权、证券市场公开披露信息，公开择优确定投资人，达成交易意向后应及时公示交易对象、交易价格、关联交易等信息，防止利益输送。国有企业实施混合所有制改革前，报同级国有资产监管机构批准；重要国有企业改制后国有资本不再控股的，报同级人民政府批准。国有资产监管机构明确国有企业混合所有制改革的操作流程。方案审批时，应加强对社会资本质量、合作方诚信与操守、债权债务关系等内容的审核。要充分保障企业职工对国有企业混合所有制改革的知情权和参与权，涉及职工切身利益的要做好评估工作，职工安置方案要经过职工代表大会或者职工大会审议通过。

2. 健全国有资产定价机制。按照公开、公平、公正原则，完善国有资产交易方式，严格规范国有资产登记、转让、清算、退出等程序和交易行为。通过产权、股权、证券市场发现和合理确定资产价格，发挥专业化中介机构作用，借助多种市场化定价手段，完善资产定价机制，实施信息公开，加强社会监督，防止出现内部人控制、利益输送造成国有资产流失。

3. 切实加强监管。要加强对国有企业混合所有制改革的监管，完善国有产权交易规则和监管制度。依法严肃处理改革中出现的违法转让和侵吞国有资产、化公为私、利益输送、暗箱操作、逃废债务等行为。严格依法履行审计监督职能，加强对改制企业原国有企业法定代表人的离任审计。充分发挥第三方机构在清产核资、财务审计、资产定价、股权托管等方面的作用。加强企业职工内部监督。进一步做好信息公开，自觉接受社会监督。

此外，推进国有企业混合所有制改革，还要营造良好的环境，加强组织实施，包括加强产权保护，健全多层次资本市场，完善支持混合所有制经济发展的政策，加快建立健全法律法规制度，建立工作协调机制，加强混合所有制企业党建工作，开展不同领域混合所有制改革试点示范，营造良好的舆论氛围等。

成功经验

地方政府如何防范国有资产流失与维护职工权益

上海：为规范财务审计、企业价值评估，要求相关单位出具法律意见书。

天津：推动企业构建“制度+科技”模式，推进市管国企规范管理、降低成本。

辽宁：出台《省属企业专项改革试点工作方案》《省属公司董事会、董事履职评价办法（试行）》等7个文件方案。

江苏：修订《省属企业资产损失核销规则》，开展资产评估专项检查。

安徽：修订《安徽省企业国有资产评估管理暂行办法》，加强对省属企业二级及以下子公司资产定价问题的把关和监督。

湖北：明确规定对职工安置费用不落实的方案不予批准。

广东：印发《关于进一步做好国有企业改制职工分流安置工作的意见》，要求除经职工代表大会审议通过外，职工安置方案还需报同级劳动保障部门审核。

广西：开展尽职调查，规范国企改制中无形资产的评估，及时处理社会保险关系接续、拖欠职工工资问题。

（资料来源于国家发展改革委体改司编：《国企混改面对面——发展混合所有制经济政策解读》，人民出版社2015年版）

第三节　国企混改的规范体系

国有企业混合所有制改革作为国企改革的一种形式，适用当前国企改革的相关法律、法规和规范性文件；同时，由于国企混改涉及的层面和领域比较宽泛，例如，涵盖了清产核资、资产评估、人员安置、领导人员经责审计等方面的工作，因此可以适用的法律、法规，特别是国家部委出台的规范性文件非常庞杂。此外，各个省市在国企混改工作中也出台了很多的制度和政策，但由于各个省市均为结合本地和自身实际起草的文件，且各地国有企业发展的水平不一，对于混改工作的支持力度也不一致，因此可对比研究和借鉴的程度不高。在此，作者结合自身研究，仅就国有企业混合所有制改革的法律规范体系做一大致说明。

一、国企混改适用的法律法规

在国有企业混合所有制改革工作中，需要经常适用的法律法规主要包括：

序　号	名　　称	文　　号
1	《中华人民共和国公司法》	中华人民共和国主席令第 15 号，2018 修正
2	《中华人民共和国企业国有资产法》	中华人民共和国主席令第 5 号
3	《企业国有资产监督管理暂行条例》	国务院令第 378 号，2019 修正
4	《企业国有资产交易监督管理办法》	国资委、财政部令第 32 号
5	《中华人民共和国劳动合同法》	中华人民共和国主席令第 73 号

上述法律法规中，《企业国有资产交易监督管理办法》是 2016 年 6 月由国务院国资委、财政部公布的，替代了国务院国资委、财政部曾在 2003 年出台的《企业国有产权转让管理暂行办法》（国资委、财政部令第 3 号），涵盖范围更加广泛全面，文件体例更加清晰合理，具有很强的进步性，对于国企混改工作也有重要的指导意义。

二、国企混改适用的规范性文件

在国企混改工作中，需要经常适用的中共中央、中共中央办公厅、国务院及地方制定的规范性文件主要包括：

（一）中共中央和中共中央办公厅制定的规范性文件

序　号	名　　称	文　　号
1	《中共中央、国务院关于深化国有企业改革的指导意见》	中发［2015］22 号
2	《关于进一步推进国有企业贯彻落实“三重一大”决策制度的意见》	中办发［2010］17 号

续表

序　号	名　　称	文　　号
3	《中共中央办公厅、国务院办公厅关于印发〈党政主要领导干部和国有企事业单位主要领导人员经济责任审计规定〉的通知》	中办发［2019］45号
4	《中共中央办公厅关于在深化国有企业改革中坚持党的领导加强党的建设的若干意见》	中办发［2015］44号
5	《中共中央关于全面深化改革若干重大问题的决定》	2013年11月12日中国共产党第十八届中央委员会第三次全体会议通过

（二）国务院、国务院办公厅、国务院国资委制定的规范性文件

序　号	名　　称	文　　号
1	《国务院关于促进企业兼并重组的意见》	国发［2010］27号
2	《国务院关于国有企业发展混合所有制经济的意见》	国发［2015］54号
3	《国务院办公厅转发国务院国有资产监督管理委员会关于规范国有企业改制工作意见的通知》	国办发［2003］96号
4	《国务院办公厅转发国资委关于进一步规范国有企业改制工作实施意见的通知》	国办发［2005］60号
5	《国务院办公厅转发国资委关于推进国有资本调整和国有企业重组指导意见的通知》	国办发［2006］97号
6	《国务院办公厅关于建立国有企业违规经营投资责任追究制度的意见》	国办发［2016］63号
7	《国务院办公厅关于进一步完善国有企业法人治理结构的指导意见》	国办发［2017］36号

续表

序　号	名　　　称	文　　号
8	《关于建立国有企业改革重大事项社会稳定风险评估机制的指导意见》	国资发［2010］157号
9	《国务院国有资产监督管理委员会关于印发〈企业国有产权交易操作规则〉的通知》	国资发产权［2009］120号
10	《国务院国有资产监督管理委员会关于贯彻落实〈中共中央国务院关于深化国有企业改革的指导意见〉的通知》	国资发研究［2015］112号
11	《党政主要领导干部和国有企业领导人员经济责任审计规定实施细则》	审经责发［2014］102号
12	《中央企业违规经营投资责任追究实施办法（试行）》	国资委令第37号

前述文件中，《中共中央、国务院关于深化国有企业改革的指导意见》，从“推进国有企业混合所有制改革”“引入非国有资本参与国有企业改革”“鼓励国有资本以多种方式入股非国有企业”“探索实行混合所有制企业员工持股”等方面对国企混改做出了明确部署，对于推进国企混改工作非常重要。此外，《国务院关于国有企业发展混合所有制经济的意见》《国务院办公厅转发国务院国有资产监督管理委员会关于规范国有企业改制工作意见的通知》《国务院办公厅转发国资委关于进一步规范国有企业改制工作实施意见的通知》等三个文件应当被特别关注。其中，《国务院关于国有企业发展混合所有制经济的意见》对“推进国有企业混合所有制改革，促进各种所有制经济共同发展”提出了具体要求，在混改的基本原则、分类分层推进、鼓励各类资本参与国有企业混合所有制改革、建立健全企业治理机制等方面都有明确的规范。《国务院办公厅转发国务院国有资产监督管理委员会关于规范国有企业改制工作意见的通知》和《国务院办公厅转发国资委关于进一步规范国有企业改制工作实施意见的通知》虽然颁布时间较早，里面的内容有些已经不太适应目前企业的实际，但是由于上述文件发布规格高，具体规定细，是规范国有企业改制工作的“宪法”级文件，具有极强的指导意义，因此在混改过程中仍然必须遵守。

（三）部分地方规范性文件

由于国资监管是按照出资管理分级管理，因此，地方国企的混改工作既要符合中央及国务院相关制度文件的要求，又要符合各省市出台的国资监管规定。鉴于国企混改的地方规范性文件比较分散，不够集中，有些规定只是某个文件中的特别条款，甚至有些规定出现于国资监管机构之外的相关机构或部门的单独或联合发文中，因此在进行规范检索时，需要更加地细致和谨慎。对于涉及发展改革、工伤、财政、人力资源与劳动社保、编制、税收等职能的机构或部门的立法或政策指定信息，应特别关注。

有些省市，针对国企混改专门制定了相关的规范性文件。如，2014 年 7 月，上海印发《关于推进本市国有企业积极发展混合所有制经济的若干意见（试行）》，在全国较早提出发展混合所有制经济的基本原则、主要目标和具体措施，坚持以促进各类所有制经济相互融合、共同发展为导向，以发展公众公司为主要实现形式，重点做到三结合、把好三道关、主要通过三途径，实现股权多元化、推进混改。三结合是指发展混合所有制经济与优化国资布局结构、实施开放性市场化联合重组相结合，与推动国资有序流动、盘活用好国有资产相结合，与完善公司治理结构、建立健全现代企业制度相结合；三道关是科学决策关、审计评估关和市场交易关；三途径是推进整体上市或核心业务资产上市、开放性市场化联合重组、实施股权激励和员工持股。

2016 年 1 月，针对混改中不同环节存在的问题，上海市国资委印发《本市国有企业混合所有制改制操作指引（试行）》，明确改革各环节的责任主体、基本流程和主要风险，从制定改革方案、履行决策程序、开展审计评估、实施产权交易、办理变更登记等五个方面，规范混改的操作流程和实施细则，就混改建立提醒把关机制。

再如，2016 年 3 月，江苏省人民政府印发《关于国有企业发展混合所有制经济的实施意见》，提出了混改的总体思路、改革路径，明确分类分层推进混改的具体举措和细化落实措施，建立健全了遵循中央精神、符合江苏实际、指导全省实践的混改制度体系。*

有些省市则没有出台专门的混改类规范性文件，而是结合国企改革的相关规定开展混改工作。以天津市为例，在国企混改的研究和实践中，以

---

* 国务院发展研究中心企业所课题组、项安波：《混合所有制改革的“苏、沪经验”》，载《政策瞭望》2018 年第 2 期。

下地方规范性文件是不可忽视的：

序号	名称	文号
1	《天津市企业国有资产监督管理暂行办法》	天津市人民政府令第88号
2	《天津市人民政府关于进一步深化国有企业改革的意见》	津政发［2013］12号
3	《关于印发〈天津市国有企业开展法律尽职调查业务指引〉及〈天津市国有企业法律顾问出具法律意见书业务指引〉的通知》	津国资法规［2008］6号
4	《市国资委关于印发加强国有企业生产经营重大决策法律审核工作若干意见的通知》	津国资法规［2013］55号
5	《市国资委关于印发天津市国资监管清单（2017版）的通知》	津国资法规［2017］31号
6	《市国资委关于印发天津市国资监管负面清单（2017版）的通知》	津国资法规［2017］32号
7	《天津市市管企业投资监督管理办法》	津国资规划［2017］2号
8	《市国资委关于市管企业健全完善产权管理制度体系的通知》	津国资产权［2016］23号
9	《市国资委关于贯彻落实〈企业国有资产交易监督管理办法〉有关事项的通知》	津国资产权［2016］24号
10	《关于印发〈关于国有企业改革发展的若干意见〉的通知》	津工商企注字［2009］10号
11	《天津市党政主要领导干部和国有企业领导人员经济责任审计实施办法》	津党厅［2014］21号

第四节　国企混改法律服务类型

根据《国务院办公厅转发国资委关于进一步规范国有企业改制工作实施意见的通知》（国办发［2005］60号）的明确规定，“企业改制必须对改制方案出具法律意见书。法律意见书由审批改制方案的单位的法律顾问或该单位决定聘请的律师事务所出具”，可以说是对法律顾问和律师事务所参与企业改制工作的制度依据。此外，为贯彻《关于进一步推进国有企业贯彻落实“三重一大”决策制度的意见》（中办发［2010］17号）的相关要求，在具体操作中，各个省市往往将法律审核作为重大事项集体决策的前提条件，国有企业混合所有制改革作为企业的重大决策事项，势必需要法律顾问和律师事务所的参与，通过提供法律服务，为企业改制保驾护航。

因此，国有企业混合所有制改革工作，不仅需要党委政府的正确领导，需要国有企业的改革动力和非公经济主体的参与热情，需要财政、工商、税务、产权交易市场等相关部门的积极配合，更需要法律实务部门的大力支持。在国有企业混合所有制改革的实践中，法律服务将从混改工作确定立项开始，直到工商变更交易完成为止，涵盖了全部工作的整个过程，涉及每项流程的方方面面。工作中，为国企混改提供法律服务的部门和人员需要秉承真实客观、勤勉尽责以及独立原则，结合不同的角色定位，根据不同的流程阶段，履行不同的职能，发挥不同的作用。

在国企混改工作中，提供法律服务的，包括改制企业的法律顾问或改制企业聘请的律师事务所。在国企混改业务的现实操作中，我们建议选择专门的律师事务所和执业律师提供相关法律服务，主要原因在于：第一，律师相比法务而言，具备更加完备的专业知识和服务经验；第二，律师的地位比法务更加独立客观，受外界因素影响较小，出具的法律意见更加真实可信。因此，国企混改工作的法律实务，可以说就是律师为国企混改提供法律服务的操作实务，而根据不同的角色定位、在不同的流程阶段，律师提供法律服务的类型并不相同。

一、按不同角色定位分类

国有企业混合所有制改革中，由于改制方案可由改制企业国有产权持有单位制定，也可由其委托中介机构或者改制企业制定，而国有产权持有单位对改制方案具有审批职能，对于三级及以下国有企业更需要上级公司层层审批。因此，在国企混改工作中，不同角色定位的企业聘请的律师，相应的服务范围也不同。

1. 改制企业的专项法律顾问。作为拟混改的目标企业，改制企业聘请律师事务所作为专项法律顾问。此时，受聘的律师事务所作为拟改制企业的专项法律顾问，将对该企业的混改工作做专项法律辅助工作，服务内容包括：解读混改政策、审查信息披露、开展尽职调查、出具鉴证意见、审查决策程序、拟订审查文件、代理相关诉讼等。其中，拟订审查文件中就包括了出具《法律意见书》。

2. 改制企业国有产权持有单位的专项法律顾问。作为改制企业国有产权持有单位，其聘请的律师事务所作为专项法律顾问，最基本的一项职能，就是出具《法律意见书》。此外，根据改制企业国有产权持有单位的不同要求，受聘的律师事务所还可以提供解读混改政策、开展尽职调查、审查决策程序等服务，由于改制方案可由改制企业国有产权持有单位制定，因此受聘的律师事务所还可能被委以拟订审查企业混改方案的工作。

二、按不同流程阶段分类

国有企业混合所有制改革工作的流程，虽然由于混改的方式和改制企业的层级不同，在细节上有些区别，但是在总体上脉络是一致的。基本上，国企混改的流程包括：制定混改工作方案，资产清查，选聘审计、评估等中介机构，清产核资，财务审计，划定范围，资产评估，制定混改实施方案和职工安置方案，开展社会稳定风险评估，召开职代会或职工大会，离任审计，出具法律意见书，履行内部决策程序，产权持有单位审核，进场交易，工商变更及国有产权登记等步骤。在每一项步骤中，律师都可以发挥作用。

1. 制定混改工作方案。混改工作方案不同于混改实施方案，是开展混改工作的整体方案。与混改实施方案相比，混改工作方案不仅更加宏观笼统，而且还要有“混改进度安排”等方面的内容，对混改工作的组织领导和分阶段推进予以明确。在制定混改工作方案的工作中，律师的主要工作在于参与起草、修改或者审核混改工作方案。工作中，律师通过对改制企业的尽职调查，了解企业的基本情况和混改需求，结合相关法律、法规和规范性文件的具体规定，按照混改目标企业的要求，对其混改工作方案进行起草制定、修改完善或者审核把关，确保混改工作方案内容完整、合法，具有可操作性。

2. 资产清查。在此项工作中，要求对混改目标企业各项资产进行全面清理、核对和查实，对清查出的各种资产盘盈和盘亏、报废及坏账等损失进行分类排队，为清产核资打好基础。在资产清查过程中，律师的主要作用在于辅助资产管理部门或专业的资产清查机构，核实企业资产的情况，调查资产权属和权利限制情况，以助于企业资产能够达到底数清、情况明。

3. 选聘审计、评估等中介机构。审计、评估等中介机构由审批改制方案的单位予以选聘，为保证选聘公平公正性，中介机构的选聘往往采取差额竞争的方式确定。按照《国务院办公厅转发国资委关于进一步规范国有企业改制工作实施意见的通知》（国办发［2005］60号）的相关规定，企业实施改制必须由确定的中介机构进行财务审计和资产评估。确定中介机构必须考察和了解其资质、信誉及能力；不得聘请改制前两年内在企业财务审计中有违法、违规记录的会计师事务所和注册会计师；不得聘请参与该企业上一次资产评估的中介机构和注册资产评估师；不得聘请同一中介机构开展财务审计与资产评估。律师的作用在于，按照上述规定，对选聘的公告进行审核，对选聘的程序进行督导，并对中标的中介机构和相关人员的资质进行审核，对违规问题加以防范。

4. 清产核资。对于混改目标企业的资产损失要进行认定与核销，对资金要予以核实。清产核资工作包括账务清理、损益认定、资金核实等内容。在此期间，律师可以就在诉资产、涉诉后未执行的资产等出具鉴证意见，辅助会计师事务所依法开展清产核资工作。

5. 财务审计。在清产核资的基础上，会计师事务所按照审计准则的规定对企业资产、负债、损益的真实、合法、效益进行审计监督，对被审计企业会计报表反映的会计信息依法作出客观、公正的评价，形成审计报告。对于审计报告，律师将进行法律审核，并在《法律意见书》中发表意见。

6. 划定范围。由于有些国有企业历史悠久，情况复杂，经过清产核资和财务审计，很可能会发现一些权属不明、情况不明、暂时无法界定和裁判的资产、股权或者债权债务。这些都需要在资产评估之前予以剥离，从而保持混改企业的资产清晰，防止国有资产流失。此时，律师的职能是，对剥离的资产进行认定，辅助企业构建资产转让的路径，起草或者审核资产转让的协议等。

7. 资产评估。按照《国务院办公厅转发国资委关于进一步规范国有企业改制工作实施意见的通知》（国办发［2005］60号）和《企业国有资产评估管理暂行办法》（国资委令第12号）的相关规定，在清产核资和财务审计的基础上，要请资产评估师事务所对纳入混改范围的全部资产、股权等进行评估，形成资产评估报告，并按要求进行专家评审、修改调整、公示和核准。对于资产评估报告，律师将进行法律审核，并在《法律意见书》中发表意见。

8. 制定混改实施方案和职工安置方案。混改实施方案是国有企业混改工作的核心文件，职工安置方案涉及每名职工的切身利益，关系到混改工作的成败，都非常重要。与混改工作方案不同，混改实施方案规定得更加细致、具体，包括公司基本情况、实施混改的必要性、基本原则和目标任务、混改主要内容、妥善安置职工、战略发展规划及预期效果、关于划拨土地的处置、下一步主要工作等内容。职工安置方案包括职工安置的原则、安置对象及人员情况、职工年龄及工龄计算时点的确定、安置办法、费用来源及管理、职工安置方案的实施等方面的内容。作为律师，在制定上述方案的过程中，应该起到全程把关的作用，确保上述方案的内容符合法律法规和相关国资监管制度的规定，具有操作性和可行性。此外，在此阶段，混改企业将有可能着手起草《合资合作协议》《混改后企业章程》《员工持股方案》《择优方案》等文件，律师也将参与起草，或者进行法律审核和修改完善。

9. 开展社会稳定风险评估。根据《关于建立国有企业改革重大事项社会稳定风险评估机制的指导意见》（国资发［2010］157号）的规定，社会稳定风险评估是国有企业改制重组等重大改革事项执行过程中的必要环节，要科学识别、评价、应对和控制国有企业改革中的社会稳定风险，形成《社会稳定风险评估报告》，确保在风险可控的前提下推进改革。在开展社会稳定风险评估工作中，律师应对风险评估工作的主体、程序、内容进行法律审核把关，并在《法律意见书》中发表意见。

10. 召开职代会或职工大会。召开职代会或职工大会，对混改实施方案和职工安置方案进行审议，是国企混改工作的必经阶段，也是维护职工权益的有效手段。在此阶段，律师可以通过审议职代会或职工大会决议或者全程参会的方式，监督职代会或职工大会召开的程序、参加的人员组成、会议的进程、表决的方式和比例等各个方面，从而确保职代会或职工大会的召开符合法律、法规和相关制度的规定，并在《法律意见书》中发表意见。

11. 离任审计。《国务院办公厅转发国资委关于进一步规范国有企业改制工作实施意见的通知》（国办发［2005］60号）规定，改制为非国有的企业，必须在改制前由国有产权持有单位组织进行法定代表人离任审计。律师将对企业领导人员离任审计情况进行法律审查，并在《法律意见书》中发表意见。

12. 出具法律意见书。《法律意见书》是律师服务国有企业混改的核心文件，也是企业集体决策的前提。《法律意见书》对于企业的主体资格，股权结构，方案合法性，职工安置方案，清产核资、财务审计和资产评估，债权债务处理，涉及土地使用权事项，重大决策事项社会稳定风险评估报告，混改方式及交易管理等方面均要发表法律意见，是律师参与混改项目的核心工作成果。

13. 履行内部决策程序。按照《关于进一步推进国有企业贯彻落实“三重一大”决策制度的意见》（中办发［2010］17号），企业改制需要经过党委会、董事会等领导层集体讨论决定。如果律师是改制企业的专项法律顾问，其出具的《法律意见书》是改制企业的领导层履行内部决策程序的前置程序，因此不可能对内部决策程序作出法律评价。但是，如果律师作为改制企业国有产权持有单位的专项法律顾问，则需要对改制企业党委会、董事会等领导层集体讨论进行法律审核，重点审查该企业内部决策程序履行的合法性，并在《法律意见书》中发表意见。

14. 产权持有单位审核。按照规定，混改企业在履行内部决策程序后，要将混改工作的全部文件（包括但不限于：企业混改实施方案、企业混改人员安置方案、潜在合作方情况简介、剥离企业名单、清产核资报告、财务审计报告、资产评估报告摘要、经营者经济责任审计报告、职工代表大会决议、法律意见书、党委会决议、董事会决议等）上报给国有产权持有单位进行审核。在审核过程中，律师作为改制企业国有产权持有单位的专项法律顾问，可以参与审核，提出法律意见，确保相关文件内容合法，审核工作程序合法。

15. 进场交易。通过产权交易中心，对混改企业的产权进行进场交易。在进场交易之前，改制企业需要签署《产权交易合同》，该合同中，将对产权转让的标的及价格，产权转让的方式及相关费用，产权转让涉及企业职工安置，产权转让涉及债权、债务的承继和清偿办法，产权转让中涉及资产处置，产权转让总价款的支付方式、期限、条件、地点，产权交割事项，权证的变更，产权转让的税收和费用，违约责任，争议的解决方式，合同的变更和解除以及承诺进行约定，并作为挂牌的披露事项。作为改制企业国有产权持有单位的专项法律顾问的律师将有责任对该协议进行审核把关，维护企业国有产权持有单位的合法利益。此外，进场交易时，按照相关规定，需要进行信息披露。在《企业国有资产交易监督管理办法》（国资委、财政部令第32号）中，对于信息披露的期限、内容和形式都有明确规定，因此，律师应结合相关规定，对信息披露情况进行法律审核，确保信息披露依法合规。

16. 工商变更及国有产权登记。按照《公司法》和《国家出资企业产权登记管理暂行办法》（国资委令第29号）的相关规定，混改后的企业应该进行工商变更，并且纳入国有产权登记范围。这是整个混改工作的最后环节，律师可以协助办理相关事宜。

第五节　国企混改中法律服务的作用

在全面依法治国的当下，法律服务的作用越发突出和重要。国有企业混合所有制改革，关系到企业的未来发展，也关系到职工的切身利益，更关系到国民经济的进步壮大。在这项意义重大、充满挑战的工作中，为混改工作提供法律服务的律师将发挥非常重要的积极作用，为国企混改、经济发展、社会稳定保驾护航。

一、法律服务的工作内容

在混改工作中，主要可以开展以下法律服务工作：

1. 法律法规政策解读。通过收集整理混改方面的法律、法规和政策文件，制定混改法律、法规汇编，根据委托人的需求，向企业经营者、职工及相关人员进行讲述介绍，答疑解惑。

2. 前期调查咨询服务。在混改的开始阶段，对混改目标企业开展摸底性调查，根据调查情况对混改的初步方案提出建设性意见，并对混改过程中可能涉及的法律问题提供专业咨询意见。

3. 尽职调查出具报告。根据委托人的需求，按照审慎原则，对潜在合作方企业开展尽职调查，从法律专业角度对有关资料、文件、信息以及其他事实情况进行调查、研究、分析和判断，并出具《尽职调查报告》。

4. 参与谈判提供支持。根据委托人的需求，全面参与混改工作中国有企业与各潜在合作方企业的重大商务谈判活动，出具书面或口头法律意见，审核会议纪要，提供法律支持。

5. 起草审查相关文件。根据委托人的委托，对混改实施方案、职工安置方案、员工持股方案、合资合作协议、混改后公司章程、择优方案、产权交易合同等重要文件进行拟订、审查及修改完善，发表明确的结论性意见，并应委托人需求出具《法律意见书》。

6. 提供律师鉴证服务。根据委托人的委托，对混改过程中企业的清产核资、财务审计、资产评估等专项工作提供法律服务，依法协助产权主体或混改企业进行清产核资、财务审计、资产评估，对所涉及的核准或备案程序问题提供咨询意见、出具鉴证意见。

7. 审查内部决策程序。协助国有企业完成各项内部决策程序，重点审查与规范企业是否按照“三重一大”的决策要求严格履行相关程序，确保相关交易的内部决策程序符合公司法、国资监管制度、企业章程和企业内部管理制度。

8. 协助混改方案申报。根据委托人的委托，依法协助混改企业进行《混改实施方案》等相关材料的报批工作，对材料清单、报批程序提供咨询意见，并对申报过程中出现的问题，提出合法合理的解决方案。

9. 审查信息披露情况。按照相关国资监管规定，对混改企业履行信息披露义务的情况进行法律审核，审核相关的信息内容是否披露全面完整，期限是否符合规定，流程是否依法合规，并及时提出相关建议。

10. 协助完成产权交易。根据委托人的委托，协助混改企业完成国有产权转让、增资扩股等国有产权交易挂牌的相关工作，审查择优方案、产权交易合同等相关文件，产权交易前出具产权交易中心挂牌的法律意见书等。

11. 协助办理工商登记。协助混改后的企业按照混改方案、《公司法》、《公司登记管理条例》及工商行政管理部门的有关规定，完成混改后新公司的设立或股权变更登记等各项工作。

12. 代理相关案件诉讼。在混改过程中或混改工作结束后，混改企业可能会出现产权界定、产权交易等与混改相关的纠纷案件，需要通过向法院或者仲裁机构提起诉讼或仲裁予以解决，对于这些纠纷案件，可以提供代理诉讼法律服务。

13. 其他相关法律服务。根据委托人的需求，提供其他与国有企业混合所有制改革相关的法律服务。

二、法律服务的工作原则

《律师法》中规定了律师的基本工作原则：律师应当维护当事人合法权益，维护法律正确实施，维护社会公平和正义；律师执业必须遵守宪法和法律，恪守律师职业道德和执业纪律；律师执业必须以事实为根据，以法律为准绳；律师执业应当接受国家、社会和当事人的监督；律师依法执业受法律保护，任何组织和个人不得侵害律师的合法权益。

为国企混改提供法律服务的律师当然应遵守以上基本工作原则，在法律法规允许的范围内，为客户提供良好的法律服务，最大程度维护客户的合法权益。为国企混改工作提供法律服务的律师还具有独特性，即国企混改律师应以自身的专业知识及判断进行尽职调查和揭示风险，为国有企业、国有产权持有单位、国资监管部门做出判断提供客观依据，国企混改律师既要维护委托人的合法权益，又要独立于委托人，审慎核查委托人混改工作相关事项的合法合规性，发表客观意见。

根据开展国企混改法律服务的实务经验，结合《律师法》的相关规定和混改客户的客观要求，笔者认为，为国企混改提供法律服务的律师应在法律服务业务中特别秉持以下工作原则。

1. 真实客观原则。《律师法》规定，律师执业必须以事实为根据，以法律为准绳。真实客观是律师出具法律意见的首要原则。律师无论是尽职调查还是出具法律意见，都应当到真实、客观。不弄虚作假，不主观臆测，充分调取客观证据，实事求是地对客观证据进行分析、核验、论证，并据此得出明确客观的结论。

2. 勤勉尽责原则。法律上并未明确规定如何判断“勤勉尽责”。从国企混改法律服务的业务来分析，律师事务所及其律师违背勤勉尽责原则主要表现在：一是未仔细审查《混改实施方案》《职工安置方案》等重要文件；二是相关材料收集不完整不具体；三是尽职调查不深入不完整；四是未严格审查企业内部决策程序；五是法律意见书存在实质瑕疵；六是法律意见书存在形式瑕疵。

3. 独立原则。独立原则是指，律师事务所及其指派的律师从事国企混改法律业务，应当运用自己的专业知识和能力，依据自己的查验行为，独立做出查验结论，出具法律意见。对于收集证据材料等事项，应当亲自办理，不得交由委托人代为办理；使用委托人提供材料的，应当对其内容、性质和效力等进行必要的查验、分析和判断。由于律师行业的竞争激烈，再加上一些律师主观上独立意识淡薄，依赖于委托人提供的材料而疏于调查核验，这导致律师在进行法律尽职调查和出具法律意见时容易受到委托人的影响。律师应以自身的专业知识及判断进行尽职调查和揭示风险，为国有企业、国有产权持有单位、国资监管部门做出判断提供客观依据，有效防范国有企业混合所有制改革中出现重大法律问题，防止造成国有资产流失。

第二章

国企混改操作模式与流程

国有企业混合所有制改革，能否完成既定的工作目标，收到良好的工作成果，不仅需要发挥党委、政府、国有企业和其他社会资本等各方主体的积极作用，还需要选择适合的操作模式，规范相应的操作流程，依法依规开展工作，严格按照程序进行操作。工作中，无论是模式选择的错误，还是缺少了必要的工作环节，或是在某个环节中存在疏漏或瑕疵，都会影响混改工作的质量和进程，甚至造成混改工作的失败和国有资产的流失。

但是，截至目前，国务院国有资产监督管理委员会并没有对混改工作制定过专门的操作指引，流程方面的相应规定也散见于各种法律、法规或者制度文件中，不集中不统一，比较零散。只有部分省市，如甘肃省、上海市分别出台了“国有企业混合所有制改革操作指引”，结合地方实际对国企混改的流程予以了规范。

本章将依据相关法律、法规、规章和规范性文件，借鉴地方省市的相关规定，对国有企业混合所有制改革工作的可能模式进行总结，对“引入战略投资者”这一混改基础模式的操作流程予以梳理和介绍，并结合产权转让、增资扩股、新设企业、收购股权或出资入股等混改的主要方式，对各种方式的操作流程中需要特别注意的问题进行归纳和提示。

第一节　国企混改的可能模式

要完成国有企业混合所有制改革工作，发展国有企业混合所有制经济，需要结合企业的情况，选择特定的模式。总结来说，国有企业混改主要有以下几种可能模式：

一、引入战略投资者

当前，引入战略投资者是混改实践中运用最为普遍的操作模式。战略投资者需要具有较好的资质条件，例如雄厚的资金、核心的技术、先进的管理、成熟的市场、顶尖的人才、较好的实业基础和较强的投融资能力。与其合作，不仅可以带来大量的资金、先进的技术和丰富的经验，还可以增强企业的核心竞争力和创新能力，促进企业的产品结构、产业结构调整升级，提高企业产品市场占有率。战略投资者不分境内外，也不必须是世界500强，或者国家500强，但战略投资者必须要致力于长期投资合作，谋求长远利益回报，这是战略投资者和战略投机者的重要区别。

引入战略投资者主要具有以下意义：①为国有股东带来大量资金；②推进公司制股份制改革，形成相对制衡的股权结构；③健全公司法人治理结构，完善现代企业制度；④引进先进的技术和管理理念，改善国有资本管理体制。

引入战略投资者的方式可以多种多样，既可以通过产权转让、增资扩股等方式进行，也可以通过共同出资设立新企业的方式进行，但都必须设置好合理的股权比例，从而做到在完成混合所有制改革任务的同时，能够取长补短、优势互补，做大做强。

成功经验

中粮投资蒙牛

蒙牛乳业（集团）股份有限公司成立于1999年8月，总部设在内蒙古自治区呼和浩特市和林格尔盛乐经济园区，是国家农业产业化重点龙头企业、乳制品行业龙头企业。

2008年金融危机期间，蒙牛接连遭遇一系列打击。三聚氰胺事件、金融危机和蒙牛特仑苏曝出OPM事件等接二连三的打击，让蒙牛销量下滑，现金流出现巨大缺口，财务状况紧张。2008年，蒙牛净亏损9.486亿元，截至2008年12月31日，蒙牛银行贷款余额17.287亿元，而其中12.087亿元必须在1年内偿还。受这些事件影响，在香港联交所上市的蒙牛股票被国际投行集体看空，股价大跌，市值蒸发200亿港元。2008年9月22日，蒙牛最大的机构股东瑞银持股比例从7.99%增持到12.33%，蒙牛面临被外资收购的风险。2008年10月19日，蒙牛集团董事长牛根生发出了《牛根生致中国企业家俱乐部理事及长江商学院同学的一封信》，信中介绍了蒙牛最近一段时间应对三聚氰胺事件以及其他危机所采取的稳定措施，同时对施以援手的人士表示感谢。在信中，牛根生坚定地表示"我也提醒各位理事、同学，一定要以蒙牛为鉴，防范类似风险。至于蒙牛，最后即使白送了弟兄们，也决不愿被外国人买走。"

2009年7月7日，中粮集团宣布与厚朴投资共同组建一家新公司，其中中粮集团持股70%，以每股17.6元的价格投资61亿港币，分别向蒙牛认购新股以及向老股东购买现有股份，新公司将持有蒙牛扩大后股本的20%，成为蒙牛乳业的第一大股东。双方对外宣告，中粮集团是长期持股蒙牛的战略投资者，中粮集团不参与蒙牛的具体经营管理。

对于此宗收购，中粮集团董事长宁高宁解释说："入股蒙牛是高起点进入该行业的良好契机。选择蒙牛这个中国最大的乳制品供应商作为战略投资伙伴，中粮在一个成熟的平台上完善了自己'大食品产业'的布局。"他还在做客国资委网站和网友交流时表示，中粮入股蒙牛是因为中粮看好乳业本身，看好乳品公司，且蒙牛是一家很好的企业，而不是外界传说的"救"蒙牛。他认为，中粮入股蒙牛是"好的投资"，结局是双赢的。他澄清说："中粮在入股（蒙牛）的时候，有人怀疑说是因为三聚氰胺的事，但事实并不是这样。有人说中粮是不是要救蒙牛，其实并不存在这样的问题。"他进一步解释说，中粮入股蒙牛，首先是因为蒙牛是中国液体奶领域遥遥领先的第一名，其品牌的领导力非常强，营业额和盈利都是很好的。蒙牛目前官网上是这样评价此次收购的："中粮的加入，推动了蒙牛'食品安全更趋国际化，战略资源配置更趋全球化，原料到产品更趋一体化'进程。"

（资料来源于宁高宁：《中粮入股蒙牛是投资而非拯救》，载《证券时报》2009年9月26日）

二、员工持股

长期以来，国有企业存在着"东家""管家"不一致的机制问题，不仅影响国企员工的工作积极性，而且容易造成国企员工腐败问题的发生。为解决上述问题，吸引、留住和激励员工，国有控股混合所有制企业开始试点员工持股，让国企员工持有企业的一定股份，变"管家"为"东家"。而推进员工持股的国有企业，则变为混合所有制企业。2013年11月，《中共中央关于全面深化改革若干重大问题的决定》提出："积极发展混合所有制经济。允许混合所有制经济实行企业员工持股，形成资本所有者和劳动者利益共同体。"

2016 年 8 月国务院国资委、财政部、证监会印发了《关于国有控股混合所有制企业开展员工持股试点的意见》（国资发改革［2016］133 号），明确了员工持股试点原则、试点企业条件、企业员工入股、企业员工股权管理、试点工作实施、组织领导等细则。意见规定员工持股试点有四大原则：一是坚持依法合规、公开透明，二是坚持增量引入、利益绑定，三是坚持以岗定股、动态调整，四是坚持严控范围、强化监督。规定了员工范围，应为在关键岗位工作并对公司经营业绩和持续发展有直接或较大影响的科研人员、经营管理人员和业务骨干，且与本公司签订了劳动合同。此外，意见还明确实施员工持股后，应保证国有股东控股地位，且其持股比例不得低于公司总股本的 34%，员工持股总量原则上不高于公司总股本的 30%，单一员工持股比例原则上不高于公司总股本的 1%。

成功经验

"混改"改出新天地

——中国建材集团推进混合所有制改革实践

近年来，中国建材集团积极适应经济发展新常态，遵循市场经济规律和企业发展规律，开展一系列市场化改革，在推进混合所有制经济发展方面进行了大胆探索，按照"规范运作、互利共赢、互相尊重、长期合作"的"十六字"混合原则，走出了一条以国民共进方式进行市场化改革和行业结构调整的新路。

成立于 1984 年的中国建材集团有限公司（以下简称"中国建材"）是集科研、制造、流通为一体的大型综合性建材产业集团，是国务院国资委发展混合所有制经济和落实董事会职权的双试点企业。作为充分竞争领域的央企，该集团原本是一家底子薄、资本金少的"草根央企"。2002 年以来，面对企业做强做优做大和行业"多散乱"的双重压力，中国建材在市场的倒逼下，一手抓行业整合，一手抓资本混合，重组近千家民营等不同所有制企业，走出了一条以国民共进方式进行市场化改革和行业结构调整的新路，迅速跃居全球最大的建材工业制造商。集团董事长宋志平表示："与市场资源的联合、与社会资本的混合这两大改革改变了集团的命运，改革发展取得了实效。”

重组千家民企

中国建材的混改既是压力所倒逼，也是企业遵循市场经济规律和企业发展逻辑的主动选择。中国建材处于充分竞争行业，水泥、玻璃等行业产能严重过剩、布局分散、恶性竞争情况较为突出。发展混合所有制经济，加快推进资源整合、结构优化和产业升级成为中国建材集团成功“突围”、实现快速发展的现实选择。

改革之初，为做大做强，中国建材集团决定回归水泥等大宗建材行业，但中国建材几乎没有水泥企业，怎么办？集团通过与市场资源的联合和与社会资本的混合两大改革改变了命运，探索出资本运营、联合重组、管理整合、集成创新的成长模式，解决了资金从哪里来、资源从哪里来、规模效益从哪里来、技术从哪里来的问题，在自身实现持续快速发展的同时，推动行业实现从速度到质量、从规模到效益、从快速粗放式增长到集约精益化增长的转变。

2006 年前后，水泥行业面临产能过剩、集中度低、竞争无序的“多散乱”问题，华东等区域水泥行业恶性竞争造成企业亏损严重。中国建材抓住国家产业结构调整的有利时机，推进行业的供给侧结构性改革。短短几年间，中国建材迅速重组近千家企业，一跃成为产能 4.5 亿吨、全球规模最大的水泥供应商，被媒体誉为“水泥大王”，创造了世界水泥发展史上的奇迹。这一大规模重组的实践入选哈佛商学院案例。

由于中国建材带头推进联合重组，我国水泥行业产能集中度从 2006 年的 16%增至 2015 年底的 58%左右，重塑了竞争有序、健康运行的行业生态。在联合重组的同时，中国建材带头淘汰落后产能和过剩产能，推动行业减量发展，积极倡导市场竞合，推动自律限产、错峰生产，让产品价格回归合理水平，有力地推动了水泥行业健康稳定发展。

经过多年实践，在混合所有制改革中，中国建材集团探索了“三层混合”模式。第一层，上市公司层面，中国建材股份等公司吸纳大量社会资本；第二层，平台公司层面，把民营企业的部分股份提上来交叉持股；第三层，业务公司层面，给原所有者留 30%左右的股权。通过三层混合，既保证了集团在战略决策、固定资产与股权投资等层面的绝对控股，也提高了子公司在精细化管理、技术改造等环节的积极性。更为重要的是，将市场机制真正引入到央企内部，提升了企业的竞争力。

中国建材集团还根据下属企业特性和实际情况，在南京凯盛国际工程有限公司、合肥水泥研究设计院等转制科研院所、高新技术企业，探索员工持股，坚持试点先行、规范操作、有序推进，把企业效益和员工利益结合起来，把资本要素和劳动要素结合起来，建立健全激励约束长效机制，留住核心骨干，吸收外部人才，极大地增强了企业的凝聚力、创造力和竞争力，真正实现了“员工和企业共同成长”。

“三七原则”与“三盘牛肉”

对于发展混合所有制，有国企担心，国有资本会被“蚂蚁搬家”式地蚕食，民企则担心会被“公私合营”。那么，中国建材的重组与混合是如何让双方心甘情愿、共生多赢的？记者深入走访企业，了解到中国建材混改有四个特点。

一是以“央企市营”赢得机制优势。“央企市营”是中国建材多年探索形成的一套改革模式。“央企”是所有者属性，包括四个内涵：坚持企业中党组织的政治核心作用；带头执行党和国家的方针政策；主动承担政治责任和社会责任；创造良好的经济效益，为国家保值增值，为全民积累财富。“市营”是市场化属性，包含五个核心：股权多元化、规范的公司制与法人治理结构、职业经理人制度、公司内部机制市场化、依照市场规则开展企业运营。通过“央企市营”，中国建材集团建立起适应市场经济的体制机制，活力和竞争力极大增强，实现了与多种所有制企业共生多赢。

二是以“三七原则”设计股权结构。混合所有制是国有资本、集体资本、非公有资本等交叉持股、相互融合的新型所有制形式。这到底怎么进行股权设计？《中共中央、国务院关于深化国有企业改革的指导意见》提出，“要充分发挥市场机制作用，坚持因地施策、因业施策、因企施策，宜独则独、宜控则控、宜参则参”。中国建材采取“正三七”和“倒三七”的多元化股权结构。“正三七”是中国建材集团持有上市公司30%以上的股份，作为第一大股东进行相对控股。中国建材集团董事长宋志平提出，发展混合所有制要“混得适度”，就是在“相对控股”“第一大股东”“三分之一多数”等基本前提下，探索多元化股权结构，重点是要引入积极股东。改革中既不能一股独大，让所有者缺位，也不能股权过于分散，否则就会“三个和尚没水吃”，股东无法统一意见或不会真正关心公司发展，使得公司权利被内部人控制。至于“倒三七”，指的是中国建材集团的上市公司采取“倒三七”的股权结构，即约70%的股份由上市公司持有，给其他投资者或民企创业者保留约30%的股份。通过“正三七”与“倒三七”的股权划分，中国建材形成了一套自上而下的有效控制体系，既保证了集团在战略决策、固定资产与股权投资等层面的绝对控制权，也确保了上市公司和子公司的利润。

三是以“三盘牛肉”吸引民营企业。未来学家、管理大师约翰·奈斯比特在《定见》一书中提出“变革，就要端出牛肉”。在与民营企业混合的过程中，中国建材准备了三盘“牛肉”：第一，聘请专业中介机构进行市场评估，在定价公允透明的基础上让创业者原始投资获得合理回报；第二，留给创业者30%的股份，让创业者有机会分享整合后的效益；第三，继续留用那些有能力、有业绩、有职业操守的创业者，吸引其成为职业经理人，既稳定了重组企业，充实优化了管理团队，也为优秀的民营企业家提供了实现个人价值和回馈国家的事业平台。

四是以“包容文化”推动和谐发展。坚持以人为本，通过与自然、社会、竞争者、员工和谐，实现包容性增长；实施绿海战略，引领行业重塑竞争有序、健康运行的生态格局，赢得社会广泛支持；建立以融合为特质的企业文化，使重组企业产生强烈的归属感，营造“中建材一家”的浓厚氛围。

对于混改的体会，中国建材集团董事长宋志平有这样一番表述非常贴切。他说，“混合”是一场对企业包容性的考验，靠的不仅仅是条条款款的约束，而是包容的智慧。混合所有制企业好比一杯茶水，水可能是国企的，茶叶可能是民企的，但变成茶水之后就没办法分开了，也没必要去分。君子和而不同，只有国企真正与民企形成水稻一样的“杂交”优势，才能确保混合成功，实现和谐共赢。

混改实现共生多赢

中国建材集团通过发展混合所有制经济，为企业注入了强大的内生动力，取得了显著成效。

一是增强了企业活力和竞争力。在混合所有制的激励和带动下，中国建材产业布局不断优化，经营机制、管理体制、员工观念焕然一新。十年间，中国建材实现跨越式发展，收入、利润双双增长100倍，年复合增长率超过40%，净资产回报率连年超过15%，国有资产保值增值率连年超过110%，连续七年获国资委年度经营业绩考核A级，连续五年进入世界500强。通过“混改”，打造出多个实力雄厚的产业平台，成长为中国最大、全球第二的综合性建材产业集团，在水泥、石膏板、玻璃纤维等行业产能位居世界第一。

二是放大了国有资本功能。中国建材混合所有制企业数量占比超过85%，以300亿元国有权益，吸引1000亿元社会资本，撬动4300亿元总资产，实现了国有资本保值增值，显著放大了国有资本功能。

三是培育了一批优秀骨干企业和善打硬仗的企业家队伍。在混合所有制的内在激励推动下，中国建材集团逐步营造了企业家成长和企业家精神发挥的良好生态环境，培育出南方水泥、中国巨石、中复神鹰、中复连众等一批管理优秀、业绩优异、竞争力突出的骨干企业，涌现出一批民营企业出身的优秀职业经理人、企业家。

四是加速行业供给侧结构性改革进程。在中国建材大规模联合重组的推动下，我国水泥行业集中度从2008年的16%提高到2015年的58%，探索出一条以行业整合、国民共进方式推进过剩行业供给侧改革的有效路径。中国建材发挥了中央企业在技术创新和承担社会责任的“国家队”作用，通过推进“混改”，聚焦行业技术制高点，取得一系列重大突破。

五是开创了国有经济与民营经济共生多赢局面。中国建材把央企的规范治理、规模优势、技术实力与民企的灵活性、激励机制、企业家精神融合起来，形成独有的强大的“混合”优势，实现了不同所有制经济取长补短、相互促进、共同发展，开创了“国”“民”共进、共生多赢的局面。

（资料来源于李予阳：《“混改”改出新天地》，载《经济日报》2016年8月17日）

三、整体上市

整体上市的混改模式，是将国有企业的主要资产和业务整体改制为股份公司进行上市，从而实现混改的目标。将混改目标企业整体上市具体的路径包括两种，一是通过整体改制后使企业符合上市公司发行新股的条件，以首次公开发行上市的方式完成；二是借助国有企业控股的上市公司，将企业全部资产注入该上市公司，从而实现资产整体上市的目标。

企业整体上市是发展混合所有制经济最有效的方式，通过这一方式，可以一步到位，将国有企业从国有独资公司一举变为混合所有制公司。同时，上市公司的法律规范比较严格，上市后的混合所有制公司将依据上市公司的法律规范进行管理，从而为建立自我约束的治理体系奠定法制基础。国有企业整体上市还有助于理顺集团公司与子公司之间较为复杂的股权关系，完善集团整体治理结构，并充分利用资本市场的积极作用，打造更加广阔的融资平台。最主要的是，企业整体上市的混改模式，可以解决原有企业国有股“一股独大”和股权架构倒置的问题。

成功经验

国企改革纵深推进：国有股不再“一股独大”

混合所有制改革是国有企业改革的重要突破口。国家发改委经济体制综合改革司相关负责人表示，目前通过各种不同所有制资本的实质性混合，非公有资本在混合所有制改革企业中的“催化剂”作用得以充分发挥，产生了体制机制融合互促的“化学反应”，实现了资本“形混”和制度“神混”的统一。随着国企混改稳步推进，企业法人治理进一步完善，民营资本、外资等作为战略投资、产业投资进入国有企业，有效解决了过去国有股“一股独大”的问题。

作为第一批改革试点的企业，东航物流通过混改在 2017 年取得了营收同比增长超三成、利润总额增长超七成的好业绩，同年净资产回报率也达到 53.25%，远高于世界一流航空物流企业 15%净资产回报率的平均水平。

据东航物流相关负责人介绍，东航物流成功引入了诸如普洛斯、德邦快递等外资和民营资本，外资和中高级管理人员、核心业务骨干等员工持股比例达到 25%。企业迅速完成授权管理、行政议事、分类考核等内部机制改革，并与民资及外资股东实现了战略资源的有效链接，打通了航空物流全产业链。

（资料来源于赵展慧：《国有企业改革向纵深推进》，载《人民日报》2018 年 4 月 13 日，第 10 版）

推进国企整体上市的建议

——兼议上海国企整体上市改革经验

国企产权结构存在两个突出问题：一是国有股“一股独大”。二是股权架构倒置，即母公司国有独资，子公司产权多元化或是上市公司。母公司承担集团经营责任，经营资源及运作权主要在上市子公司。股权架构倒置的形成，与国企改革路径选择及客观条件等历史因素有关，对当时的企业发展和改革也有贡献。随着经济发展和环境变化，股权架构倒置问题必须解决。首先，现代大公司需要基于整体利益“计划协调”内部资源，母公司对下属公司同时有管理关系和复杂的利益及法律关系，协调成本太高；其次，限制了国有资本流动和混合所有制发展，集团存在不良或不透明资产以及母公司坚持控股情况下，投资者投资母公司意愿不强，投资上市子公司发挥作用空间有限；第三，为解决大公司内部完整的管理权被股权多元化子公司分隔的副作用，国家出资人监管延伸到重要的上市子公司，母公司对下实行复杂的派出董事和管理者的双重管理。另外，还有母公司和上市子公司领导班子、利益相混等复杂的中国特色的治理及管理问题。国企产权结构的这两个问题必须结合解决，因为二者密切联系，母公司承担集团经营责任和子公司间的协调责任，自然不会放弃上市子公司的控股权，总体架构必然是国有股“一股独大”。

解决了股权架构倒置问题，那么深化国企改革中面临的一些难题，比如国有资产投资运营公司是持股母公司还是子公司、出资人机构和持股机构权责如何配置等，也容易解决。

（资料来源于 http：//www. chinareform. org. cn/Economy/Enterprise/Practice/201601/t20160118_242312. htm）

四、设立基金

设立国有资本混改基金，以基金为载体，由政府为引导，吸引社会资本加盟，共担改革成本，分享混改收益，也是一种不错的混改模式。这一模式，利用市场机制实现资源货币化，通过改组组建国有资本投资、运营公司，探索出一条“资源资产化、资产资本化、资本证券化”的混改新路，改变社会资本“不愿投资、害怕混合”的投资预期，平衡投资者的权利和义务，理顺投资与运营的关系，从而实现国资价值的再发现，建立一种新型的国企改革路径。

专家解读

黄奇帆：重庆混合所有制改革五种“混”法

第一种“混”法，推动国企集团整体上市，不留壳尾巴，这是混合所有制最基本、最普遍，也是最规范、最经典的一种模式。上市还留着尾巴的，可以通过增发新股、子公司对母公司吸收式兼并来解决。

第二种“混”法，把部分现在合适的集团公司转化为巴菲特式、淡马锡式，或是中投式的投资公司。按一般经济规律，投资公司自身不举债，是资本玩资本，但基本不控股，只做股权投资、做战略投资者。

第三种“混”法，有的企业一时还没有达到上市条件，可以先搞股份制，在保持国有控股的同时，把部分股权转给民营、社保基金、保险基金、私募，甚至是外资。总之，通过股权转让，形成多元化的股份有限公司。

第四种“混”法，可以把转让掉的一部分股权所获得的国有资本，搞一批国资委直接控制的产业投资母基金，管理团队由国资委通过市场化方式选择组织，投资方向由发改委、经信委等部门指导。母基金不直接投到产业中去，而是按一定比例和各种社会资本的私募基金混合成立子基金。

第五种“混”法，在政府公共服务、基础设施类一些市场信号逐渐活跃起来的领域，要推动公共产品价格逐步实现市场化，为非公经济的进入创造条件，实现混合发展，即改善它的边界条件，使非公经济进入后不至于亏损。

（资料来源于《专访黄奇帆：重庆国资改革再出发》，载财经新闻网 2014 年 1 月 21 日）

第二节 国企混改的工作流程

国有企业混合所有制改革，要注意把好科学决策关、审计评估关、市场交易关等重要关口，规范操作，防范风险，有序发展。在国企混改的几种可能模式中，最基础的混改模式就是引入战略投资者。在以引入战略投资者的模式进行国企混改的过程中，一般的工作流程包括制定改制方案、开展审计评估、履行决策程序、实施产权交易、办理变更登记等五大主要环节，详细来说包括：制定混改工作方案，资产清查，选聘审计、评估等中介机构，清产核资，财务审计，划定范围，资产评估，制定混改方案和职工安置方案，开展社会稳定风险评估，召开职代会或职工大会，离任审计，出具法律意见书，履行内部决策程序，产权持有单位审核，进场交易，工商变更及国有产权登记等步骤。

国企混改流程图：

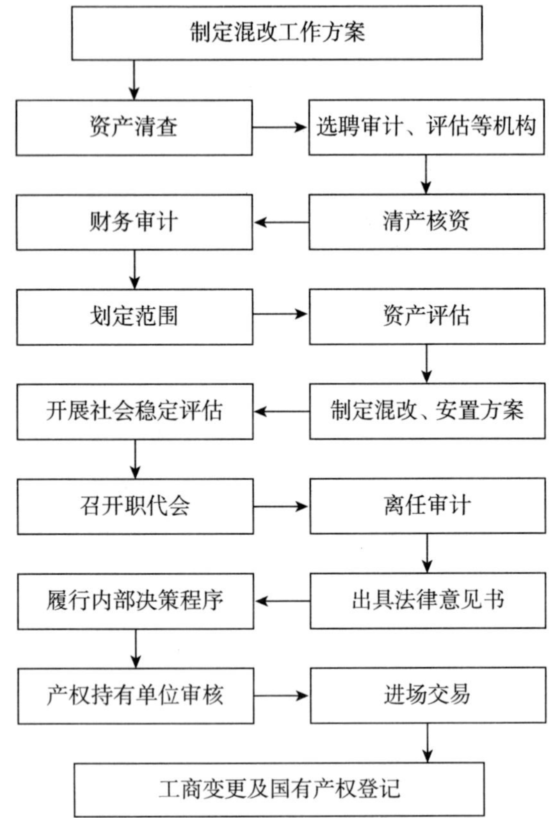

一、制定改制方案

制定国有企业混合所有制改革的方案，是顺利推进国企混改工作的核心和保障，关系整个混改工作的进展和成败，具有非常重要的战略意义。国有企业混合所有制改革的方案，狭义来说是指《混合所有制改革实施方案》，但广义上不仅包括《混合所有制改革实施方案》，还包括《混合所有制改革工作方案》《混合所有制改革职工安置方案》等内容。

（一）混合所有制改革实施方案

《混合所有制改革实施方案》是整个混改工作的核心文件，在混改工作中起到"宪法性"的重要作用。该方案可由改制企业国有产权持有单位制定，也可由其委托中介机构或者改制企业（向本企业经营管理者转让国有产权的企业和国有参股企业除外）制定，律师可以辅助制定主体对方案进行审核和修改，甚至可以参与或者承接制定方案的工作。《混合所有制改革实施方案》涵盖了公司基本情况、实施混改的必要性、基本原则和目标任务、混改主要内容、妥善安置职工、战略发展规划及预期效果、关于划拨土地的处置、下一步主要工作等重要内容。

（二）混合所有制改革工作方案

《混合所有制改革工作方案》是开展混改工作的整体方案，也是开展混改工作的首要文件，应由了解企业具体情况的改制企业或者改制企业国有产权持有单位制定，律师可以结合对混改企业的尽职调查情况，辅助《混合所有制改革工作方案》的制定主体对方案进行审核和修改。《混合所有制改革工作方案》的主要内容，应该包括公司的基本情况、混改的必要性与发展目标、投资者选择原则、混改方式、股权设置、完善企业法人治理结构、妥善安置职工、混改时间安排、组织保障等方面。

（三）混合所有制改革职工安置方案

《混合所有制改革职工安置方案》与职工的利益和未来息息相关，该方案的制定决定了混改能否顺利推进，也决定了企业的发展和社会的稳定。《混合所有制改革职工安置方案》的制定主体应为改制企业，由于该方案需要符合《劳动法》《劳动合同法》《事业单位人事管理条例》等法律法规或规章的规定，专业性较强，因此专门的劳动法业务律师可以协助把关。一般来说，《混合所有制改革职工安置方案》需要包括以下内容：人员安置的基本原则、人员的基本情况、适用范围、人员安置、资金保障、清偿拖欠职工债务、人员安置方案的组织实施等内容。

相关规定

国务院办公厅转发国资委
关于进一步规范国有企业改制工作实施意见的通知

（国办发［2005］60号）

改制为国有控股企业的，改制后企业继续履行改制前企业与留用的职工签订的劳动合同；留用的职工在改制前企业的工作年限应合并计算为在改制后企业的工作年限；原企业不得向继续留用的职工支付经济补偿金。改制为非国有企业的，要严格按照有关法律法规和政策处理好改制企业与职工的劳动关系。对企业改制时解除劳动合同且不再继续留用的职工，要支付经济补偿金。企业国有产权持有单位不得强迫职工将经济补偿金等费用用于对改制后企业的投资或借给改制后企业（包括改制企业的投资者）使用。

企业改制时，对经确认的拖欠职工的工资、集资款、医疗费和挪用的职工住房公积金以及企业欠缴社会保险费，原则上要一次性付清。改制后的企业要按照有关规定，及时为职工接续养老、失业、医疗、工伤、生育等各项社会保险关系，并按时为职工足额交纳各种社会保险费。

二、开展审计评估

审计评估工作包括资产清查、选聘审计评估等中介机构、清产核资、财务审计、划定范围、资产评估、离任审计等多个环节，是国有企业开展混合所有制改革的关键步骤。审计评估工作，将确定混改企业的资产范围、资产总额，从而直接决定交易价格，作用关键，责任重大，稍有纰漏，就会影响混改工作的顺利开展，甚至造成国有资产流失。

（一）资产清查

根据《国务院办公厅转发国资委关于进一步规范国有企业改制工作实施意见的通知》（国办发［2005］60号）的规定，企业改制要按照有关规定进行清产核资。资产清查是清产核资的前提和基础，是对企业各项资产进行全面清理、核对和查实，对清查出的各种资产盘盈和盘亏、报废及坏账等损失进行分类排队。资产清查的对象主要包括实物、货币资金和往来款项，通过采取实地盘点、核对财务往来等方法，查明企业占有资产实有数额，从而为企业清产核资和资产评估提供客观科学的基础数据。资产清查是重点内容，主要包括：

1. 清查对外投资情况。通过查阅企业账务及财务系统、公司历史档案，以及通过公开渠道开展检索等方式，对企业对外投资的情况进行调查整理，分类开展有针对性的工作。对于存续单位，建立分级台账；对于已经注销或者被吊销的单位，做好善后工作；对于失联单位，为避免出现账务混乱等情况，需通过查询、访谈、调研等多种方式综合获取全面信息，防止国有资产流失。

2. 清查土地房产。对企业的全部土地房产进行梳理，对权属证书、租赁合同等文书进行整理，分类对待。对于合规的土地房产登记造册，对于划拨、无证、所有权不明、登记有误、已经到期等存在瑕疵的土地房产，通过整理产权证书、查询土地房产档案等办法，制定瑕疵房地产的整改预案。

3. 清查企业办社会机构、非公司制组织机构。对于存在企业办社会机构和非公司制组织形式的企业（如全民所有制企业、集体所有制企业、事业单位等），由于涉及人员的去留等问题，因此必须做好改制、剥离或移交工作，通过积极盘查梳理，为后续处置工作奠定基础。

（二）选聘审计评估等中介机构

对于选聘审计、评估等中介机构，《国务院办公厅转发国资委关于进一步规范国有企业改制工作实施意见的通知》（国办发［2005］60号）和《国务院办公厅转发国务院国有资产监督管理委员会关于规范国有企业改制工作意见的通知》（国办发［2003］96号）中有明确的规定。总结相关法律法规的规定，对于选聘审计、评估等中介机构有如下要求：

1. 选聘主体。由审批改制方案的单位，即直接持有该国有产权的单位聘请。但对于以增资扩股方式进行混改的，则应当由增资企业委托具有相应资质的中介机构开展审计和资产评估。

2. 选聘要求。对中介机构的资质、信誉及能力方面有要求。

3. 禁止事项。一是不得聘请改制前两年内在企业财务审计中有违法、违规记录的会计师事务所和注册会计师；二是不得聘请参与该企业上一次资产评估的中介机构和注册资产评估师；三是不得聘请同一中介机构开展财务审计与资产评估。

在实务操作中，如果涉及多个国有产权持有单位的，经协商一致可由国有股最大股东委托。国有企业涉及与上市公司重组的，可由国有产权持有单位和上市公司共同委托。国资监管部门出资监管企业产权变动的，可由国资监管部门授权出资监管企业委托。此外，由于选聘审计、评估等中介机构至关重要，公平、公开、公正地选择中介机构的对于混改工作意义重大，同时，大型国有企业混合所有制改革需支付的审计、评估费用较高，因此除了要遵守上述国家规定以外，在混改工作实务中，多数国有企业会通过招投标的程序，选聘合格的审计、评估等中介机构。这也要符合相关国资监管规定和企业的内部管理制度。此外，根据《政府采购法》的规定，各级国家机关、事业单位、团体组织使用财政性资金采购依法制定的集中采购目录以内的或者采购限额标准以上的货物、工程和服务的行为，适用本法。因此，对中央企业集团公司或者省属国有企业等由国资监管部门作为出资人的企业进行混改的，应该适用《政府采购法》的要求。

相关规定

国务院办公厅转发国资委
关于进一步规范国有企业改制工作实施意见的通知

（国办发［2005］60号）

企业实施改制必须由审批改制方案的单位确定的中介机构进行财务审计和资产评估。确定中介机构必须考察和了解其资质、信誉及能力；不得聘请改制前2年内在企业财务审计中有违法、违规记录的会计师事务所和注册会计师；不得聘请参与该企业上一次资产评估的中介机构和注册资产评估师；不得聘请同一中介机构开展财务审计与资产评估。

国务院办公厅转发国务院国有资产监督管理委员会
关于规范国有企业改制工作意见的通知

（国办发［2003］96号）

国有企业改制，必须依照《国有资产评估管理办法》（国务院令第91号）聘请具备资格的资产评估事务所进行资产和土地使用权评估。国有控股企业进行资产评估，要严格履行有关法律法规规定的程序。向非国有投资者转让国有产权的，由直接持有该国有产权的单位决定聘请资产评估事务所。

（三）清产核资

根据《国务院办公厅转发国资委关于进一步规范国有企业改制工作实施意见的通知》（国办发［2005］60号）的规定，企业改制要按照有关规定进行清产核资。清产核资，是在资产清查的基础上，按照规定的工作程序、方法和政策，组织企业进行账务清理、财产清查，并依法认定企业的各项资产损益，从而真实反映企业的资产价值和重新核定企业国有资本金的活动。企业清产核资的目的是真实反映企业的资产及财务状况，为评价国有资产价值提供科学依据。清产核资工作包括账务清理、资产清查、价值重估、损益认定和资金核实等内容。[1]

按照相关法律法规的规定，清产核资工作要对企业资产（含负债）进行全面清理、核对和查实，盘点实物、核实账目，核查负债和所有者权益，做好各类应收及预付账款、各项对外投资、账外资产的清查，做好有关抵

〔1〕岳修奎：《拓展评估服务领域　服务社会经济发展》，载《中国资产评估》2013年第5期。

押、担保等事项的清理工作，按照国家规定调整有关账务。改制企业法定代表人和财务负责人对清产核资结果的真实性、准确性负责。企业改制中涉及资产损失认定与处理的，必须按有关规定履行批准程序。清产核资结果经国有产权持有单位审核认定，并经国有资产监督管理机构确认后，自清产核资基准日起 2 年内有效。企业实施改制仅涉及引入非国有投资者少量投资，且企业已按照国家有关规定规范进行会计核算的，经本级国有资产监督管理机构批准，可不进行清产核资。此外，依据《国有企业清产核资办法》（国资委令第 1 号）第五章的规定，地方国有资产监督管理机构负责对本级人民政府所出资企业的各项资产损益进行认定，并对企业占用的国有资本进行核实。因此，清产核资的相关工作还要依据该办法的要求进行。

（四）财务审计

根据《国务院办公厅转发国资委关于进一步规范国有企业改制工作实施意见的通知》（国办发［2005］60 号）的规定，企业实施改制必须由审批改制方案的单位确定的中介机构进行财务审计和资产评估。财务审计是由会计师事务所按照《中华人民共和国审计法》及其实施条例和国家企业财务审计准则规定的程序和方法对国有企业资产、负债、损益的真实、合法、效益进行审计监督，对被审计企业会计报表反映的会计信息依法作出客观、公正的评价，形成审计报告，出具审计意见和决定，其目的是揭露和反映企业资产、负债和盈亏的真实情况，为混改工作的资产评估提供依据，防止国有资产流失。〔1〕

在进行财务审计之后，需要出具审计报告并进行披露。财务审计报告应当重点关注审计事项披露的完整性和真实性，重点披露改制审计结果与年度报告的差异、资产减值准备计提情况、预提的应由原企业职工享受的离退休补贴以及土地出让形成的专项资金等情况。同时，应结合改制工作要求做到：①标的企业及其控股二级子企业，应出具两年又一期审计报告，包括合并及母公司报表；②三级及以下控股子企业可以提供经审计机构盖章的两年又一期的审定表；③基准日后发生重大资产变动的，应出具模拟资产变动后的审计报告，但模拟事项需在评估备案前完成，模拟事项的审计报告原则上追溯两年又一期；④涉及盈利预测的，须按照评估工作要求提供盈利预测报告。

〔1〕 孙海波：《浅谈企业财务审计》，载《才智》2010 年第 35 期。

（五）划定范围

混改范围包括应纳入混改工作的企业的范围，还包括应纳入混改工作的资产的范围。在国有企业混合所有制改革的过程中，原则上应该将混改企业及其所属各级企业的资产全部纳入混改范围，但由于下属企业可能存在性质障碍、僵尸企业、处于破产清算阶段、涉及诉讼等相关问题，企业资产可能存在权属不清、法律纠纷、权利限制、政策限制等情况，为依法合规推进混改工作的顺利进行，需要将上述存在问题的企业或资产剥离出去，从而使得纳入混改范围的资产产权清晰，企业正常运转，符合改革要求。

对于不能纳入混改的企业，主要存在以下问题：

1. 性质障碍。由于历史原因，混改企业的下属企业存在多种性质，除了有限责任公司以外，还包括全民所有制企业、集体所有制企业、事业单位、机关非法人单位、城镇集体企业等。不同性质的企业，在处置上，有不同的方式，并不能一揽子纳入混改范围。其中，机关非法人单位可以纳入混改范围，全民所有制企业、集体所有制企业需要进行改制后才可以纳入混改范围，城镇大集体企业、事业单位无法纳入混改范围，但可以由混改后的企业继续管理。

2. 僵尸企业。僵尸企业是指已停产、半停产、连年亏损、资不抵债，主要靠政府补贴和银行续贷维持经营的企业，这是2016年2月25日国务院新闻办公室在“工业稳增长调结构有关情况”新闻发布会上给出的定义。这类企业存在企业规模较大、行业产能过剩、产业领域低端等特点，其不同于因问题资产陷入困境的问题企业能很快起死回生，僵尸企业的特点是“吸血”的长期性、依赖性，而放弃对僵尸企业的救助，社会局面可能更糟，因此具有绑架勒索性的特征。[1] 僵尸企业的处置方式包括以清算注销方式处置、通过破产清算（重整）方式处置、通过产权整体转让方式处置、通过兼并重组（吸收合并）方式处置、通过脱困方式处置以及带入企业整体混改等。

---

〔1〕 万青：《僵尸企业及其治理研究》，载《湖北电力》2016年第S1期。

成功经验

美国处置“僵尸企业”的经验

美国政府对汽车业“僵尸企业”的处置被认为是成功处置“僵尸企业”的典型。国际金融危机沉重打击了美国的汽车业，美国汽车业的三巨头——通用、福特和克莱斯勒都遭遇了困境。这些车企一方面选择停产进行应对，一方面积极向政府申请救助。美国政府最终实施了带有严格条件的救助措施。第一，美国政府严格评估这些公司的基本情况，只有那些状况较好、在政府救助下可以重新运作的企业才能获得救助。第二，救助企业进行破产重组的计划需得到政府专家的审核批准，同时，如果企业重组失败面临破产清算，必须偿还政府贷款的本息，从而降低政府救助风险。在美国政府的救助下，美国汽车业较快实现了复苏，并创造了大量的就业岗位。

美国救助汽车业之所以成功，得益于严苛的流程，以及企业“造血”功能的重新运转。政府救助企业有先决条件，即这个企业可以救。可不可以救的判断完全基于企业自身的“造血”功能能不能被再次激活。

日本处置“僵尸企业”的教训

20 世纪 90 年代，由于房市和股市的暴跌，日本开始了长达数年的经济萧条期。随着经济增长速度的减慢，许多企业出现了不同程度的经营困难甚至破产，并直接带动银行出现大量的不良债权，日本各大企业及银行纷纷陷入资不抵债的境地。然而，日本政府并没有及时处理这一问题。银行继续努力通过追加贷款暂时缓解了不良债权问题，使欠债企业免于裁员，帮助企业维持生产运营，其结果是本应退出市场的大量“僵尸企业”存活下来。这最终导致在 20 世纪 90 年代后期，日本银行业长期积累的问题集中爆发，大批大型银行和金融机构破产和倒闭，日本的金融体系出现剧烈震荡。

为救助濒危企业，加速银行不良债权的处置，2003 年日本根据《日本产业再生机构法》成立了日本产业再生机构。该机构成立的目的在于应对 20 世纪 90 年代日本经济持续低迷造成的金融不良债权和企业困境，希望通过该机构主导的企业重组来拯救那些濒临倒闭的日本企业，以实现产业重振计划。然而，日本政府虽然动用了巨额财政资金，成立了专门处置机构，但并未带来经济的发展。这些“僵尸银行”和“僵尸企业”既无经济活力，也未倒闭，不但未能对经济增长形成支持，还不断地占用社会资源，极大地阻碍了经济增长。

（资料来源于熊爱宗：《美国、日本处置“僵尸企业”的经验教训》，载《中国财经报（国际版）》2016年1月30日）

3. 处于破产清算阶段。对于混改企业所属处于破产、清算阶段的企业，最好的处置方式是等待企业破产、清算之后，再对混改企业进行清审和评估。但是，由于混改进程的限制和期限的要求，可能无法等到企业破产清算后再开展清审和评估工作。鉴于此，对于这一类无法纳入混改的企业，可以考虑以支付对价的方式转让给其他国有企业，但相关情况要在挂牌时予以披露，由混改后的企业继续负责事权的处理，并通过阶段性持股协议的方式明确双方权利和责任。

4. 涉及诉讼。在混改过程中，部分企业因涉及法律诉讼而无法进行清审和评估等工作，对于这一类企业，如果可以等待诉讼终结并执行完毕当然最为妥当和顺利，但是如果由于混改进程的限制和期限的要求，无法等待诉讼终结并执行完毕，则可以考虑将涉诉企业划转给其他的国有企业，从而解决涉诉企业无法纳入混改范围的问题。

对于不能纳入混改范围的资产，主要存在以下问题：一是权属不清。在纳入混改范围的企业中，有些企业的房产、土地等重大资产由于历史原因，没有产权土地等方面的登记证明，或者存在权属争议的纷争，无法从法律上确定是否属于混改企业。二是存在法律纠纷。在纳入混改范围的企业中，如果相关的资产、股权正好处于诉讼过程中，则无法纳入混改范围。三是存在权利限制。在纳入混改范围的企业中，有些资产正处于抵押、质押、查封等权利限制的情况，或者持有债权的债务人正处于破产重整阶段，则无法纳入混改的范围。四是存在政策限制。例如，对于文物等特定资产，按照部分省市政策要求，不可以纳入混改范围等。对于上述不能纳入混改范围的资产，如果不能采取补办证明、等待判决结果、解除权利限制等相应的办法，解决现有问题后将其纳入混改范围，则可以考虑将资产划转给该企业的上级出资企业或者其他国有企业，从而利于企业混改的顺利推进。

（六）资产评估

《国务院办公厅转发国资委关于进一步规范国有企业改制工作实施意见的通知》（国办发［2005］60号）指出，企业实施改制必须由审批改制方案的单位确定的中介机构进行财务审计和资产评估。《企业国有资产评估管理暂行办法》（国资委令第12号）第6条规定，非上市公司国有股权比例变动、产权转让等行为应当对相关资产进行评估。资产评估，是指专业机构和人员按照国家法律、法规以及资产评估准则，根据特定目的，遵循评估原则，依照相关程序，选择适当的价值类型，运用科学方法，按照规定的程序和标准，对资产价值进行分析评定、估算。[1] 在国企混改工作中，资产评估的结果将直接决定最终的交易价格，依法合规的资产评估是对混改工作中国有资产安全的必要保障。

1. 资产评估的管理主体。资产评估工作的管理主体，根据涉及项目的不同而有所区别。根据《企业国有资产评估管理暂行办法》（国资委令第12号）第4条的规定，经各级人民政府批准实施的混合所有制改制涉及的资产评估项目，由其国有资产监督管理机构负责核准；经国务院国有资产监督管理机构批准实施的混合所有制改制涉及的资产评估项目，由国务院国有资产监督管理机构负责备案；经国务院国有资产监督管理机构所出资企业及其各级子企业批准实施的混合所有制改制涉及的资产评估项目，由中央企业负责备案。地方国有资产监督管理机构及其所出资企业的实施的混合所有制改制涉及的资产评估项目备案管理工作，根据地方国有资产监督管理机构的规定执行。

相关规定

企业国有资产评估管理暂行办法

（国资委令第12号）

第4条　企业国有资产评估项目实行核准制和备案制。

经各级人民政府批准经济行为的事项涉及的资产评估项目，分别由其国有资产监督管理机构负责核准。

经国务院国有资产监督管理机构批准经济行为的事项涉及的资产评估项目，由国务院国有资产监督管理机构负责备案；经国务院国有资产监督管理机构所出资企业（以下简称中央企业）及其各级子企业批准经济行为的事项涉及的资产评估项目，由中央企业负责备案。

地方国有资产监督管理机构及其所出资企业的资产评估项目备案管理工作的职责分工，由地方国有资产监督管理机构根据各地实际情况自行规定。

---

〔1〕 刘可金：《资产评估理论框架体系研究》，载《中国外资》2014年第1期。

2. 评估基准日。资产评估需要确定评估基准日，一般来说，由委托方与评估机构协商确定，尽可能与评估目的的实现日接近。原则上应采用评估机构进场前1个月的月末为评估基准日，否则需说明原因。涉及上市公司的资产置换、发行股份收购资产等产权变动，评估基准日应为上市公司公告（停牌日）前后1个月内；如停牌期限较长，也可选择停牌期间的某月末为基准日。评估基准日期后发生重大资产或国家政策等调整事项，致使评估结果无法有效地服务于评估目的的，应调整评估基准日或评估结果。[1]

3. 资产评估的特点和方法。资产评估包括现实性、市场性、预测性、公正性、咨询性等特点。资产评估的主要方法有：收益现值法、重置成本法、市场比较法、清算价格法。

4. 资产评估中重要事项的处理[2]

（1）评估方案。评估机构进场后，委托方应及时向核准或备案单位提供评估方案。评估方案应明确评估目的、范围、评估方法等重要事项。

（2）土地使用权评估事项。企业改制涉及土地使用权的，应按照《国务院办公厅转发国资委关于进一步规范国有企业改制工作实施意见的通知》（国办发［2005］60号）有关要求，进行土地确权登记并明确土地使用权的处置方式。划拨、空转土地使用权在改制前应按照国家有关规定办理土地有偿使用手续，由区县土地管理部门组织开展地价市场评估，经区县政府集体决策确定土地出让价款，签订土地出让合同。企业价值评估中应根据出让土地使用权证或土地出让合同确认土地权属、性质和出让金。对确实无法办理出让的划拨、空转土地使用权，企业应与土地管理部门沟通明确处置方式。

（3）长期投资评估事项。控股、参股子企业均应进行股权价值评估。参股子企业如评估程序受到限制，可以对企业采取调查、管理层访谈等了解企业财务及经营情况，依靠股东提供资料、审计报告等相关资料分析评估。

（4）职工安置费用评估事项。对于解除或终止劳动合同的职工的经济补偿、离退休人员、内退人员有关费用等职工安置费用，按照《关于企业重组有关职工安置费用财务管理问题的通知》（财企［2009］117号）处理。职工安置费用的确定须经国资监管机构或出资监管企业审核同意。

---

〔1〕 上海市国有资产监督管理委员会《关于印发〈本市国有企业混合所有制改制操作指引（试行）〉的通知》（沪国资委改革［2016］26号）。

〔2〕 上海市国有资产监督管理委员会《关于印发〈本市国有企业混合所有制改制操作指引（试行）〉的通知》（沪国资委改革［2016］26号）。

成功经验

通用电气参与中国西电改制重组的资产定价

2012 年 5 月 8 日，中国西电集团公司（以下简称“西电集团”）所属子公司中国西电电气股份有限公司（以下简称“中国西电”）与美国通用电气公司（GE）经过多轮谈判，成功达成战略合作协议，合作内容包括 GE 入股中国西电、成立二次设备合资公司、共同开拓全球市场等。

具体合作方式为，GE 以现金认购已经上市交易的中国西电非公开发行的股份，从而获得中国西电（发行后）15%的股份，发行价格 4.4 元/股，该价格较公司股票停牌前 20 个交易日均价溢价 13.08%。通过本次交易，GE 将有权提名一名董事。此外，GE 的持股锁定期原则上为 10 年。双方在中国境内成立一家由中国西电控股的输配电二次设备自动化合资公司。在该公司中，西电持股 59%，GE 持股 41%。自动化合资公司将全面引进通用电气在二次设备领域的成熟产品和先进技术，并在此基础上进一步开发符合中国市场需求的产品和技术。

由于中国西电 2011 年财务表现较 2010 年出现大幅度下滑，GE 对于中国西电的经营能力、未来发展曾产生怀疑，甚至对于是否推进本次交易产生动摇。而且，过往的战略入股案例中，多数均以底价（即定价基准日前 20 个交易日均价的 90%）发行，其余基本上均以平价（即前 20 个交易日均价）发行，极少出现溢价发行案例。

为了争取到良好的发行定价，中国西电带领中介团队在估值方面做了大量工作。在宏观环境方面，全面分析了国内输配电设备行业的整体业绩和未来展望，从电网投资、中标模式、原材料价格、“十二五”规划等多方面论证了行业当时虽然位于低谷，但未来尤其是特高压板块仍有望实现高增长。在业务方面，向通用电气进行了 2011 年经营业绩说明，同时充分挖掘在手订单情况，深入分析业务模式及交货周期，从变压器、高压开关、整流装置等各个板块的不同角度对公司未来发展前景进行综合预测。经过多轮谈判，使 GE 深刻理解了公司股票的内在价值，并认可溢价发行更有利于体现本次交易的合作前景，促成了本次交易最终以每股 4.40 元发行。发行价格较平价发行溢价 13.08%，较成价发行溢价 25.64%。

（资料来源于国家发展改革委体改司编：《国企混改面对面——发展混合所有制经济政策解读》，人民出版社 2015 年版）

（七）离任审计

按照《国务院办公厅转发国资委关于进一步规范国有企业改制工作实施意见的通知》（国办发［2005］60号）的规定，改制为非国有的企业，必须在改制前由国有产权持有单位组织进行法定代表人离任审计。离任审计，是指对法定代表人整个任职期间所承担经济责任履行情况所进行的审查、鉴证和总体评价活动。这一活动，不仅有利于维护法定代表人的合法权益和揭露非法行为，更对于推动国有企业混合所有制改革具有重要的意义。同时，通过离任审计，客观评价法定代表人在任期内经济责任履行情况，可以为组织人事部门正确、科学地考核和任用干部提供重要而具体的根据。

离任审计的内容主要取决于企业法定代表人在企业经营管理中的地位及其应履行的职责。概括起来，企业法定代表人在其任职期间应履行的责任主要包括三个方面：财务责任、管理责任和法纪责任。所以，离任审计的内容也由这三部分组成。2014年7月，中央纪委机关、中央组织部、中央编办、监察部、人力资源和社会保障部、审计署、国资委联合印发实施《党政主要领导干部和国有企业领导人员经济责任审计规定实施细则》，规定国有企业领导人员经济责任审计包括如下12个方面的内容：①贯彻执行党和国家有关经济方针政策和决策部署，推动企业可持续发展情况；②遵守有关法律法规和财经纪律情况；③企业发展战略的制定和执行情况及其效果；④有关目标责任制完成情况；⑤重大经济决策情况；⑥企业财务收支的真实、合法和效益情况，以及资产负债损益情况；⑦国有资本保值增值和收益上缴情况；⑧重要项目的投资、建设、管理及效益情况；⑨企业法人治理结构的健全和运转情况，以及财务管理、业务管理、风险管理、内部审计等内部管理制度的制定和执行情况，厉行节约反对浪费和职务消费等情况，对所属单位的监管情况；⑩履行有关党风廉政建设第一责任人职责情况，以及本人遵守有关廉洁从业规定情况；⑪对以往审计中发现的问题的整改情况；⑫其他需要审计的内容。

由于离任审计是一项综合性审计，因此，进行离任审计，必然要综合运用多种审计方法。这些审计方法主要有：检查、监盘、观察、查询及函证、计算、分析性复核。此外，离任审计还可能会运用到ABC分析法、网络技术法、综合评分法、金额法等一些特殊方法。

三、履行决策程序

按照《关于进一步推进国有企业贯彻落实“三重一大”决策制度的意

见》（中办发［2010］17号）的规定："党委（党组）、董事会、未设董事会的经理班子应当以会议的形式，对职责权限内的'三重一大'事项作出集体决策。不得以个别征求意见等方式作出决策。"国有企业混合所有制改革对于企业而言，属于重大决策事项，因此必然要履行集体决策程序。在履行集体决策程序之前，开展审计评估工作之后，还有很多的具体工作要开展，包括：选择战略投资者、开展社会稳定风险评估、起草合资合作协议和混改后的公司章程、召开职代会或职工大会、出具法律意见书等。

（一）选择战略投资者

国有企业混合所有制改革引入投资者时，原则上应引入战略投资者，必要时也可引入财务投资者。提倡引入多个投资者，以优化股权结构和法人治理。战略投资者需要具有资金、技术、管理、市场、人才等方面的优势，能够促进产业结构升级，增强企业核心竞争力和创新能力，拓展企业产品市场占有率，并真心致力于长期投资合作，其所谋求的是获得长期利益回报和企业可持续发展，而不是一时之利。

1. 合适战略投资者的基本条件。选择合适的战略投资者，要按照标准对其进行考量，通用的标准包括：①依法诚信经营，具有良好的市场声誉；②具有产业链或价值链关联，能与企业形成协同效应；③契合企业发展需要，能在资源、技术、管理、市场等方面帮助企业突破发展瓶颈，形成发展机遇；④兼顾其他因素，如企业文化理念相近，认同企业发展战略，行业地位优势明显等。[1] 同时，根据"一企一策"的原则，还要结合不同企业的行业特点、发展状况、内在需求，设定专门的考量标准。

2. 合适战略投资者的选择路径。选择合适的战略投资者，既可以主动出击，又可以守株待兔。前者通过寻找适合自身发展需要、可能成为战略投资者的潜在合作方，主动发函或者上门沟通，以寻求合作；后者则可以广泛发布将进行混改、寻求战略投资者的信息，等待潜在合作方莅临洽谈。此外，还可以借助研讨会、对接会、洽谈会等机会寻求潜在合作方，或者借助相关中介机构的专业力量，对接潜在合作方。

3. 适时对战略投资者做尽职调查。在选择战略投资者的过程中，要对战略投资者有深入客观的了解，才可能选择出合适合格的战略投资者。为此，必须在合适的时候，对战略投资者进行尽职调查。由于尽职调查是一

［1］上海市国有资产监督管理委员会《关于印发〈本市国有企业混合所有制改制操作指引（试行）〉的通知》（沪国资委改革［2016］26号）。

项庞大而系统的工程，需要耗费较大的时间、精力和经济成本，因此不可能对每一个潜在合作方都进行深入的尽职调查，为此，可以将尽职调查分为两种。一种为粗浅的入门级尽调，一种为细致的合作级尽调。对于有合作意向的合作方，首先进行入门级尽调，摸清其主体资格、经营状况、行业类别、资产情况以及信誉情况等，进行初步的筛选。对于符合企业需求的潜在合作方，再进行全面深入的尽职调查，包括：①主体资格，核查企业依法设立与经营必备的相关证照，同时注意核查其所属分公司、子公司主体资格；②股权状况，包括股权基本情况、股权质押、查封等权利限制情况、股权代持等；③资产状况，主要核查企业的不动产、重要动产、知识产权、权利取得与限制情况、对外投资情况；④业务状况，主要核查企业主营业务情况、业务资质、同业竞争、关联交易、重大债权债务、或有负债等；⑤合法合规性状况，主要核查企业生产经营的合法合规，包括工商、税务、环保、产品质量、安全生产、劳动人事、海关、外汇等以及对标的企业有重要影响的诉讼、仲裁与行政处罚等；⑥混改企业与其战略协同效应等。

4. 选择战略投资者的注意事项。在选择战略投资者的过程中，要注意以下问题：①按照“公开、公平、公正”的原则，公开相关信息，审慎择优选择合适合格的战略投资者。②由于目前的战略投资者尚处于选择阶段，而非真正的合作者，因此在与意向投资者接触的过程中，避免向对方作出不必要的和超出权限的承诺。③为维护双方的权利和义务，与潜在合作方可以签署《合作框架协议》，但需明确“该框架协议并非正式的股权转让合同，如最终被其他投资者摘牌，不视为转让方的违约”等条款。④为保护混改企业的商业秘密，还需要潜在合作方签署《保密协议》。对于潜在合作方的尽调要求要慎重对待，防止核心机密的泄露。

（二）开展社会稳定风险评估

按照国务院国资委《关于建立国有企业改革重大事项社会稳定风险评估机制的指导意见》（国资发［2010］157号）的要求，为从源头上预防和化解矛盾，维护企业和社会稳定，对于国有企业混合所有制改革这样的重大改革事项，必须按照“谁决策、谁评估、谁负责”，“谁审批、谁负责”的原则，将社会稳定风险评估作为必要环节，对重大决策的合法性、合理性、程序性、类比性、可控性等指标逐一进行分析和评估，科学识别、评价、应对和控制国有企业改革中的社会稳定风险，确保从源头上规避、减少、降低、控制和应对重大决策可能引发的社会风险，为企业改革发展营造良好环境。

1. 风险评估的基本原则

（1）坚持改革方向，坚持国有企业改革的正确方向，毫不动摇地巩固和发展公有制经济，毫不动摇地鼓励、支持和引导非公有制经济发展。着力于国有经济布局和结构调整，着力于国有企业公司制股份制改革，保持经济平稳较快发展。

（2）坚持以人为本，企业改革要着眼于企业的发展和职工的根本利益，处理好职工的眼前利益，保障职工各项民主权利；要争取让职工支持改革、参与改革，让职工享受改革的成果。

（3）坚持源头治理，注重改革政策的前瞻性和改革措施的协调性，建立重大改革事项决策的形成机制和科学公正公平的决策程序；进一步完善相关制度，做好社会稳定风险评估工作，把风险降到最低程度，从源头上预防和减少不稳定事件的发生。

（4）坚持统筹兼顾，妥善处理改革发展稳定关系，把改革的力度、发展的速度与职工和社会的可承受程度结合起来；兼顾企业与所在地区、行业的稳定风险情况；注重企业改革政策的统筹协调、相互衔接。

2. 风险评估的范围。国企混改涉及职工切身利益，存在社会稳定风险，在实施前要对其内外部环境、利益相关方、改革方案、职工安置方案等重点环节和重要因素进行社会稳定风险评估。①企业外部环境。包括宏观经济和政策环境、社会舆论环境、企业所处行业、所在地区人民群众对改革的承受能力等因素。②企业内部环境。包括企业经营情况、管理水平；职工观念以及对改革的接受程度，对改革紧迫性和必要性的认识；职工对引入战略投资者，特别是民营企业的认同程度；职工对改革未来的预期等因素。③企业管理层。包括企业管理层行为的合规性、对改革的支持程度等。④改制重组、产权转让、关闭破产方案、厂办大集体改革方案和决策实施程序的合规性和合理性。⑤职工切身利益。职工分流安置、劳务关系调整、经济补偿金支付、社会保险关系接续和偿还拖欠职工债务、补缴欠缴的社会保险费以及离退休人员社会化管理、相关待遇落实等。⑥职工民主权利。包括维护职工的知情权、参与权、表达权和监督权，企业改制、产权转让等重大问题听取工会和职工意见，以及职工安置方案由职代会或职工大会审议通过的情况。⑦债权人合法权益。按照有关法律规定，需告知债权人或征得债权人同意的，企业在采取有关改革措施前，应当告知债权人或征得债权人同意。⑧战略投资者或产权受让方。包括其自身实业、对企业发展的战略规划、职工接受程度等。⑨其他可能存在稳定风险的事项。

3. 风险评估的内容。社会稳定风险评估主要包括：①合法性评估：是否符合国家有关法律法规；是否符合国有资产监管机构有关国有企业改革的政策规定。②合理性评估：是否符合企业未来发展需要和职工的长期利益；是否兼顾不同群体的利益诉求；是否符合社会、企业和职工的承受能力；是否可能引起不同利益群体的攀比。③可行性评估：是否经过可行性论证；改革和发展的人力、物力和财力成本是否在可承受的范围内；领导班子和各级负责人是否得力；职工群众是否接受和支持；实施方案是否周密、完善，具有可操作性和连续性。④可控性评估：是否存在引发群体性事件的隐患；是否存在连带风险和隐患；是否有相应的风险监控措施和应急处置预案。

4. 风险评估的实施步骤。国企混改工作的社会稳定评估工作，由国有产权持有人具体负责，主要按照以下流程开展：①制定评估方案，成立评估小组。责任主体要把社会稳定风险评估作为实施重大改革事项的必要环节，在实施前制定科学、规范、详细、可操作的风险评估方案，吸收企业、企业所在地政府有关部门和专家参与，成立评估小组，负责具体评估工作的实施。②掌握有关情况，识别风险来源。责任主体要全面掌握评估事项的基本情况，并通过专家咨询、抽样调查、实地调研等形式广泛征求职工群众、维稳、信访等有关部门和社会有关方面的意见和建议。因地因企制宜，分类指导，找出可能引发不稳定的风险点。③进行分析评估，形成评估报告。责任主体要组织对风险来源进行认真分析预测。可采取定量和定性相结合的方式，建立设定参考指标体系，对评估事项的合法性、合理性、可行性和可控性进行全面分析研究；对于改革实施过程中可能引发的矛盾冲突的概率、负面影响程度和可能涉及的人员数量、范围和反应作出评估预测，形成评估报告，确定风险等级，提出对策建议，并制定相应的防范、化解和应急预案。④确定风险等级。事项风险可分为四个参考等级：A 级事项：当前风险总体可控，实施过程中潜在风险较低，不存在明显的个别矛盾。B 级事项：当前风险总体可控，实施过程中存在一定潜在风险，存在明显的个别矛盾。C 级事项：当前存在明确的社会稳定风险，如实施可能引发一般不稳定问题。D 级事项：当前存在较大的社会稳定风险，如实施可能引发较大不稳定问题。

在进行社会稳定风险评估之后，国有产权持有人要根据风险评估报告，听取企业所在地政府的意见，并协同有关部门制定风险应对预案，建立事前评估应对、事中跟踪监控、事后监督总结的全流程工作机制。对当前风险可控，实施过程中潜在风险较低的A级事项可付诸实施。对当前风险可控，实施过程中存在一定潜在风险的B级事项，可付诸实施并在实施过程中密切关注并尽量化解潜在风险，做好预案。对当前存在一定社会稳定风险，如实施可能引发一般不稳定问题的C级事项，要认真落实解决矛盾、消除风险的具体措施，待不稳定风险消除后方可实施。对风险较大，短期内无法消除的D级事项，应暂缓实施，并考虑修改实施方案。

（三）起草合资合作协议和混改后的公司章程

在国有企业混合所有制改革工作中，《合资合作协议》和混改后的公司章程（以下简称《新公司章程》）非常重要，这两个文件由混改企业或者国有产权持有单位拟订，并作为与转让相关的其他条件，在挂牌时予以信息披露，对于规范己方与潜在合作方权利义务具有重大作用。

1. 合资合作协议。《合资合作协议》是对国企混改后，国有产权持有单位与战略投资者权利义务进行规范的基础性文件，其由混改企业或者国有产权持有单位拟订，既要符合国有产权持有单位的意向，满足企业的混改要求，又要适合战略投资者的要求，并将作为转让条件被予以公布。律师可对《合资合作协议》的内容和体例进行法律审核，确保《合资合作协议》合法有效。《合资合作协议》中应该包括以下内容：公司的基本情况；公司的经营范围；公司的注册资本、股权比例及出资；股东会；股东的权利和义务；董事会；监事会；经营管理层；关联交易；股权转让；职工权益保障；公司解散和清算；各方的声明和保证；违约责任；不可抗力；适用法律和争议解决；通知；附则等。

2. 新公司章程。标的企业混改后的《新公司章程》既是混改后公司运营的基础，也是公司赖以生存的灵魂，是公司的宪章级核心文件，对公司的存在、运营及发展具有十分重要的意义。原则上来说，公司的章程应该由公司股东协商一致来制定，但是基于混改工作的特殊性，为有效保护国有股权，保证混改企业发展，维护职工权益和社会稳定，将由混改企业或者国有产权持有单位按照国有产权持有单位的意向和企业的混改需求，结合战略投资者选择的情况拟订混改后的《新公司章程》，并将《新公司章程》作为交易条件，在挂牌前予以信息披露。基于《新公司章程》的重要意义，非常有必要请律师对其进行审核，确保《新公司章程》依法合规。特别是我国国资监管文件中规定，混改后公司的章程中要有国有权益的保护条款，这也将作为律师审核的重要依据和着眼点。在标的企业混改后的《新公司章程》中，主要内容需包括：总则，经营宗旨、经营范围和注册资本，公司股东名称及出资方式、出资额，股东的权利和义务，股权转让，股东会，董事会，经营管理层，监事会，关联交易，职工权益保障与民主法制建设，财务会计制度、利润分配和审计，公司的合并与分立、解散和清算，附则等内容。

3.《合资合作协议》与《新公司章程》的区别。经过如上分析，可以发现，《合资合作协议》与《新公司章程》在内容方面很多是一致的，又都作为交易条件在产权交易中心进行信息披露，那么两者的区别是什么？

（1）主体不同。《合资合作协议》的签署主体为混改企业国有产权持有者与战略投资者、财务投资者（如有）。《新公司章程》的签署主体为混改企业的各方股东。

（2）程序不同。《合资合作协议》签订后，任何修改都须经各方在书面协议上签字盖章后才能生效。《新公司章程》的修改需要按照章程规定，通过股东会决议通过的方式开展。

（3）意义不同。《合资合作协议》的签署，是在投资者成为股东之前，与混改企业国有产权持有者所签订的重要协议，主要在于约束合资合作各方的权利和义务。《新公司章程》则是在新的混改企业完成工商变更，投资者成为股东之后，签署的公司宪章，主要为了规范公司的成立与运营。

（4）内容不同。虽然制定的阶段不同，但由于规范的主体均为混改企业的出资人，因此《合资合作协议》和《新公司章程》的大部分内容是一致的。但是，《新公司章程》作为公司的宪章，有些内容是不宜写入的，这些内容就要体现在《合资合作协议》中，例如：公司的发展预期（包括总体规模、利润总额、平均融资成本率、资产负债率、所有者权益、净资收益率，职工年收入等）、国有产权持有者对于职工的补贴费用、混改后企业设立职工安置风险保障基金等。此外，违约责任、不可抗力等不可能出现在《新公司章程》中的条款也在《合资合作协议》中体现。而对于部分条款，如完全按照《公司法》的要求予以规定，则可以在《合资合作协议》以“依照《公司法》及公司章程的规定”来简写，或者根本不予提及，直接在《新公司章程》中体现。

（四）召开职代会或职工大会

按照《国务院办公厅转发国资委关于进一步规范国有企业改制工作实施意见的通知》（国办发［2005］60号）的规定，改制方案必须提交企业职工代表大会或职工大会审议，职工安置方案必须经职工代表大会或职工大会审议通过，企业方可实施改制。因此，可以明确，在国有企业开展混合所有制工作中，必须召开职工代表大会或者职工大会，且对两项事项进行审议，一是须对改制方案进行审议，二是须对职工安置方案进行审议，但改制方案仅进行审议即可，职工安置方案则不仅需要审议，还需要予以通过。

职工代表大会是职工群众当家作主，参加企业经营决策、管理、监督干部、行使民主权利的权力机构，是企业实行民主管理的基本形式。对职工代表大会制度予以规范的是《全民所有制工业企业职工代表大会条例》、《中华全国总工会办公厅关于规范召开企业职工代表大会的意见》（总工办发［2011］53号）等文件，对职工代表大会制度的性质、职权、组织、职工代表等均作出明确规定。依据相关的法律法规，结合国企混改工作中的实践案例，对于召开职工代表大会或者职工大会，要按照以下要求开展工作。

1. 职工代表大会的组成

（1）职工代表大会的制度依托。企业应当根据法律法规的规定，结合实际，制定职代会实施办法（细则）。职代会实施办法（细则）应当提交职代会审议通过。工会应当按照企业职代会实施办法（细则）制定职工代表选举方案，负责对职工代表条件、产生程序、人员构成比例等进行审核，并将职工代表名单进行公示，接受职工监督。

（2）职工代表大会的届期规定。企业职工代表大会实行届期制，每3至5年为一届，到期应当及时换届。职工代表实行常任制，任期与职代会届期相同，可以连选连任。

（3）职工代表的选举要求。企业应当根据职工人数和生产（行政）单位设置状况确定职工代表总数、划分选区、分配名额，进行职工代表的选举。各选区按照分配名额，由工会负责组织职工直接选举职工代表。职工代表人数应当按照本企业全体职工人数的一定比例确定，具体比例和人数应当按照本企业职代会实施办法（细则）确定，或由企业与工会协商确定，但最少不得低于30人。企业职工人数在50人以下的，应当召开职工大会。职工代表中应当有工人、技术人员、管理人员、企业领导人员和其他方面的职工。其中企业领导人员一般不超过职工代表总数的1/5。管理层级较多的企业，参加上一级职代会的职工代表，可以在下一级职代会职工代表中选举产生，也可以由全体职工直接选举产生。

2. 职工代表大会的召开

（1）职工代表大会的准备程序。召开职代会前应当以书面形式通知职工代表参加会议的时间、地点及主要内容。需要通过职代会讨论表决事项的相关材料，一般应当在会前不少于7个工作日时，以书面形式送达职工代表，由职工代表团（组）长组织职工代表充分讨论和征求选区职工的意见。基层工会组织在召开职代会之前，应当向上一级工会报告会议筹备情况，上一级工会应当予以指导。

（2）职工代表大会的预备会议。预备会议由本企业工会主持，全体职工代表参加。职代会预备会议的主要程序是：①选举大会主席团；②听取关于本届（次）职代会筹备情况的报告；③审议通过关于职工代表资格审查情况的报告；④通过大会议程；⑤决定大会其他有关事项。

（3）职代会主席团的具体职责。职工代表大会主席团在职工代表大会预备会上由全体职工代表选举产生。其具体职责是：①主持召开大会，负责大会期间的各项工作；②研究需要大会通过和表决的事项，草拟大会决议；③听取和综合各项职工代表团（组）对各项议案的审议意见和建议，对提案进行修改；④主持大会的表决和选举工作；⑤处理大会的其他重要事务。

（4）职工代表大会的召开要求。召开职代会正式会议必须有全体职工代表的2/3以上到会。会议主持人必须向大会报告职工代表出席情况、职代会提案征集处理情况和上次职代会提案的落实情况。职代会应当以职工代表团（组）为单位讨论相关事宜。大会主席团成员分别要参加代表团（组）的讨论。职代会选举及表决通过决议、重要事项，应当以无记名投票方式进行，得到全体职工代表1/2以上同意票方为有效。职代会通过的决议、重要事项应当形成书面文件并及时公示。

3. 职工代表大会的程序

（1）大会执行主席核实出席大会的职工代表人数。到会职工代表超过代表总数的2/3，即可宣布开会。开幕词要讲清本次会议为审议企业混改实施方案和职工安置方案的中心议题和大会议程。

（2）由企业领导人员分别对企业混改实施方案和职工安置方案的具体情况进行报告。其中，企业混改实施方案的报告内容包括公司的基本情况、混改的必要性与发展目标、投资者选择原则、混改方式、股权设置、企业法人治理结构等；职工安置方案的报告内容包括人员安置的基本原则、适用范围、安置方式、资金保障、清偿拖欠职工债务等。对于职工代表提出的意见，由企业领导人员作出说明。

（3）以职工代表团（组）为单位，就企业混改实施方案和职工安置方案分组进行讨论。大会主席团成员分别参加本代表团（组）的讨论。各代表团（组）应指定专人认真记录职工代表的讨论发言，整理归纳后，将讨论意见向主席团汇报。

(4) 安排时间让代表在大会上发言，可由各代表团（组）推选代表，在大会上陈述本团（组）讨论审议的意见和建议，也可让职工代表自由发言。

(5) 对有关的各项方案和大会决议、决定草案进行表决，表决最好采取无记名投票的方式进行。

(6) 致闭幕词，宣布大会结束。

需要特别说明的是，如果混改企业有下属企业，那么除了混改企业要召开职工大会或者职工代表大会以外，各个下属企业也要分别召开职工大会或者职工代表大会，即召开职工大会或者职工代表大会要采取“1+N”的模式进行。

(五) 出具法律意见书

按照《国务院办公厅转发国资委关于进一步规范国有企业改制工作实施意见的通知》(国办发［2005］60号）的规定，“企业改制必须对改制方案出具法律意见书。法律意见书由审批改制方案的单位的法律顾问或该单位决定聘请的律师事务所出具”，因此出具《法律意见书》是律师服务国有企业混改的规定动作，《法律意见书》是律师参与混改项目的核心工作成果。

一般来说，《法律意见书》的内容包括对于企业的基本情况、混改方案、混改程序、职工安置、涉及土地使用权事项、重大决策事项、社会稳定风险评估情况等方面的法律评价。但根据出具对象不同，法律意见书也有所区别。为混改企业出具的法律意见书针对的是整个混改事项，比较复杂、全面、深入而且具体，至少需要对以下内容做出客观、详尽的法律评价：①混改主体的基本情况；②转让方主体的基本情况；③混改方案的主要内容；④混改程序；⑤人员安置；⑥重大决策事项社会稳定风险评估情况；⑦关于划拨土地的处置。为审批单位出具的法律意见书不用面面俱到，而应抓大放小，只对《混改方案》的合法性进行法律论证即可，因此其需要对以下内容做出法律评价：①混改主体的基本情况；②混改方案；③清审评和经责审计情况；④人员安置方案；⑤重大决策事项社会稳定风险评估报告；⑥涉及土地使用权事项；⑦混改程序。

(六) 履行决策程序

在完成选择战略投资者、开展社会稳定风险评估、起草合资合作协议和混改后的公司章程、召开职代会或职工大会、出具法律意见书之后，国有企业混合所有制改革工作将进入到履行决策程序的阶段。

按照《关于进一步推进国有企业贯彻落实“三重一大”决策制度的意

见》（中办发［2010］17号）的规定，决策程序的主体包括党委（党组）会、董事会、未设董事会的经理会等。决策的基本程序为：

1. 决策事项提交会议集体决策前应当认真调查研究，经过必要的研究论证程序，充分吸收各方面意见。

2. 决策事项应当提前告知所有参与决策人员，并为所有参与决策人员提供相关材料。必要时，可事先听取反馈意见。

3. 党委（党组）、董事会、未设董事会的经理班子应当以会议的形式，对事项作出集体决策。不得以个别征求意见等方式作出决策。

4. 决策会议符合规定人数方可召开。与会人员要充分讨论并分别发表意见，主要负责人应当最后发表结论性意见。若存在严重分歧，一般应当推迟作出决定。

5. 会议决定的事项、过程、参与人及其意见、结论等内容，应当完整、详细记录并存档备查。

6. 决策作出后，企业应当及时向履行国有资产出资人职责的机构报告有关决策情况。参与决策的个人对集体决策有不同意见，可以保留或者向上级反映，但在没有作出新的决策前，不得擅自变更或者拒绝执行。如遇特殊情况需对决策内容作重大调整，应当重新按规定履行决策程序。

7. 董事会、未设董事会的经理班子研究“三重一大”事项时，应事先与党委（党组）沟通，听取党委（党组）的意见。进入董事会、未设董事会的经理班子的党委（党组）成员，应当贯彻党组织的意见或决定。企业党组织要团结带领全体党员和广大职工群众，推动决策的实施，并对实施中发现的与党和国家方针政策、法律法规不符或脱离实际的情况及时提出意见，如得不到纠正，应当向上级反映。

需要说明的是，对于中央企业或者省属国有企业来说，如果其作为混改企业，则需要由国资监管部门召开党委会和主任办公会来履行集体决策程序。按照《企业国有资产法》的规定，履行出资人职责的机构决定转让全部国有资产的，或者转让部分国有资产致使国家对该企业不再具有控股地位的，应当报请本级人民政府批准。因此，混改的决策主体也可能是人民政府。在改革实践中，有的省市还成立了专门的深改领导小组，行使决策审批权。此外，《企业国有资产交易监督管理办法》（国资委、财政部令第32号）规定，对于对主业处于关系国家安全、国民经济命脉的重要行业和关键领域，主要承担重大专项任务子企业的产权转让和增资行为，须由国家出资企业报同级国资监管机构批准。对于转让方或者增资企业，由其中持股比例最大的国有股东负责履行相关批准程序；各国有股东持股比例相同的，由相关股东协商后确定其中一家股东负责履行相关批准程序。

相关规定

企业国有资产交易监督管理办法

（国资委、财政部令第 32 号）

第 8 条　国家出资企业应当制定其子企业产权转让管理制度，确定审批管理权限。其中，对主业处于关系国家安全、国民经济命脉的重要行业和关键领域，主要承担重大专项任务子企业的产权转让，须由国家出资企业报同级国资监管机构批准。

转让方为多家国有股东共同持股的企业，由其中持股比例最大的国有股东负责履行相关批准程序；各国有股东持股比例相同的，由相关股东协商后确定其中一家股东负责履行相关批准程序。

第 35 条　国家出资企业决定其子企业的增资行为。其中，对主业处于关系国家安全、国民经济命脉的重要行业和关键领域，主要承担重大专项任务的子企业的增资行为，须由国家出资企业报同级国资监管机构批准。

增资企业为多家国有股东共同持股的企业，由其中持股比例最大的国有股东负责履行相关批准程序；各国有股东持股比例相同的，由相关股东协商后确定其中一家股东负责履行相关批准程序。

四、实施产权交易

《企业国有产权交易操作规则》（国资发产权［2009］120 号）第 3 条明确规定：“本规则所称企业国有产权交易，是指企业国有产权转让主体（以下统称转让方）在履行相关决策和批准程序后，通过产权交易机构发布产权转让信息，公开挂牌竞价转让企业国有产权的活动。”公开竞价方式包括拍卖、招投标、网络竞价以及其他竞价方式。对于产权交易行为，《企业国有资产交易监督管理办法》（国资委、财政部令第 32 号）中有相关规定。对于产权交易的具体操作，国务院国资委曾经专门制定了《企业国有产权交易操作规则》进行规范。

（一）国有产权交易的程序

按照《企业国有产权交易操作规则》的相关规定，国有产权交易具有专门的程序，共分为受理转让申请、发布转让信息、登记受让意向、组织交易签约、结算交易资金、出具交易凭证等步骤。

1. 受理转让申请

产权转让申请的受理工作由产权交易机构负责承担。转让方应当向产权交易机构提交产权转让公告所需相关材料，并对所提交材料的真实性、完整性、有效性负责。转让方提交的材料符合齐全性要求的，产权交易机构应当予以接收登记。

产权交易机构依照企业国有产权转让信息公告的审核制度，对涉及转让标的信息披露的准确性和完整性，交易条件和受让方资格条件设置的公平性与合理性，以及竞价方式的选择等内容进行规范性审核。符合信息公告要求的，产权交易机构应当予以受理，并向转让方出具受理通知书；不符合信息公告要求的，产权交易机构应当将书面审核意见及时告知转让方。

2. 发布转让信息

企业国有产权转让信息应当在产权交易机构网站和省级以上公开发行的经济或者金融类报刊上进行公告。中央企业产权转让信息由相关产权交易机构在其共同选定的报刊以及各自网站联合公告，并在转让标的企业注册地或者转让标的企业重大资产所在地选择发行覆盖面较大的经济、金融类报刊进行公告。

转让方应当明确产权转让公告的期限。首次信息公告的期限应当不少于 20 个工作日，并以省级以上报刊的首次信息公告之日为起始日。信息公告期按工作日计算，遇法定节假日以政府相关部门公告的实际工作日为准。产权交易机构网站发布信息的日期不应当晚于报刊公告的日期。

信息公告期间不得擅自变更产权转让公告中公布的内容和条件。因特殊原因确需变更信息公告内容的，应当由产权转让批准机构出具文件，由产权交易机构在原信息发布渠道进行公告，并重新计算公告期。

在规定的公告期限内未征集到符合条件的意向受让方，且不变更信息公告内容的，转让方可以按照产权转让公告的约定延长信息公告期限，每次延长期限应当不少于 5 个工作日。未在产权转让公告中明确延长信息公告期限的，信息公告到期自行终结。

企业国有产权转让首次信息公告时的挂牌价不得低于经备案或者核准的转让标的资产评估结果。如在规定的公告期限内未征集到意向受让方，转让方可以在不低于评估结果 90%的范围内设定新的挂牌价再次进行公告。如新的挂牌价低于评估结果的 90%，转让方应当重新获得产权转让批准机构批准后，再发布产权转让公告。

信息公告期间出现影响交易活动正常进行的情形，或者有关当事人提出中止信息公告书面申请和有关材料后，产权交易机构可以作出中止信息公告的决定。信息公告的中止期限由产权交易机构根据实际情况设定，一般不超过1个月。产权交易机构应当在中止期间对相关的申请事由或者争议事项进行调查核实，也可转请相关部门进行调查核实，及时作出恢复或者终结信息公告的决定。如恢复信息公告，在产权交易机构网站上的累计公告期不少于20个工作日，且继续公告的期限不少于10个工作日。信息公告期间出现致使交易活动无法按照规定程序正常进行的情形，并经调查核实确认无法消除时，产权交易机构可以作出终结信息公告的决定。

转让项目自首次正式披露信息之日起超过12个月未征集到合格受让方的，应当重新履行审计、资产评估以及信息披露等产权转让工作程序。

3. 登记受让意向

意向受让方在信息公告期限内，向产权交易机构提出产权受让申请，并提交相关材料。产权交易机构应当对意向受让方逐一进行登记。意向受让方可以到产权交易机构查阅产权转让标的的相关信息和材料。

产权交易机构应当对意向受让方提交的申请及材料进行齐全性和合规性审核，并在信息公告期满后5个工作日内将意向受让方的登记情况及其资格确认意见书面告知转让方。

转让方在收到产权交易机构的资格确认意见后，应当在5个工作日内予以书面回复。如对受让方资格条件存有异议，应当在书面意见中说明理由，并提交相关证明材料。转让方逾期未予回复的，视为同意产权交易机构作出的资格确认意见。

经征询转让方意见后，产权交易机构应当以书面形式将资格确认结果告知意向受让方，并抄送转让方。转让方对产权交易机构确认的意向受让方资格有异议，应当与产权交易机构进行协商，必要时可以就有关争议事项征询国有资产监督管理机构意见。通过资格确认的意向受让方在事先确定的时限内向产权交易机构交纳交易保证金（以到达产权交易机构指定账户为准）后获得参与竞价交易资格。逾期未交纳保证金的，视为放弃受让意向。

4. 组织交易签约

产权转让信息公告期满后，产生两个及以上符合条件的意向受让方的，由产权交易机构按照公告的竞价方式组织实施公开竞价；只产生一个符合条件的意向受让方的，由产权交易机构组织交易双方按挂牌价与买方报价孰高原则直接签约。

产权交易机构应当在确定受让方后的次日起3个工作日内，组织交易双方签订产权交易合同。产权交易机构应当依据法律法规的相关规定，按照产权转让公告的内容以及竞价交易结果等，对产权交易合同进行审核。

5. 结算交易资金

产权交易资金包括交易保证金和产权交易价款，一般以人民币为计价单位。产权交易机构实行交易资金统一进场结算制度，开设独立的结算账户，组织收付产权交易资金，保证结算账户中交易资金的安全，不得挪作他用。

受让方应当在产权交易合同约定的期限内，将产权交易价款支付到产权交易机构的结算账户。受让方交纳的交易保证金按照相关约定转为产权交易价款。交易价款原则上应当自合同生效之日起5个工作日内一次付清。产权交易合同约定价款支付方式为分期付款的，首付交易价款数额不低于成交金额的30%，并在合同生效之日起5个工作日内支付；其余款项应当提供转让方认可的合法有效担保，并按同期银行贷款利率支付延期付款期间的利息，付款期限不得超过1年。

受让方将产权交易价款交付至产权交易机构结算账户后，产权交易机构应当向受让方出具收款凭证。对符合产权交易价款划出条件的，产权交易机构应当及时向转让方划出交易价款。转让方收到交易价款后，应当向产权交易机构出具收款凭证。交易双方应当按照产权交易机构的收费标准支付交易服务费用，交易机构在收到服务费用后，应当出具收费凭证。

6. 出具交易凭证

产权交易双方签订产权交易合同，产权交易合同生效后，产权交易机构应当将交易结果通过交易机构网站对外公告，公告内容包括交易标的名称、转让标的评估结果、转让底价、交易价格，公告期不少于5个工作日。受让方依据合同约定将产权交易价款交付至产权交易机构资金结算账户，且交易双方支付交易服务费用后，产权交易机构应当在3个工作日内出具产权交易凭证。

（二）国有产权交易涉及的文书

在国有产权交易的过程中，会涉及一系列的法律文书，包括产权转让公告、产权交易合同、择优方案、产权交易凭证等，对于这些法律文书，相关法律法规也有具体规定。

1. 产权转让公告

产权转让公告是企业国有产权转让主体确定出让产权，并在履行相关决策和批准程序后，在产权交易机构发布的公告。转让方应当在产权转让公告中披露转让标的基本情况、交易条件、受让方资格条件、对产权交易有重大影响的相关信息、竞价方式的选择、交易保证金的设置等内容。

产权转让公告应当对转让方和转让标的企业基本情况进行披露，包括但不限于：①转让方、转让标的及受托会员的名称；②转让标的企业性质、成立时间、注册地、所属行业、主营业务、注册资本、职工人数；③转让方的企业性质及其在转让标的企业的出资比例；④转让标的企业前 10 名出资人的名称、出资比例；⑤转让标的企业最近一个年度审计报告和最近一期财务报表中的主要财务指标数据，包括所有者权益、负债、营业收入、净利润等；⑥转让标的（或者转让标的企业）资产评估的备案或者核准情况，资产评估报告中总资产、总负债、净资产的评估值和相对应的审计后账面值；⑦产权转让行为的相关内部决策及批准情况。

转让方在产权转让公告中应当明确为达成交易需要受让方接受的主要交易条件，包括但不限于：①转让标的挂牌价格、价款支付方式和期限要求；②对转让标的企业职工有无继续聘用要求；③产权转让涉及的债权债务处置要求；④对转让标的企业存续发展方面的要求。

转让方应当在产权转让公告中充分披露对产权交易有重大影响的相关信息，包括但不限于：①审计报告、评估报告有无保留意见或者重要提示；②管理层及其关联方拟参与受让的，应当披露其目前持有转让标的企业的股权比例、拟参与受让国有产权的人员或者公司名单、拟受让比例等；③有限责任公司的其他股东或者中外合资企业的合营他方是否放弃优先购买权。

转让方可以根据标的企业实际情况，合理设置受让方资格条件。受让方资格条件可以包括主体资格、管理能力、资产规模等，但不得出现具有明确指向性或者违反公平竞争的内容。产权交易机构认为必要时，可以要求转让方对受让方资格条件的判断标准提供书面解释或者具体说明，并在产权转让公告中一同公布。

产权转让公告中应当明确在征集到两个及以上符合条件的意向受让方时，采用何种公开竞价交易方式确定受让方。选择招投标方式的，应当同时披露评标方法和标准。

2. 产权交易合同

产权交易机构应当在确定受让方后的次日起 3 个工作日内，组织交易双方签订产权交易合同。产权交易合同条款包括但不限于：①产权交易双方的名称与住所；②转让标的企业的基本情况；③产权转让的方式；④转让标的企业职工有无继续聘用事宜，如何处置；⑤转让标的企业的债权、债务处理；⑥转让价格、付款方式及付款期限；⑦产权交割事项；⑧合同的生效条件；⑨合同争议的解决方式；⑩合同各方的违约责任；⑪合同变更和解除的条件。

3. 择优方案

对于信息发布期满，征集到两家及以上符合受让资格条件并已缴纳保证金的意向受让方，需要根据择优方案确定受让方。择优方案主要内容包括：择优说明、择优安排、评分标准、响应文件清单、受让报价确认书、接受综合评议的承诺函等。

4. 产权交易凭证

产权交易双方签订产权交易合同，受让方依据合同约定将产权交易价款交付至产权交易机构资金结算账户，且交易双方支付交易服务费用后，产权交易机构应当出具产权交易凭证。产权交易凭证应当载明：项目编号、签约日期、挂牌起止日、转让方全称、受让方全称、转让标的全称、交易方式、转让标的评估结果、转让价格、交易价款支付方式、产权交易机构审核结论等内容。

（三）注意事项

在国有企业混合所有制改革中，由于混改方式不同，产权交易行为也有所区别，在操作中需要予以注意。

1. 披露形式与披露时间不同

在以产权转让方式进行混改时，转让方可以根据企业实际情况和工作进度安排，采取信息预披露和正式披露相结合的方式，通过产权交易机构网站分阶段对外披露产权转让信息，公开征集受让方。其中正式披露信息时间不得少于20个工作日。因产权转让导致转让标的企业的实际控制权发生转移的，转让方应当在转让行为获批后10个工作日内，通过产权交易机构进行信息预披露，时间不得少于20个工作日。而以增资方式进行混改时，企业通过产权交易机构网站对外披露信息公开征集投资方，时间不得少于40个工作日。

2. 受让方资格条件设置不同

在以产权转让方式进行混改时，原则上不得针对受让方设置资格条件，确需设置的，不得有明确指向性或违反公平竞争原则，所设资格条件相关内容应当在信息披露前报同级国资监管机构备案，国资监管机构在5个工作日内未反馈意见的视为同意。对于以增资方式进行的混改企业，则没有相关要求。

3. 披露信息内容不同

在以产权转让方式进行混改时，转让方披露信息包括但不限于以下内容：①转让标的基本情况；②转让标的企业的股东结构；③产权转让行为的决策及批准情况；④转让标的企业最近一个年度审计报告和最近一期财务报表中的主要财务指标数据，包括但不限于资产总额、负债总额、所有者权益、营业收入、净利润等（转让参股权的，披露最近一个年度审计报告中的相应数据）；⑤受让方资格条件（适用于对受让方有特殊要求的情形）；⑥交易条件、转让底价；⑦企业管理层是否参与受让，有限责任公司原股东是否放弃优先受让权；⑧竞价方式，受让方选择的相关评判标准；⑨其他需要披露的事项。其中信息预披露应当包括但不限于以上前 5 款内容。在以增资方式进行混改时，转让方披露信息包括但不限于以下内容：①企业的基本情况；②企业目前的股权结构；③企业增资行为的决策及批准情况；④近 3 年企业审计报告中的主要财务指标；⑤企业拟募集资金金额和增资后的企业股权结构；⑥募集资金用途；⑦投资方的资格条件，以及投资金额和持股比例要求等；⑧投资方的遴选方式；⑨增资终止的条件；⑩其他需要披露的事项。

4. 出资方式不同

在以产权转让方式进行混改时，交易价款应当以人民币计价，通过产权交易机构以货币进行结算。在以增资方式进行混改时，投资方可以以非货币资产出资但应当经增资企业董事会或股东会审议同意，并委托具有相应资质的评估机构进行评估，确认投资方的出资金额。

五、办理变更登记

在完成产权交易后，混改工作进入收尾阶段，要对混改企业进行国有产权登记及工商变更。

（一）国有产权登记

根据《国家出资企业产权登记管理暂行办法》（国资委令第 29 号）的相关规定，国家出资企业、国家出资企业拥有实际控制权的境内外各级企业及其投资参股企业，应当纳入产权登记范围。所谓拥有实际控制权，是指国家出资企业直接或者间接合计持股比例超过 50%，或者持股比例虽然未超过 50%，但为第一大股东，并通过股东协议、公司章程、董事会决议或者其他协议安排能够实际支配企业行为的情形。

在混改工作中，可能出现多种产权登记的类型。例如，因投资、分立、合并而新设企业的，因收购、投资入股而首次取得企业股权的，应当办理占有产权登记；因履行出资人职责的机构和履行出资人职责的企业名称、持股比例改变的，因企业名称改变的，因企业注册资本改变的，因企业组织形式改变的等，应当办理变动产权登记；此外，如果国有股权全部转让，则应当办理注销产权登记。

按照《国家出资企业产权登记管理暂行办法》，产权登记程序为：

1. 企业发生产权登记相关经济行为时，应当自相关经济行为完成后20个工作日内，在办理工商登记前，申请办理产权登记。

2. 企业申请办理产权登记，应当由履行出资人职责的企业按照填报要求，填写有关登记内容和相关经济行为合规性资料目录，逐级报送国家出资企业，国家出资企业负责对登记内容及相关经济行为的合规性进行审核后，向国有资产监督管理机构申请登记。

3. 同一国有资产监督管理机构及其管理的多个履行出资人职责的企业共同出资的企业，由拥有实际控制权的一方负责申请办理产权登记；任一方均不拥有实际控制权的，由持股比例最大的一方负责申请办理产权登记；各方持股比例相等的，由其共同推举一方负责申请办理产权登记。非同一国有资产监督管理机构及其管理的多个履行出资人职责的企业共同出资的企业，由各方分别申请办理产权登记。

4. 国有资产监督管理机构自国家出资企业报送产权登记信息10个工作日内，对符合登记要求的企业予以登记；对相关经济行为操作过程中存在瑕疵的企业，国有资产监督管理机构应当向国家出资企业下发限期整改通知书，完成整改后予以登记。

5. 已办理产权登记的国家出资企业，由国有资产监督管理机构核发产权登记证；已办理产权登记的其他企业，由国有资产监督管理机构或者由国有资产监督管理机构授权国家出资企业核发产权登记表。产权登记证、登记表是企业办结产权登记的证明，是客观记载企业产权状况基本信息的文件。产权登记证、登记表的格式和内容由国务院国有资产监督管理机构统一制发，企业在使用过程中不得擅自修改。

6. 企业应当在办理工商登记后10个工作日内，将企业法人营业执照或者工商变更登记表报送国有资产监督管理机构；工商登记信息与产权登记信息存在不一致的，企业应当核实相关资料，涉及变更产权登记信息的，企业应当修改后重新报送，国有资产监督管理机构或者国家出资企业对相关登记信息进行确认后重新核发产权登记证、登记表。

7. 产权登记仅涉及企业名称、注册地、主营业务等基础信息改变的，可在办理工商登记后申请办理产权登记。

（二）工商变更

在办理国有产权登记后，还需要向企业所在地的工商行政管理部门办理工商变更手续。工商变更的基本流程为：

1. 申请。企业申请进行工商变更，根据具体变更内容需要准备相应材料。公司变更需要提交的材料：公司法定代表人签署的变更登记申请书；依照《公司法》作出的变更决议或者决定；国家工商行政管理总局规定要求提交的其他文件。材料齐全后向设立登记机关提交申请。

2. 审查。工商行政管理局收到登记申请后，对申请材料是否齐全、是否符合法定形式进行审查。对于符合要求的申请要求予以受理；对于不符合法律要求的，要求根据相关要求在 5 日之内改正、补齐材料，完成要求的申请予以受理；对于不属于企业登记范畴的不予受理，并告知申请人向其他机关申请。工商行政管理局自收到申请文件、材料之日起 5 日内作出是否受理的决定。

3. 审核。工商行政管理局经对申请人提交的登记申请审查。根据法定条件和程序，对申请材料的实质内容进行核实的。

4. 决定。工商行政管理局对决定受理的登记申请，分别在规定的期限内作出是否准予登记的决定。对申请材料齐全，符合法定形式的，下发新的营业执照。

5. 变更。在收到新的营业执照后，需及时将公章、组织机构代码证、税务登记证、银行账号等相关联的证件及时进行变更。

第三节　各种混改方式的操作流程

以引入战略投资者进行国有企业混合所有制改革，可以选择不同的混改方式，主要的混改方式包括产权转让、增资扩股、新设混改企业、收购股权或出资入股等。不同的混改方式，虽然都可按照上述规定的一般流程进行操作，但在细节上也有所区别。下文将重点介绍每种混改方式所需要关注的重点内容和操作流程。

一、产权转让实施混改

产权转让实施混改是混改工作最基础的方式，产权转让可以采取国有产权转让方将国有产权在产权交易机构进行挂牌转让或与受让者协议转让两种方式。为了防止国有资产流失、保证交易公平、公正、价格公允等目的，产权转让方式主要以在产权交易机构公开挂牌转让方式进行，协议转让是例外情形。

1. 产权转让应重点关注以下内容：①企业国有产权转让是否做好充分的可行性研究；②是否按规定履行了内部决策程序；③有无损害企业职工的合法权益；④标的企业涉及的债权、债务包括拖欠职工债务的处理方案；⑤产权转让原则上不得针对受让方设置资格条件，确需设置的，不得有明确指向性或违反公平竞争原则，所设资格条件相关内容应当在信息披露前报同级国资监管机构备案；⑥企业产权转让涉及职工利益调整、可能造成企业和社会不稳定的，必须严格按程序进行社会稳定风险评估。

2. 企业产权转让提交材料主要包括：①转让企业国有产权的请示；②产权转让方案；③内部决策文件；④资产评估备案表或核准文件复印件；⑤转让方和转让标的企业国有资产产权登记证复印件；⑥总法律顾问（没有总法律顾问的，由法务机构负责人）签字的由律师事务所出具的法律意见书；⑦批准机构要求的其他文件。

3. 产权转让实施混改工作流程

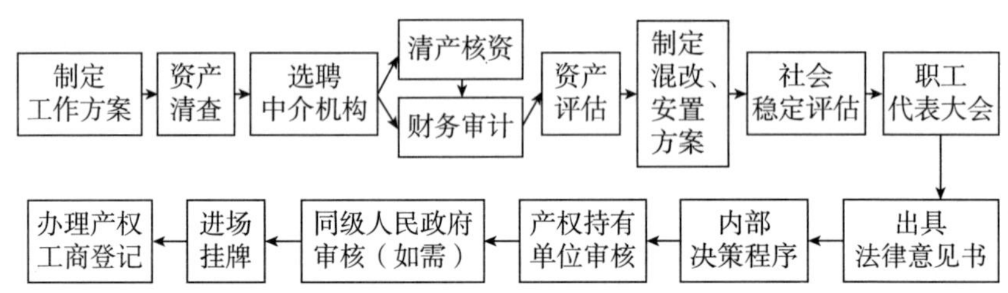

4. 特别注意事项

（1）企业通过产权转让实现改制的，方案必须提交企业职工（代表）大会审议，职工安置方案必须经企业职工（代表）大会审议通过。

（2）不得聘请参与该企业上一次资产评估的中介机构和注册资产评估师；不得聘请同一中介机构开展财务审计与资产评估；改为非国有的企业，必须在改制前由国有产权持有单位组织进行法定代表人离任审计，不得以财务审计代替离任审计。财务审计和离任审计工作应由两家会计师事务所分别承担。

（3）受让方确定后，转让方与受让方应当签订产权交易合同，交易双方不得以交易期间企业经营性损益等理由对已达成的交易条件和交易价格进行调整。

（4）信息披露问题：正式披露信息时间不得少于20个工作日。因产权转让导致转让标的企业的实际控制权发生转移的，转让方应当在转让行为获批后10个工作日内，通过产权交易机构进行信息预披露，时间不得少于20个工作日。

（5）评估基准日之后的变动事项：评估基准日之后原则上不应当再发生诸如分红、资产重组等事项，企业发生重大变化应当重新评估，个别参股企业中的变动情形可以通过信息披露加以解决。

二、增资扩股实施混改

增资扩股实施混改是以增资扩股的方式，达到混改的目的。增资扩股的方式与产权转让不同，产权转让将会使产权持有单位获得转让的资金，但增资扩股却无法获得该部分资金。在实践操作中，为满足安置职工和混改成本的需要，有时候会采取产权转让和增资扩股相结合的方式。

1. 企业增资扩股应重点关注以下内容：①国有企业增资扩股应坚持能进则进、应进必进原则，推进在产权市场公开披露信息，公开择优确定投资人；②引入社会资本增资扩股，应加强对社会资本的质量、诚信与操守、债权债务关系等的关注。

2. 企业增资扩股提交材料主要包括：企业增资的请示、增资方案、内部决策文件、财务审计报告、资产评估备案表或核准文件复印件（如需）、企业营业执照和国有资产产权登记证明复印件、总法律顾问（没有总法律顾问的，由法务机构负责人）签字的法律意见书等。

3. 增资扩股方案应至少包括以下内容：①出资股东与增资标的企业的基本情况，包括企业简要介绍、资产财务状况、业务经营状况等；②增资扩股的必要性与可行性；③增资扩股后企业基本情况，包括增资扩股后注册资本、增资方式、股权结构、法人治理结构等；④企业运营面临的风险及应对措施；⑤增资标的企业的业务发展规划及中长期经营效益预测。

4. 增资扩股实施混改工作流程

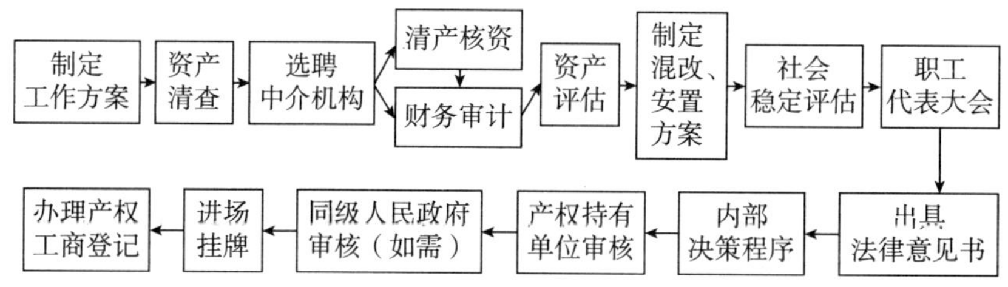

5. 特别注意事项：①增资扩股实施混改可以根据需要进行预披露，或者不进行预披露，但要保证正式信息披露时间不得少于40个工作日，其中，履行资产评估备案手续后的信息披露时间不得少于10个工作日；②对于以增资方式进行的混改企业，对受让方设置资格条件没有限制性规定。

三、新设混改企业

新设混改企业是由国有独资及控股企业以货币、非货币资产或股权与非国有资本共同出资，成立的新的企业。由于该企业因创设而成为混合所有制企业，因此新设混改企业也是一种混改模式。

1. 企业新设应重点关注以下内容：①国有独资及控股企业以非货币资产或股权出资新设企业引入非国有投资者的，必须通过产权交易市场公开有关信息，择优选择投资者；②引入社会资本共同出资，应加强对社会资本的质量、诚信与操守、债权债务关系等的关注。这就需要对相对方企业开展尽职调查，尽调内容主要包括：公司基本情况、股权结构、公司历史沿革、经营范围、主营业务、守法经营情况、关联交易、同业竞争、固定资产、无形资产、财务状况、重大债权债务、组织架构及法人治理、人员与社会保障、税务、诉讼、仲裁、环境保护等方面。通过尽调发现标的企业是否存在股权质押、房产抵押、为关联方提供担保、劳动用工等情况。

2. 新设企业提交材料主要包括：新设企业的请示、设立方案、内部决策文件、非货币出资的资产评估备案表或核准文件复印件（如需）、多方股东的出资协议、出资企业的营业执照和国有资产产权登记证明复印件、总法律顾问（没有总法律顾问的，由法务机构负责人）签字的法律意见书等。

3. 设立方案至少包括以下内容：①出资股东的基本情况，包括出资股东的简要介绍、资产财务状况、业务经营状况等；②设立的必要性与可行性；③新企业的基本情况，包括企业名称、注册资本、股权结构、法人治理结构、业务范围等；④新企业运营方面的风险及应对措施；⑤新企业的业务发展规划及中长期经营效益预测。

4. 出资协议和新企业章程的主要内容。出资协议内容主要包括：公司的基本情况、公司的经营范围、注册资本、出资和股权转让、公司筹备、关于知识产权的归属、股东的权利和义务、股东会、董事会、董事会的专项委员会、监事会、经营管理机构、股权转让及增资、员工持股计划、利润分配、终止、解散、违约责任、不可抗力、保密、适用法律和争议解决、通知、附则等。

新企业章程主要有以下内容：总则、公司名称和住所、公司经营范围、经营期限和经营宗旨、公司注册资本、股东的姓名、出资方式、出资额、关于知识产权的归属、股东会、董事会、董事会的专项委员会、监事会、经营管理机构、公司的法定代表人、股权转让和增资、员工持股计划、公司的合并、分立、财务、会计、利润分配及劳动用工制度、工会、公司的解散事由与清算办法、股东认为需要规定的其他事项等。

5. 新设混改企业工作流程

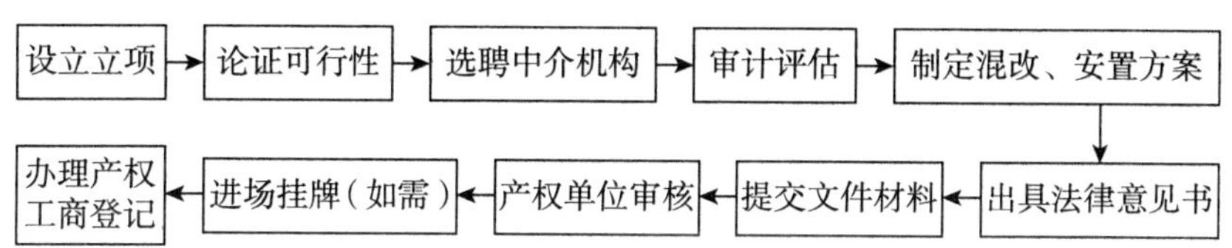

四、收购股权或出资入股实施混改

收购股权或者出资入股实施混改是混改工作的另外一种方式，是指国有独资及控股企业直接出资收购非国有企业的股权或者以出资入股的方式成为民营企业的股东，从而使原民营企业变为混合所有制企业。从逻辑上看，收购股权或者出资入股实施混改与产权转让实施混改恰好是相反的运作方式。

1. 收购股权、出资入股提交的材料主要包括：收购股权或出资入股的请示、收购股权或出资入股方案、内部决策文件、标的企业财务审计报告、标的企业资产评估备案表或核准文件复印件（如需）、出资企业营业执照和国有资产产权登记证明复印件、标的企业营业执照复印件、收购股权或出资入股协议、尽职调查报告、总法律顾问（没有总法律顾问的，由法务机构负责人）签字的法律意见书等。

2. 收购股权方案应至少包括以下内容：①收购主体与收购标的企业的基本情况，包括企业的简要介绍、资产财务状况、业务经营状况、人员状况等；②收购的必要性和可行性；③收购后企业基本情况，主要包括注册资本、收购方式、对价依据、收购金额、股权结构、法人治理结构、业务情况等；④收购股权的风险及应对措施；⑤收购后的企业发展规划及中长期经营效益预测。

3. 收购前应开展全面深入的尽职调查，并重点关注以下事项：①收购标的企业的主体资格，核查企业依法设立与经营必备的相关证照，同时注意核查其所属分公司、子公司主体资格；②标的企业的股权状况，包括股权基本情况、股权质押、查封等权利限制情况、股权代持等；③标的企业的资产状况，主要核查企业的不动产、重要动产、知识产权、权利取得与限制情况、对外投资情况；④标的企业的业务状况，主要核查企业主营业务情况、业务资质、同业竞争、关联交易、重大债权债务、或有负债等；⑤标的企业合法合规性状况，主要核查企业生产经营的合法合规，包括工商、税务、环保、产品质量、安全生产、劳动人事、海关、外汇等以及对标的企业有重要影响的诉讼、仲裁与行政处罚等；⑥收购主体企业与收购标的企业的战略协同效应。

4. 收购股权或出资入股实施混改工作流程

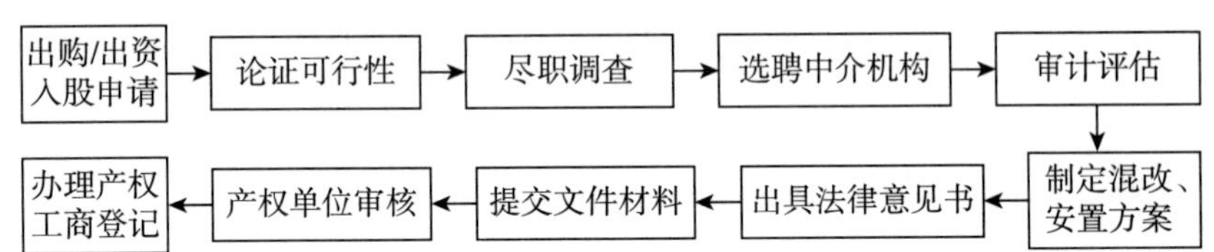

第三章

国企混改之核心文书

在国有企业混合所有制改革工作中，会涉及很多的法律文书。其中，比较核心的法律文书包括《混合所有制改革工作方案》《混合所有制改革实施方案》《混合所有制改革职工安置方案》《法律意见书》《合资合作协议》《新公司章程》等。

其中，《混合所有制改革实施方案》是整个混改工作的核心文件，在混改工作中起到“宪法性”的重要作用；《混合所有制改革职工安置方案》与职工的利益和未来息息相关，决定了混改能否顺利推进，也决定了企业的发展和社会的稳定；《法律意见书》是律师服务国有企业混改的核心文件，也是企业集体决策的前提，决定了整个混改工作的合法合规性；《合资合作协议》是国企混改后，对国有产权持有单位与战略投资者权利义务进行规范的基础性文件；《新公司章程》既是混改后公司运营的基础，也是公司赖以生存的灵魂，是公司的宪章级核心文件，对公司的存在、运营及发展具有十分重要的意义。这些法律文书制定的程序是否合法合理，内容是否完备齐全，将在很大程度上影响国企混改工作的顺利开展，甚至决定最终的混改结果。

本章将分别对《混合所有制改革工作方案》《混合所有制改革实施方案》《混合所有制改革职工安置方案》《法律意见书》《合资合作协议》《新公司章程》等混改核心法律文书进行介绍，并逐一列出范例供大家参考借鉴。

第一节　《混合所有制改革工作方案》

混改工作方案是开展混改工作的整体方案，也是开展混改工作的首要文件，更是《混合所有制改革实施方案》的前身和基础。在国有企业决定开展混合所有制改革之后，就应该着手开展对《混合所有制改革工作方案》的制定，从而有步骤有节点地开展相关工作。

一、《混合所有制改革工作方案》的制定主体

截至目前，没有相关的法律法规或者国资监管制度对于《混合所有制改革工作方案》的制定主体作出过规定。笔者认为，《混合所有制改革工作方案》的制定主体和《混合所有制改革实施方案》的制定主体一致，可以是改制企业国有产权持有单位、被委托的中介机构和改制企业。但是，由于《混合所有制改革工作方案》包括组织保障和进度安排等内容，因此建议由了解企业具体情况的改制企业或者改制企业国有产权持有单位制定为宜。

二、《混合所有制改革工作方案》的主要内容

《混合所有制改革工作方案》的制定，首先要考虑可操作性，确保企业内部各部门能够按照工作方案的要求，按部就班地推进混改工作。因此，《混合所有制改革工作方案》应至少包括以下内容：

1. 公司的基本情况。至少应包括公司的概况、资产情况、企业构成、人员情况等方面的内容。

2. 混改的必要性与发展目标。在混改的必要性方面，明确拟通过混改需要解决的具体问题。如优化资本结构，提升企业盈利能力和竞争能力；引入外部资金，提高企业资本实力；转变体制机制，激发发展动力和活力等。在混改后的发展目标方面，则要明确企业在混改后的一定时期，企业的发展定位、经营业绩、资产证券化水平的预期标准等。

3. 投资者选择原则。根据不同企业的类别，结合企业存在的短板和问题，明确选择哪类投资者以帮助企业实现发展的目标。按照发挥作用和目的定位的不同，投资者可以分为战略投资者和财务投资者。对于战略投资者，应该具备良好的治理条件，匹配的协调战略，稳定的经营环境等方面的优势；财务投资者则要具备诚信和财力等方面的优势。

4. 混改方式。混改方式可以选择产权转让、增资扩股或者产权转让与增资扩股相结合等方式，从而实现国有企业改制。同时需要确定以哪一日作为基准日，开展清产核资、财务审计及资产评估等方面的工作，以作为混改工作的支撑。

5. 股权设置。按照《国务院关于国有企业发展混合所有制经济的意见》的相关规定，对于不同类别的企业，股权设置也有不同的要求和规定。在这里，要明确引入战略投资者和财务投资者的个数，拟定他们持有的股权比例，以及国有股权保留的比例。

6. 完善企业法人治理结构。明确混改后企业股东会、董事会、监事会等“三会一层”的建设健全情况，制定好公司章程和相关议事规则。

7. 妥善安置职工。在此规定要制定《人员安置方案》，待提交职代会审议，并明确对在册职工劳动合同关系的处理、退休职工的管理和离休人员及已故离休人员配偶的安置情况，明确混改企业职工风险保障金，用于支付混改后因企业与职工解除或终止劳动合同时的经济补偿等。

8. 混改时间安排。按照混改流程，确定每一具体工作的时间节点，如分别确定基准日、中介机构入场、出具清审报告、出具评估报告、履行决策程序、上报相关材料的截止日期。

9. 组织保障。为利于分工负责，配合联动，可以在企业内部按照职能设定若干工作小组，共同推进混改工作。如，设定方案制定工作组、清审评工作组、招商工作组、职工安置工作组、土地房产工作组、合规审核工作组等。

三、《混合所有制改革工作方案》的特点

与《混合所有制改革实施方案》相比，《混合所有制改革工作方案》具有以下特点：

1. 制定时间较早。《混合所有制改革工作方案》是国有企业在决定开展混合所有制改革之初便要着手制定的首要文件，《混合所有制改革实施方案》则是在混改工作进行中，特别是在走完清审评的程序，并且与潜在合作方商谈后才能制定完成的文件。因此，《混合所有制改革工作方案》制定的时间非常早。

2. 内容宏观笼统。《混合所有制改革工作方案》是混改工作的总体部署和战略性文件，因此，内容不如《混合所有制改革实施方案》细致、严谨、周全，而只是从宏观方面对整体的混改工作进行了程序性的规定。

3. 意义十分重大。《混合所有制改革工作方案》虽然不比《混合所有制改革实施方案》那样核心，但是由于其作为统领整个混改工作的整体性文件，又涵盖了进度安排、组织保障等方面的内容，因此对于顺利推进企业混改具有重大意义，甚至将直接影响混改工作的成败。

范 例

某省级竞争性公司实施混合所有制改革工作方案

为贯彻落实关于推进国有企业改革的总体部署，深化某省级竞争性公司（以下简称“A 公司”）混合所有制改革，加快推进企业建立现代化企业制度，实现做强做优做大的目标，根据《中共中央、国务院关于深化国有企业改革的指导意见》（中发［2015］22 号）等文件精神和相关法律法规，结合 A 公司实际，制定本工作方案。

一、公司基本情况

（一）公司概况

公司的历史沿革、股东情况、主要经营范围、公司发展定位等。

（二）资产情况

公司注册资本、2017 年末资产总额 × × 元、负债总额 × × 元、净资产 × × 元，归属母公司净资产 × × 元，资产负债率 × × %。优势资源包括：……

（三）企业构成

截至 2017 年底，公司共有国有独（全）资、国有控股及参股企业 × × 户，其中：一级企业 × × 户，二级企业 × × 户，三级及以下企业 × × 户，企业层级最高到三级。× × 户全资、控股企业中已经完成混合所有制改革企业 × × 户，总资产、净资产、营业收入、利润总额分别为 × × 亿元、× × 亿元、× × 亿元、× × 亿元，分别占公司相应指标的 × × %、× × %、× × %、× × %，尚待混改全资企业 × × 户；尚待出清全资企业 × × 户。

（四）公司近三年经营情况

单位：亿元

主要指标	2016 年	2017 年	2018 年
营业收入	× × × ×	× × × ×	× × × ×
利税总额	× × × ×	× × × ×	× × × ×
利润总额	× × × ×	× × × ×	× × × ×

（五）人员情况

公司现有在册职工 × × 人，其中在岗 × × 人，不在岗 × × 人；离退休职工（含中华人民共和国成立前老工人） × × 人，其中离休 × × 人。

二、实施混改的必要性

公司所处的 × × 行业是充分竞争的行业，整个行业都在快速变革。为提高资源配置效率，加快形成有效制衡的公司法人治理结构、灵活高效的市场机制，以体制机制改革为重点，以混合所有制改革为突破口，建立完善的现代企业制度，保障国有资本保值增值，保持企业效益持续稳步增长，对做强做优做大公司产业具有十分重要的意义。

1. 实施混合所有制改革，是实现经营发展市场化的迫切需要。近年来，公司无论是在产业升级方面，还是在商业模式创新方面，都缺乏资金、人才、管理投入。公司正处于转型发展的关键时期，实施混合所有制改革可以为公司提供一个很好的解决方案，弥补公司的发展短板，促进资源向资产、资产向资本转化，实现市场化经营发展。

2. 实施混合所有制改革，是有效放大国有资本的迫切需要。盘活国有资产存量，使资产从停滞状态转化为运动状态，根据市场变化实现最优配置，吸引、扩充各类增量资本是有效放大国有资本的迫切需要。

3. 实施混合所有制改革，是完善法人治理结构的迫切需要。公司在深化改革上仍然面临着艰巨任务，部分企业的经济性质还是全民所有制，没有进行公司制改造，法人治理结构的建立还未起步，体制机制没有完全与市场接轨，管理水平还有差距。因此，实施混合所有制改革，是完善法人治理结构的迫切需要。

三、基本原则和目标任务

（一）基本原则

1. 坚持改革方向。坚持社会主义市场经济改革方向，毫不动摇地巩固和发展公有制经济，推行公有制多种实现形式，不断增强国有经济活力、控制力、影响力、抗风险能力。推进国有企业改革，必须坚持“三个有利于”方针，要有利于国有资本保值增值，有利于提高国有经济竞争力，有利于放大国有资本功能。

2. 坚持问题导向。树立相对落后就是绝对落后的理念，以时不我待的精神，着力解决我省国有企业与应有的规模和水平不相适应，与过去辉煌时期积累的基础、改革开放年代应发展的规模和水平不相适应，与国际化、市场化要求的规模和水平不相适应，与过去众多在国内外市场上享有盛誉的产品品牌的地位和水平不相适应等问题，坚持扭亏与增效相结合、改革与发展相统一，在转型升级、提质增效上下功夫，防止国有资产流失和债务风险，确保国有企业安全稳定。

3. 坚持市场运作。尊重市场经济规律和企业发展规律，以企业为主体，充分发挥市场机制的作用，把引资本与转机制、优化产权结构与完善公司治理结合起来，引进真正的实业家和企业家，不搞简单的“价高者得”，推动国有企业沿着资产资本化、资本证券化、产权混合化、投资主体多元化的方向发展，实现国有资本战略性保值增值。

4. 坚持党的领导。贯彻落实全面从严治党方针，坚持党的建设与国有企业改革同步谋划、党的组织及工作机构同步设置，实现体制对接、机制对接、制度对接、工作对接，要以具体可行的方式、方法和途径来发挥作用。在混合所有制改革中，必须坚持制度创新不能丢掉政治领导，改进管理不能丢掉政治优势。加强党的政治领导、思想领导和组织领导，把握大局和方向，充分发挥政治核心作用。

（二）目标任务

1. 国有企业经济效益和整体实力显著提升。国有企业效益不断提升，国有资本得到进一步发展壮大，培育一批与时代发展相适应、与我省应有规模和水平相适应、在全国同行业具有较强影响力的骨干企业。

2. 国有企业市场化水平显著提高。基本建立以市场化、专业化、国际化为导向的国有企业经营机制，具备条件的企业公司实现整体上市挂牌或核心资产上市挂牌。

3. 国有企业发展活力显著增强。形成有效制衡的公司法人治理结构、灵活高效的国有企业体制机制，国有资本放大功能明显增强，公司治理机制明显完善，全面提升核心竞争力和资源配置效率。

四、混改主要内容

（一）混改方式

本次混改以产权转让方式，引进战略投资者持股，2018 年将公司整体改制为国有参股的混合所有制企业，带动所属 × × 户企业全部完成混改任务。公司的所有生产经营活动及债权债务由混改后的企业承继。

按照《中华人民共和国企业国有资产法》及国家有关规定，由省国有资产监督管理机构组织招标选聘中介机构，以 2018 年 × × 月 × × 日为基准日，开展清产核资、财务审计及资产评估等工作并分别出具专项报告作为本次混改的主要依据。

（二）股权设置

根据公司实际，实现混改后，引进的战略投资者占公司股权的 60%以上，国有持股占公司股权的 40%以下，由国有独资公司转变为国有参股公司。

（三）投资者选择原则与方式

公司将紧紧围绕转型升级、提质增效和增强企业核心竞争力，以股权结构改革为核心，积极筛选引入与公司目标上一致、能力上互补、资源上共享的战略投资者。通过存量引资、项目引资等多种渠道，引入世界知名企业、中央企业或是有实力的民营企业等外部资本开展股权混合多元化的“异质重构”，通过产权交易市场公开挂牌交易，实现各种所有制资本取长补短，相互促进，共同发展。

（四）混改程序

1. 意向谈判。按照引入战略投资者条件，与若干家进行意向谈判，比较各方优劣势，并综合比对合作方条件进行排序（附件：每一个意向合作方情况介绍以及商谈的情况）。

目前，公司正在积极招商洽谈，意向企业××家（略）。

2. 清产核资。对企业各类资产、负债进行全面认真的清查，做到账、卡、物、现金等齐全、准确、一致。改制企业法定代表人和财务负责人对清产核资结果的真实性、准确性负责。清产核资结果经国有产权持有单位审核认定，并经国有资产监督管理机构确认后，自清产核资基准日起2年内有效。

3. 专项审计。省国有资产监督管理机构聘请中介机构开展清产核资、财务审计、离任审计等外部审计工作；省审计厅组织开展经营者经济责任审计，并对混改程序合规性、内容真实性、合法性全程进行专项审计。

4. 资产评估。省国有资产监督管理机构聘请中介机构开展专项资产评估工作，并对中介机构出具的评估报告进行核准，确定产权转让对价依据。

5. 制定方案。依据审计、评估结果，制定A公司“一企一策”混改方案、债权债务处置方案、职工安置方案、公司章程、社会稳定风险评估报告等文件。

6. 法律审核及内部决策。A公司混改实施方案等相关文件确定后，履行法务审核程序，由外部律师和公司总法律顾问出具法律意见书，报公司党委会、经理办公会和职代会审议。

7. 报请初审。经公司决策后，将A公司“一企一策”混改方案报省国有资产监督管理机构初审。

8. 决策审批。公司“一企一策”混改方案省国有资产监督管理机构初审后，报省政府审议，提交省委常委会审定。

9. 公开交易。公司“一企一策”混改方案获批后，通过产权交易中心公开择优引进外部投资者。在产权交易中心的鉴证下，签订产权交易合同。

10. 工商登记。完成产权交易后，办理国有产权变更，办理工商变更登记。

（五）完善企业法人治理结构

在推进公司混改中，同步健全协调运转、有效制衡的公司法人治理结构，规范建设“三会一层”，制定好公司章程及相关议事规则。

股东会：由公司全体股东组成，并根据出资行使表决权。

董事会：拟由××人组成，由公司股东会选举产生。其中战略投资者推荐××人，省国有资产监督管理机构推荐××人。董事长由战略投资者推荐董事候选人中选举产生，副董事长由省国有资产监督管理机构推荐董事候选人中选举产生。董事长为公司法定代表人。

监事会：拟由××人组成，由公司股东会选举产生。其中省国有资产监督管理机构推荐××人，战略投资者推荐××人，公司职工代表××人。

经理层：公司经理、副经理、财务负责人组成公司经理层，由公司董事会根据企业经营需要进行市场化选聘。

公司章程：一是依照《中华人民共和国公司法》的规定明确公司“三会一层”权限，细化议事规则；二是确保把党建工作纳入公司章程，包括：①党组织机构独立设置；②党委、纪委的职权；③党委的决策事项范围；④确保党务工作人员总数不少于职工总数的1%和党组织工作和活动经费不低于上年度职工工资总额1%的两个基础保障要求；⑤将党组织研究讨论作为董事会、经理层决策重大问题的前置程序。

按照《中华人民共和国公司法》、《中华人民共和国工会法》和《中国共产党章程》的要求，保留并完善工会、共青团等群团组织，并为其开展活动提供必要条件。坚持以党建带工建、带团建，充分发挥工会、共青团等群团组织的作用。

（六）推进企业领导人员制式转换

公司及所属企业混改后，全面推行职业经理人和市场化选聘经营管理者制度，企业领导人员不再比照行政级别，加快完成向真正企业家的制式转换，不再双轨运行，实现政企分轨。强化经营业绩考核，考核目标值要与国内外先进企业对标。

1. 公司要成立“制式转换”领导小组，制定公司现班子成员制式转换方案，经公司研究后，报省委组织部和国资党委研究确定。

2. 聘任制和契约化管理：公司混改后，经理层人员由董事会聘用，实行聘任制和契约化管理。董事会制定经理层人员的业绩考核办法和薪酬管理办法，并与经理层人员签订聘任合同书、经营业绩责任书等法律文件。

3. 业绩考核与薪酬管理：由董事会对经营层的经济效益指标、持续发展能力指标、经营风险防控指标和重点任务完成情况进行重点考核。分为年度指标和任期指标。薪酬水平本着“考核优、薪酬高，考核劣、薪酬低”的原则，与国有资本保值增值、企业效益、职工收入和风险防控等挂钩。职业经理人的薪酬由董事会根据人才市场价格和经营业绩协商确定。

4. 组织实施：加快推进领导人员制式转换，研究制定业绩考核和薪酬管理办法。对所属的二三级企业，参照公司混改模式，推进领导人员制式转换，为混改提供组织支持。

五、战略发展规划及预期效果

（一）战略发展规划

公司将依托行业优势，以抓改革、调结构、促转型为主线，围绕主业，打造和培育具有本地行业特色、市场竞争优势明显、社会影响力强的产品和服务品牌；通过混合所有制改革，创新体制机制，推进产业升级，优化产业结构，提升核心竞争力，促进企业做强做优做大，实现国有资产保值增值和企业效益持续增长双突破。

（二）混改预期效果

公司混改后将在资产规模与效益、产业集聚与核心竞争力、资产资本化与资本证券化率等方面实现突破性进展。

1. 引入增量资金××亿元以上。

2. 资本证券化率达到××%。

3. 规模与盈利能力位居国内前列。到 2019 年，公司总体规模稳定在××亿以上，实现利润总额不少于××亿元。

4. 建立形成企业价值共享机制。

六、妥善安置职工

根据《中华人民共和国劳动合同法》及《中华人民共和国劳动合同法实施条例》等的相关规定，结合企业实际，制定 A 公司职工安置方案，混改方案及职工安置方案提交职代会审议，充分尊重职工意愿，职工安置方案经职代会讨论通过并经上级有关主管部门批复同意后依法依规组织实施。

1. 合法、可行操作。按照相关法律、规定制定《职工安置方案》，在政策规定的框架下核定职工安置范围和标准，按程序规范操作，不留后遗症。《职工安置方案》经职代会或职工大会审议通过后报请省国有资产监督管理机构审核。在安置方案实施过程中，选择有针对性的工作方法，与职工充分沟通，并做好相关资料的留档、备查工作。

2. 保障职工利益。在《职工安置方案》的制定和实施过程中，充分了解职工各种要求和想法，在政策和法规允许范围内充分考虑职工利益，争取职工利益的最大化。

3. 公平、公正、公开。按照规定程序公开操作，充分保障职工对国企混改工作的知情权和参与权。在操作过程中严格把关、处事公正、力求公平，确保不落一人。

七、混改进度安排

（一）加强组织领导

1. 公司高度重视，由主要领导亲自抓，成立了进一步深化国企改革工作小组。领导小组主要职责是加强国有企业改革的顶层设计，定期召开工作会议，协调和研究解决国有企业改革重要问题。同时成立了深化国有企业改革领导小组办公室，负责改革工作的总体调度和统筹推进，协调有关部门优化服务，排忧解难，推动政策落地，形成推动改革的强大合力。

2. 加强组织推动，压实工作责任，明确时间表、路线图、责任人，倒排工期，责任到部门、到个人，确保全面完成改革任务。分管公司领导负责混改企业整体推进，进一步深化国企改革领导小组负责混改方案论证工作，进一步深化国企改革领导小组办公室负责协调方案审核报批，财资处负责资产处置、审计、评估工作，法务办负责相关法律审核，人力资源处、工会负责职工安置、职代会决议审核监督，党办负责混改企业制式转换和党建工作，综合处负责处置安全稳定、档案工作，纪委全程监督。

（二）分阶段有序推进

第一阶段，前期准备（××××年××月—××××年××月）。主要完成公司混改方案，报省国有资产监督管理机构初审，以及资产清查、确定意向合作方、初步尽职调查等。

第二阶段，决策审批（××××年××月—××××年××月）。主要完成公司清产核资、信息预披露、审计、评估及评估结果备案，混改方案细化、职工安置方案制定、法律和业务尽职调查、职代会及社会稳定风险评估、省审计厅审计、重点关注问题解决、正式混改方案报批等。

第三阶段，公开交易（××××年××月—××××年××月）。主要完成进场挂牌及签署协议、支付交易价款、股权工商变更登记、法人治理结构调整等。

附件1：意向合作方情况介绍（略）

附件2：引入战略投资者应具备的条件（略）

附件3：职工安置方案（略）

第二节　《混合所有制改革实施方案》

国有企业混合所有制改革实施方案，涵盖了公司基本情况、实施混改的必要性、基本原则和目标任务、混改主要内容、妥善安置职工、战略发展规划及预期效果、关于划拨土地的处置、下一步主要工作等重要内容，是整个混改工作的核心文件，在混改工作中起到“宪法性”的重要作用。

一、《混合所有制改革实施方案》的制定主体

根据《国务院办公厅转发国务院国有资产监督管理委员会关于规范国有企业改制工作意见的通知》（国办发［2003］96号）的规定，“国有企业改制，包括转让国有控股、参股企业国有股权或者通过增资扩股来提高非国有股的比例等，必须制定改制方案。方案可由改制企业国有产权持有单位制定，也可由其委托中介机构或者改制企业（向本企业经营管理者转让国有产权的企业和国有参股企业除外）制定”。因此，《混合所有制改革实施方案》的制定主体可以分为三类：一是改制企业国有产权持有单位，二是被委托的中介机构，三是改制企业。

二、《混合所有制改革实施方案》的主要内容

按照相应的法律、法规和国资监管制度，结合混改工作实际，目前《混合所有制改革实施方案》应至少包括以下内容，并结合企业实际，详细说明：

1. 公司的基本情况。在国企计划开展混改工作之前，首先要对企业的情况进行调研了解，确保做到底数清、情况明，否则不可能顺利妥善地做好此项工作。对于公司的基本情况，至少应该从公司概况、资产情况、企业构成、近3年经营情况、人员情况等五个方面予以说明。

2. 实施混改的必要性。在实施方案中，要对混改的必要性和可行性进行分析。在必要性方面，国企混合所有制改革应具有以下一项或多项意义：一是有利于优化资源配置，支持企业发展主业，推动企业做强做优做大；二是有利于完善法人治理结构，建立现代企业制度，以管资本为主加强国资监管；三是有利于推动企业创新转型，促进本市产业结构转型升级；四是有利于优化国资布局和结构，增强国有经济的活力、控制力、影响力和

抗风险能力；五是总体上有利于国有资本保值增值，有利于提高国有经济竞争力，有利于放大国有资本功能。在可行性方面，国企混合所有制改革应同时符合以下条件：一是符合国家和本市有关国有企业混合所有制改制的法律、法规和政策规定；二是符合行业发展趋势、企业发展规律和市场经济规则；三是具备混合所有制改制条件，改制方案操作性较强，总体可行。

3. 基本原则和目标任务。国企混合所有制改革要符合“坚持改革方向、坚持问题导向、坚持市场运作、坚持党的领导”等基本原则，在目标任务方面则要保证达到“企业经济效益和整体实力显著提升、企业市场化水平显著提高、企业发展活力显著增强”等要求。

4. 混改主要内容。在实施方案的这一部分，需要对混改的方式、股权的设置、混改的范围、债权债务处置、投资者选择原则与方式、完善企业法人治理结构、混改程序、推进企业领导人员制式转换等方面的情况予以明确。

5. 妥善安置职工。在制定《国有企业混合所有制改革人员安置方案》的基础上，在《合资合作协议》与《公司章程》中对在册职工劳动合同关系的处理和退休职工的管理明确作出规定，并对安置职工的保障基金和召开职代会的情况予以说明。

6. 战略发展规划及预期效果。战略发展规划部分应该表明混改后企业的市场定位和发展措施。在预期效果部分则应表明，在企业混合所有制改革后获得的增强资金，以及在产业聚集和核心竞争力、资产资本化和资本证券化、资产规模和经营效益等方面将取得的突破和进展。

7. 下一步工作。在实施方案的该部分中需明确企业混合所有制改革已经完成的既定工作，以及下一步需要开展的工作和法定程序，以确保企业混改工作积极稳妥规范有序实施。

三、《混合所有制改革实施方案》的相关要求

由于国企混合所有制改革属于企业改制，因此《混合所有制改革实施方案》也应符合《国务院办公厅转发国资委关于进一步规范国有企业改制工作实施意见的通知》（国办发［2005］60号）和《国务院办公厅转发国务院国有资产监督管理委员会关于规范国有企业改制工作意见的通知》（国办发［2003］96号）的相关要求。

1. 规定方案主要内容。在《国务院办公厅转发国资委关于进一步规范

国有企业改制工作实施意见的通知》中规定，改制方案的主要内容应包括：改制的目的及必要性，改制后企业的资产、业务、股权设置和产品开发、技术改造等；改制的具体形式；改制后形成的法人治理结构；企业的债权、债务落实情况；职工安置方案；改制的操作程序，财务审计、资产评估等中介机构和产权交易市场的选择等。

2. 明确保全金融债权。《国务院办公厅转发国资委关于进一步规范国有企业改制工作实施意见的通知》要求改制方案必须明确保全金融债权，依法落实金融债务，并征得金融机构债权人的同意。

3. 规定方案审批程序。《国务院办公厅转发国资委关于进一步规范国有企业改制工作实施意见的通知》要求改制方案必须提交企业职工代表大会或职工大会审议，并按照有关规定和程序及时向广大职工群众公布。《国务院办公厅转发国务院国有资产监督管理委员会关于规范国有企业改制工作意见的通知》规定国有企业改制方案和国有控股企业改制为非国有的企业的方案，必须提交企业职工代表大会或职工大会审议，充分听取职工意见。国有企业改制方案需按照《企业国有资产监督管理暂行条例》（国务院令第 378 号）和国务院国有资产监督管理委员会的有关规定履行决定或批准程序，未经决定或批准不得实施。国有企业改制涉及财政、劳动保障等事项的，需预先报经同级人民政府有关部门审核，批准后报国有资产监督管理机构协调审批；涉及政府社会公共管理审批事项的，依照国家有关法律法规，报经政府有关部门审批；国有资产监督管理机构所出资企业改制为国有股不控股或不参股的企业，改制方案需报同级人民政府批准。

4. 规定方案审批单位。《国务院办公厅转发国资委关于进一步规范国有企业改制工作实施意见的通知》规定审批改制方案的单位，包括各级人民政府、各级国有资产监督管理机构及其所出资企业、各级国有资产监督管理机构以外有权审批改制方案的部门及其授权单位。

此外，《混合所有制改革实施方案》还需要重点解决以下问题：

（1）加强和完善党的领导。把建立党的组织、开展党的工作作为国有企业推进混合所有制改革的必要前提。根据不同类型混合所有制企业的特点，明确党组织的设置方式、职责定位和管理模式。把党建工作总体要求写入公司章程，明确党组织的职责权限、机构设置、运行机制和基础保障，落实党组织在法人治理结构中的法定地位。

（2）完善董监高的提名安排。混改后国有股东继续控股的企业，可以将大部分经营权限授予经营管理层实施，增加日常经营的灵活性，增强企业活力；混改后投资者控股的企业，可由投资者控制混改企业大部分董监高的提名权，但对国民经济和国家安全比较重要的行业和重点企业的国有股东可以保留高于1/3的董监高提名权，确保国有股东在重大事项中的话语权。

（3）优化混改企业议事规则的设置。混改后国有股东继续控股的企业，可将大部分日常经营权限授予经营管理层实施，涉及企业发展战略、分红等重要事项由董事会和股东会决策；混改后投资者控股的企业，对于需董事会和股东会审议的重大事项，国有股东可以保留一票否决权。

（4）建立市场化选人用人机制。探索建立外部董事、专职监事、职业经理人制度，实现企业混改后外部董事占多数、外派监事会全覆盖；职业经理人实行市场化选聘、市场化薪资，做到人员能进能出、能上能下、薪资能增能减；建立以合同管理为核心、岗位管理为基础的市场化用工制度。

范　例

某省级竞争性公司混合所有制改革实施方案

为贯彻落实关于推进国有企业改革的总体部署，进一步深化某省级竞争性公司（以下简称“A公司”）混合所有制改革，加快建立现代企业制度，根据《中共中央、国务院关于深化国有企业改革的指导意见》（中发［2015］22号）等文件精神和相关法律法规，结合A公司实际，制定本方案。

一、公司基本情况

（一）企业概况

A公司是国有独资公司，其历史沿革为……主营业务包括……A公司经过多年发展，形成了良好的经营优势：……

（二）资产情况

公司注册资本××亿元。经审计，截至××××年××月××日（清审评基准日），公司资产总额××亿元，负债总额××亿元，所有者权益××亿元，资产负债率××%。

（三）企业构成

截至××××年××月××日（清审评基准日），公司共有国有及国有控股、参股企业××户，其中：一级企业××户，二级企业××户，三级及以下企业××户。

（四）公司近三年经营情况

单位：亿元

主要指标	2016 年	2017 年	2018 年
营业收入	××××	××××	××××
利税总额	××××	××××	××××
利润总额	××××	××××	××××

（五）人员情况

截至××××年××月××日（清审评基准日），公司在册职工××人，其中在岗××人，不在岗××人；退休职工××人，离休干部××人。

二、实施混改的必要性

1. 实施混改是实现经营发展市场化的迫切需要。A 公司整体经营处于充分竞争领域，与全国同行业领先企业相比，“块头”不大，实力还不够强，多年来仅限于本地经营，没有形成全国发展格局，急需转型升级、创新发展。通过实施整体混改，引入行业领军企业，依托其机制灵活、市场敏锐、全国发展等优势，结合 A 公司在区域的商誉、渠道和资源等市场竞争实力，实现优势互补。

2. 实施混改是发展壮大 A 公司的迫切需要。A 公司自有资金不足，资产负债率偏高，通过引入社会资本，进一步增强资本实力，支持企业主业发展，提升盈利能力和竞争力；借助投资者在资本运作和投融资方面的强力支持，有效激发企业活力，提升运行效率；在未来发展规划中，直接谋划推进公司整体或核心企业上市，促进企业发展壮大。

3. 实施混改是优化法人治理结构的迫切需要。A 公司在资产规模、产业布局、盈利能力上有了较大改善，但仍存在观念理念不新、体制机制不活、竞争能力不强等问题。通过混改，优化公司股权结构，有利于规范股东会、董事会、监事会、经营层的权责关系，按章程行权，靠市场选人，依规则运行，形成定位清晰、权责对等、运转协调、制衡有效的法人治理结构，加快完善现代企业制度，激发企业活力。

三、基本原则和目标任务

（一）基本原则

1. 坚持改革方向。解放思想、实事求是、积极探索，建立和完善产权明晰、权责明确、管理科学的现代企业制度，进一步激发活力和创造力，为转型发展奠定基础。

2. 坚持问题导向。结合公司整体发展战略和目标，找准重点领域和关键环节存在的突出问题，破解制约可持续发展的瓶颈，优化资产结构，提高创效盈利能力。

3. 坚持市场运作。尊重市场经济规则和企业发展规律，把引资本与转机制相结合。按照市场化机制，做到规则公开、过程公开、结果公开，防止国有资产流失。

4. 坚持党的领导。党组织把方向、管大局、保落实，发挥领导作用。加强领导班子建设，加强基层党组织和党风廉政建设，强化对权力运行的监督，构建防止腐败的制度体系，营造良好的政治生态。

（二）目标任务

1. 企业经济效益和整体实力显著提升。针对盈利能力不高等问题，按照市场化原则，引入综合实力突出、发展战略协同的投资方，使公司营业收入、利润总额等经营指标显著改善。

2. 企业市场化水平显著提高。以产权明晰、权责明确、管理科学为重点，建立现代企业制度，通过引入社会投资方，优化体制机制，实现转型升级。

3. 企业发展活力显著增强。在管理层方面、选人用人方面、激励约束方面，全面实行市场化体制机制，激发管理人员和全体员工的积极性和创造性，提升企业经营管理水平。处理好改革、发展、稳定的关系。

四、混改主要内容

（一）混改方式

本次混改方式为产权整体转让。

以××××年××月××日为基准日，省国有资产监督管理机构通过政府采购方式选聘审计、评估中介机构，开展清产核资、财务审计及资产评估等工作，并分别出具专项报告作为本次混改的主要依据。

（二）股权设置

A公司属于完全竞争性行业，通过混改地方国有资本全部退出，优化国有资本布局结构，建立高效灵活的市场运营机制，充分释放企业发展潜力，激发企业活力，促进企业发展壮大。本次混改，通过产权转让将A公司××%股权转让给1名治理良好、战略协同的投资者。

（三）混改范围

按照“整体混改、一次实施、不落一户、不丢一人”的原则，A公司××户企业采用如下方式：

1. ××户企业，为资产产权明晰的企业随公司一同混改。

2. ××户壳企业、僵尸企业，其中，××户通过破产或清算注销等方式在混改前完成退出；××户于××时完成退出。

3. ××户存在法律诉讼的企业剥离至××公司。

公司在册职工劳动合同关系全部由混改后企业承继，退休职工全部由混改后企业管理。

（四）债权债务处置

A公司及所属企业的经营活动及债权债务由混改后的企业全部承继。

（五）交易原则、投资者选择方式与商谈情况

1. 交易原则与条件

一是公司治理良好，应为国内行业实力较强企业，具有较强资金实力，有长期持股意愿。二是战略协同，认同A公司的战略发展方向。三是补足短板，业态优势互补，混改后能为A公司带来市场、管理、人才等重要资源增量。四是加强党建，将党建工作总体要求写入公司章程。五是保持稳定，××××年内不与职工解除或终止劳动关系，保障混改企业职工的合法权益。

2. 投资者选择方式

坚持公开透明与市场化操作原则引进投资者。采取在产权交易中心公开挂牌交易方式，以核准的评估净资产值作为依据，确定挂牌条件，采取竞价方式选择投资者。遵循产权交易中心规定，通过在交易条件和合同中明确受让方资金交付时间及金额等，确保资金如期到位。

3. 商谈情况

A公司先后与××公司、××公司、××公司、××公司等××家意向投资者进行了商谈，均有较强参与A公司混改的意愿。

（六）混改程序

目前，混改工作已完成以下环节：

1. 制定工作方案。在××××年××月××日至××××年××月××日期间，A公司按照战略发展规划，研究制定了混改工作方案。混改工作方案已经公司审议通过、省国有资产监督管理机构审核通过。

2. 清产核资。在××××年××月××日至××××年××月××日期间，省国有资产监督管理机构通过政府采购方式选聘的××××会计师事务所，对A公司及所属企业开展了清产核资，对各类资产、负债进行了全面认真的清查，做到账、卡、物、现金等齐全、准确、一致。A公司法定代表人和财务负责人对清产核资结果的真实性、准确性进行了确认。经会计师事务所清产核资和财务审计，专家组根据2003年印发的《国有企业清产核资办法》（国资委令第1号）等规定，对A公司清产核资出的损失进行逐笔分析与认定，最终对A公司认定的净损失金额为××××万元。

3. 专项审计。在××××年××月××日至××××年××月××日期间，××××会计师事务所开展财务审计工作。省审计厅于××××年××月××日完成了经营者经济责任审计，并出具报告。省审计厅对A公司混改程序合规性、内容真实性、合法性全程进行审计，待出具专项报告。

4. 资产评估。在××××年××月××日至××××年××月××日期间，省国有资产监督管理机构通过政府采购方式选聘的××××资产评估有限公司，对企业有形无形资产开展了全面严格的专项资产评估工作，经评估的净资产值为××亿元。下一步，将以经核准的评估净资产值为依据，确定挂牌条件，依交易程序公开择优确定受让方。

5. 制定方案。依据审计、评估结果，公司将进一步制定完善公司混改实施方案、职工安置方案、社会稳定风险评估报告等文件。其中混改实施方案需经职代会审议，职工安置方案需经职代会审议通过。

6. 法律审核及内部决策。A公司混改实施方案等相关文件正在履行合法性审查程序，由××××律师事务所和公司总法律顾问出具法律意见书，待公司党委会、董事会和职代会审议。

（七）推进企业领导人员制式转换

A公司在企业经营层推行职业经理人制度，完成制式转换，实现政企分轨。

A公司现职领导班子成员中，本人提出并经批准不再担任现任领导职务的，参加制式转换，不再比照行政级别；班子其他成员由组织统筹安排。

五、妥善安置职工

依据《关于建立国有企业改革重大事项社会稳定风险评估机制的指导意见》（国资发［2010］157号），A公司制定了《A公司社会稳定风险评估报告》，待上报市国资委党委。A公司在混改过程中坚持“党政同责、一岗双责”，确保安全生产和职工稳定。

根据《中华人民共和国劳动法》《中华人民共和国劳动合同法》，以及相关政策文件精神，结合公司实际情况，制定了《A公司混合所有制改革人员安置方案》，待向相关部门备案。

混改企业在册职工劳动合同关系由混改后企业承继，退休职工继续由混改后企业管理，在产权转让协议中作出明确约定，离休干部由老干部管理部门提供服务。

为了保障企业职工混改后的合法权益，维护职工利益，确保职工稳定，混改后企业出资建立混改企业职工安置风险保障基金。以混改时工商变更日A公司及其控股企业与职工解除劳动合同经济补偿金总额为依据，金额约××万元，属于混改后企业所有，交由第三方独立机构管理，用于支付混改后因企业与职工解除或终止劳动合同时的经济补偿等，切实维护职工利益。

六、战略发展规划及预期效果

（一）战略发展规划（略）

（二）混改预期效果

1. 在资金运转和资本运作上实现新突破。通过产权转让，国有股东获得资金约××亿元，在签订产权交易合同后5个工作日内，资金一次性到位。国有股权转让收入积极投资战略性新兴产业，促进国有资本、资金和资源的可持续发展。

2. 在产业聚集和核心竞争力上实现新突破。混改后，借助投资者的资金实力、布局优势和与世界知名品牌的合作资源，加快转型升级。视后续项目发展注入增量资金，实施优化整合，延伸经营触角，加速外埠拓展。

3. 在资产资本化和资本证券化上实现新突破。混改后，通过与投资者现有企业或上市主体的整合，到××××年，力争实现公司现有优质资产上市，借助资本市场，实现公司产业经营与资本运营双轮驱动。

4. 在资产规模和经营效益上实现新突破。到××××年，公司总体规模稳定在××亿元以上，力争实现利润总额不少于××亿元，所有者权益达××亿元，在岗职工人均年收入平均增长××%左右，实现企业创新发展、转型升级、提质增效。

七、关于划拨土地的处置

A公司改制涉及国有划拨土地需现状补办的××宗，土地面积××××平方米，出让土地使用权总地价（市场价）为××万元，补缴土地出让金××万元。

八、下一步主要工作

A公司正依法依规履行公司清产核资、财务审计、资产评估、债务处置、法律审核、社会稳定风险评估、内部决策等程序，待组织召开职代会，充分保障企业职工的知情权和参与权，并经省国有资产监督管理机构审查把关，根据程序报请省委省政府审议。混改实施方案经省委省政府审核批准后，根据2016年印发的《企业国有资产交易监督管理办法》（国资委、财政部令第32号），省国有资产监督管理机构指导A公司的产权转让工作，通过产权交易中心对外披露信息，公开选择受让方。做好社会资本质量、合作方诚信与操守等内容的审核。产权交易完成后，做好工商变更登记，确保积极稳妥、规范有序实施。

第三节 《混合所有制改革职工安置方案》

对于混合所有制改革而言，职工问题是最为重要，也最为棘手的问题，因为职工问题涉及职工的工作和生活，而每名职工的情况和诉求又不尽相同。因此，解决不好职工问题将直接影响混改的进程和最终的结果，影响企业的发展和社会的稳定。

一、《混合所有制改革职工安置方案》的制定主体

《国务院办公厅转发国资委关于进一步规范国有企业改制工作实施意见的通知》(国办发［2005］60号）中规定：国有企业实施改制前，原企业应当与投资者就职工安置费用、劳动关系接续等问题明确相关责任，并制定职工安置方案。因此，《混合所有制改革职工安置方案》的制定主体应为改制企业。但是，由于《混合所有制改革职工安置方案》需要符合《劳动法》《劳动合同法》《事业单位人事管理条例》等法律法规或规章的规定，专业性较强，因此最好请专门的劳动法业务律师协助把关。此外，由于《混合所有制改革职工安置方案》政策性很强，并需向相关部门备案，因此建议征求国资监管、人力社保等相关部门的意见。

二、《混合所有制改革职工安置方案》的主要内容

为做好职工安置工作，一定要摸清改制企业人员的基本情况，了解不同类别职工的相应诉求，掌握国家和地方对于职工安置的相关政策，从而才能依法合规、有的放矢地制定《混合所有制改革职工安置方案》。一般来说，《混合所有制改革职工安置方案》需要包括以下内容：

1. 人员安置的基本原则。人员安置原则一般包括依法合规原则、平稳操作原则、分类处置原则、公开公平公正原则等，以维护职工的合法权益，保证国有资产不流失。

2. 人员的基本情况。包括混改企业（含其纳入混改范围的下属国有及

国有控股企业）人员的人数和具体情况。具体情况按照类别予以区分并核定人数，如在职职工（包括在岗职工与不在岗职工）的人数，企业退休人员和原机关退休人员及其遗属人数，离休干部及已故离休干部配偶人数，60年代精简退职人员人数，以及上述人员中工伤致残、患职业病、因公死亡人员需供养亲属的人数，还要统计职工托管中心托管人员的情况（包括退休人员、大龄灵活就业人员、丧失劳动能力人员、工伤人员）和人数等。

3. 适用范围。职工安置方案的适用范围分为两类，包括适用企业的范围和适用人员的范围。前者要求界定企业混改时纳入混改范围的国有及国有控股企业的范围，后者则要明确企业混改后所涉及的人员范围。

4. 人员安置。对于人员安置的具体情况，要在这一部分予以体现，原则上也要按照企业人员、事业单位人员和职工托管中心人员来分别表述人员安置的情况。

5. 资金保障。对于相关职工的安置费用，需要区别到底是由原企业承担、由企业国有产权转让收入来支付还是由混改后企业出资解决。此外，对于职工安置风险保障基金的设置、出资和管理，也应在这部分中予以落实。

6. 清偿拖欠职工债务。对于拖欠职工的工资、资金款、医疗费和挪用的职工住房公积金以及企业欠缴的社会保险费等各项职工欠款，要明确如何清偿处理。

7. 人员安置方案的组织实施。要在此明确职工安置工作的负责部门，明确实施的基准日以及尚未明确问题的负责方等情况。

三、《混合所有制改革职工安置方案》的相关要求

《国务院办公厅转发国资委关于进一步规范国有企业改制工作实施意见的通知》（国办发［2005］60号）和《国务院办公厅转发国务院国有资产监督管理委员会关于规范国有企业改制工作意见的通知》（国办发［2003］96号）对职工安置方案也提出了明确要求。

1. 规定方案主要内容。《国务院办公厅转发国资委关于进一步规范国有企业改制工作实施意见的通知》规定，职工安置方案必须及时向广大职工群众公布，其主要内容包括：企业的人员状况及分流安置意见；职工劳动合同的变更、解除及重新签订办法；解除劳动合同职工的经济补偿金支付办法；社会保险关系接续；拖欠职工的工资等债务和企业欠缴的社会保险费处理办法等。

2. 规定方案审批程序。《国务院办公厅转发国资委关于进一步规范国

有企业改制工作实施意见的通知》规定，职工安置方案必须经职工代表大会或职工大会审议通过，企业方可实施改制。职工安置方案必须及时向广大职工群众公布。《国务院办公厅转发国务院国有资产监督管理委员会关于规范国有企业改制工作意见的通知》（国办发［2003］96号）规定，职工安置方案需经企业职工代表大会或职工大会审议通过后方可实施改制。

3. 规定方案相关事项。《国务院办公厅转发国资委关于进一步规范国有企业改制工作实施意见的通知》对支付经济补偿金的情况予以了具体说明，对拖欠职工债务的处置也予以了明确规定。《国务院办公厅转发国务院国有资产监督管理委员会关于规范国有企业改制工作意见的通知》规定，改制为非国有的企业，要按照有关政策处理好改制企业与职工的劳动关系。改制企业拖欠职工的工资、医疗费和挪用的职工住房公积金以及企业欠缴的社会保险费等要按有关规定予以解决。改制后的企业要按照有关规定按时足额交纳社会保险费，及时为职工接续养老、失业、医疗、工伤、生育等各项社会保险关系。

范　例

某省级竞争性公司混合所有制改革职工安置工作方案

根据关于推进国有企业改革工作的总体部署，为推进某省级竞争性公司混合所有制改革，根据《中华人民共和国劳动合同法》、《中华人民共和国劳动合同法实施条例》、省国有资产监督管理机构相关法律法规和政策文件精神，为在混改中做好职工安置工作，保障企业和职工合法权益，结合公司实际，制定本方案。

一、职工安置的原则

1. 正确处理改革、发展、稳定之间的关系，充分考虑职工、企业和社会的承受能力，稳妥、慎重、安全做好职工安置工作。

2. 依法依规安置职工，严格执行有关法律法规和政策文件规定，维护企业、职工的合法权益。

3. 公开、公正、公平推进混改及职工安置工作，保障职工的知情权、参与权、表达权和监督权有效落实，坚决杜绝违纪、违规、违法行为。

二、安置对象及人员情况

（一）安置对象

本次安置对象包括：

1. 截至股权转让交割日，公司及国有全资、国有控股企业具有国有企业职工身份的在册正式职工。

2. 公司所属参股企业中与公司所属企业签订劳动合同的具有国有企业职工身份的在册正式职工。

3. 公司本部及其国有全资及控股企业的退休人员。

4. 公司国有全资及控股企业发放生活补助的60年代精简还乡人员。

5. 公司转制前离、退休人员及享受定期生活困难补助的职工遗属。

6. 公司国有全资及控股企业的离休人员（含中华人民共和国成立前参加革命工作的退休老工人）及享受定期生活困难补助的遗属。

（二）人员基本情况

本次安置对象人数，按××××年××月底实际人员情况统计如下：

1. 公司具有国有企业职工身份的在册职工××人，其中：在岗职工××人，不在岗职工××人；在册职工人数中，经鉴定享受工伤保险待遇职工人数为××人。工伤遗属××人。

2. 公司转制前离休人员××人，退休人员××人，享受定期生活困难补助的离休、退休人员遗属××人。

3. 公司国有全资及控股企业的离休人员（含中华人民共和国成立前参加革命工作的退休老工人）××人，享受定期生活困难补助的离休人员遗属××人，60年代精简还乡××人。

4. 公司本部及其国有全资及控股企业的退休人员××××人。

三、职工年龄、工龄计算时点的确定

本次公司改制时，职工的年龄、工龄计算截止时间为股权转让交割日。

四、安置办法

（一）由公司于混改前彻底偿还拖欠本公司在册及离、退休等人员的各项费用，公司与个人书面声明无遗留债权债务关系。

（二）由公司在册及离、退休人员于混改前彻底偿还拖欠本公司的各项费用及物品，个人与公司书面声明无遗留债权债务关系。

（三）公司实施混合所有制改革不影响在册职工劳动合同的履行，公司与职工保持现有劳动合同关系不变。

1. 在岗职工岗位不因混合所有制改革本身而改变。

2. 不在岗职工相关待遇继续根据所在公司规定或与公司签订的相关协议执行。混改后不在岗职工至依法办理退休之前的包括但不限于生活待遇、社会保险费以及公积金等费用应予预留，具体费用根据相关政策规定、企业制度规定以及相关协议内容测算确定。

3. 在册职工本人因混合所有制改革提出辞职的，可以依法与公司解除劳动合同。

4. 混改后，公司与职工解除或终止劳动合同的，其中属于依法由企业向职工支付经济补偿的，按照职工混改前后应补偿的工龄连续计算年限。涉及支付职工混改前工作年限经济补偿的费用应予预留。

（四）公司本部及其国有全资及控股企业的退休人员的管理按照“服务有人管理、工作有机构负责、所需经费有保障”的原则，拟按照社会保险现行规定经办各项社会保险待遇发放统筹外项目及解决实际困难，涉及企业按规定应承担的住房补贴等福利待遇的费用应予预留。对退休人员安置、相关关系转移接收、服务管理经费预留办法等有关问题，根据有关规定执行。

（五）公司本部及其国有全资及控股企业60年代精简还乡人员和国有全资及控股企业的工伤遗属的管理按照“服务有人管理、工作有机构负责、所需经费有保障”的原则，生活困难补助等相关费用应予以预留。对退职人员和工伤遗属的安置、相关关系转移接收、服务管理经费预留办法等有关问题，根据有关规定执行。

（六）公司国有全资及控股企业的离休人员（含中华人民共和国成立前参加革命工作的退休老工人）及享受定期生活困难补助的遗属，按照“服务有人管理、工作有机构负责、所需经费有保障”的原则，妥善安置，落实各项待遇，确保离休干部队伍稳定。对混改企业涉及的离休干部及已故离休干部配偶的人员安置、相关关系转移接收、服务管理经费预留办法等有关问题，根据有关规定执行。

（七）公司转制前离、退休人员及享受定期生活困难补助的职工遗属，按照“服务有人管理、工作有机构负责、所需经费有保障”的原则，妥善安置，落实各项待遇，确保转制前原机关离、退休人员及享受定期生活困难补助的职工遗属稳定。对上述人员安置、相关关系转移接收、服务管理经费预留办法等有关问题，根据有关规定执行。

（八）公司原从事特殊工种的人员，由相关企业做好职工档案的管理工作，为办理职工特岗提前退休做好衔接工作。相关管理工作按照有关规定执行。

五、费用来源及管理

1. 混改当期需为支付偿还拖欠职工的费用建立专户管理，专款专用，禁止挪用。

2. 安置各类人员预留费用包括但不限于基本生活费、社会保险费、住房公积金、经济补偿金、定期生活困难补助、一次性伤残就业补助金、退休职工统筹外费用等。本着确保国有资产安全和维护国有企业职工权益的原则，上述预留费用项目及标准、计提资金、使用监管等，依据国有企业混改工作的相关政策、规定及指导意见执行。

六、职工安置方案的实施

1. 公司混改工作领导小组拟定本方案（草案），报省相关主管部门初审。

2. 公司混改工作领导小组根据本方案（草案）拟定实施细则（草案），报告并听取上级部门意见后，与本方案（草案）一并提请公司职工代表大会讨论、审议，广泛征求意见。

3. 本方案经公司职工代表大会审议通过后，报省政府批准后组织实施。

第四节　《法律意见书》

《法律意见书》是律师服务国有企业混改的核心文件，也是企业集体决策的前提。《法律意见书》对于企业的主体资格，股权结构，方案合法性，职工安置方案，清产核资、财务审计和资产评估，债权债务处理，涉及土地使用权事项，重大决策事项社会稳定风险评估报告，混改方式及交易管理等方面均要发表法律意见，是律师参与混改项目的核心工作成果。

一、《法律意见书》的分类

按照《国务院办公厅转发国资委关于进一步规范国有企业改制工作实施意见的通知》（国办发［2005］60号）的要求，"企业改制必须对改制方案出具法律意见书。法律意见书由审批改制方案的单位的法律顾问或该单位决定聘请的律师事务所出具"，因此企业改制必须对改制方案出具法律意见书，改制方案的审批单位为责任主体。这里说的是为审批单位出具的法律意见书。

由于国有企业混合所有制改革属于"三重一大"事项，因此在国有企业混合所有制改革的实践中，混改企业进行混改工作时，在集体决策之前实施合规合法性审查也需要依托法律意见书，这就要求改制单位或其决定聘请的律师事务所对决策主体、决策权限、决策程序、决策内容的合规性和合法性进行审查，并出具由企业总法律顾问（没有总法律顾问的，由法务机构负责人）签字同意的法律意见书。

综上，混合所有制改革的法律意见书原则上分为两种：一是为混改企业出具的法律意见书，二是为审批单位出具的法律意见书。为混改企业出具的法律意见和为审批单位出具的法律意见书有很大的区别，主要在于：①主体不同。为混改企业出具的法律意见书面对的主体是混改企业，为审批单位出具的法律意见书面对的主体是审批单位。②内容不同。为混改企业出具的法律意见书针对的是整个混改事项，因此比较复杂、全面、深入而且具体。为审批单位出具的法律意见书则更多地考虑审批的问题，因此对于一些基础性的情况，可不做深入的法律分析，只需对《混改方案》的合法性进行法律论证即可。

二、为混改企业出具的法律意见书

在国有企业开展混改的工作中，应由其法务部门或所聘请的律师事务所参与，并出具法律意见书，以确保方案及操作过程符合法律法规的相关规定。如由律师事务所出具法律意见书的，企业法务部门应当对此进行审核。为混改企业出具的法律意见书，内容比较全面，不仅要对程序进行法律审核，还要对混改实体内容进行法律审核。笔者认为，为混改企业出具的法律意见书至少需要对以下内容做出客观、详尽的法律评价：

1. 混改主体的基本情况。包括混改企业的主体资格（包括设立情况、有效存续情况、主体情况、下属企业及管理单位情况等）、股权结构（包括股东名称、出资额、股权比例、股东的基本情况等）、主要资产情况（包括房屋建筑物及土地使用权、租赁房屋、知识产权、注册商标等）、债权债务情况（包括负债情况、流动资产情况等）、人员情况（包括劳动合同签订情况、合法合规用工情况等）、公司的税务及财政补助情况（包括适用的主要税种和税率、合法纳税的情况、税收优惠政策及财政补贴情况等）、公司的合法经营情况（包括受到行政处罚的情形、欠缴税款的情形等）、公司的重大诉讼、仲裁情况（包括申请执行人/原告、被执行人/被告、受理法院、案号、案由、受理时间、结果等）。

2. 转让方主体的基本情况。包括主体资格（包括成立时间、统一社会信用代码、住所地、法定代表人、注册资本、公司类型、经营范围等）、股权结构（包括股东名称、出资额、股权比例、股东的基本情况等）、有效存续情况等。

3. 混改方案的主要内容。包括混改方案的制定（包括混改方案的制定情况、混改方案的内容、混改方案的职工审议等）、混改的范围、混改的方式、股权设置、债权债务的处置（包括本次混改的债权债务承继、金融债权的处理事宜等）、交易原则、投资者选择方式与商谈情况（包括交易原则与条件、投资者选择方式、商谈情况等）、混改文件等。

4. 混改程序。包括制定工作方案、清产核资和专项审计（包括会计师事务所选聘程序、会计师事务所的基本情况、清产核资和专项审计情况等）、经济责任审计、资产评估（包括资产评估机构选聘程序、资产评估事务所的基本情况、资产评估情况等）等。

5. 人员安置。包括人员安置方案的制定、人员安置方案的内容、人员安置方案的审议（包括向相关部门的请示、人员安置方案的备案、职工（代表）大会审议）等。

6. 重大决策事项社会稳定风险评估情况。包括《重大决策事项社会稳定风险评估报告》的制定和《重大决策事项社会稳定风险评估报告》的内容。

7. 关于划拨土地的处置。包括划拨土地处置情况（包括土地数量、土地面积、土地使用权总地价、补缴土地出让金金额）及每宗土地的明细（包括合同编号、受让人、土地面积、土地坐落地、评估确认后的地价、补缴数额）等。

范　例

××律师事务所关于某竞争性公司混合所有制改革之法律意见书

目　录

（二）股权结构
（三）存续情况
（四）法律评价
三、混改方案的相关内容
（一）混改方案的制定
（二）混改范围
（三）混改方式
（四）股权设置
（五）债权债务处置
（六）交易原则、投资者选择方式与商谈情况
（七）混改文件
（八）法律评价
四、混改程序
（一）制定工作方案
（二）清产核资和专项审计
（三）经济责任审计
（四）资产评估
（五）法律评价
五、人员安置
（一）人员安置方案的制定
（二）人员安置方案的内容
（三）职工安置方案的审议
（四）法律评价
六、重大决策事项社会稳定风险评估情况
（一）《重大决策事项社会稳定风险评估报告》的制定和内容
（二）法律意见
七、涉及土地使用权事项
（一）划拨土地处置情况
（二）法律意见
八、结论意见

致：某竞争性公司（以下简称“A公司”）

本律师事务所依法接受A公司的委托，指派××律师、××律师就A公司拟进行混改所涉及的有关法律事项出具本法律意见书。

为出具本法律意见书，本所律师特此声明如下：

一、本所律师依据本法律意见书出具日以前已发生或存在的事实和我国及本省现行法律、法规和规范性文件的规定发表法律意见。

二、本所律师已严格履行法定职责，遵循了勤勉尽责和诚实信用原则，对 A 公司本次混改涉及事项的合法性、合规性进行了充分的核查验证，保证本法律意见书不存在虚假记载、误导性陈述及重大遗漏。

三、本所律师同意将本法律意见书作为混改请示文件之一，随同其他材料一同上报；愿意作为公开披露文件，并承担相应的法律责任。

四、A 公司已向本所出具书面保证书，保证其向本所提供的为出具本法律意见书必需的原始书面材料、副本材料或口头陈述及说明均真实、准确、完整、合法、有效；一切足以影响本法律意见书的事实和文件均已向本所披露，不存在任何虚假记载、误导性陈述及重大遗漏；有关副本材料或复印件均与正本或原件相一致。已经向本所律师提供了为出具本法律意见书所必需的真实、完整、有效的原始书面材料、副本材料或口头证言。对于本法律意见书至关重要而又无法得到独立的证据支持的事实，本所律师依赖于有关政府部门、公司或其他有关单位出具的证明文件以及其他中介机构出具的书面报告和专业意见就该等事实发表法律意见。

五、本所律师在本法律意见书中，仅就与 A 公司混改有关的法律问题发表意见，将不对会计、审计、评估、投资决策等其他专业事项发表任何评论或意见。本法律意见书中对有关会计报表、清产核资报告、审计报告、资产评估报告和其他法律意见书中的某些数据和结论的引述，并不意味着本所律师对该等数据和相关结论的合法性、真实性和准确性做出任何明示或默示的担保或保证，对于该等文件及其所涉内容本所律师依法并不具备进行核查和做出评价的适当资格。

六、本所律师未授权任何单位或个人对本法律意见书作任何解释或说明。

本法律意见书的法律、法规、规范性文件及政策依据，包括但不限于：

《中华人民共和国公司法》

《中华人民共和国企业国有资产法》

《中华人民共和国劳动合同法》

《企业国有资产监督管理暂行条例》

《企业国有资产交易监督管理办法》

《中共中央、国务院关于深化国有企业改革的指导意见》

《关于进一步推进国有企业贯彻落实“三重一大”决策制度的意见》

《党政主要领导干部和国有企事业单位主要领导人员经济责任审计规定》

《中共中央办公厅关于在深化国有企业改革中坚持党的领导加强党的建设的若干意见》

《中共中央关于全面深化改革若干重大问题的决定》

《国务院关于促进企业兼并重组的意见》

《国务院关于国有企业发展混合所有制经济的意见》

《国务院办公厅转发国务院国有资产监督管理委员会关于规范国有企业改制工作意见的通知》

《国务院办公厅转发国资委关于进一步规范国有企业改制工作实施意见的通知》

《国务院办公厅转发国资委关于推进国有资本调整和国有企业重组指导意见的通知》

《国务院办公厅关于建立国有企业违规经营投资责任追究制度的意见》

《国务院办公厅关于进一步完善国有企业法人治理结构的指导意见》

《关于建立国有企业改革重大事项社会稳定风险评估机制的指导意见》

《国务院国有资产监督管理委员会关于印发〈企业国有产权交易操作规则〉的通知》

《国务院国有资产监督管理委员会关于贯彻落实〈中共中央　国务院关于深化国有企业改革的指导意见〉的通知》

《党政主要领导干部和国有企业领导人员经济责任审计规定实施细则》

其他法律法规

出具本法律意见书，审查的相关必备文件，包括但不限于：

《A 公司营业执照（副本）》

《A 公司章程（××××年）》

《A 公司中华人民共和国国家出资企业产权登记证》

《A 公司房地产权证》

《A 公司国有土地使用证》

《A 公司公有非住宅房屋租赁合同》

《A 公司公有住房租赁合同》

《A 公司注册商标说明书》

《A 公司注册商标移交清单》

《A 公司商标注册证》
《A 公司纳入混改范围户数明细表》
《A 公司不纳入混改范围户数明细表》
《A 公司人员数据库》
《A 公司税收无违规证明》
《A 公司地方税务局纳税证明》
《A 公司混合所有制改革实施方案》
《A 公司企业信用报告》
《A 公司党委会会议纪要》
《A 公司董事会决议》
《A 公司实施混合所有制改革工作方案》
《关于 A 公司实施混合所有制改革工作方案的请示》
《B 公司选聘会计师事务所项目（项目编号：× ×）竞争性磋商公告》
《B 公司选聘会计师事务所项目（项目编号：× ×）成交公告》
《× ×会计师事务所（特殊普通合伙）营业执照（副本）》
《× ×会计师事务所（特殊普通合伙）执业证书》
《× ×会计师事务所（特殊普通合伙）声明》
《A 公司清产核资专项审计报告》
《A 公司模拟合并审计报告》
《× ×省审计厅审计报告》
《B 公司选聘资产评估机构项目（项目编号：× ×）竞争性磋商公告》
《B 公司选聘资产评估机构项目（项目编号：× ×）成交公告》
《× ×资产评估事务所（特殊普通合伙）营业执照（副本）》
《× ×资产评估事务所（特殊普通合伙）资产评估资格证书》
《A 公司资产评估情况汇报》
《× ×资产评估事务所（特殊普通合伙）承诺函》
《A 公司混合所有制改革人员安置方案》
《A 公司职工代表大会决议》
《A 公司职工大会签到表》、
《A 公司重大决策事项社会稳定风险评估报告》
《× ×省国有建设用地使用权出让合同》
其他有关材料

正　文

一、混改主体的基本情况

（一）主体资格

1. 设立情况。××××年××月××日，A公司经××省工商局核准登记注册，并取得编号为××号之《企业法人营业执照》。

2. 有效存续。截至本法律意见书出具之日，根据法律、法规及A公司章程的有关规定，未发现A公司存在目前可预见的需要终止的情形。

3. 主体情况。A公司成立于××××年××月××日，现持有统一社会信用代码为××的《营业执照》。住所：××省××市××区××路××号；法定代表人：××；注册资本：人民币××万元；公司类型：有限责任公司；经营范围：略。

4. 下属企业及管理单位情况。①A公司下属企业。截至××××年××月××日，A公司共有国有独资、国有控股、参股企业及集体企业共××户，其中一级企业××户、二级企业××户、三级企业××户、四级企业××户。②A公司管理单位。截至××××年××月××日，A公司管理的事业单位××户，登记设立的事业单位××户，机关非法人单位××户。

A公司向本所提供的户数明细表，如下：包括单位名称、单位性质、公司性质、投资比例、企业层级等内容（具体略）。

（二）股权结构

A公司现时股权结构如下表所示：

股东名称	出资额（万元）	股权比例（%）
B公司 （A公司国有股权持有单位）	××××	××××

上述股权已在××省人民政府国有资产监督管理委员会进行了企业产权登记。

股东基本情况：根据A公司国有股权持有单位《统一社会信用代码证书》，统一社会信用代码：××××；公司类型：有限责任公司；公司地址：××省××市××区××路××号；法定代表人：×××；经营范围：略。

（三）主要资产情况

1. 房屋建筑物及土地使用权

对每项房屋建筑物及土地进行列明，包括：房产土地坐落地址、是否有证、房产证号、建筑面积、土地证号、土地面积、土地用途、土地使用权类型等内容（具体略）。

2. 租赁房屋

对每项租赁信息进行列明，包括：房屋承租人、租赁房屋坐落地址、是否有租赁合同、出租人、合同（房屋）编号、建筑面积、产别等内容（具体略）。

3. 知识产权

根据A公司出具的《注册商标说明书》，该公司共完成申请注册商标××个，分别是：略。A公司无专利技术、非专利技术及其他非权证申请。

注册商标清单：包括注册人、证书号码、商标名称、核定服务项目等内容（具体略）。

（四）债权债务情况

根据××会计师事务所（特殊普通合伙）出具的《A公司审计报告》，截至××××年××月××日，A公司负债合计：人民币××××元；流动资产合计：人民币××××元。

（五）人员情况

1. 劳动合同签订情况

根据A公司所提供的花名册，经核查劳动合同书的原件，截至××××年××月××日，A公司共有员工××人。A公司均与上述员工签订书面劳动合同，并依法缴纳社会保险及住房公积金。

2. 合法合规用工情况

根据A公司提供的《情况说明》，截至目前，A公司无劳动保障相关法律纠纷。

（六）公司的税务及财政补助情况

1. 公司目前执行的税种及税率

（1）A公司适用的主要税种和税率

序　　号	适用税种	适用税率
1	增值税	6%
2	房产税	12%
3	土地使用税	税务局核定
4	车船税	核　定
5	印花税	0.1%

（2）合法纳税的情况

根据××税务局于××××年××月××日出具的《税收无违规证明》，A公司为该局管辖纳税人，经系统查询，该企业暂无欠税、无税务行政处罚。

2. 税收优惠政策及财政补贴

根据A公司提供的说明，近两年A公司本部无享受税收优惠政策及财政补贴。

（七）公司的合法经营情况

1. 根据A公司提供的《情况说明》，并经本所律师适当核查，截至本法律意见书出具之日，A公司不存在违反工商、税务、土地、房管规划、人力社保、公积金等行政管理部门的规定而受到行政处罚的情形。

2. 根据××税务局出具的证明，A公司暂无欠税、无税务行政处罚；暂未发现因违反税收方面的法律、法规而受行政处罚及欠缴税款之情形。

（八）公司的重大诉讼、仲裁情况

根据A公司提供的《情况说明》，并经本所律师适当核查，截至本法律意见书出具之日，A公司无重大诉讼、仲裁（含执行）的情况。

（九）法律评价

根据A公司提供的资料，经律师适当查询，本所律师认为，A公司系依据我国法律注册成立并有效存续的有限责任公司；股权结构清晰；主要资产权属清晰；债权债务情况已经会计师事务所进行审计；劳动用工合法；依法按时申报各项税款，暂未发现因违反税收方面的法律、法规而受行政处罚及欠缴税款之情形；A公司不存在违反工商、税务、土地、房管规划、人力社保、公积金等的行政管理部门规定而受到行政处罚的情形；无重大诉讼、仲裁情况。A公司的基本情况符合本次混改的要求。

二、转让方主体的基本情况

（一）主体资格

B公司成立于××××年××月××日，现持有统一社会信用代码为××××的营业执照。住所：××省××市××区××路××号；法定代表人：×××；注册资本：人民币××××万元；企业类型：有限责任公司（国有独资）；经营范围：略。

（二）股权结构

B公司现实股权结构如下表所示：

股东名称	出资额（万元）	股权比例（%）
××省人民政府国有资产监督管理委员会	××××	100

上述股权已在省国资委进行了企业产权登记。

股东基本情况：根据B公司国有股权持有单位《统一社会信用代码证书》，统一社会信用代码：××；公司类型：有限责任公司（国有独资）；公司地址：××省××市××区××路××号；法定代表人：××；经营范围：略。

（三）存续情况

本所律师核查，截至本法律意见书出具之日，根据法律、法规及B公司章程的有关规定，未发现B公司存在目前可预见的需要终止的情形。

（四）法律评价

本所律师认为，B公司系依据我国法律注册成立并有效存续的有限责任公司（国有独资），具备转让股权的合法主体资格。

三、混改方案的相关内容

（一）混改方案的制定

1. 混改方案的制定情况。为落实本次混改事宜，A公司依据国家法律、法规及相关规定，结合本公司自身特点及未来混改方向专门制定了《混改方案》。

2. 混改方案的内容。A公司《混改方案》对公司基本情况、实施混改的必要性、基本原则和目标任务、混改主要内容（含混改方式、股权设置、混改范围、债权债务处置、交易原则、投资者选择方式与商谈情况、混改程序、推进企业领导人员制式转换）、妥善安置职工、战略发展规划及预期效果、关于划拨土地的处置、下一步主要工作事项作出明确规定。

3. 混改方案的职工审议。××××年××月××日，A公司召开职工代表大会，与会代表通过举手表决的方式，审议了《A公司混合所有制改革实施方案（草案）》。

（二）混改范围

1. 根据A公司《混改方案》，A公司××户企业资产采用如下方式：①××户资产产权明晰的下属企业资产随A公司一同混改。对每个企业的情况进行列明，包括：单位名称、单位性质、公司性质、投资比例、企业层级（具体略）。②××户企业处于破产、清算阶段，由混改后的公司继续负责事权处理，通过阶段性持股协议的方式明确双方权利和责任。相关情况在挂牌时披露。对每个企业的情况进行列明，包括：单位名称、单位性质、公司性质、投资比例、企业层级（具体略）。

2. 根据A公司提供的《A公司不纳入混改范围明细表》，经本所律师适当调查，××户企业不纳入混改范围。对每个企业的情况进行列明，包括：单位名称、单位性质、公司性质、投资比例、企业层级（具体略）。

（三）混改方式

本次混改方式为产权整体转让，将A公司××%股权转让给一名治理良好、战略协同的投资者。《混改方案》中明确，坚持公开透明与市场化操作原则引进投资者。采取在产权交易中心公开挂牌交易方式，以核准的评估净资产值作为依据，确定挂牌条件，采取竞价方式选择投资者，遵循产权交易中心规定，通过在交易条件和合同中明确受让方资金交付时间及金额等，确保资金如期到位。

（四）股权设置

根据A公司《混改方案》，A公司处于完全竞争性行业，通过混合所有制改革，优化国有资本布局结构，建立高效灵活的市场运营机制，充分释放企业发展潜力，激发企业活力，促进企业发展壮大。将A公司××%股权转让给1名战略良好、战略协同的投资者。

（五）债权债务处置

1. 本次混改的债权债务承继。根据A公司《混改方案》，A公司及所属企业的生产经营活动及债权债务由混改后的企业全部承继。

2. 金融债权的处理事宜。根据A公司提供的《企业信用报告（自主查询版）》，截至××××年××月××日，A公司不存在金融债权人。

（六）交易原则、投资者选择方式与商谈情况

1. 交易原则与条件。根据A公司《混改方案》，A公司混改的交易原则和条件：一是公司治理良好，应为国内行业实力较强企业，具有较强资金实力，有长期持股意愿；二是战略协同，认同A公司的战略发展方向并能够提供资源支撑；三是补足短板，业态优势互补，混改后能为A公司带来市场、管理、人才等重要资源增量；四是加强党建，将党建工作总体要求写入公司章程；五是保持稳定，5年内不与职工解除或终止劳动关系，保障混改企业职工的合法权益。

2. 投资者选择方式。根据A公司《混改方案》，A公司混改的投资者选择方式：坚持公开透明与市场化操作原则引进投资者。采取在产权交易中心公开挂牌交易方式，以核准的评估净资产值作为依据，确定挂牌条件，采取竞价方式选择投资者。遵循产权交易中心规定，通过在交易条件和合同中明确受让方资金交付时间及金额等，确保资金如期到位。

3. 商谈情况。根据A公司《混改方案》，A公司先后与××××公司等××家意向投资者进行了商谈。

（七）混改文件

为落实《混改方案》相关内容，A公司制定了《国企混改交易方案》《战略投资者选择方案》《合作协议》《新公司章程》等文件，这些文件将作为本次混改披露信息对外进行披露。

（八）法律评价

本所律师认为，A公司《混改方案》符合《国务院办公厅转发国资委关于进一步规范国有企业改制工作实施意见的通知》等法律、法规和规范性文件的要求。根据《中华人民共和国企业国有资产法》《A公司章程》等相关规定，A公司《混改方案》尚需A公司党委会、董事会、出资人作出决议（决定）。

四、混改程序

（一）制定工作方案

根据A公司《混改方案》，A公司按照战略发展规划，研究制定了混改工作方案。

××××年××月××日，A公司召开党委会，审议通过《A公司实施混合所有制改革工作方案（草案）》。

××××年××月××日，A公司召开董事会，审议通过《A公司实施混合所有制改革工作方案（草案）》。

××××年××月××日，A公司以《关于A公司实施混合所有制改革工作方案的请示》报B公司审核。

（二）清产核资和专项审计

1. 会计师事务所选聘程序

××××年××月××日，B公司委托政府采购中心发布《B公司选聘会计师事务所项目（项目编号：××）竞争性磋商公告》，以竞争性磋商的方式，对“A公司清产核资和财务审计服务”进行采购。××××年××月××日，政府采购中心发布《B公司选聘会计师事务所项目（项目编号：××）成交公告》，确定××会计师事务所（特殊普通合伙）为“A公司清产核资和财务审计服务”的供应商。

2. 会计师事务所的基本情况

××会计师事务所（特殊普通合伙）是根据中国法律注册成立的特殊普通合伙企业，现持有统一社会信用代码为××之《营业执照》，并持有会计师事务所编号为××的《会计师事务所执业证书》。

B公司选聘会计师事务所项目的竞争性磋商文件中对供应商资格提出明确要求，要求供应商提供提交响应文件截止日前3年在经营活动中没有重大违法记录的书面声明。××会计师事务所（特殊普通合伙）已递交了无违法、违规现象的声明。

3. 清产核资和专项审计情况

（1）××会计师事务所（特殊普通合伙）出具了《A公司清产核资专项审计报告》（文号：略）。

（2）××会计师事务所（特殊普通合伙）出具了《A公司模拟合并审计报告》（文号：略）。

（三）经济责任审计

受省委组织部的委托，××省审计厅派出审计组，对××同志××××年××月至××××年××月担任A公司党委书记、董事长期间经济责任履行情况进行了审计，出具了《A公司审计报告》。

审计结果表明，××同志任职期间，组织制定了本系统经济发展战略规划，建立和完善了经营管理者业绩考核制度，对所属公司的主要负责人进行了业绩情况考核；注重加强企业内部制度建设，××××年至××××年先后制定和完善了××项内控制度，分别涉及行政、财务、资产管理及重要经济事项决策等方面，提升和完善了企业管理水平。但审计也发现，A公司在大额资金出借、对外担保、资产风险控制等方面还存在一些问题。审计期间，××省审计厅未收到有关××同志的举报材料。

（四）资产评估

1. 资产评估机构选聘程序

××××年××月××日，A公司委托采购中心发布《B公司选聘资产评估机构项目（项目编号：××）竞争性磋商公告》，以竞争性磋商的方式，对“A公司资产评估服务”进行采购。××××年××月××日，政府采购中心发布《B公司选聘资产评估机构项目（项目编号：××）成交公告》，确定××资产评估事务所（特殊普通合伙）为“A公司资产评估服务”的供应商。

2. 资产评估事务所的基本情况

××资产评估事务所（特殊普通合伙）是根据中国法律注册成立的特殊普通合伙企业，现持有统一社会信用代码为××的《营业执照》，并持有××××年××月××日颁发的批准文号为××号之《资产评估资格证书》。

B公司选聘资产评估机构项目的竞争性磋商文件中对供应商资格提出明确要求，要求供应商提供提交响应文件截止日前3年在经营活动中没有重大违法记录的书面声明。××资产评估事务所（特殊普通合伙）已递交了近3年从未受过行政部门、行业协会等相关处罚，及××资产评估事务所（特殊普通合伙）和注册资产评估师未参与A公司及其下属企业资产评估业务的《承诺函》。

3. 资产评估情况

根据××资产评估事务所（特殊普通合伙）出具的《A公司资产评估情况汇报》，其已对A公司及其纳入混改评估范围的下属公司于评估基准日××××年××月××日的股东全部权益价值进行评估，但最终评估报告尚未出具，具体评估数值需以最终评估报告为准。

（五）法律评价

本所律师认为，A公司混改已依法进行了清产核资、专项审计、经济责任审计，符合相关法律法规和规范性文件的要求。资产评估工作正在进行中，尚需资产评估事务所出具正式的《资产评估报告》，且进行公示、专家论证及国资委核准备案。如最终能顺利出具评估报告且顺利通过了上述的公示、专家论证及核准备案程序，则表明其履行了合法的评估程序。

五、人员安置

（一）《人员安置方案》的制定

根据A公司《混改方案》，A公司根据《中华人民共和国劳动法》《中华人民共和国劳动合同法》等文件精神，结合A公司实际情况，制定了《A公司混合所有制改革人员安置方案》（简称《人员安置方案》）。

（二）《人员安置方案》的内容

《人员安置方案》对人员安置原则、人员基本情况、适用范围、人员安置办法（包括企业人员安置办法、企业退休人员及中华人民共和国成立前参加工作的老工人遗属、原机关退休人员及其遗属和已故工伤人员供养的直系亲属、离休干部及已故离休干部配偶、60年代精简退职人员）、安置所需资金的安排、职工安置保障、偿还拖欠职工的债务、人员安置方案的组织实施等内容的介绍和说明，符合《中华人民共和国劳动法》《中华人民共和国劳动合同法》《国务院办公厅转发国务院国有资产监督管理委员会关于规范国有企业改制工作意见的通知》《国务院办公厅转发国资委关于进一步规范国有企业改制工作实施意见的通知》等相关法律法规及政策的规定。

（三）职工安置方案的审议

1. 向相关部门请示

（1）××××年××月××日，A公司就职工安置方案向国资监管部门进行汇报并修改完善。

（2）××××年××月××日，A公司向人力社保部门报送了《关于请予对××公司混合所有制改革人员安置方案进行审核的函》。

（3）××××年××月××日，人力资源和社会保障部门向A公司回复《关于对A公司混合所有制改革人员安置方案（征求意见稿）的修改意见》，对《人员安置方案（征求意见稿）》提出了相应的修改意见。

2. 《人员安置方案》的备案

××××年××月××日，A公司对《A公司混合所有制改革人员安置方案（草案）》修订和完善后，报国有资产监督管理、人力资源和社会保障、财政、机构编制、老干部管理五部委备案。

3. 职工（代表）大会审议

××××年××月××日，A公司召开第一届职工代表大会，与会代表以无记名投票的方式，通过了《A公司混合所有制改革人员安置方案（草案）》。

（四）法律评价

本所律师认为，A公司人员安置方案符合《国务院办公厅转发国资委关于进一步规范国有企业改制工作实施意见的通知》等文件的要求。

六、重大决策事项社会稳定风险评估情况

（一）《重大决策事项社会稳定风险评估报告》的制定和内容

A公司依法组建社会稳定风险评估小组，重点对公司整体改制工作的合法性、合理性、可行性、可控性等要素进行全方位评估，评估结论：评估风险等级为A级，即当前风险总体可控，实施过程中潜在风险较低，不存在明显的个别矛盾。为确保公司混改顺利开展，制定了风险防范和化解措施及应急处置预案。

（二）法律意见

本所律师认为，A公司《重大决策事项社会稳定风险评估报告》符合《关于建立国有企业改革重大事项社会稳定风险评估机制的指导意见》的规定。

七、涉及土地使用权事项

（一）划拨土地处置情况

根据《混改方案》，A公司改制涉及的国有划拨土地需现状补办的××宗，土地面积××平方米，出让土地使用权总地价（市场价）为××万元，补缴土地出让金××万元。对每宗土地的情况进行列明，包括：合同编号、受让人、出让土地面积、出让土地坐落地、评估确认后的地价（元）、补缴数额（元）（具体略）。

（二）法律意见

本所律师认为，A公司改制涉及的国有划拨土地已经由具备土地估价资格的中介机构进行了评估，划拨土地分别签署了《国有土地使用权出让合同》（现状补办），符合相关法律、法规及规范性文件等的相关要求。

八、结论意见

本所律师认为：

1. A公司现系依据我国法律注册成立并有效存续的有限责任公司；股权结构清晰；主要资产权属清晰；债权债务情况已经会计师事务所进行审计；劳动用工合法；依法按时申报各项税款，暂未发现因违反税收方面的法律、法规而受行政处罚及欠缴税款之情形；A公司不存在违反工商、税务、土地、房管规划、人力社保、公积金等的行政管理部门规定而受到行政处罚的情形；无重大诉讼、仲裁情况。A公司的基本情况符合本次混改的要求。

2. B公司系依据我国法律注册成立并有效存续的有限责任公司（国有独资），具备转让股权的合法主体资格。

3. A公司《混改方案》符合《国务院办公厅转发国资委关于进一步规范国有企业改制工作实施意见的通知》等法律、法规和规范性文件的要求。根据《中华人民共和国企业国有资产法》《A公司章程（××××年）》等相关规定，A公司《混改方案》尚需A公司党委会、董事会、出资人作出决议（决定）。

4. A公司混改已依法进行了清产核资、专项审计、经济责任审计，符合相关法律法规和规范性文件的要求。资产评估工作正在进行中，尚需资产评估事务所出具正式的《资产评估报告》，且进行公示、专家论证及国资监管部门核准备案。如最终能顺利出具评估报告且顺利通过上述的公示、专家论证及核准备案程序，则表明其履行了合法的评估程序。

5. A公司人员安置方案符合《国务院办公厅转发国资委关于进一步规范国有企业改制工作实施意见的通知》等文件的要求。

6. A 公司《重大决策事项社会稳定风险评估报告》符合《关于建立国有企业改革重大事项社会稳定风险评估机制的指导意见》的规定。

7. A 公司改制涉及的国有划拨土地已经由具备土地估价资格的中介机构进行了评估，划拨土地分别签署了《国有土地使用权出让合同》（现状补办），符合相关法律、法规及规范性文件等的相关要求。

本法律意见书一式××份，每份具有同等效力，本法律意见书经加盖本所公章后生效。

（以下无正文）

××律师事务所

××律师

××律师

××××年××月××日

三、为审批单位出具的法律意见书

审批单位根据下属企业上报的改制方案和自身情况，决定由法务部门或聘请律师事务所出具法律意见书，对改制后仍为国有控股企业且职工（包括管理层）不持有本企业股权的，可由审批单位授权该企业的法务部门出具。如由律师事务所出具法律意见书，企业法务部门应当对此进行审核。与为混改企业出具的法律意见书不同，为审批单位出具的法律意见书主要服务于审批单位，不用面面俱到，而应抓大放小，特别注意要对混改企业的决策程序予以关注。笔者认为，为审批单位出具的法律意见书至少需要对以下内容作出法律评价：

1. 混改主体的基本情况。包括主体资格和股权结构等。

2. 混改方案。包括混改方案的内容、混改范围、混改方式、债权债务处理、交易管理等。

3. 清审评和经责审计情况。包括清产核资、专项审计、资产评估情况和经济责任审计情况。

4. 人员安置方案。包括人员安置方案内容的合法性和完整性。

5. 重大决策事项社会稳定风险评估报告。包括《重大决策事项社会稳定风险评估报告》的制定和《重大决策事项社会稳定风险评估报告》的内容。

6. 涉及土地使用权事项。包括土地数量、土地面积、土地使用权总地价、补缴土地出让金金额。

7. 混改程序。包括党委会审议通过《混改方案》《人员安置方案》《重大决策事项社会稳定风险评估报告》的情况，董事会审议通过《混改方案》《人员安置方案》《重大决策事项社会稳定风险评估报告》的情况，职工大会或职工代表大会审议《混改方案》、审议通过《人员安置方案》的情况，出具法律意见书的情况等。

范 例

××律师事务所关于某竞争性公司混合所有制改革之法律意见书[1]

目 录

[1] “某竞争性公司”，以下简称“A 公司”；B 公司，A 公司国有股权持有单位。

致：B 公司

××律师事务所依法接受 B 公司（以下简称公司）的委托，就 A 公司拟进行混改所涉及的有关法律事项出具本法律意见书。

为出具本法律意见书，本所律师特此声明如下：

一、本所律师依据本法律意见书出具日以前已发生或存在的事实和我国及本省现行法律、法规和规范性文件的规定发表法律意见。

二、本所律师已严格履行法定职责，遵循了勤勉尽责和诚实信用原则，对公司本次混改涉及事项的合法性、合规性进行了充分的核查验证，保证本法律意见书不存在虚假记载、误导性陈述及重大遗漏。

三、本所律师同意将本法律意见书作为混改请示文件之一，随同其他材料一同上报；愿意作为公开披露文件，并承担相应的法律责任。

四、A 公司已向本所出具书面保证书，保证其向本所提供的为出具本法律意见书必需的原始书面材料、副本材料或口头陈述及说明均真实、准确、完整、合法、有效；一切足以影响本法律意见书的事实和文件均已向本所披露，不存在任何虚假记载、误导性陈述及重大遗漏；有关副本材料或复印件均与正本或原件相一致。已经向本所律师提供了为出具本法律意见书所必需的真实、完整、有效的原始书面材料、副本材料或口头证言。对于本法律意见书至关重要而又无法得到独立的证据支持的事实，本所律师依赖于有关政府部门、公司或其他有关单位出具的证明文件以及其他中介机构出具的书面报告和专业意见就该等事实发表法律意见。

五、本所律师在本法律意见书中，仅就 A 公司混改有关的法律问题发表意见，将不对会计、审计、评估、投资决策等其他专业事项发表任何评论或意见。本法律意见书中对有关会计报表、清产核资报告、审计报告、资产评估报告和其他法律意见书中的某些数据和结论的引述，并不意味着本所律师对该等数据和相关结论的合法性、真实性和准确性做出任何明示或默示的担保或保证，对于该等文件及其所涉内容本所律师依法并不具备进行核查和做出评价的适当资格。

六、本所律师未授权任何单位或个人对本法律意见书做任何解释或说明。

本法律意见书的法律、法规、规范性文件及政策依据，包括但不限于：

《中华人民共和国公司法》

《中华人民共和国企业国有资产法》

《中华人民共和国劳动合同法》

《企业国有资产监督管理暂行条例》

《企业国有资产交易监督管理办法》

《中共中央、国务院关于深化国有企业改革的指导意见》

《关于进一步推进国有企业贯彻落实“三重一大”决策制度的意见》

《党政主要领导干部和国有企事业单位主要领导人员经济责任审计规定》

《中共中央办公厅关于在深化国有企业改革中坚持党的领导加强党的建设的若干意见》

《中共中央关于全面深化改革若干重大问题的决定》

《国务院关于促进企业兼并重组的意见》

《国务院关于国有企业发展混合所有制经济的意见》

《国务院办公厅转发国务院国有资产监督管理委员会关于规范国有企业改制工作意见的通知》

《国务院办公厅转发国资委关于进一步规范国有企业改制工作实施意见的通知》

《国务院办公厅转发国资委关于推进国有资本调整和国有企业重组指导意见的通知》

《国务院办公厅关于建立国有企业违规经营投资责任追究制度的意见》

《国务院办公厅关于进一步完善国有企业法人治理结构的指导意见》

《关于建立国有企业改革重大事项社会稳定风险评估机制的指导意见》

《国务院国有资产监督管理委员会关于印发〈企业国有产权交易操作规则〉的通知》

《国务院国有资产监督管理委员会关于贯彻落实〈中共中央 国务院关于深化国有企业改革的指导意见〉的通知》

《党政主要领导干部和国有企业领导人员经济责任审计规定实施细则》

其他法律法规

出具本法律意见书，审查的相关必备文件，包括但不限于：

《A 公司营业执照（副本）》

《A 公司章程》

《A 公司中华人民共和国国家出资企业产权登记证》

《A 公司混合所有制改革实施方案》

《A 公司清产核资专项审计报告》

《A 公司模拟合并审计报告》

《A 公司审计报告》

《A 公司混合所有制改革人员安置方案（草案）》

《A 公司第一届职工代表大会决议》

《A 公司重大决策事项社会稳定风险评估报告》

《A 公司党委会决议》

《A 公司董事会决议》

《关于上报 A 公司混改实施方案的请示》

其他有关材料

正　文

一、A 公司的基本情况

（一）主体资格

A 公司成立于××××年××月××日，现持有统一社会信用代码为××的《营业执照》。住所：××省××市××区××路××号；法定代表人：××；注册资本：人民币××万元；公司类型：有限责任公司；经营范围：略。

（二）股权结构

A 公司现时股权结构如下表所示：

股东名称	出资额（万元）	股权比例（%）
B 公司	××××	××××

本所律师认为，A 公司依法设立并合法存续，不存在法律、法规和《公司章程》规定需要终止或解散的情形，股权结构清晰，符合本次混改的要求。

二、混改方案

（一）混改方案的内容

A 公司的《混改方案》对公司基本情况、实施混改的必要性、基本原则和目标任务、混改主要内容（含混改方式、股权设置、混改范围、债权债务处置、交易原则、投资者选择方式与商谈情况、混改程序、推进企业领导人员制式转换）、妥善安置职工、战略发展规划及预期效果、关于划拨土地的处置、下一步主要工作事项作出明确规定。

本所律师认为，A 公司《混改方案》的主要内容符合《国务院办公厅转发国资委关于进一步规范国有企业改制工作实施意见的通知》等相关法律、法规及规范性文件的要求。

（二）混改范围

根据《混改方案》，A 公司对产权明晰的企业随公司一并混改。对于未纳入混改范围的企业，存在资产剥离情况。

本所律师认为，《混改方案》将产权清晰的企业一并纳入混改范围，符合《中华人民共和国公司法》及国资监管相关法律规定。对于未纳入混改范围的企业进行剥离，在 A 公司依法履行完剥离程序后，不影响本次混改方案的实施。

（三）混改方式

混改方式为产权转让，将 A 公司××%的股权转让给一名治理良好、战略协同的投资者。《混改方案》中明确，坚持公开透明与市场化操作原则引进投资者。采取在产权交易中心公开挂牌交易方式，以核准的评估净资产值作为依据，确定挂牌条件，采取竞价方式选择投资者，遵循产权交易中心规定，通过在交易条件和合同中明确受让方资金交付时间及金额等，确保资金如期到位。

本所律师认为，《混改方案》中所规定的方式和程序符合《国务院办公厅转发国资委关于进一步规范国有企业改制工作实施意见的通知》等法律、法规和规范性文件的要求。

（四）债权债务处理

A 公司《混改方案》中规定：A 公司及所属企业的生产经营活动及债权债务由混改后的企业全部承继。

本所律师认为，《混改方案》中就债权债务由混改后企业全部承继的规定符合《中华人民共和国公司法》等法律、法规和规范性文件的要求，不损害债权人利益。

（五）交易管理

《混改方案》中对交易原则与条件、投资者选择方式、商谈情况等作出了安排。

本所律师认为，《混改方案》中关于交易原则与条件及投资者选择方面的规定，符合《企业国有资产交易监督管理办法》等法律、法规、规范性文件的要求。

三、清审评和经责审计情况

（一）清产核资、专项审计、资产评估情况

1. ××会计师事务所（特殊普通合伙）出具了《A 公司清产核资专项审计报告》（文号：略）。

2. ××会计师事务所（特殊普通合伙）出具了《A公司模拟合并审计报告》（文号：略）。

3. 根据××资产评估事务所（特殊普通合伙）出具的《A公司资产评估情况汇报》，其对A公司及其纳入混改评估范围的下属公司于评估基准日××××年××月××日的股东全部权益价值进行评估，截至本法律意见书出具之日，尚未出具正式的《资产评估报告》。

本所律师认为，A公司混改已依法进行了清产核资、专项审计，符合相关法律、法规和规范性文件的要求。资产评估工作正在进行中，待资产评估事务所出具正式的《资产评估报告》后，需进行公示、专家论证及核准备案程序，具体评估数值以核准备案为准。

（二）经济责任审计

××省审计厅出具了《A公司审计报告》（文号：略）。

本所律师认为，A公司混改中领导人员经济责任审计，符合相关法律、法规和制度规定。

四、人员安置方案

A公司的《人员安置方案》对人员安置原则、人员基本情况、适用范围、人员安置办法（包括企业人员安置办法、企业退休人员及中华人民共和国成立前参加工作的老工人遗属、原机关退休人员及其遗属和已故工伤人员供养的直系亲属、离休干部及已故离休干部配偶、60年代精简退职人员）、安置所需资金的安排、职工安置保障、偿还拖欠职工的债务、人员安置方案的组织实施等内容进行了介绍和说明，其内容符合《中华人民共和国劳动法》《中华人民共和国劳动合同法》《国务院办公厅转发国务院国有资产监督管理委员会关于规范国有企业改制工作意见的通知》《国务院办公厅转发国资委关于进一步规范国有企业改制工作实施意见的通知》等相关法律、法规及政策的规定。

五、重大决策事项社会稳定风险评估情况

A公司依法组建社会稳定风险评估小组，重点对公司整体改制工作的合法性、合理性、可行性、可控性等要素进行全方位评估。评估结论认为，评估风险等级为A级，即当前风险总体可控，实施过程中潜在风险较低，不存在明显的个别矛盾。为确保公司混改顺利开展，制定了风险防范和化解措施及应急处置预案。

本所律师认为，A公司制定的《重大决策事项社会稳定风险评估报告》符合相关法律、法规及规范性文件的要求。

六、涉及土地使用权事项

A公司《混改方案》中规定，A公司改制涉及国有划拨土地需现状补办的××宗，土地面积××平方米，出让土地使用权总地价（市场价）为××万元，补缴土地出让金××万元。

本所律师认为，《混改方案》中关于纳入混改范围的土地使用权的规定符合法律规定。

七、混改程序

1. ××××年××月××日，A公司党委会审议通过了《混改方案》《人员安置方案》《重大决策事项社会稳定风险评估报告》。

2. ××××年××月××日，A公司董事会审议通过了《混改方案》《人员安置方案》《重大决策事项社会稳定风险评估报告》。

3. ××××年××月××日，A公司召开第一届职工代表大会，审议了《A公司混合所有制改革实施方案（草案）》，通过了《人员安置方案》。

4. ××××年××月××日，A公司委托律师事务所出具了法律意见书，对A公司的混改工作发表了法律意见。

本所律师认为：截至本法律意见书出具日，A公司已履行了关于本次混改的相关内部程序。

八、结论意见

本所律师认为：

1. A公司依法设立并合法存续，不存在法律、法规和《公司章程》规定需要终止或解散的情形，股权结构清晰，具备本次混改的主体资格。

2. A公司《混改方案》的主要内容符合《国务院办公厅转发国资委关于进一步规范国有企业改制工作实施意见的通知》等相关法律、法规及规范性文件的要求。

《混改方案》将产权清晰的企业一并纳入混改范围，符合《中华人民共和国公司法》及国资监管相关法律规定。对于未纳入混改范围的企业进行剥离，在A公司依法履行完剥离程序后，不影响本次《混改方案》的实施。

《混改方案》中所规定的方式和程序符合《国务院办公厅转发国资委关于进一步规范国有企业改制工作实施意见的通知》等法律、法规和规范性文件的要求。

《混改方案》中就债权债务由混改后企业全部承继的规定符合《中华人民共和国公司法》等相关的规定，不损害债权人利益。

《混改方案》中关于交易原则与条件及投资者选择方面的规定，符合

《企业国有资产交易监督管理办法》等法律、法规、规范性文件的要求。

3. A公司混改已依法进行了清产核资、专项审计，符合相关法律、法规和规范性文件的要求。资产评估工作正在进行中，待资产评估事务所出具正式的《资产评估报告》后，需进行公示、专家论证及核准备案程序，具体评估数值以核准备案为准。

A公司混改中领导人员经济责任审计，符合相关法律、法规和制度规定。

4. A公司《人员安置方案》内容符合《中华人民共和国劳动法》《中华人民共和国劳动合同法》《国务院办公厅转发国务院国有资产监督管理委员会关于规范国有企业改制工作意见的通知》《国务院办公厅转发国资委关于进一步规范国有企业改制工作实施意见的通知》等相关法律、法规及政策的规定。

5. A公司制定的《重大决策事项社会稳定风险评估报告》符合相关法律、法规及规范性文件要求。

6. 《混改方案》中关于纳入混改范围的土地使用权的规定符合法律规定。

7. 截至本法律意见书出具日，公司已履行了关于本次混改的相关内部程序。

本法律意见书一式××份，每份具有同等效力，经本所加盖本所公章后生效。

（以下无正文）

××律师事务所

×××律师

×××律师

××××年××月××日

第五节 《合资合作协议》

《合资合作协议》是国有企业混合所有制改革工作中，由混改企业或者国有产权持有单位拟订的基础性文件。一般来说，《合资合作协议》既要符合国有产权持有单位的意向，满足企业的混改要求，又要结合战略投资者选择的情况来拟订。拟订完成的《合资合作协议》要经国有产权持有单位审批通过，并作为转让条件予以公布。

一、《合资合作协议》的主要内容

《合资合作协议》的主要内容包括：①公司的基本情况。包括公司的组织形式、公司名称、公司住所、公司经营期限、公司法定代表人、商业字号、公司注册地和公司经营宗旨等内容。②公司的经营范围。③公司的注册资本、股权比例及出资。④股东会。包括股东会的构成、性质、职权、行使表决权及特别事项表决权相关事宜，及禁止条款等。⑤股东的权利和义务。⑥董事会。包括董事会的性质、构成及任期，董事长的选举、职权，董事会职权、董事会决议相关事宜等。⑦监事会。包括监事会成员的构成及任期、监事会职权等。⑧经营管理层。包括总经理及其他高级管理人员的聘任和解聘、经理及其他高级管理人员行使职权事宜等。⑨关联交易。包括关联关系的概念及关联交易的原则等。⑩股权转让。包括股权转让的程序、要求、限制及增资事宜等。⑪职工权益保障。包括在册职工、退休职工的安置，相关费用的出资和使用，以及保障职工权益事项等。⑫公司解散和清算。包括公司解散事由、清算程序、清算组的组成及职权、清算后公司财产分配，及公告终止等。⑬各方的声明和保证。包括合法有效的法人主体、签署协议的权利、履行协议的能力、协议条款的强制效力、签署协议的合法性等。⑭违约责任。⑮不可抗力。⑯适用法律和争议解决。⑰通知。⑱附则等。

二、《合资合作协议》的特殊条款

为有效保护国有权益，维护企业发展和职工稳定，在不违反《公司法》的前提下，可以在《合资合作协议》中设定特殊条款，如董事会人员的构成及推荐，需要2/3以上董事通过的特殊事项；国有股东同等条件下的优先受让权；职工安置的补贴费用和风险保障基金等。此外，还可以约定专门的国有权益保护条款，如：战略投资者在受让股权后的N年内不得直接或者间接将所持股权转让、质押、担保或设置任何形式的第三方权利；国有股权在国有及国有控股公司之间调整和转让；其他股东放弃优先购买权等。

范　例

某省级竞争性公司实施混合所有制改革合资合作协议

本《某省级竞争性公司（以下简称“A公司”）实施混合所有制改革合资合作协议》（以下简称“本协议”）由以下各方签署：

甲方：A公司国有股权持有人

法定代表人：××

注册地址：××××

乙方：符合××%国有股权受让条件的最终受让方（即战略投资者）

法定代表人：××

注册地址：××××

本协议中，任何一方单独称为“一方”，合称为“各方”。

鉴于：

A公司实施混合所有制改革（以下简称“混改”），在产权交易市场以股权转让方式公开征集符合受让条件的战略投资者，由国有独资公司改制为混合所有制公司。

1. 甲方在产权交易市场公开挂牌转让其持有的A公司××%股权；乙方在产权交易市场通过企业国有产权受让程序成功受让甲方转让的A公司××%的股权，以下统称为“本次交易”。

2. 本次交易完成后，甲方持有A公司××%的股权，乙方持有A公司××%的股权。

3. 各方同意并认可以市场化运作为导向，公司混改后按照市场通用的原则和模式进行运作，建立健全法人治理结构，以实现公司科学、规范、高效、独立运营，为公司股东创造良好投资回报。

各方本着平等互利的原则，经友好协商，同意根据本协议的条款和条件合资合作并共同遵守。

第一章　公司的基本情况

第一条　各方将根据《中华人民共和国公司法》以及相关法律、法规、规范性文件对公司实施混改，公司的组织形式为有限责任公司。

第二条　公司名称：A公司。公司住所：××省××市××区××路××号。公司经营期限：××××年××月××日至××××年××月××日。公司法定代表人：由董事长担任。

第三条　公司经营宗旨：遵守国家法律法规，以市场需求为导向，不断探索适合公司发展的经营方式，做优做强主业，提升经营效益、管理质量和员工收入，打造可持续发展的现代企业集团，实现股东利益和社会利益最大化。

第二章　公司的经营范围

第四条　公司经营范围：（略）

第三章　注册资本、股权比例及出资

第五条　公司注册资本：人民币××万元。

第六条　公司股权结构：甲方股权占××%；乙方股权占××%。

第四章　股东会

第七条　股东会由全体股东组成，是公司的最高权力机构。股东会行使下列职权：

（一）决定公司的经营方针、中长期发展战略规划；

（二）决定公司的投资方向、投资规模和投资计划；

（三）选举和更换非由职工代表担任的董事、监事，决定有关董事、监事的报酬事项；

（四）审议批准董事会的报告；

（五）审议批准监事会的报告；

（六）审议批准公司的年度财务预算方案、决算方案；

（七）审议批准公司的利润分配方案和弥补亏损方案；

（八）对公司增加或者减少注册资本作出决议；

（九）对发行公司债券、上市等融资方案作出决议；

（十）对公司合并、分立、解散、清算或者变更公司形式作出决议；

（十一）修改公司章程；

（十二）公司章程规定的其他职权。

对上述事项股东以书面形式一致表示同意的，可以不召开股东会会议，直接作出决议，并由全体股东在决议文件上签名、盖章。

第八条　股东会会议由股东按照认缴出资比例行使表决权。股东会决议应当由代表1/2以上表决权的股东表决通过。以下特别事项必须经代表2/3以上表决权的股东表决通过：

（一）修改公司章程；

（二）对公司增加或者减少注册资本作出决议；

（三）对公司合并、分立、解散、清算或者变更公司形式作出决议。

第九条　股东不得委托表决权或与其他股东达成一致行动人协议。

第五章　股东的权利和义务

第十条　股东依照《中华人民共和国公司法》及公司章程的规定行使权利、履行义务。

第六章　董事会

第十一条　公司设立董事会，董事会对股东会负责。

第十二条　董事会成员构成及任期：

（一）董事会由××名董事组成，由公司股东会选举产生，其中甲方推荐××人，乙方推荐××人，职工代表大会选举产生职工董事××人。

（二）公司设董事长××名，由董事会从乙方推荐董事候选人中选举产生。

（三）董事每届任期3年，董事任期届满，可以连选、连任。

第十三条　董事长行使下列职权：

（一）负责召集和主持董事会会议，检查董事会决议的实施情况；

（二）负责主持股东会会议；

（三）行使公司法定代表人职权；

（四）董事会以董事会决议方式授予的其他职权。

第十四条　董事会行使下列职权：

（一）召集股东会会议，并向股东会报告工作，审定董事会工作报告；

（二）执行股东会的决议；

（三）决定公司的经营方针、中长期发展战略规划；

（四）决定公司的投资方向、投资规模和投资计划；

（五）决定公司的年度经营目标；

（六）制订公司的年度财务预算方案、决算方案；

（七）制订公司的利润分配方案和弥补亏损方案；

（八）制订公司增加或减少注册资本方案；

（九）制订发行债券、上市等融资方案；

（十）制订公司章程修订方案；

（十一）制订公司合并、分立、解散或者变更公司形式的方案；

（十二）决定公司内部管理机构的设置、公司分支机构的设立或撤销；

（十三）决定聘任或解聘公司总经理及其报酬事项，并根据总经理的提名决定聘任或者解聘公司副经理、财务负责人及其报酬事项；

（十四）制定公司的基本管理制度；

（十五）决定公司董事会向经理层授权事项；

（十六）听取总经理工作报告，检查总经理及其他高级管理人员对董事会决议的执行情况；

（十七）审议批准公司员工收入分配方案；

（十八）审议批准成立董事会专门委员会；

（十九）决定公司风险防范管理体系方案，包括风险评估、财务控制、内部审计、法律风险控制，并对实施情况进行监控；

（二十）应当由董事会审议的其他事项。

第十五条　董事会审议和批准以下事项应需由2/3以上董事通过：

（一）制订发行债券、上市等融资方案；

（二）单笔净值金额在××万元以上的资产处置；

（三）单笔金额占公司上一年度经审计的净资产额××%以上或当年累计金额超过公司上一年度经审计的净资产额××%的对外投资、资产抵押及对外担保事项。

其他事项应当由全体董事半数以上通过。

第七章　监事会

第十六条　监事会成员的构成及任期：

（一）监事会由××名监事组成，由公司股东会选举产生，其中，甲方推荐××人，乙方推荐××人，职工代表××人。

（二）监事会设主席××人，由监事会在甲方推荐的监事中选举产生。

（三）公司董事、高级管理人员不得兼任监事。

（四）监事每届任期3年，监事任期届满，可以连选、连任。

第十七条　监事会行使下列职权：

（一）检查公司财务；

（二）对董事、高级管理人员执行公司职务的行为进行监督，对违反相关法律法规、公司章程或股东会决议的董事、高级管理人员提出罢免的建议；

（三）当董事、高级管理人员的行为损害公司的利益时，要求董事、高级管理人员予以纠正；

（四）提议召开临时股东会会议，在董事会不履行召集和主持股东会会议职责时召集和主持股东会会议；

（五）向股东会会议提出议案；

（六）依照相关法律法规，对董事、高级管理人员提起诉讼。

第八章　经营管理层

第十八条　公司设总经理 1 名，由董事会在甲方推荐的候选人中选聘；公司设副经理、财务负责人，由经理提名，董事会聘任或解聘。为保持混改后 A 公司经营管理稳定发展，第一届 A 公司中高级管理人员相对于混改前的管理团队保持稳定。经营者完成目标，按照约定支付市场化薪酬；若未完成目标，按照约定调整或解聘经营者。

第十九条　经理在董事会授权范围内行使职权。

第二十条　经理及其他高级管理人员在行使职权时，不得变更董事会决议或超越其职权范围。在行使职权时，不得违反法律法规、党纪党规、公司章程等规定；不得利用职权收受贿赂或其他非法收入，不得侵占公司的财产；给公司造成损失的，应当承担相关责任。

第二十一条　公司经理对董事会负责，行使以下职权：

（一）拟订公司年度及中长期经营计划和投资方案；

（二）根据董事会决定的公司年度经营计划和投资方案，审定公司全年及月度经营任务、工作计划及考核方案；

（三）拟订并执行公司年度预算方案、决算方案；

（四）拟订公司年度利润分配方案和弥补亏损方案；

（五）根据董事会决定的公司经营计划和投资方案，批准公司经常性项目费用和长期投资阶段性费用的支出；

（六）拟订公司及所投资公司增加或者减少注册资本以及发行公司债券、上市等融资方案；

（七）拟订公司合并、分立、解散或者变更公司形式的方案；

（八）拟订公司对外捐赠、赞助等公益性支出方案；

（九）在董事会授权范围内决定公司资产处置、对外投资、资产抵押及对外担保事项；

（十）拟订公司分支机构的设立或者撤销及单位间内部业务整合；

（十一）拟订公司年度经营业绩考核方案；

（十二）决定聘任或者解聘除应由董事会聘任或者解聘以外的管理人员；

（十三）拟订公司员工收入分配方案；

（十四）拟订公司总部经营管理部门的组织架构、定编定岗及岗位职能的制订和重大调整方案；

（十五）拟订公司基本管理制度；

（十六）制定公司经营管理的具体规章；

（十七）拟订公司风险防范管理体系方案；

（十八）审议公司内审、法律事务、安全生产、突发事件等日常经营管理事项；

（十九）拟订需向公司董事会和职代会报告的有关事项；

（二十）董事会授予的其他职权。

第九章　关联交易

第二十二条　关联关系是指公司与公司控股股东、实际控制人、董事、监事、高级管理人员及其直接或间接控制的企业之间的关系，以及可能导致公司利益转移的其他关系。公司控股股东、实际控制人、董事、监事、高级管理人员及其他人不得利用其关联关系侵占公司利益。

第二十三条　公司的关联交易应当：

（一）符合诚实守信原则；

（二）符合公平、公开、公正原则，关联交易公允定价；

（三）执行关联方回避表决制度。

第十章　股权转让

第二十四条　股东之间可以相互转让其全部或者部分股权，国有股东在同等条件下有优先受让权。股东向股东以外的人转让股权，应当经其他股东过半数同意。股东应就其股权转让事项书面通知其他股东征求意见，其他股东自接到书面通知之日起满30日未答复的，视为同意转让。其他股东半数以上不同意转让的，不同意的股东应当购买标的股权；不购买的，视为同意转让。

第二十五条　关于股权转让的特别约定：乙方作为战略投资者，在受让股权后（以办理股权工商变更登记之日起算）3年内（即1096日内）不得直接或间接将所持公司股权转让或客观上形成股权转让的后果。

第二十六条　经股东同意对外转让股权的，在同等条件下，其他股东有优先购买权。两个以上股东同时主张行使优先购买权的，协商确定各自的购买比例；协商不成的，按照转让时各自的出资比例行使优先购买权。

第二十七条　为促进混改后公司发展，视公司投资项目需要，经协议各方协商同意，可以对公司进行同比例增资。

第十一章　职工权益保障

第二十八条　A 公司混改后，由混改后企业负责按照《A 公司混合所有制改革人员安置方案》中的相关规定做好职工安置工作。

第二十九条　为保障职工权益，公司应执行以下事项：一是公司重大决策充分听取职工代表意见建议；二是发挥职工董事和职工监事的决策、监督作用，保证职工知情权；三是涉及职工切身重大利益事项调整，须经董事会 2/3 以上审议通过。

第十二章　公司解散和清算

第三十条　公司因下列原因解散：

（一）公司章程规定的营业期限届满或者公司章程规定的其他解散事由出现；

（二）股东会决议解散；

（三）因公司合并或者分立需要解散；

（四）依法被吊销营业执照、责令关闭或者被撤销；

（五）公司经营管理发生严重困难，继续存续会使股东利益受到重大损失，通过其他途径不能解决的，持有公司全部股东表决权 10% 以上的股东，可以请求人民法院解散公司。

第三十一条　公司营业期限届满可以通过修改公司章程而存续。

第三十二条　公司因本协议第三十条第（一）、（二）、（四）、（五）项规定而解散的，公司应当在解散事由出现之日起 15 日内成立清算组，开始清算。清算组由全体股东组成。

第三十三条　清算组根据《中华人民共和国公司法》和《公司章程》的规定行使职权。

第三十四条　公司财产在分别支付清算费用、职工的工资、社会保险费用和法定补偿金、缴纳所欠税款、清偿公司债务后的剩余财产，按照股东的出资比例进行分配。

第三十五条　公司的清算工作结束后，清算组应当制作清算报告，报股东会确认，并报送公司登记机关，申请注销公司登记，公告公司终止。

第十三章 各方的声明和保证

第三十六条 各方的声明和保证如下：

（一）各方均为依据中国法律合法设立和有效存续的法人主体；

（二）具有合法的权利、权力及授权签订和履行本协议及本协议相关文件，该等文件一经签署即按照其各自的条款构成对该方有效和有约束力的义务；

（三）已获得签署本协议所需的一切批准、许可和授权，有权签署并履行本协议；

（四）严格履行本协议及为执行本次交易而签署的其他相关协议、文件等约定的内容；

（五）签署和履行本协议，不会违反各方在本次交易前的既有文件、协议或义务，也不会违反在任何方面可适用于本次交易的中国现行有效的法律、条例或法令；

（六）遵守并执行实施本次交易过程中共同或单独签署或出具的其他承诺、说明、声明、保证及任何有约束力的约定。

第十四章 违约责任

第三十七条 任何一方违反本协议或公司章程的约定，守约方有权书面要求违约方纠正其违约行为，并要求违约方承担相应的损害赔偿责任。

第十五章 不可抗力

第三十八条 由于地震、台风、火灾、战争以及其他不可预见的并对其发生和后果不能防止或避免的事件的发生，直接影响本协议的履行或者使本协议不能按约定的条件履行时，遇有上述不可抗力的一方，应立即将事件的有关情况通知另一方，并应在不可抗力事件发生后的15个工作日内，提供不可抗力的详细情况，及本协议不能履行或者需要延期履行的理由的证明文件。按照事件对履行本协议影响的程度，由各方协商决定是否解除本协议，或者部分免除履行本协议的责任，或者延期履行本协议。对不可抗力造成的损失，任何一方不得提出赔偿要求。一旦不可抗力消失，遇有上述不可抗力的一方应立即采取措施，继续履行其在本协议项下的义务。

第十六章 适用法律和争议解决

第三十九条 本协议适用中国法律。

第四十条　因本协议发生的或与本协议有关的一切争议或纠纷，各方应努力通过友好协商解决。如自发生争议或纠纷之日起60日内未能通过协商的方式解决，应向公司所在地的人民法院提起诉讼。

第十七章　通　知

第四十一条　本协议项下任何通知、要求或信息传达均应采用书面形式，交付或发送至各方指定地址。在派专人交付的情况下，通知于送至本条所述指定地址之时视为送达；在通过邮资预付的挂号邮件、航空邮件或快递发出的情况下，通知于邮寄后5个工作日视为送达；在以传真发送的情况下，通知于发件人传真机发送成功时视为送达。各方就通知事项指定如下送达地址：

甲方：

送达地址：

收件人：

邮政编码：

传真号码：

乙方：

送达地址：

收件人：

邮政编码：

传真号码：

以上指定地址如有变更，应立即将变更后的指定地址通知对方，未经通知的则仍以本协议约定地址为送达地址。

第十八章　附　则

第四十二条　各方做出的符合本协议约定的股权转让行为，转让方应确保其继受方充分知悉并认可本协议之有关约定，并确保继受方继续履行本协议约定内容。

第四十三条　各方同意遵守中国共产党章程及相关要求开展和规范公司党建工作。

第四十四条　各方同意公司章程系以本协议为基础制定且不违反本协议的原则和精神，并在签署本协议的同时签署公司章程。

第四十五条　本协议构成各方之间的完整协议并取代该相关方先前达成的所有协议、安排或备忘录。

第四十六条　本协议部分条款依法被宣告无效，不影响本协议整体效力及其他条款之效力。

第四十七条 一方未能行使或迟延行使权利不构成对该权利的放弃，任何权利的单独或部分行使不构成对该权利的进一步行使或其他权利行使的排除。本协议规定的权利与救济可以累积，且不排除法律规定的其他任何权利或救济。

第四十八条 本协议中的“高级管理人员”指公司的经理、副经理、财务负责人。

第四十九条 本协议中的“以上”“以下”“以内”“届满”，包括本数；所称的“不满”“超过”“以外”，不包括本数；“元”指人民币元。

第五十条 本协议经各方法定代表人或授权代表签字并加盖公章后生效，有效期至公司终止之日。

第五十一条 本协议一式八份，各方各执二份，其余用于办理本次交易相关事项，每份具有同等法律效力。

第五十二条 对本协议所作的任何修改，须经各方在书面协议上签字盖章后方能生效。

甲方（盖章）：
法定代表人或授权代表（签字）：
年 月 日

乙方（盖章）：
法定代表人或授权代表（签字）：
年 月 日

第六节 《新公司章程》

公司的章程规定了公司名称、住所、经营范围、经营管理制度等重大事项，载明了公司组织和活动的基本准则，既是公司成立的基础，也是公司赖以生存的灵魂，是公司的宪章级核心文件，对公司的成立及运营具有十分重要的意义。

一、《新公司章程》的制定主体

原则上来说，公司的章程应该由公司股东协商一致来制定，但是基于混改工作的特殊性，为有效保护国有股权，保证混改企业发展，维护职工权益和社会稳定，将由混改企业或者国有产权持有单位按照国有产权持有单位的意向和企业的混改需求，结合战略投资者选择的情况拟订《新公司章程》，并将《新公司章程》作为交易条件，在挂牌前予以信息披露。

二、《新公司章程》的主要内容

《新公司章程》的主要内容包括：①总则。包括制定依据、党的建设、效力范围以及公司名称、住所地等情况。②经营宗旨、经营范围和注册资本。③公司股东名称及出资方式、出资额。④股东的权利和义务。⑤股权转让。包括股权转让的程序、要求、限制及增资事宜等。⑥股东会。包括股东会的构成、性质、职权、行使表决权及特别事项表决权相关事宜、禁止条款、股东会会议的召集、主持及通知程序等。⑦董事会。包括董事会的性质、董事会成员的构成及任期、董事长的选举和职权、董事会职权和义务、董事会决议相关事宜、董事会专门委员会、董事会会议、董事的权利义务及责任追究等。⑧经营管理层。包括总经理及其他高级管理人员的聘任和解聘、经理及其他高级管理人员的职权及行使事宜等。⑨监事会。包括监事会成员的构成及任期、监事会职权等。⑩关联交易。包括关联关系的概念及关联交易的原则等。⑪职工权益保障与民主法制建设。包括工会的相关事宜、劳动人事制度、劳动合同制度、在册职工和退休职工的安置、保障职工权益事项和企业法律顾问制度等。⑫财务会计制度、利润分配和审计。包括财务会计制度的建立和运行、法定公积金的提取和使用、会计师事务所的聘用与解聘、内部审计部门的设立与职能等。⑬公司的合并与分立、解散和清算。包括公司合并或者分立事宜、解散原因、清算程序、清算组的组成及职权、清算后公司财产分配，及公告终止等。⑭附则。

总体来说，国有股东应根据法律法规和公司的实际情况，就出资方式、股权结构、法人治理等核心事项充分考虑战略投资者的意向和利益，合理制定章程条款，建立健全现代企业制度，明晰产权，同股同权、权责对等，依法保护各类股东权益，规范企业股东（大）会、董事会、经理层、监事会和党组织的权责关系，按章程行权，对资本监管，靠市场选人，依规则运行，形成定位清晰、权责对等、运转协调、制衡有效的法人治理结构，促进企业和谐发展。在各方股权相等的情况下，应设置相应的争议解决条款，避免出现公司僵局。在国有参股情形下，在公司章程中尽量制定保护小股东利益的条款，如知情权、表决权等方面内容，必要时可以设置有条件的退出条款。[1]

范　例

混改后的某省级竞争性公司

新公司章程

第一章　总　则

第一条　为保护股东、公司、债权人和其他利益相关者的合法权益，根据《中华人民共和国公司法》等法律、法规、规章的规定，制定本章程（以下简称“公司章程”或“本章程”）。

第二条　坚持党的领导，加强党的建设，深化全面从严治党。根据《中国共产党章程》有关规定，确保党的组织和工作全覆盖，建强党组织书记和党务工作人员队伍，发挥党组织在职工群众中的政治核心作用和在企业发展中的政治引领作用，公司应为党组织的活动提供必要条件。

第三条　本章程对公司、股东、董事、监事、总经理及其他高级管理人员具有约束力。

第四条　上述人员执行公司职务时违反法律、法规、规章或者本章程的规定，给公司造成损失的，应当承担赔偿责任。

第五条　公司注册名称为：某省级竞争性公司（以下简称“A 公司”）。

公司英文名称为：××。

公司住所：××省××市××区××路××号，邮政编码：××××××。

第二章　经营宗旨、经营范围和注册资本

第六条　公司经营宗旨：遵循国家法律法规，以市场需求为导向，不断探索适合公司发展的经营方式，做优做强主业，不断提升经营效益、管理质量和员工收入水平，把企业建设为有可持续发展能力的现代化、集成化、品牌化、国际化的企业集团，实现股东利益和社会利益最大化。

第七条　公司经营范围：(略)

第八条　公司注册资本为人民币××万元。登记注册之后，非经法定程序不得改动，股东不得抽逃出资。

---

〔1〕上海市国有资产监督管理委员会《关于印发〈本市国有企业混合所有制改制操作指引（试行）〉的通知》。

第九条　公司股东以其出资额为限对公司承担责任，公司以其全部资产对公司的债务承担责任。

第三章　公司股东名称及出资方式、出资额

第十条　公司的股东名称、出资额及出资比例如下：

单位：万元

股东姓名或名称	出资额	出资比例
战略投资者	××××	××%
国有产权持有人	××××	××%

第四章　股东的权利和义务

第十一条　公司股东享有如下权利：

（一）出席或委托代理人出席股东会议并依据其出资份额享有表决权；

（二）有选举和被选举非由职工代表担任的董事会或监事会成员的权利；

（三）有查阅、复制公司章程、股东会会议记录、董事会会议决议、监事会会议决议和公司财务会计报告的权利，可以要求查阅公司会计账簿；

（四）有按照出资比例分取红利的权利；

（五）有对公司新增资本优先按照出资比例认缴出资的权利；

（六）有转让出资和优先购买其他股东转让出资的权利；

（七）公司终止时对剩余财产有按实缴出资比例进行分配的权利；

（八）法律法规规定的其他权利。

第十二条　公司的股东必须履行下列义务：

（一）按期足额交纳出资额；

（二）以其出资额对公司的债务承担有限责任；

（三）公司登记注册后，不得抽逃出资；

（四）法律法规规定的其他义务。

第五章　股权转让

第十三条　股东之间可以相互转让其全部或者部分股权，国有股东在同等条件下有优先受让权。股东向股东以外的人转让股权，应当经其他股东过半数同意。股东应就其股权转让事项书面通知其他股东征求意见，其他股东自接到书面通知之日起满 30 日未答复的，视为同意转让。除本章程特别约定情形外，其他股东半数以上不同意转让的，不同意的股东应当购买标的股权；

不购买的，视为同意转让。

第十四条　关于股权转让的特别约定：战略投资者受让股权后（以办理股权工商变更登记之日起算）3 年内不得直接或间接将所持股权转让或客观上形成股权转让的后果。

第十五条　经股东同意转让的股权，在同等条件下，其他股东有优先购买权。两个以上股东主张行使优先购买权的，协商确定各自的购买比例；协商不成的，按照转让时各自的出资比例行使优先购买权。

第六章　股东会

第十六条　公司设立股东会。股东会由全体股东组成，是公司的最高权力机构，行使下列职权：

（一）决定公司的经营方针、中长期发展战略规划；

（二）决定公司的投资方向、投资规模和投资计划；

（三）审议批准董事会的报告；

（四）审议批准监事会的报告；

（五）审议批准公司的年度财务预算方案、决算方案；

（六）审议批准公司的利润分配方案和弥补亏损方案；

（七）对公司增加或者减少注册资本作出决议；

（八）对公司合并、分立、解散、清算或者变更公司形式作出决议；

（九）对发行公司债券、上市等融资方案作出决议；

（十）修改公司章程；

（十一）公司章程规定的其他职权。

对上述事项股东以书面形式一致表示同意的，可以不召开股东会会议，直接作出决议，并由全体股东在决议文件上签名、盖章。

第十七条　股东会决议应当由代表 1/2 以上表决权的股东表决通过，股东会对公司作出下列决议必须经代表 2/3 以上表决权的股东表决通过。

（一）修改公司章程；

（二）对公司增加或者减少注册资本作出决议；

（三）对公司合并、分立、解散、清算或者变更公司形式作出决议。

第十八条　股东会会议分为定期会议和临时会议。定期会议应当依照公司章程的规定按时召开。代表 1/10 以上表决权的股东，1/3 以上的董事，监事会提议召开临时会议的，应当召开临时会议。

第十九条　股东会会议由股东按照出资比例行使表决权。股东不得委托表决权或与其他股东达成一致行动人协议。

第二十条　股东会的首次会议，由出资最多的股东召集和主持，并依照《中华人民共和国公司法》的规定行使职权。

第二十一条　公司的股东会由董事会召集，董事长主持；董事长不能履行职务或者不履行职务的，由半数以上董事共同推举一名董事主持。

董事会不能履行职务或者不履行召集股东会会议职责的，由监事会召集和主持；监事会不召集和主持的，代表1/10以上表决权的股东可以自行召集和主持。

第二十二条　召开股东会会议，应于会议召开15日前通知全体股东。股东会应对所议事项作出决议并形成会议记录，出席会议的股东应在股东会决议和会议记录上签名。

第七章　董事会

第一节　董事会组成

第二十三条　公司设董事会。董事会由××名董事组成，由公司股东会选举产生。其中战略投资者推荐××人，国有产权持有人推荐××人，职工代表大会选举产生职工董事××人。

第二十四条　公司董事每届任期3年，董事任期届满，经选举可以连任。

第二十五条　董事任期届满未及时改选，或者董事在任期内辞职导致董事会成员低于法定人数的，在改选出的董事就任前，原董事仍应当依照法律、行政法规和公司章程的规定，履行董事职务。

第二十六条　董事长从战略投资者推荐的董事候选人中选举产生。

第二十七条　董事长为公司法定代表人，对外代表公司，履行以下职责：

（一）负责召集和主持董事会会议、检查董事会决议的实施情况；

（二）负责主持股东会会议；

（三）行使公司法定代表人职权；

（四）以董事会决议方式授予的其他职权。

第二十八条　公司设立董事会办公室作为董事会常设工作机构，负责筹备董事会会议、办理董事会日常事务、与董事沟通联络，为董事开展工作提供服务等。

公司董事会设董事会秘书1名，对董事会负责，由董事长提名，董事会决定聘任或解聘。董事会秘书负责董事会办公室的日常工作，并列席董事会会议，负责董事会会议记录。

第二节　董事会职权和义务

第二十九条　董事会对股东会负责，依照有关法律法规和有关规章制度规定经股东会授权行使下列职权：

（一）召集股东会会议，并向股东会报告工作；

（二）执行股东会的决议；

（三）拟定公司经营方针、中长期发展战略规划；

（四）拟定公司的投资方向、投资规模和投资计划；

（五）制订公司的年度财务预算方案、决算方案；

（六）制订公司利润分配方案和弥补亏损方案；

（七）制订公司增加或减少注册资本方案；

（八）制订发行债券、上市等融资方案；

（九）制订公司章程修订方案；

（十）制订公司合并、分立、解散或者变更公司形式的方案；

（十一）决定公司内容管理机构的设置、公司分支机构的设立或撤销；

（十二）决定聘任或者解聘公司总经理及其报酬事项，并根据总经理的提名决定聘任或解聘公司副经理、财务负责人及其报酬事项；

（十三）制定公司的基本管理制度；

（十四）决定公司董事会向经理层授权事项；

（十五）听取总经理工作报告，检查总经理及其他高级管理人员对董事会决议的执行情况；

（十六）审议批准公司员工收入分配方案；

（十七）审议批准成立董事会专门委员会；

（十八）决定公司风险防范管理体系方案，包括风险评估、财务控制、内部审计、法律风险控制，并对实施情况进行监控；

（十九）应当由董事会审议的其他事项。

第三十条　董事会审议和批准以下事项应需由2/3以上董事通过：

（一）制订发行债券、上市等融资方案；

（二）单笔净值金额在××万元以上的资产处置；

（三）单笔金额占公司上一年度经审计的净资产额××%以上或当年累计金额超过公司上一年度经审计的净资产额××%的对外投资、资产抵押及对外担保事项。

其他事项应当由全体董事半数以上通过。

第三节　董事会专门委员会

第三十一条　董事会设立战略投资委员会、提名委员会、薪酬与考核委员会、审计与风险控制委员会等专门委员会。

专门委员会是董事会的专门工作机构，对董事会负责，为董事会决策提供意见、建议。

专门委员会主要由公司董事组成，也可外聘社会专业人士担任顾问，其成员和主任委员（召集人）由董事长提出人选建议，公司董事会通过后生效。

专门委员会在公司章程规定和董事会授权范围内履行职责，不得以董事会名义作出任何决定。

第三十二条　专门委员会经董事会授权可以聘请中介机构提供专业意见，费用由公司承担。

公司总经理及其他高级管理人员和各工作部门有责任和义务为董事会及其专门委员会提供工作支持和服务。

第四节　董事会会议

第三十三条　董事会会议由董事长召集和主持，董事长不能履行职务或者不履行职务的，由半数以上董事共同推举一名董事召集和主持。

第三十四条　董事会会议分为定期会议和临时会议，董事会定期会议每年举行2次。

有以下情况之一时，应当召开临时董事会会议：

（一）1/3以上董事提议时；

（二）监事会提议时；

（三）代表1/10以上表决权的股东提议时。

董事长应当自接到提议后10日内，召集和主持董事会会议。

第三十五条　召开董事会定期会议，应当在会议召开5日前通知全体董事。召开临时董事会会议的，由董事长或者其他董事会会议召集人决定发出会议通知的时间和方式。

召开董事会会议应当按照前款规定时间和方式通知列席会议人员。

董事会会议通知和会务由董事会办公室负责安排，董事会会议通知应当由董事长或者其他董事会会议召集人签署。

第三十六条　董事会会议通知的内容应当包括时间、地点、会期、议程、议题、通知发出的日期等。

第三十七条　董事会会议议题应当通过以下方式提出：

（一）董事提议；

（二）总经理提议；

（三）上一次董事会会议确定的事项；

（四）监事会提议；

（五）其他合乎规范的方式。

议题经董事长或者其他董事会会议召集人确定后，由董事会办公室组织相关部门制作议案资料。

第三十八条　董事会会议议题应当按照本章程规定的时间通知所有董事，有关议案资料应当于会议召开前 5 日送达每一位董事。

召开临时董事会会议的，由董事长或者其他董事会会议召集人决定提供议案资料的时间，但 1/3 以上董事对此提出异议的，应当按照第 1 款规定时间提供议案资料，并另行择期召开临时董事会会议审议表决相关议题。

董事会会议议题属于专门委员会职责范围内的，一般应由董事会有关专门委员会先行研究审议，提出意见建议，报董事会审议决定。

第三十九条　董事会定期会议一般应以现场会议的形式召开。董事会临时会议，可采用网络、电视、电话会议或者签署书面决议等方式对议案作出决议。

网络、电视、电话会议方式是指借助网络、电视、电话及类似通讯设备举行会议，并能保证每位董事可以正常进行发言和讨论。以电话会议方式召开的，应制作现场录音或录像，并形成书面记录和会议决议，事后由与会董事签署后一并存档。

书面签署决议方式是指制成书面议案材料分别送交各位董事，由董事签署书面决议的方式召开董事会会议。对董事表决意愿的书面意见应制作会议记录。

第四十条　董事会会议应由过半数的董事出席方可举行。

董事应当亲自出席董事会。遇特殊情况，董事不能亲自出席董事会时，可提交由该董事签名的授权委托书委托其他董事代为出席并行使表决权。

授权委托书应载明委托人姓名、受托人姓名、授权范围、授权权限、授权期限等事项。

第四十一条　董事既未出席董事会会议，又未委托代表出席的，视其表决意见为弃权。

第四十二条　下列人员可列席董事会会议：

（一）总经理；

（二）监事；

（三）董事会秘书；

（四）经董事长同意的与董事会会议议题有关的人员。

第四十三条　董事会决议以投票方式进行表决，每名董事有1票表决权。董事应当按自己的判断独立表决。

表决意见分为同意、反对和弃权。

第四十四条　董事会会议应当对所表决事项作出董事会书面决议，由出席董事签署。董事会决议应当真实、准确、完整，具有可执行性。

董事会决议应当列明会议召开时间、地点、董事出席情况、议题内容和表决结果。

董事会决议应当按照届、次分别编号并由董事会办公室保存。

第四十五条　董事会会议应对所议事项做成会议记录，会议记录应当包括但不限于以下内容：

（一）会议召开的日期、地点、召集和主持人姓名；

（二）出席会议的董事姓名以及委托出席董事会的董事姓名；

（三）会议议程、议题；

（四）董事发言要点；

（五）专门委员会的专项意见；

（六）每一决议事项的表决方式和结果（同意、反对或弃权的票数及投票人姓名）等内容；

（七）会议其他相关内容；

（八）会议记录人姓名。

出席会议的董事有权要求在记录上对其在会议上的发言做出说明性记载。

第四十六条　出席会议的董事和列席会议的人员应当在会议记录上签名。会议记录应当由董事会办公室负责保存。董事有权随时查阅。

第四十七条　董事会表决票、决议、会议记录、委托人的授权委托书及董事会会议材料均应存档并永久保存于公司。

董事应当妥善保管会议文件。董事及会议列席人员对会议文件和会议审议的内容负有保密的责任和义务。

第五节　董事的权利、义务及责任追究

第四十八条　董事在任职期间享有以下权利：

（一）根据履行职责的需要，可在公司内进行调研，向公司有关人员了解情况，获得履行董事职责所需的各类公司信息、资料；

（二）可以对提交董事会会议的文件材料提出补充、完善的要求；可以出席董事会会议，并在会上充分发表意见，对表决事项独立行使表决权；

（三）出席任职的专门委员会的会议并发表意见；

（四）可以提出召开董事会临时会议、缓开董事会会议和暂缓对所议事项进行表决的建议；

（五）依据董事会授权或委托处理公司事务；

（六）书面或口头向股东会反映和征询有关情况、意见等；

（七）按照股东会有关规定领取报酬、津贴；

（八）法律法规规定的其他权利。

第四十九条　董事应承担以下义务：

（一）严格遵守法律法规和公司章程等有关规定，不得利用职务便利取得非法收入或为本人、他人谋取利益，依法承担保守商业秘密和竞业禁止义务；

（二）当自身出现不适宜继续担任公司董事的情形时，及时向董事会通报；

（三）忠于职守，勤勉工作，投入足够的时间和精力履行职责，最大限度维护股东利益，追求资产保值增值；

（四）熟悉和关注公司经营管理情况，了解和掌握足够的信息，深入细致地研究和分析，独立、客观、认真、谨慎地就董事会会议、专门委员会会议审议事项表示明确的意见；

（五）及时向董事会报告所发现的、董事会应当关注的问题，如实向股东会提供有关情况和资料；

（六）参加有关培训，不断提高履行职务所需的知识水平和工作能力；

（七）法律法规规定的其他义务。

第五十条　董事应当对董事会的决议承担责任。董事会的决议违反法律、行政法规或公司章程、股东大会决议等有关规定，致使公司遭受损失，参与决议的董事应当对公司负赔偿责任。对经证明在表决时曾表明异议并载于会议记录的投反对票的董事，可免除个人责任。

董事执行公司职务时违反法律、法规或公司章程等有关规定，给公司造成损失的，应当承担赔偿责任。

董事对行使职权的结果负责，对失职、失察、重大决策失误等过失承担责任；违反《中华人民共和国公司法》《中华人民共和国企业国有资产法》等法律法规规定的，追究其法律责任。

第八章　经营管理层

第五十一条　公司设总经理1名，由董事会在国有股权持有人推荐的候选人中选聘；公司设副经理、财务负责人，由经理提名，董事会聘任或解聘。

第五十二条　公司经营管理工作实行总经理负责制，总经理对董事会负责，向董事会报告工作，接受董事会的监督管理，总经理列席董事会。

第五十三条　总经理在董事会授权范围内行使职权。

第五十四条　其他高级管理人员按照职责分工协助总经理工作，协调、检查和督促各职能部门、所投资单位的经营管理工作，对总经理负责。

第五十五条　总经理及其他高级管理人员在行使职权时，不得变更董事会决议或超越其职权范围。在行使职权时，不得违反法律法规、党纪党规、公司章程等规定；不得利用职权收受贿赂或其他非法收入，不得侵占公司的财产；给公司造成损失的，应当承担相关责任。

第五十六条　公司总经理对董事会负责，行使以下职权：

（一）拟订公司年度及中长期经营计划和投资方案；

（二）根据董事会决定的公司年度经营计划和投资方案，审定公司全年及月度经营任务、工作计划及考核方案；

（三）拟订并执行公司年度预算方案、决算方案；

（四）拟订公司年度利润分配方案和弥补亏损方案；

（五）根据董事会决定的公司经营计划和投资方案，批准公司经常性项目费用和长期投资阶段性费用的支出；

（六）拟订公司及所投资公司增加或者减少注册资本以及发行公司债券、上市等融资方案；

（七）拟订公司合并、分立、解散或者变更公司形式的方案；

（八）拟订公司对外捐赠、赞助等公益性支出方案；

（九）在董事会授权范围内决定公司资产处置、对外投资、资产抵押及对外担保事项；

（十）拟订公司分支机构的设立或者撤销及机构间业务整合；

（十一）拟订公司年度经营业绩考核方案；

（十二）决定聘任或者解聘除应由董事会聘任或者解聘以外的经营管理人员；

（十三）拟订公司员工收入分配方案；

（十四）拟订公司总部经营管理部门的组织架构、定编定岗及岗位职能的制订和重大调整方案；

（十五）拟订公司基本管理制度；

（十六）制定公司经营管理的具体规章；

（十七）拟订公司风险防范管理体系方案；

（十八）审议公司内审工作相关事项、重大法律事务事项、安全生产、重大突发事件等日常经营管理事项；

（十九）拟订需向公司董事会和职代会报告的有关事项；

（二十）董事会授予的其他职权。

第九章　监事会

第五十七条　公司设监事会。监事会由××名监事组成，由公司股东会选举产生。其中国有股权持有单位推荐××人，战略投资者推荐××人，公司推荐职工代表××人。

监事会主席从国有股权持有单位推荐的监事候选人中选举产生。

董事、总经理及其他高级管理人员不得兼任监事。监事的任期为每届3年，任期届满，可以连选、连任。

第五十八条　监事会中的职工监事由公司职工通过职工代表大会、职工大会或者其他形式民主选举产生。

第五十九条　监事会履行下列职责：

（一）检查公司财务；

（二）对董事、高级管理人员执行公司职务的行为进行监督，对违反相关法律、法规、公司章程或股东会决议的董事、高级管理人员提出罢免的建议；

（三）当董事、高级管理人员的行为损害公司的利益时，要求董事、高级管理人员予以纠正；

（四）提议召开临时股东会会议，在董事会不履行召集和主持股东会会议职责时召集和主持股东会会议；

（五）向股东会会议提出议案；

（六）依照相关法律法规，对董事、高级管理人员提起诉讼。

第六十条　监事列席公司有关会议。

公司决定召开董事会、职工大会，应当在会议召开5日前通知公司监事列席。

总经理办公会及其他会议议题涉及股东会要求报告的重大事项时，应当事先通知监事会列席。

第十章　关联交易

第六十一条　关联关系是指公司与公司控股股东、实际控制人、董事、监事、高级管理人员及其直接或间接控制的企业之间的关系，以及可能导致公司利益转移的其他关系。公司控股股东、实际控制人、董事、监事、高级管理人员及其他人不得利用其关联关系侵占公司利益。

第六十二条　公司的关联交易应当：

（一）符合诚实守信原则；

（二）符合公平、公开、公正原则，关联交易公允计价；

（三）执行关联方回避表决制度。

第十一章　职工权益保障与民主法制建设

第六十三条　根据《中华人民共和国工会法》，公司设立工会，开展工会活动，代表和维护职工的合法权益，公司应当为工会提供必要的办公和活动条件，向工会按时足额拨交经费，由公司工会根据中华全国总工会制定的《基层工会经费收支管理办法》使用。

第六十四条　公司在制定、修改或者决定直接涉及劳动者切身利益的规章制度或者重大事项时，应当经职工代表大会或者全体职工讨论，提出方案和意见，与工会或者职工代表平等协商确定。

第六十五条　公司根据《中华人民共和国劳动法》和国家其他有关法律法规的规定，制定适合公司具体情况的劳动人事制度，加强劳动保护，保障安全生产。

第六十六条　公司实行劳动合同制度，依法与职工签订劳动合同。

第六十七条　本次混改所涉职工安置相关事宜按照经备案的职工安置方案执行。为切实保障职工合法权益，涉及公司重大决策的，须充分听取职工代表意见建议；发挥职工董事和职工监事的决策、监督作用，保证职工知情权；涉及职工切身重大利益事项调整，须经董事会2/3以上审议通过。

第六十八条　公司应当建立法律风险防范工作机制，设置企业总法律顾问，实行企业法律顾问制度。

企业法律顾问负责处理企业经营管理中的法律事务，参与企业重大经营决策等重大事项，保证决策的合法性。

第十二章　财务会计制度、利润分配和审计

第六十九条　公司依照法律、行政法规和国务院财政部门的规定，制定公司的财务、会计制度和内部审计制度，并依法纳税。

第七十条　公司会计年度采用公历年制，即每年公历1月1日起至12月31日止为一个会计年度。公司采用人民币为记账本位币，账目用中文书写。公司应当在每一会计年度终了时编制财务会计报告，并依法经会计师事务所审计。财务会计报告应当依照法律、行政法规和国务院财政部门的规定制作。

第七十一条　公司应当在股东会审议财务会计报告前将拟审议的报告送交各股东。

第七十二条　公司财务会计报告包括会计报表、财务情况说明书及其附注和其他应当在财务会计报告中披露的相关信息和资料。会计报表至少应当包括资产负债表、利润表、现金流量表、所有者权益变动表等报表。

公司年度财务会计报告应经会计师事务所审计，并经公司股东会审议通过。

第七十三条　公司公积金的用途限于下列各项：

（一）弥补亏损；

（二）扩大公司生产经营；

（三）转增公司注册资本。

法定公积金转为资本时，所留存的该项公积金不得少于转增前公司注册资本的25%。资本公积金不得用于弥补亏损。

第七十四条　公司分配当年税后利润时，应当提取利润的10%列入公司法定公积金。公司法定公积金累计额为公司注册资本的50%的，可以不再提取。

公司的法定公积金不足以弥补以前年度亏损的，在依照前款规定提取法定公积金之前，应当先用当年利润弥补亏损。

公司从税后利润中提取法定公积金后，经股东会决议，还可以从税后利润中提取任意公积金，当年提取的任意公积金额度不得超过该年度法定公积金提取额度。

公司弥补亏损和提取公积金后所余税后利润，公司依照实缴的出资比例分配红利；除股东一致同意外，公司当年实际向股东分配的利润不得少于可供分配利润的50%。

第七十五条　公司聘用、解聘承办公司审计业务的会计师事务所由董事会决定。董事会就解聘会计师事务所进行表决时，应当允许会计师事务所陈述意见。

公司应当向聘用的会计师事务所提供真实、完整的会计凭证、会计账簿、财务会计报告及其他会计资料，不得拒绝、隐匿、谎报。

第七十六条　公司除法定的会计账簿外，不得另立会计账簿。

第七十七条　公司应当设立独立的内部审计部门，对董事会负责，开展内部审计工作，对公司及所投资的全资、控股企业的经营管理活动进行审计监督。

第十三章　公司的合并与分立、解散和清算

第七十八条　公司合并或者分立，应当由公司董事会拟订方案，由股东会审核批准。

公司的合并或者分立方案经批准后，应当依法履行有关程序。

第七十九条　公司因下列原因解散：

（一）公司章程规定的营业期限届满或者公司章程规定的其他解散事由出现；

（二）股东会决议解散；

（三）因公司合并或者分立需要解散；

（四）依法被吊销营业执照、责令关闭或者被撤销；

（五）公司经营管理发生严重困难，继续存续会使股东利益受到重大损失，通过其他途径不能解决的，持有公司全部股东表决权10%以上的股东，可请求人民法院解散公司。

第八十条　公司营业期限届满可以通过修改公司章程而存续。

第八十一条　公司因本章程第七十九条第（一）、（二）、（四）、（五）项规定而解散的，公司应当在解散事由出现之日起15日内成立清算组，开始清算。清算组由全体股东组成。

第八十二条　清算组根据《中华人民共和国公司法》和公司章程的规定行使职权。

第八十三条　公司财产在分别支付清算费用、职工的工资、社会保险费用和法定补偿金，缴纳所欠税款，清偿公司债务后的剩余财产，按照股东的出资比例进行分配。

清算期间，公司存续，但不得开展与清算无关的经营活动。公司财产在未依照前款规定清偿前，不得分配给股东。

第八十四条　公司的清算工作结束后，清算组应当制作清算报告，报股东会确认，并报原工商登记机关申请注销公司登记，公告公司终止。

第十四章　附　则

第八十五条　本章程由公司董事会制定与修改，经股东会批准后生效。自

本章程生效之日起，原《A公司章程》废止。

第八十六条　本章程未尽事宜，依照《中华人民共和国公司法》执行。

第八十七条　本章程所称“以上”包括其所对应的本数，“以下”不包括本数。

第八十八条　本章程由股东会授权公司董事会负责解释，章程修订由董事会组织实施，修订后的章程报请股东会审议批准后生效。

股东签署：

第四章

国企混改之相关文件

在国有企业混合所有制改革的操作过程中，除本书第三章所论述的《混合所有制改革工作方案》《混合所有制改革实施方案》《混合所有制改革职工安置方案》《法律意见书》《合资合作协议》《新公司章程》等核心法律文书外，还会涉及诸多的法律文件，并且产生于混改工作的各个阶段。

比如，在进行清审评之后，需要制定《重大决策社会稳定风险评估报告》；在与潜在合作方进行沟通的时候，需要签署《混改保密协议》《合作框架协议》等法律文书；在挂牌之前，需要起草《受让方资格条件》《交易条件》《择优方案》；在进场交易之前，需要签署《产权交易合同》或者《增资协议》。

本章将分别对《重大决策社会稳定风险评估报告》《混改保密协议》《合作框架协议》《受让方资格条件》《交易条件》《择优方案》《产权交易合同》《增资协议》等混改相关文件进行介绍，并逐一列出范例供大家参考借鉴。

第一节 《重大决策社会稳定风险评估报告》

《重大决策社会稳定风险评估报告》是对国企混改工作涉及的社会稳定情况进行评估后，对相关事项的合法性、合理性、可行性和可控性进行全面分析研究，对于改革实施过程中可能引发矛盾冲突的概率、负面影响程度和可能涉及的人员数量、范围和反应做出评估预测，出具的整体报告。《重大决策社会稳定风险评估报告》的制定主体应为国有产权持有人，律师将在《法律意见书》中对《重大决策社会稳定风险评估报告》作出法律评价。在报告中，应该包括以下内容：重大决策事项基本情况；评估方法和评估过程；各方意见及其采纳情况；风险分析论证；风险评估结论和对策建议；风险防范和化解措施及应急处置预案等内容。

范　例

某省级竞争性公司重大决策社会稳定风险评估报告

负责人：××

评估主体：某省级竞争性公司（以下简称“A 公司”）

报告日期：××××年××月

一、重大决策事项基本情况

1. 重大决策事项名称：A 公司混合所有制改革重大事项社会稳定风险评估。

2. 重大决策事项类别：国有企业改革重组。

3. 主管部门：A 公司国有产权持有人。

4. 评估单位：A 公司。

5. 重大事项基本概况：包括 A 公司的历史沿革、股东情况、主要经营范围、公司发展定位等基本情况；A 公司进行混合所有制改制的基本情况等。

6. 评估依据参考资料：①法律政策文件依据（略）；②上级部门审议批复意见（略）；③公司层面文件（略）。

7. 评估小组组成人员：包括姓名、单位、职务职称、评估小组职务等。

二、评估方法和评估过程

（一）评估方法

采取自上而下与自下而上相结合、广泛征求各方意见与评估小组综合评估相结合的方法，重点对 A 公司《混改实施方案》和《人员安置方案》的合法性、合理性、可行性、可控性等要素进行全方位评估。评估前，评估小组成员根据各自职责，从不同维度调研分析公司混合所有制改革对职工稳定工作的影响，排查易发不稳定因素，提出应对意见。评估中，评估小组成员以分析报告的形式进行现场陈述，作为评估小组综合评估的有效依据。

（二）评估过程

1. 制定方案。公司拟定《混改实施方案》和《人员安置方案》。

2. 知情宣讲。公司党委宣传部、工会对混改工作进行宣传，各单位开展形势任务教育，通过职代会、班子会的形式，向职工讲明混改的意义，切实发挥各级党组织和党员中层干部骨干作用，引导广大职工认清形势，统一思想，增强职工的大局意识和责任意识。

3. 前置调研。评估小组成员根据各自职责，从不同维度调研分析公司混合所有制改革对职工稳定工作的影响，排查易发不稳定因素，提出应对意见。

4. 召开评估论证会。召开公司混合所有制改革社会稳定风险评估论证会，评估小组全体成员参加，对公司混合所有制改革进行社会稳定风险评估。程序包括：

（1）合法性评估。由公司法务规范部进行混改工作合法性陈述，包括混改工作的法律、法规及有关政策制度依据，是否符合有关国有企业改革的政策规定，提出专业部门评估意见。

（2）合理性评估。由公司人力资源部进行混改工作合理性陈述，包括《人员安置方案》是否维护职工的切身利益，是否兼顾不同群体的利益诉求，是否符合社会、企业和职工的承受能力，是否可能引起利益矛盾，提出专业部门评估意见。

（3）可行性评估。由公司资产投资管理部进行混改工作可行性陈述，包括《混改实施方案》制定程序是否严谨，内容是否周密、完善，可操作性强，实施混改工作的人力、物力、财力成本是否在公司可承受的范围内，提出专业部门评估意见。

（4）可控性评估。由公司保卫部进行混改工作风险可控性陈述，包括混改工作是否存在引发群体性事件的隐患及连带风险隐患，是否制定相应的风险监控措施和应急处置预案，提出专业部门评估意见。

（5）公司审计中心、财务部、市场营运部、老干部处、工会等部门补充陈述意见，小组成员进行充分讨论，逐一表态对混改工作社会稳定风险的评估意见。

（6）综合评估小组成员意见，根据A、B、C、D四个等级确定公司混合所有制改革事项社会稳定风险等级属性。

（7）评估小组对公司混合所有制改革进行综合分析研究，做出总体评估结论，提出实施、部分实施、暂缓实施、不实施的意见，形成评估报告，报国有产权持有人备案，确定公司混合所有制改革是否实施。

三、各方意见及其采纳情况

（一）利益相关群体意见和采纳情况

针对职工关心的混改后劳动关系、薪资变化、职代会召开和其他民主权利保障等问题，公司充分听取和采纳职工合理诉求，制定如下措施：

1. 依法履行职代会程序。公司《混改实施方案》和《人员安置方案》根据《中华人民共和国工会法》《中华人民共和国劳动法》《中华人民共和国劳动合同法》等法律法规、国资监管政策规定及企业相关制度制定，依法提交职代会审议通过后，再报上级有关主管部门批复同意后组织实施，充分尊重职工意愿。

2. 充分保障职工的权利。公司本次混改对所有在册职工保持劳动关系不变，薪资不减。引导职工积极参与企业民主管理，依法保障职工的知情权、参与权、表达权和监督权，保证改革工作顺利推进。

3. 保证职工队伍稳定。根据职工个人意愿，采取存续劳动关系合同不变、主动辞职依法解除劳动合同、解除劳动合同依法给予经济补偿等三种方式妥善安置，并在与投资人的合作协议中明确约定，确保法律效力。上述三种方式由职工自行选择，充分考虑职工的承受能力和观念转变过程，稳定职工队伍。

（二）有关部门、基层组织的态度和意见

A公司混改工作得到省委省政府、省国资两委的高度重视和肯定。省委省政府有关领导亲自指导，省国资两委多次召开协调会，会同省总工会、人力社保、财政、编办、老干部局、产权交易中心等相关部门，讨论修改A公司《混改实施方案》和《人员安置方案》，明确时间节点要求。

（三）专业人员的意见和采纳情况

公司工会、人力资源部就职代会的召开、职工安置事项等，征求了省总工会、省国资两委有关部门意见，并在方案制定过程中加以调整完善。

（四）媒体舆论导向

省电视台、日报、省委省政府的官方网站等主流媒体分别对A公司实施混改工作进行了报道，引起广泛关注。

四、风险分析论证

（一）合法性评估

A公司混合所有制改革严格按照《国务院办公厅转发国务院国有资产监督管理委员会关于规范国有企业改制工作意见的通知》（国办发［2003］96号），《国务院办公厅转发国资委关于进一步规范国有企业改制工作实施意见的通知》（国办发［2005］60号），中共中央、国务院《关于深化国有企业改革的指导意见》（中发［2015］22号），《国务院关于国有企业发展混合所有制经济的意见》（国发［2015］54号）及国务院办公厅《关于加强和改进企业国有资产监督防止国有资产流失的意见》（国办发［2015］79号）的精神落实相关工作。

A公司《混改实施方案》和《人员安置方案》及相关工作程序均符合国家相关法律法规及省国资委有关国有企业重大事项管理的政策规定。按照《中华人民共和国企业国有资产法》、《企业国有资产监督管理暂行条例》（国务院令第378号）、《企业国有资产交易监督管理办法》（国资委、财政部令第32号）、《企业国有资产评估管理暂行办法》（国资委令第12号）、《国有企业清产核资办法》（国资委令第1号）及其他有关规定，由省国资委组织招标选聘中介机构进行清产核资、财务审计及资产评估；依照《中华人民共和国公司法》修订公司章程；按照《中华人民共和国公司法》、《中华人民共和国工会法》和《中国共产党章程》要求，建立企业党组织、工会、共青团等群团组织；根据《中华人民共和国劳动法》《中华人民共和国劳动合同法》等法律法规规定，制定《人员安置方案》，严格履行职代会程序。

实施的具体混改工作严格按照上述法律、法规、规章、制度及有关政策精神，坚持依法合规的原则，严格按照相关程序实施，符合国家相关法律法规、省有关政策要求及公司制度规定。

（二）合理性评估

A公司根据省委、省政府积极推进国有企业改革的总体部署，按照省国资两委工作要求，坚持以人民为中心的发展思想，以维护职工的切身利益为基本要求，稳妥、慎重、安全处理安置工作。

1. 根据《中华人民共和国劳动法》《中华人民共和国劳动合同法》等法律法规及相关国资监管政策规定，拟订了《人员安置方案》并提交省国资委审核把关，相应修订完善后报省有关职能部门备案，并由职工代表大会审议通过后，待省委省政府批准后组织实施，保障了职工充分履行民主管理，保证了《人员安置方案》安置政策内容和程序的合法性。

2. 《人员安置方案》兼顾了不同群体的根本利益，明确了职工与企业签订的劳动合同继续有效，职工在公司混改前后的本企业工作年限合并计算，并在与投资人的合作协议中明确约定，确保法律效力；在岗职工岗位、不在岗职工待遇不因混改本身而改变；明确了企业继续做好退休人员的管理和服务，负责发放社会保险统筹外的有关待遇；明确了离休干部、已故离休干部无固定收入配偶等人员的后续服务和发放各类待遇等问题；明确了职工托管中心现有支持政策、支持资金等保持不变；明确了事业单位机构性质不变、保持全体职工事业单位编制性质不变、保持事业单位财政拨款支持政策不变、保持在职及离退休人员事业单位工资福利等待遇政策不变；此外，对六十年代精简退职人员，按照我市政策规定，计算、支付生活困难补助费。

3. 对于企业混改时未明确的其他相关问题，按照客观性原则由混改后企业负责，相关约定需写入混改协议。

4. 深化依法治企，不断提升管控水平，妥善处理涉及职工利益诉求事项，依法维护企业与职工的合法权益。

公司实施混改符合企业未来发展需要和职工长期利益，《人员安置方案》符合国家现行法律法规和有关政策，充分考虑了社会、企业和职工的承受能力，结合企业实际兼顾了不同群体的利益诉求，最大程度地规避了可能引起的利益矛盾。同时，鉴于职工利益诉求在企业新老体制机制深刻变革过程中呈现出的多样性、复杂性，需要严格实施《人员安置方案》，并将混改之前存在或混改之后可能出现的其他矛盾，与混改本身严格区分，并依法予以应对和解决。

（三）可行性评估

从混改工作可行性，包括《混改实施方案》制定程序是否严谨，内容是否周密、完善，可操作性强，实施混改工作的人力、物力、财力成本是否在公司可承受范围内等方面进行充分调研。

1. 制定《混改实施方案》程序严谨。根据《中共中央、国务院关于深化国有企业改革的指导意见》（中发［2015］22号）等文件精神和相关法律法规，结合A公司实际制定了《A公司混改工作方案》，确定以××××年××月××日为基准日，对A公司实施混改。随着混改工作的推进，于××××年××月××日制定了《A公司混改实施方案（草案）》。

2. 实施方案内容周密、完善，操作性强。《混改实施方案》共包含公司基本情况、实施混改的必要性、混改的基本原则和目标任务、混改的主要内容、战略发展规划和预期效果、妥善安置职工及混改进度安排等7个方面内容，同时针对潜在合作方、职工安置、拟剥离企业、社会稳定风险评估、审计报告、专审报告、法律意见及内部决策等情况详细制定了相关附件材料。方案对混改内容和混改进度安排进行了详细阐述，囊括了此次混改的所有重要事项，明确了重要工作内容，同时附件完整，内容全面，为混改工作提供了完备的操作依据。

3. 实施混改工作成本可控

（1）人员安排方面。针对此次混改工作，公司成立了改革工作领导小组，统筹规划、组织推动工作的贯彻落实。同时设置专项工作办公室，公司部门负责人为办公室成员，日常工作由资管部门负责组织推动落实。

（2）财务成本方面：此次混改涉及的财务支出主要包括两类：第一类为对外聘任中介机构费用，其中聘任审计事务所××万元，聘任评估机构××万元，聘任外部法律机构××万元；第二类为解决土地权属登记不全及作价出资等各类问题费用约××万元，其中涉及房产划转应缴纳的相关税费可按照政府相关政策文件予以减免，具体包括：①增值税。按照《财政部、国家税务总局关于全面推开营业税改征增值税试点的通知》（财税［2016］36号）规定，以吸收合并企业的方式，将实物资产一并转让的行为，可免征增值税。②契税。按照《财政部国家税务总局关于进一步支持企业事业单位改制重组有关契税政策的通知》（财税［2015］37号）规定，同一投资主体内部所属企业之间土地、房屋权属的划转，免征契税。③印花税。按照《财政部、国家税务总局关于企业改制过程中有关印花税政策的通知》（财税［2003］183号）规定，企业因改制签订的产权转移书据免予贴花。以上财务支出全部履行相关对内对外招标程序，并签订合同。

《混改实施方案》制定的程序严谨，内容周密、完整、可操作性强，并且实施混改工作的人力、物力、财力成本均在公司可承受的范围内。

（四）可控性评估

从源头上预防和化解矛盾，对存在风险隐患问题进行先期预测、先期研判、先期介入、先期化解，保障公司混改顺利实施。

在混改工作前期，组织召开专题安全评估会、下发风险评估前置通知等形式，调研排查公司在混改期间存在的易发不稳定因素。公司成立了由主要负责人为组长的风险评估小组，组织召开专题会议进行部署研究，排查企业在混改期间易发的不稳定因素。通过排查，存在的风险隐患具体分为三种情况：第一种是历史遗留问题；第二种是部分下岗人员及退（离）休人员借混改进行上访，存在群体性事件隐患；第三种是经营纠纷和合同纠纷问题。针对存在的风险隐患，公司召开专题会议，逐一分析研究，分析问题成因以及政策依据，明确了责任人，制定了责任清单和相应的监控措施以及应急处置预案，将定期对存在的风险隐患进行跟踪督导。经分析研究，公司混改工作风险总体可控，实施过程中潜在风险较低，不存在明显的个别矛盾，风险隐患在可控范围内。

（五）稳定风险综合评价

根据对A公司混改工作合法性、合理性、可行性、可控性的综合评估分析。A公司《混改实施方案》和《人员安置方案》符合国家法律法规及国资监管政策制度规定。混改后，公司未来发展目标能够实现公司转型发展与职工长期受益，能够兼顾领导人员、在岗职工、不在岗人员等不同群体的利益诉求。两个方案经过多层面反复论证，不断完善周密性和可操作性。混改工作的实施过程，建立了专项工作领导小组，落实了工作责任，保障了人力、物力、财力支持，制定了相应的风险监控措施和应急处置预案，有效降低和化解多种社会稳定风险，保障混改工作顺利推进。

五、风险评估结论和对策建议

（一）评估结论

针对混改工作，A 公司进行了充分准备。对《混改实施方案》和《人员安置方案》进行不同层面的听取和征求意见，召开多次会议进行论证修改，对混改工作进行广泛宣传工作和正向引导。在混改过程中的职工安置方面，严格依法依规履行职代会审议程序，充分尊重不同层面干部职工意愿，能够充分保障不同层面在岗职工和不在岗人员的合法权益，能够得到广大职工的理解和支持，职工队伍思想工作状态稳定。综上所述，A 公司实施混合所有制改革确定社会稳定风险为 A 级事项，当前风险总体可控，实施过程中潜在风险较低，不存在明显的个别矛盾。可付诸实施。

（二）对策建议

1. 积极预防和研究解决混改过程中出现的问题，按照有关规定和政策向职工群众进行耐心细致的解释宣传。采取措施，千方百计解决职工的合理诉求。

2. 积极妥善做好职工的安置工作。兑现对职工的就业、收入承诺。

3. 积极做好剥离企业的工作，对于关乎职工稳定有较大影响的企业设置过渡缓冲期，保证企业正常经营和收入，保证职工正常就业和收入。

六、风险防范和化解措施及应急处置预案

（一）风险防范和化解措施

针对个别上访和集体上访等风险因素，提前制定维稳预案，做好维护稳定工作。对于已经发生的问题，及时接待，了解诉求，积极处理，依法合规予以解决。

（二）集体上访应急处置预案

为确保公司混合所有制改革顺利开展，迅速有效地处置各类信访突发事件，根据《信访条例》，结合公司实际，特制定本应急预案。

1. 组织机构。建立公司维稳工作领导小组，公司主要负责人为组长，主管负责人为副组长，总部各部室负责人为成员的领导小组，负责协调处理各类信访案件，具体工作由公司信访办负责。

2. 处理程序。出现到公司或者省委、省政府的集访或缠闹访及进京非正常上访的，信访部门接报后，立即向主管领导和维稳工作领导小组汇报情况，视情况确定启动应急预案。各相关领导和部门工作人员立即赶到现场，开展工作。

（1）事态控制，制定现场应急方案，进行上报和组织实施，并及时向领导汇报现场工作进展情况。

（2）教育疏导，了解上访人员提出的主要问题诉求，疏导上访人到指定接待场所，进行对话做好解释疏导工作。

（3）协调联络，通知上访人员所在单位负责人赴现场做好思想教育工作，进行劝导劝返。

（4）上访人员返回后，领导小组成员及工作人员方可离开现场。

3. 对出现上访问题的处置

（1）对出现到公司集访10人以上的，在信访接待室由信访办协调企业及相关部室接待，有过激行为的，及时向属地公安部门通报，请求公安部门协助。

（2）出现到公司集访30人以上的，在信访接待室由信访办协调企业及相关部室接待（必要时由公司领导出面接待），并及时向属地公安分局通报，对闹访人员，请求公安部门协助处置。

（3）若发现有到省委、省政府集访或进京访苗头的，信访部门接报后，立即向主管领导汇报情况，与此同时，向省信访办、国资委信访办和公安部门通报情况并备案，确定启动应急预案提前疏导控制，力争将不稳定苗头化解在企业。

（4）若出现到公司集访并有可能发生堵路或发生围堵机关严重影响办公秩序的情形，及时向公安部门通报情况，请求公安机关依法处置。

第二节 《混改保密协议》

在国有企业开展混改后，潜在合作方势必要对企业进行尽职调查。在此过程中，混改企业的相关情况会被公开。因此，为保护混改企业的商业秘密，就需要潜在合作方签署《混改保密协议》，防止混改企业核心机密的泄露。《混改保密协议》应该由混改企业制定，由律师把关，也可以由律师来起草和制定。《混改保密协议》的主要内容应该包括：保密信息的概念和范畴、双方的权利义务、保密义务人的职责、违约责任、协议的效力及变更等内容。

范　例

某省级竞争性公司混合所有制改革保密协议

甲方：某省级竞争性公司（以下简称“A公司”）

乙方：

鉴于____________（乙方）拟就参与A公司（甲方）________________混合所有制改革的事宜与甲方进行讨论、评估、协商和进行必要的调查，甲方及其关联方将向乙方提供有关保密信息，经甲乙双方协商，就有关保密事宜达成以下协议：

一、本协议所称的保密信息属于甲方（及其关联方）专有并已采取保密措施的、任何有形或无形的材料和信息，以及甲方未公开的或对外承担保密义务的其他信息。

二、乙方对甲方提供的保密信息有保密义务。除混改项目的用途外，未经甲方同意，不得直接或间接地通过口头、书面、互联网等渠道以泄露、告知、公布、发表、出版、传授、转让或其他任何方式使任何第三方知悉属于甲方及其关联方的保密信息。乙方也不得在混改项目以外使用这些保密信息。

三、双方协商确定：乙方无论何种原因解除或终止与甲方的合作关系后，仍应对其知悉的甲方及其关联方的保密信息承担本协议第一条规定的保密义务。乙方的保密义务应持续到甲方宣布解密或保密信息实际上已经公开为止。

四、乙方应采取所有必要的保密措施和制度，只允许其所聘请之工作人员中与办理本次混改项目有关的人员接触本协议规定的保密内容，并将知密人员控制在最小范围内，对保密信息进行严格保密；遵守甲方及其关联方文件、资料的调阅、保管和退档等相关管理制度，确保保密信息不遗失；对不需归还的文件、资料等保密信息要及时销毁，并向甲方及其关联方出具所有保密信息已按要求销毁的书面承诺。

五、乙方为本协议所称的保密义务人。保密义务人是指就参与甲方混合所有制改革的事宜与甲方进行讨论、评估、协商和进行必要的调查，而知悉甲方及其关联方保密信息的人员。保密义务人同意为甲方及其关联方利益尽最佳努力，在履行职务期间不组织、参加或计划组织、参加任何竞争企业，或从事任何不正当使用甲方及其关联方保密信息的行为。

六、在法律关系存续期间，保密义务人未经授权，不得以竞争为目的，或出于私利，或为第三人谋利，擅自披露、使用保密信息，制造再现保密信息的器材，取走与保密信息有关的物件；不得刺探与混改无关的保密信息；不得直接或间接地向无关人员泄露；不得向不承担保密义务的任何第三人披露甲方及关联方的保密信息；不得允许（出借、赠与、出租、转让等处分甲方及其关联方保密信息的行为皆属于“允许”）或协助不承担保密义务的任何第三人使用甲方及其关联方的保密信息；不得复制或公开包含甲方及其关联方保密信息的文件或文件副本；对因工作所保管、接触的有关甲方及其关联方的文件资料（包含但不限于保密信息）应妥善对待，未经许可不得超出工作范围使用。

七、如乙方因工作需要，需委托或聘请其员工以外的其他人员协助，则应取得甲方的事先同意。乙方委托或聘请的该第三方人员也属于承担保密义务的人员范围。乙方应督促其履行保密责任，且乙方应对其委托或聘请的第三方人员的泄密行为承担法律责任。

八、违约责任

1. 保密义务人违反协议中的保密义务，应承担违约责任；乙方如将保密信息泄露给第三人或使用保密信息使甲方及其关联方遭受损失的，乙方应按损失数额进行赔偿。

2. 因乙方恶意泄露保密信息给甲方及其关联方造成严重后果的，甲方或其关联方将通过法律手段追究其侵权责任，直至追究其刑事责任。

3. 乙方未尽保密之责致使保密资料泄密，应立即采取一切必要的措施防止泄密的范围扩大，并赔偿由此给甲方或其关联方造成的全部损失。

4. 乙方无论采取直接、间接或明示、默示的方式，或是出于故意、过失或者意外，也无论是否需要通过有形、无形的媒介，使任何第三方感知或获取信息的行为，都应被理解为前款所述的泄露。

九、争议的解决方法。因执行本协议而发生纠纷的，可以由双方协商解决或共同委托双方信任的第三方调解。协商、调解不成，或者一方不愿意协商、调解的，可提请仲裁或向人民法院提起诉讼。

十、双方确认在签署本协议前，已经详细审阅了协议的内容，并完全了解协议各条款的法律含义。

十一、协议的效力和变更

1. 本协议自双方签字或盖章后生效。

2. 本协议的任何修改必须经过双方的书面同意。

十二、本协议一式二份，甲乙双方各执一份。

甲方：(盖章)	乙方：(盖章)
单位名称：	单位名称：
授权代表人：	授权代表人：
年　　月　　日	年　月　日

第三节　《合作框架协议》

在潜在合作方对混改企业做完尽职调查后，随着谈判沟通的深入，为维护双方的权利和义务，有利于下一步工作的有序开展，双方可能会签署《合作框架协议》。这一协议，既是对双方之前工作的总结和固定，也是对今后合作的展望和预期。对于《合作框架协议》，需要律师进行审核和修改，对其中双方后续工作的合法合规性进行审查，并需要确定该协议仅为双方投资意向约定，不具备任何法律效力，具体事宜以双方正式签署的《投资协议》为准。《合作框架协议》比较个性化，根据混改企业和战略投资者的不同，《合作框架协议》的内容也很不相同，大体上，《合作框架协议》可以包括：合作目标，发展规划，双方的责任和义务，框架协议的修改、变更与解除，合作终止，保密协议，适用法律，争议解决等内容。

范　例

某省级竞争性公司合作框架协议

甲方：某省级竞争性公司（以下简称“A 公司”）

乙方：战略投资者

日期：

第一章　总　则

第一条　A 公司（甲方）和________公司（乙方），根据《中华人民共和国公司法》和中国的其他有关法律法规，双方在相互尊重、相互信任、平等自愿的基础上，本着优势互补、平等互利、共同发展的原则，经友好协商，就乙方参与甲方混合所有制改革的事宜达成如下框架意向协议（以下简称本协议）。

第二条　本协议是双方就为做好前期工作而订立的框架性文件，投资的具体事宜在正式合作合同和其他补充协议中进一步予以明确。本协议作为双方合作意向的体现，不具有法律约束力。

第二章　各合作方

第三条　本协议的双方

甲方：A 公司，地址：××省××市××区××路。法定代表：×××。

乙方：________公司，地址：××省××市××区××路。法定代表：×××。

第三章　合作目标

第四条　双方各自发挥优势，以促进甲方长远、稳定发展为共同目标，完善甲方治理结构和企业管理制度，不断增强经营管理水平，提高经营业绩指标和市场竞争能力，将甲方主业做强、做优、做大。

第四章　发展规划

第五条　（略）

第五章　双方的责任和义务

第六条　甲方的责任和义务

（一）甲方保证本协议的签署和履行将不违反甲方的公司章程或甲方其他组织规则中的任何条款或与之相冲突且将不违反任何中国的强制性法律法规规定。

（二）甲方承诺已经书面披露及未来向乙方提供的信息都是真实的，不会隐瞒关于甲方的债务、保证担保、抵押、质押及其他担保权信息。

（三）对于无需剥离且参与本次混改的资产，甲方保证甲方合法拥有和使用，该等资产不存在任何争议、权利请求或任何抵押、质押或其他权利限制。

（四）甲方已经取得了其目前经营各项业务所必需的全部政府批准、授权、许可、登记或备案。甲方目前合法经营，不存在违反相关法律、公司章程或对公司具有约束力的重大合同的情形。

（五）甲方保证已经书面告知了乙方关于甲方所涉及和潜在涉及的诉讼及其可能对乙方带来的重大不利影响。除已书面披露的情况外，甲方无涉及和潜在涉及的诉讼及其可能对乙方带来重大不利影响，无论是已经完成的、未决的或是可能发生的：政府部门对公司的处罚、禁令或指令；针对公司的民事、刑事、行政诉讼、仲裁等其他程序或争议。

第七条　乙方的责任和义务

（一）乙方保证乙方是根据中国的法律依法设立并有效存续的主体，具有完全、独立的法律地位和法律能力签署、履行本协议，可以独立地作为一方诉讼主体。

（二）乙方保证签署本协议并履行本协议项下义务不会违反任何有关法律、法规以及政府命令，亦不会与以其为一方或者对资产有约束力的合同或者协议产生冲突。

（三）乙方保证其具有参与甲方混合所有制改革的资质。

（四）乙方保证其支付的投资款来源合法，并且有足够的能力支付投资款。

（五）乙方保证其已经书面披露及未来向甲方提供的信息都是真实准确的。

第六章　框架协议的修改、变更与解除

第八条　对本协议及其附件的修改必须经双方签署书面协议同意才能生效。

第九条　由于不可抗力，致使本协议无法履行，经双方一致同意，可以提前终止和解除协议。

第七章　合作终止

第十条　双方一致同意因中国政府的政策改变及其他法定的不可抗力因素导致双方在该项目上的合作不能继续时，双方的合作关系相互不构成任何违约，按其对履行协议影响的程度，由双方协商决定是否解除协议，或者部分免除履行协议的责任，或者延期履行协议。

第八章　保密协议

第十一条　双方对本协议及本协议所述交易涉及的相关信息，应承担保密义务。

第九章　适用法律

第十二条　本协议的订立、效力、解释、履行和争议的解决均受中华人民共和国法律的管辖。

第十章　争议解决

第十三条　本协议引起的或与本协议有关的任何争议，双方经友好协商予以解决，无法解决的提交合同签订地的法院进行诉讼。

第十一章　其　他

第十四条　本协议自双方正式签署后并于本协议所载签订日期之日起生效。

第十五条　本协议一式四份，甲乙双方各执二份，具有同等法律效力。

甲方：A 公司（盖章）　　　　乙方：________公司

法定代表人/授权代表：　　　　法定代表人/授权代表：

签订日期：

签订地点：

第四节　《受让方资格条件》

一般来说，为了选择更加合适的战略投资者，国有产权持有单位都会针对战略投资者的主体资格、管理能力、资产规模等来设置受让方资格条件，但是受让方资格条件需要合理合法设置，不得出现具有明确指向性或者违反公平竞争的内容。需要注意的是，按照国资监管的相关规定，在以产权转让方式进行混改时，原则上不得针对受让方设置资格条件，确需设置的，不得有明确指向性或违反公平竞争原则，所设资格条件相关内容应当在信息披露前报同级国资监管机构备案。但是，对于以增资方式进行的混改企业，则没有这样的要求。律师需要对受让方的资格条件进行审核。

范　例

某省级竞争性公司受让方资格条件

一、合格意向战略投资者应为依法注册并有效存续的公司制法人。若为非公众公司，则合格意向战略投资者经穿透的出资人数量不得超过 ×× 人。合格意向战略投资者的各级出资人或权益持有人应符合相关投资者适当性条件，不得存在信托计划、资产管理计划、契约型基金，且不得存在委托持股。

二、合格意向战略投资者及其各级出资人或权益持有人中如有私募投资基金（私募投资基金系指以非公开方式向合格投资者募集资金设立的投资基金，包括资产由基金管理人或者普通合伙人管理的以投资活动为目的设立的公司或者合伙企业，下同）、私募基金管理人、创业投资企业，则意向投资者在向交易中心提交投资申请时，应已根据中国证券基金业协会、国家发展和改革委员会等的相关规定完成有关登记或备案（需提供登记或备案证明文件，或以网站查询结果为准）。

三、合格意向战略投资者应具有良好的公司治理结构或有效的组织管理方式，且最近 3 年内无重大违法违规记录和受到行政处罚的记录。合格意向战略投资者及其法定代表人、控股股东、实际控制人应具有良好的信用记录，无被列入失信被执行人名单、被执行联合惩戒的情形。

四、合格意向战略投资者，或其控股股东、实际控制人，或与合格意向战略投资者属于同一控制下的关联企业的主营业务应包括 ×× 业务。

五、×××× 年底，合格意向战略投资者经审计的所有者权益（合并报表中归属于母公司部分）不低于 ×× 亿元，且净利润（合并报表中归属于母公司部分）不低于 ×× 亿元。

第五节　《交易条件》

在国有企业混改过程中，为明确交易的具体要求，需要制定战略投资者《交易条件》，在《交易条件》中，一般需要明确转让标的挂牌价格、价款支付方式和期限要求，对转让标的企业职工有无继续聘用要求，产权转让涉及的债权债务处置要求，对转让标的企业存续发展方面的要求等。律师需要对交易条件进行审核，确保条件依法合规。《交易条件》的内容，包括混改项目的要求，意向受让方的承诺，尽职调查期，转让款的支付、违约责任和风险承担等。

范 例

某省级竞争性公司混合所有制改革交易条件

为了确保交易的顺利实施，本次股权转让将设置如下交易条件：

一、本项目为整体转让，拟通过股权转让的方式引入一家投资者，不接受联合受让、不拆分交易，不得以接受联合体投资或信托计划投资等方式受让本项目。

二、意向受让方须对以下事项进行承诺：

1. 意向受让方通过代理机构向交易中心提交登记手续投资申请时，须书面承诺已详细阅读并完全认可本股权转让项目，包括但不限于《资产评估报告》《财务审计报告》《法律意见书》《××公司混合所有制改革人员安置方案》《产权交易合同》《重大事项披露》《信息挂牌公告》等所涉及的全部内容、附件和相关配套文件及上述报告和文件所披露的内容，并已完成对本项目标的企业的全部尽职调查，对标的企业所涉及的资产及负债（包括但不限于标的企业土地、在建工程、债权债务、或有债务、长期股权投资企业等）已全面知悉且认可，依据该等内容并以其独立之判断并确认自愿全部接受股权转让公告内容。意向投资者自愿承担由此产生的一切风险、责任、经济损失及后果。意向投资者不得以此向标的企业、转让方、产权交易机构追究责任或提出其他主张。

2. 意向受让方办理受让申请时须书面承诺：意向受让方将按照法律法规，相关交易规则，所出具或签署的承诺、协议等法律文件履行义务、承担责任及法律后果；认同标的企业的战略发展方向并能够在相关领域提供支撑。创新业态，承诺为标的企业带来市场、管理、人才等重要资源增量，同意在混改后将党建工作总体要求写入公司章程。同意混改后保持标的企业职工队伍稳定，5 年内不与职工解除或终止劳动关系，保障混改企业职工的合法权益。

3. 意向受让方办理受让申请时须书面承诺，同意混改后标的企业出资约××万元设立混改企业职工安置风险保障基金，具体额度以混改时工商变更日某省级竞争性公司全部在职职工解除劳动合同经济补偿金总额为基础确定，切实维护职工利益。混改企业职工安置风险保障基金缴纳、管理及使用等按照省关于国企混改职工安置相关规定执行。

4. 混改企业职工安置风险保障基金总额由转让方以书面形式通知受让方，意向受让方办理受让申请时须书面承诺，同意按混改企业职工安置风险保障基金总额的××%（约××万元），在签署《产权交易合同》后次日起5个工作日内向转让方确定的第三方缴纳保证金，保证金待混改企业职工安置风险保障基金设立全部缴清后原渠道退回。

5. 该标的评估范围中所涉及的国有划拨土地须进行现状补办、补缴土地出让金合计××万元。意向受让方办理受让申请时须书面承诺，若成为最终受让方，须按照国土资源和房屋管理部门相关要求，在规定期限内将相应土地出让金足额支付至标的企业指定账户。否则，若导致发生生产经营不稳定、信访、诉讼等方面的行政、经济、法律责任及由此产生一切后果均由最终受让方承担。

6. 意向受让方办理受让申请时须书面承诺，受让标的企业股权后，公司的注册地仍在本省。

7. 意向受让方办理受让申请时须书面承诺，受让标的企业股权后，5年内标的企业实际控制权不发生变化。

8. 意向受让方办理受让申请时须书面承诺，认可并依照约定履行已签署的与标的企业及其子企业剥离资产相关全部合同。

三、如意向受让方须咨询标的企业相关情况或查阅相关资料，须提前联系转让方，并提供挂牌期间境内商业银行出具的意向受让方拥有××亿元人民币的存款证明。没有预约的或不能提供存款证明的意向受让方，转让方不予接待。咨询时意向受让方须持营业执照（副本原件及二份加盖公章的复印件）、法定代表人授权委托书、最近一期经审计的财务报表并签订保密协议。如需进行其他调查的，须按照转让方要求并履行相关程序后进行。

四、意向受让方在办理受让登记时须提供书面意向受让方及其法定代表人、控股股东、实际控制人的截至受让登记日前两个工作日内的征信报告（中国人民银行版本或经转让方认可的第三方机构出具的）。

五、该项目在挂牌期间为尽职调查期，即：意向受让方对标的企业的尽职调查；转让方对意向受让方的尽职调查。意向受让方在尽职调查期须咨询标的相关情况或查阅相关资料，须向转让方提供相关书面材料。转让方在尽职调查期，意向受让方须积极配合，意向受让方到产权交易中心办理受让登记时，须提供转让方出具的《尽职调查通知书》。

六、意向受让方应当在其受让资格确认后3个工作日内将相当于挂牌底价30%的交易保证金缴纳至产权交易中心指定的银行账户。

七、挂牌期满若只征集到一家意向受让方，则采取协议转让的方式，该受让方已缴纳的保证金转为部分交易价款。若征集到两家及以上意向受让方，则选择网络竞价（多次报价）方式确定最终受让方。各意向受让方缴纳的保证金转为竞价保证金，竞价后被确认为最终受让方的，其竞价保证金转为部分交易价款，其余意向受让方缴纳的保证金按产权交易中心规定原额原路径返还。

八、最终受让方须在产权交易中心书面通知期限内与转让方签订已公示的《产权交易合同》，并在签署《产权交易合同》后次日起5个工作日内将保证金以外的剩余成交价款一次性打入产权交易中心指定的银行账户。产权交易中心出具《产权交易凭证》当日，受让方应按产权交易中心相关规定，办理委托付款手续，同意由产权交易中心将全部转让款支付至转让方指定账户。最终受让方不得以尚未工商变更为由对委托付款事项进行拖延，否则视为违约。

九、若非转让方原因，出现以下任何一种情况时，转让方有权扣除意向受让方已缴纳的全部保证金作为对相关方的补偿：

1. 意向受让方已办理受让登记并交纳保证金后，单方撤回受让申请的。

2. 受让方未在产权交易中心书面通知期限内与转让方签订《产权交易合同》的。

3. 受让方签订《产权交易合同》后未在次日起5个工作日内将保证金以外的剩余交易价款一次性打入××产权交易中心指定账户的。

4. 受让方签订《产权交易合同》后未在次日起5个工作日内足额缴纳混改企业职工安置风险保障基金涉及的保证金。

5. 产生两家及以上意向受让方后，意向受让方不参与后续竞价程序的。

6. 在网络竞价过程中，各意向受让方对于已公示的挂牌价格均不应价，导致无法确定受让方的。

7. 在产权交易中心出具《产权交易凭证》当日，受让方未按产权交易中心规定办理委托付款手续的。

十、本次产权转让交易发生的需转、受让方支付的费用，包括但不限于交易手续费、交易鉴证费、代理费、网络竞价服务费等，按照相关规定各自承担和支付。

十一、本次股权转让后，因国家政策变化、历史沿革、市场状况等原因导致标的企业资产、负债、权利、义务和责任等发生任何变化的，由最终受让方承担相关风险，转让方对此不再承担任何责任，最终受让方不得向转让方提出任何索赔和其他主张。

第六节　《择优方案》

在混改企业发布信息之后，如果在期满时征集到两家及两家以上符合受让资格条件并已缴纳保证金的意向受让方，则需要根据择优方案确定受让方。因此，混改企业的国有产权持有人应该制定《择优方案》，并经律师审查。择优方案主要内容包括：择优说明、择优安排、评分标准、响应文件清单、受让报价确认书、接受综合评议的承诺函等。

范　例

某省级竞争性公司混改择优方案

某省级竞争性公司（“标的企业”）混改项目信息披露期（含披露延长期，下同）结束，如征集到2家及以上符合条件并已及时且足额缴纳保证金的合格意向战略投资者（以下简称“合格意向投资者”），则采取本方案确定最终战略投资者：

一、定义

1. 定义

（1）《响应文件》：参与择优程序的合格意向投资者，按照本择优方案要求提交的文件。

（2）通知和送达的日期：本方案中所涉及的所有通知和送达的日期，均以产权交易中心发出通知的日期为准，发出通知的日期即视为送达日期。发出方式包括但不限于：电子邮件，传真，现场签收。

（3）盖章：加盖企业公章。

2. 释义

（1）除非上下文另有所指，所提及的条款和附件指本择优方案的条款和附件。

（2）本择优方案提及的时间皆为北京时间，货币指人民币。

（3）本择优方案及《响应文件》皆提供中文文本。

二、择优说明

1. 本次择优活动依据《企业国有资产交易监督管理办法》、《××省产权交易中心企业择优确定投资方实施办法》、××省产权交易中心相关交易规则和流程等进行。

2. 本项目信息披露期结束后，合格意向投资者进入报价环节。若仅有一个有效报价，则该合格意向投资者即为最终战略投资者；若有效报价的数量大于1，则提交有效报价的合格意向投资者均进入竞争性谈判环节。

3. 进入竞争性谈判环节的合格意向投资者在交易中心的组织下参与竞争性谈判。合格意向投资者根据择优方案要求制作《响应文件》，若有效的《响应文件》仅有一份，则相应的合格意向投资者即为最终战略投资者。

4. 谈判小组将和意向投资者谈判代表在谈判中根据《响应文件》和谈判内容形成《战略合作协议》，合格意向投资者应将签字、盖章的《战略合作协议》连同综合评议《响应文件》一同提交交易中心。《战略合作协议》的生效条件为：①双方有效签署；②合格意向投资者被确定为最终投资者；③合格意向投资者按《增资条件》有关规定签署《投资合作协议》并足额缴纳保证金外的剩余投资款项；④满足增资达成条件。

5. 谈判小组成员根据合格意向投资者竞争性谈判环节提交的《响应文件》和谈判情况按照竞争性谈判要点（见附件1）进行评分。

6. 在竞争性谈判环节中提交有效《响应文件》的合格意向投资者进入综合评议环节。合格意向投资者在交易中心的组织下参与综合评议。合格意向投资者根据择优方案要求制作并向交易中心提交《响应文件》。

7. 若仅有一名合格意向投资者提交有效的《响应文件》，则该合格意向投资者即为最终战略投资者。

8. 评议小组根据择优方案设置的权重分值体系（见附件2）对各合格意向投资者进行评分，综合评议环节满分100分，其中报价和竞争性谈判的得分分别为各合格意向投资者在报价环节所提交报价的得分和竞争性谈判分值。

9. 综合评议分值最高者即为最终战略投资者。

三、报价安排

1. 交易中心于本项目信息披露期结束之日次日起1个工作日内，向合格意向投资者发出《报价通知》。

合格意向投资者须在交易中心发出《报价通知》次日起的3个工作日内，将密封并加盖其公司公章的《报价单》交于交易中心。

2. 报价不得低于××亿元（待评估核准后补充披露），报价最小变动单位为××万元，未按规定时间提交报价单，或报价不符合上述条件，或报价单没有加盖公章的，均被认定为无效报价。

报价一经提交后不得更改、撤销。

四、竞争性谈判安排

1. 竞争性谈判程序分为：提交《响应文件》、组织竞争性谈判。

2. 报价结束后次日起1个工作日内，交易中心将收到的有效报价进行汇总形成报价清单，并书面通知进入竞争性谈判环节的合格意向投资者提交《响应文件》。

3. 合格意向投资者需在交易中心书面通知之日次日起5个工作日内向交易中心提交一式九份、密封并加盖公章的《响应文件》，以及电子版（U盘，PDF格式）1份。合格意向投资者对其提交的文件的真实性、完整性、合法性承担法律责任。

（1）《响应文件》须密封并装订成册，如纸质文件与电子版内容不一致，以纸质文件为准，如因纸质文件与电子版内容不一致造成的后果由提供方承担。《响应文件》封面应注明本项目的名称、项目编号及合格意向投资者的名称并加盖公章，文件内容须加盖骑缝章。

（2）未在规定时间内提交《响应文件》的，交易中心不予接收。

（3）《响应文件》一经提交，合格意向投资者不得要求更改或撤销已提交的《响应文件》。

（4）当合格意向投资者提交的《响应文件》中出现下列任一情况时，该合格意向投资者提交的《响应文件》视为无效：

①未按期提供文件的，或提交文件后要求更改或撤销的；

②《响应文件》未按本择优方案拟订，或未经合格意向投资者加盖公章的；

③其他违法违规情形导致《响应文件》无效的。

4. 交易中心于提交《响应文件》期满之日次日起1个工作日内向竞争性谈判小组（以下简称“谈判小组”）转送密封的《响应文件》，谈判小组应对响应文件的有效性、完整性和响应程度进行审查，未实质性响应择优方案的响应文件按无效处理。

谈判小组收到《响应文件》之日次日起3个工作日内以书面形式向交易中心提交确定的谈判时间，并由交易中心通知各合格意向投资者。

5. 谈判小组由9人组成，法律专业、财务专业及专业领域专家共4人，由交易中心自专家库中随机抽取；标的企业3人，国资监管部门2人。

6. 谈判小组成员不得无故退出，确因特殊原因不能履职的，按照该名成员之前产生的方法另行增补。

7. 谈判小组成员和意向投资者谈判代表在谈判中根据《响应文件》和谈判内容形成《战略合作协议》。

8. 谈判小组成员根据《响应文件》、谈判情况以及形成的《战略合作协议》按照竞争性谈判要点从战略合作的操作性和效果两个方面进行独立评分，满分40分，由谈判小组对竞争性谈判分值进行汇总，形成竞争性谈判分值清单。

合格意向投资者竞争性谈判分值=谈判小组各成员评分之和/谈判小组成员数量

9. 谈判小组应在谈判结束后次日起的3个工作日内，根据谈判情况进行集中评议并编写《评审报告》，《评审报告》主要内容包括：

（1）合格意向投资者参加增资活动的相关情况。

（2）对《响应文件》的审核情况及评价。

（3）每次谈判的情况及形成的《战略合作协议》。

（4）评议情况记录和说明，对谈判情况的分析评价。

（5）竞争性谈判分值清单。

10.《评审报告》由谈判小组全体成员签字。谈判小组成员对《评审报告》有异议的，谈判小组按照少数服从多数的原则进行确定。竞争性谈判完成后，《响应文件》交由交易中心存档。

五、综合评议安排

1. 综合评议环节分为：提交《响应文件》、组织综合评议。

2. 交易中心在竞争性谈判《评审报告》签字确认之日次日起1个工作日内，向合格意向投资者发出《综合评议通知书》。

3. 合格意向投资者应在交易中心发出《综合评议通知书》后次日起3个工作日内向交易中心提交密封的《战略合作协议》一式两份、密封的《响应文件》一式七份，以及电子版（U盘，PDF格式）1份。合格意向投资者对其提交的文件的真实性、完整性、合法性承担法律责任。

（1）未在规定时间内提交《战略合作协议》或《响应文件》的，交易中心不予接收。

（2）《响应文件》须密封并装订成册，如纸质文件与电子版内容不一致，以纸质文件为准，如因纸质文件与电子版内容不一致造成的后果由提供方承担。《响应文件》封面应注明本项目的名称、项目编号及合格意向投资者的名称并加盖公章，文件内容须加盖骑缝章。

（3）《响应文件》一经提交，合格意向投资者不得要求更改或撤销。

（4）当合格意向投资者提交的《响应文件》中出现下列任一情况时，该合格意向投资者提交的《响应文件》视为无效：

①未按期提交文件的，或提交文件后要求更改或撤销的；

②《响应文件》未按本择优方案拟订，或未经合格意向投资者盖章；

③《战略合作协议》未经合格意向投资者盖章，或未经合格意向投资者法定代表人（或授权委托人）签字的；

④《战略合作协议》与《评审报告》中所载有差异的；

⑤其他违法违规情形导致《响应文件》无效的。

4. 综合评议小组（以下简称“评议小组”）由7人组成，其中，法律专业、财务专业和专业领域专家共4人，按照交易中心相关规则产生，标的企业2人、市国资委国资监管部门1人，由交易中心自专家库中随机抽取。综合评议小组在评议过程中应当客观、公正、廉洁地履行下列职责：

（1）综合评议小组成员不得无故退出，确因特殊原因不能履职的，按照该名成员之前产生的方法另行增补。

（2）对合格意向投资者的《响应文件》《战略合作协议》进行审核。

（3）独立进行评议，对评议意见承担相应责任。

（4）对评议中发现的违规行为按有关规定进行处理。

5. 交易中心在合格意向投资者提交《响应文件》截止日次日起1个工作日内，将报价清单、《评审报告》中的竞争性谈判分值清单、《战略合作协议》及《响应文件》转送综合评议小组。

评议小组对响应文件的有效性、完整性和响应程度进行审查，未实质性响应择优方案的响应文件按无效处理，并在收到交易中心转送文件之日次日起1个工作日内完成评议工作。评议完成后《响应文件》由交易中心存档。

6. 评议小组成员根据择优方案设置的权重分值体系，对有效《响应文件》进行独立评定，并与提交有效《响应文件》的合格意向投资者的报价和竞争性谈判分值加总，形成该合格意向投资者的综合评议得分。评议小组成员独立评定结束后，由评议小组对综合评议得分进行汇总，形成综合评议分值清单，由综合评议小组全体成员签字确认。

合格意向投资者综合评议分值=评议小组各成员综合评议得分之和/评议小组成员数量。

7. 评议小组成员对综合评议分值清单有异议的，评议小组按照少数服从多数的原则确定评议分值清单。

六、确定最终投资者

1. 评议小组须在对综合评议分值清单签字确认当日将其转交交易中心。

2. 如遇2家及以上合格意向投资者综合评议分值相同且均为最高的情况，

则报价较高且符合《增资条件》有关规定的合格意向投资者为最终战略投资者；若报价相同，则竞争性谈判分值较高且符合《增资条件》有关规定的合格意向投资者为最终战略投资者；若报价和竞争性谈判分值相同，则由评议小组与标的企业共同决定解决方案，解决方案经交易中心备案后执行。

3. 交易中心于收到综合评议分值清单当日，将报价清单、《战略合作协议》、《评审报告》中的竞争谈判分值清单、综合评议分值清单转送标的企业，标的企业于股东会通过后将股东会决议和标的企业法定代表人签字并加盖标的企业公章的《最终战略投资者确认函》提交交易中心。

4. 交易中心在收到标的企业股东会决议和《最终战略投资者确认函》之日次日起的1个工作日内向最终战略投资者出具《增资结果通知书》并将择优结果通知所有合格意向投资者。

附件1　竞争性谈判要点

1. 拥有雄厚的资金实力，能够为标的企业及其子公司（合称为“标的企业”）有关产业的发展持续提供资金支持。

2. 拥有较强的盈利能力、资产实力和良好的资产负债率。

3. 在相关产业拥有丰富的产业资源和经营管理经验，能够与标的企业的大健康和养老产业发展形成协同效应：

（1）有利于推动××品牌的复制和推广。

（2）有助于打造××连锁品牌。

4. 拥有丰富的相关产业资源和相关经营管理经验，有助于推动标的企业自有品牌的市场拓展，为标的企业相关业务带来市场增量。

5. 保持标的企业核心骨干人员稳定，保障标的企业职工权益，并提供有竞争力的薪酬体系。

6. 承诺在标的企业上市之前不与标的企业存在同业竞争者优先；若目前存在同业竞争，承诺在上市前消除同业竞争者优先。

附件2

综合评议权重分值体系

类　别	子　类	总　分	评分标准
主体资格	A股主板（含中小板）公司	10分	合格意向投资者是A股主板（含中小板）公司的得分为10分；合格意向投资者是A股创业板的得分
	A股创业板		

续表

类　别	子　类	总　分	评分标准
主体资格	境外主板上市公司	10 分	为 8 分；合格意向投资者是境外主板上市公司的得分为 6 分；合格意向投资者是境外创业板上市公司的得分为 4 分；合格意向投资者是新三板的得分为 2 分；其他不得分
	境外创业板上市公司		
	新三板		
	其　他		
小计：			
报　　价		50 分	报价最高的合格意向投资者的得分为 50 分；其他合格意向投资者得分 = 50 * 该合格意向投资者报价/最高报价（分）
小计：			
竞争性谈判		40 分	由竞争性谈判环节《评审报告》中的竞争性谈判分值确定
小计：			

第七节　《产权交易合同》

在进场交易之前，以产权转让方式实施混改的企业需要签署《产权交易合同》，该合同中对产权转让的标的及价格，产权转让的方式及相关费用，产权转让涉及企业职工安置，产权转让涉及债权、债务的承继和清偿办法，产权转让中涉及资产处置，产权转让总价款的支付方式、期限、条件、地点，产权交割事项，权证的变更，产权转让的税收和费用，违约责任，争议的解决方式，合同的变更和解除以及承诺进行约定，并作为挂牌的披露事项。一般来说，《产权交易合同》由产权交易中心提供模板，供混改企业参考填写，律师可对该协议进行审核把关。在战略投资者成功摘牌之后，产权交易机构应当在确定受让方后的次日起 3 个工作日内，组织交易双方签订产权交易合同。产权交易机构应当依据法律法规的相关规定，按照产权转让公告的内容以及竞价交易结果等，对产权交易合同进行审核。

范　例

产权交易合同

使用说明

一、本合同文本是根据《中华人民共和国合同法》制定的示范文本。构成本合同示范文本要件的合同条款均为提示性适用条款。条款所列内容，包括括号中所列内容，可由合同双方当事人在约定时选择采用。制定正式合同文本时，本示范合同中所有括号注释条款及横线上黑体字均无须保留。

二、为更好地维护各方当事人的权益，签订合同时应当力求谨慎、具体、严密，约定条款必须表述清楚。无须约定的条款用“本合同不涉及此条款”或“本合同对此条款无须约定”加以载明。

三、转让方：指依法持有转让标的并可以按照有关规定转让其产（股）权的法人、自然人或者其他组织。

四、转让标的：指法人、自然人或其他组织依法持有的产（股）权。

五、受让方：指通过产权交易审核程序，并以协议、拍卖、招投标、网络竞价等交易方式取得转让标的的法人、自然人或者其他组织。

六、本合同涉及当事人为法人企业的其基本情况填写应按合同文本要求载明。如当事人为自然人的，应将与己有关的基本情况按合同文本要求载明，包括国籍、身份证（护照）号码等。合同涉及的转让方、受让方是多方的，均应分别载明。

七、转让价格：指转让标的经资产评估、备案、挂牌公示后，且以协议或竞价方式最终确定的转让价格。未经资产评估直接以协议或竞价方式确定价格的，一般只适用非公有经济性质的产（股）权转让项目。

八、涉及标的企业职工的安置：应按照有关规定及公示内容约定有关事项。

九、涉及标的企业债权、债务的承继和清偿：应按照有关规定及公示内容约定处理方式。

十、资产的处理：应根据不同的标的具体情况及所公示内容进行约定。

十一、产权交易的基准日：指产权转让标的价值体现的特定时点。

十二、违约责任：当事人对履约事项应设定承责条款，并就违约事项按公示内容载明保证金罚则条款。

十三、争议的解决方式，除协商和调解方式外，合同当事人还可以选择仲裁或诉讼方式，但选择了仲裁方式就不能再约定其他方式。

十四、本合同示范文本可由双方当事人协商进行调整，最终确定的合同文本须以 A4 纸排版打印。

本合同涉及当事人基本情况

转让方（以下简称“甲方”）：(国有股权持有单位)

住所：　　电话：

法定代表人：　　职务：

企业类型：　　邮编：

注册资本：　　经济性质：

开户银行：　　账号：

身份证（护照）号：　　国籍：

受托经纪机构：　　电话：

法定代表人：　　经办人：

受让方（以下简称“乙方”）：

住所：　　电话：

法定代表人：　　职务：

企业类型：　　邮编：

注册资本：　　经济性质：

开户银行：　　账号：

身份证（护照）号：　　国籍：

受托经纪机构：　　电话：

法定代表人：　　经办人：

根据中华人民共和国法律法规的有关规定，甲、乙双方遵循自愿、公平、诚实信用的原则订立本合同，以资共同遵守。

鉴于：

1. 某省级竞争性公司（以下简称“A 公司”）成立于××××年××月××日，注册资金为人民币××元，系甲方出资设立的国有全资有限公司。

2. 根据××资产评估事务所出具的评估报告，截至××××年××月××日，A 公司资产评估价值总额：××元，负债总额：××元，净资产：

××元。

3. 本次A公司国有产权转让，各方当事人均已被授权。

4. 乙方已充分知悉并认可本次转让中甲方在产权交易中心公示及备查的各项披露文件所涉及内容，并同意遵照执行。

第一条　产权转让的标的及价格

甲方将所拥有（持有）的A公司××%股权（以下简称“转让标的”）有偿转让给乙方。转让价款总额为人民币（大写）以最终确认的转让价款为准（小写¥以最终确认的转让价款为准）。

第二条　产权转让的方式及相关费用

上述转让标的经资产评估确认后，通过产权交易中心发布转让信息征集受让方，采用协议转让或竞价与综合评议相结合（以最终确认的方式为准）的方式，确定受让方和转让价格，签订产权交易合同，实施产权交易。

相关费用如下：

1. 甲方应承担委托代理机构的交易佣金，即按转让价款总额的××‰的比例向其支付。金额为人民币（大写）××元（小写¥××元）。

2. 乙方应承担委托代理机构的交易佣金，即按转让价款总额的××‰的比例向其支付。金额为人民币（大写）××元（小写¥××元）。

第三条　产权转让涉及企业职工安置

经甲、乙双方同意，所涉职工安置事宜按照经备案并经A公司职工代表大会审议通过，甲方已在挂牌时公示的《A公司混合所有制改革人员安置方案》执行。

第四条　产权转让涉及债权、债务的承继和清偿办法

经甲、乙双方同意，A公司及所属企业的生产经营活动、债权债务由股权转让后的企业全部承继。

第五条　产权转让总价款的支付方式、期限、条件、地点

甲、乙双方同意采取分期付款方式进行转让价款结算，产权转让价款总额人民币（大写）以最终确认的转让价款为准（小写¥以最终确认的转让价款为准）。本合同签订后5个工作日内，按照交易条件，乙方须将不低于全部股权转让价款的30%（含乙方已支付的保证金）作为首付款足额支付至产权交易中心指定账户。剩余转让价款自《产权交易合同》生效之日起1年内付清。未付款期间，按中国人民银行同期同类银行贷款基准利率支付延期付款期间的利息。利息计算方式为：当期支付价款*同期银行贷款基准利率*延期支付时间。乙方支付剩余转让价款时须同时支付相应利息。

乙方须就剩余转让价款向甲方提供认可的有效担保。

第六条 产权交割事项

1. 经甲、乙双方约定，交易基准日为××××年××月××日。自交易基准日起至产权转让的完成日止，其间产生的盈利或亏损及风险由交易后股东各方按持股比例共同承担。

2. 甲、乙双方不再以交易期间A公司经营性损益等理由对已达成的交易条件和交易价格进行调整。

第七条 权证的变更

本次产权转让中涉及的权证变更事宜，甲方应在乙方的配合下，在产权交易合同生效之日起××个工作日内完成。

第八条 产权转让的税收和费用

1. 经甲、乙双方共同商定：产权转让中涉及的有关税收，按照国家有关法律规定，由甲、乙双方各自承担，法律法规未做规定的，双方按照50%比例承担。

2. 产权转让中涉及的有关费用，由甲、乙双方各自承担，法律法规未做规定的，双方按照50%比例承担。

第九条 违约责任

1. 任何一方发生违约行为，都必须承担违约责任。如甲方违约致使本合同不能履行，应按保证金额双倍返还乙方；如乙方违约致使本合同不能履行，则无权请求返还保证金。甲、乙双方协商一致解除合同的，甲方应将保证金退还给乙方。

2. 甲方未能按期完成产权转让的交割，或乙方未能按期支付产权转让的总价款，每逾期一天，应按价款总额的××%向对方支付违约金。甲方逾期完成产权转让的交割或甲方未按期支付产权转让价款超过××日的，守约方有权单方解除本合同，本合同自守约方向违约方送达解除合同通知书之日起解除，且违约方应按价款总额的××%向对方支付损失赔偿金。

第十条 争议的解决方式

甲、乙双方在履行本合同过程中若发生争议，可协商解决；协商不成的，任何一方均有权向甲方所在地有管辖权的人民法院提起诉讼。

第十一条 合同的变更和解除

发生下列情形的，甲、乙双方可以变更或解除合同：

1. 因情况发生变化，经双方协商同意，且不损害国家和社会公共利益的。

2. 因不可抗力因素致使本合同的全部义务不能履行的。

3. 因一方当事人在合同约定的期限内，因故没有履行合同，另一方当事人予以认可的。

4. 因本合同中约定的变更或解除合同的情况出现的。

甲乙双方经协商一致解除本合同的，双方应签订变更或解除合同的协议。除非因乙方违约导致本合同解除或本合同另有约定外，双方解除本合同且办理完毕不妨碍甲方再次进行交易的全部手续后______日内，甲方应将乙方的已付款项全额无息返还给乙方。并将解除合同的协议书报产权交易中心备案。

第十二条　甲、乙双方的承诺

1. 甲方向乙方承诺所转让的产权权属真实、完整，没有隐匿下列事实：

（1）执法机构查封资产的情形。

（2）权益、资产担保的情形。

（3）资产隐匿的情形。

（4）诉讼正在进行中的情形。

（5）影响产权真实、完整的其他事实。

2. 乙方向甲方承诺拥有完全的权利能力和行为能力进行产权受让，无欺诈行为。

第十三条　其　他

1. 上述条款若有未尽事项，由甲、乙双方协商后，可另立补充合同约定。补充合同与本合同具有同等的法律效力。

2. 国家法律、法规对本合同生效另有规定的，从其规定。

3. “合同使用须知”和本合同所必备的附件，与本合同具有同等的法律效力。

4. 乙方在受让转让标的过程中依照挂牌条件递交的承诺函等文件为本合同不可分割的组成部分，与本合同具有同等法律效力。

5. 本合同一式××份，甲、乙双方各执××份，A公司执××份，受托经纪机构各执××份，××产权交易中心备案××份。

6. 本合同满足下列条件后生效：

（1）合同有效签署。

（2）乙方就剩余转让价款向甲方提供甲方认可的有效担保。

转让方（甲方）：　　　　　　受让方（乙方）：

（盖章）　　　　　　　　　　（盖章）

法定代表人（签字）： 法定代表人（签字）：
（或授权代表人签字）： （或授权代表人签字）：

签约地点：

签约时间： 年 月 日

第八节 《增资协议》

以增资扩股方式实施混改的企业，交易中心在确定最终投资方次日起2个工作日内，向投资方出具《增资结果通知书》。交易中心按照《增资公告》约定的增资条件及增资结果，组织增资企业及投资方签订《增资协议》。《增资协议》应该包括增资内容、增资方式、增资款的支付期限、增资前后各方的比例、增资涉及的企业职工安置、增资的税收和费用、增资后的事项约定、各方的陈述和承诺、违约责任及纠纷处理、协议的变更和解除等内容。《增资协议》由产权交易中心提供模板，供混改企业参考填写，律师可对该协议进行审核把关。

范 例

增资协议

合同编号：

使用说明

一、本合同文本是根据《中华人民共和国合同法》《企业国有资产交易监督管理办法》制定的示范文本。构成本合同示范文本要件的合同条款均为提示性适用条款。条款所列内容，包括括号中所列内容，均可由当事方在约定合同时选择采用。制定正式合同文本时，本示范合同中所有括号注释条款均无须保留。

二、为更好地维护各方当事人的权益，签订合同时应当力求谨慎、具体、严密，约定条款必须表述清楚。无须约定的条款用“本合同不涉及此条款”或“本合同对此条款无须约定”加以载明。

三、本合同涉及当事方为法人企业的，其基本情况填写应按合同文本要求载明。如当事人为自然人的，应将与己有关的基本情况按合同文本要求载明，包括国籍、身份证（护照）号码等。合同涉及多方的，均应分别载明。

四、涉及标的企业职工安置问题：应按照有关规定或职代会决议明确相关处理方式。

五、涉及标的企业债权、债务的承继和清偿问题：应事先约定明确相关处理方式。

六、争议的解决方式，除协商和调解方式外，合同当事人还可以选择仲裁或诉讼方式，但选择了仲裁方式就不能再约定其他方式。

本合同涉及的当事人

增资企业（以下简称“甲方”）：

住所：　　　　　　　　　　　　电话：

法定代表人：　　　　　　　　　职务：

企业类型：　　　　　　　　　　邮编：

开户银行：　　　　　　　　　　账号：

产权经纪会员（代理机构）：

电话：

法定代表人：　　　　　　　　　经办人：

新投资方（以下简称“乙方”）：

住所：　　　　　　　　　　　　电话：

法定代表人：　　　　　　　　　职务：

企业类型：　　　　　　　　　　邮编：

开户银行：　　　　　　　　　　账号：

产权经纪会员（代理机构）：

电话：

法定代表人：　　　　　　　　　经办人：

根据中华人民共和国法律、法规有关规定，涉及当事人应遵循自愿、公平、诚实信用的原则订立本协议，以资共同遵守。

鉴于：

1. 标的公司________________系于________年____月____日在________注册成立的公司，经营范围：__________，注册资本人民币__________。为增强公司实力，经________年度公司__________决议，通过了增资决议。

2. ______________________为原“标的公司”增资前的股东。增资前，原“标的公司”出资结构为：____________出资______万元，占注册资本的________。

3. 经评估（审计），截至________年____月____日，原“标的公司”资产总计为______万元，负债总计为______万元，净资产为______万元。

4. 乙方同意按照本协议规定的条款和条件对原“标的公司”投资入股。

5. 本协议内（包括“鉴于”中的内容）下列的字句应做以下解释：

增资：指“标的公司”甲方或（和）甲方之外吸收乙方入股，增加公司注册资本。

投资总额：指在本次增资中，乙方为获取“标的公司”股权而实际支付的对价。

出资：指各方在“标的公司”注册资本中所占有的资本份额。

溢价：指在本次增资中，乙方的投资总额高出其在公司中的出资部分。

原“标的公司”：指本次增资前的“标的公司”。

新“标的公司”：指本次增资后的“标的公司”。

各方本着自愿、公平、真诚、互利、发展的原则，经友好协商，就“标的公司”增资事宜达成协议如下：

一、增资内容

1. 原“标的公司”增资，将公司注册资本由________万元增加至人民币______万元，乙方出资______万元，占新“标的公司”注册资本______%；实际投资总额______万元，溢价______万元，溢价将计入新“标的公司”资本公积金。

2. 增资完成后，新“标的公司”股东由____________、乙方组成。修改原“标的公司”章程，重组新“标的公司”董事会。

二、增资方式

乙方以____________方式对新“标的公司”进行出资。

三、增资款的支付期限

乙方在签订本协议后次日起______个工作日内将除保证金外的增资款汇入甲方指定的验资账户，其前期缴纳的保证金即转化为部分增资款。××产权交易中心收到甲方提供的增资款尾款进账单复印件后，将保证金按原路径退回乙方账户，乙方应在收到退回的保证金后______个工作日内将该部分增资款一次性汇入甲方验资账户。

四、增资前后各方的比例

新“标的公司”注册资本为_____万元，本次增资后各方的持股比例如下：

序　　号	股东名称	出资金额	占股本总数额
1			
2			

五、增资涉及的企业职工安置

经甲、乙双方协商约定，采用如下方式处理：

____

六、增资的税收和费用

增资中涉及的有关税收，按照国家有关法律规定缴纳。

增资中涉及的有关费用，经各方当事人共同协商约定，由__________方支付。

七、增资后的事项约定

评估基准日至______________________________，期间产生的盈利或亏损及风险由________承担。

八、各方的陈述和承诺

1. 本协议任何一方向本协议其他各方陈述如下：

（1）其有完全的民事权利能力和民事行为能力参与、订立及执行本合同，或具有签署与履行本合同所需的一切必要权力与授权，并且直至本合同所述增资完成，仍将持续具有充分履行其在本合同项下各项义务的一切必要权力与授权。

（2）签署本协议并履行本协议项下的各项义务并不会侵犯任何第三方的权利。

2. 本协议任何一方向本协议其他各方做出承诺和保证如下：

（1）本协议一经签署即对其构成合法、有效、具有约束力的合同。

（2）其在协议内的陈述以及承诺的内容均是真实、完整且无误导性的。

3. 未经对方事先书面许可，任何一方不得泄露本协议中的内容。

九、违约责任及纠纷处理

1. 任何一方发生违约行为，都必须承担违约责任。

2. 乙方未能按期支付增资的投资总额，每逾期______天，应按出资额的______向甲方支付违约金；乙方逾期______天未履行义务，甲方有权解除本协议。

3. 经本协议各方协商，也可约定其他赔偿方式。

甲、乙方在履行本协议过程中若发生争议，可协商解决；可向××产权交易中心或国有资产管理机构申请调解；调解不成的，可依法向“标的公司”所在地仲裁机关或人民法院提起诉讼。

十、协议的变更和解除

发生下列情形的，可以变更或解除协议：

1. 因情况发生变化，各方当事人经过协商同意，且不损害国家和社会公共利益的。

2. 因不可抗力因素致使本协议的全部义务不能履行的。

3. 因一方当事人在协议约定的期限内，因故没有履行协议，其他当事人予以认可的。

4. 因本协议中约定的变更或解除合同的情况出现的。

甲、乙双方变更或解除本协议均应采用书面形式。××产权交易中心出具增资凭证前甲、乙双方变更或解除本协议的，甲、乙双方需将有关书面材料报××产权交易中心备案。

十一、其他

1. 本协议作为解释新“标的公司”股东之间权利和义务的依据，长期有效，除非各方达成书面合同修改；本协议在不与新“标的公司”章程冲突的情况下，视为对新“标的公司”股东权利和义务的解释并具有最高效力。

2. 本协议自各方签署后生效。国家法律、法规对本合同生效另有规定的，从其规定。

3. 本协议所必备的附件，与本协议具有同等的法律效力。

4. 本协议一式______份，甲、乙各执________份，原股东____________份，产权交易中心备案________份，报市场监督管理部门________份。

甲方：(盖章)　　　　乙方：(盖章)

法定代表人：(签字)　　　　法定代表人：(签字)

授权代表人：(签字)　　　　授权代表人：(签字)

签署地点：

签署时间：　年　月　日

第五章

国企混改之专项法律服务

在国有企业混合所有制改革的实践中，法律服务将从混改工作确定立项开始，直到工商变更交易完成为止，涵盖了全部工作的整个过程，涉及每项流程的方方面面。

如本书第一章所言，在混改工作中，律师可以提供法律法规政策解读、前期调查咨询服务、尽职调查出具报告、参与谈判提供支持、起草审查相关文件、提供律师鉴证服务、审查内部决策程序、协助混改方案申报、审查信息披露情况、协助完成产权交易、协助办理工商登记、代理相关案件诉讼等相关法律服务。其中，解读相关法律法规、起草审查相关文件、审查内部决策程序、审查信息披露情况等相关法律服务已在本书其他章节中予以介绍。

在本章中，将重点对律师在服务国企混改工作中开展尽职调查、参与商务谈判、辅助产权交易等法律专项服务工作予以介绍。

第一节　开展尽职调查

在国有企业混合所有制改革的工作中，尽职调查是一项极其重要的工作。一般来说，为了保证尽职调查结果的专业性和客观性，混改企业或者混改企业的国有产权持有人会委托律师开展尽职调查。律师开展尽职调查的对象，不仅包括混改目标企业，还包括潜在合作方。对混改目标企业进行完善、深入的尽职调查，将有助于混改目标企业和国有产权持有人了解、掌握企业的真实状况，从而对混改工作做出有针对性的设计和部署。对潜在合作方进行的尽职调查，将明确其合作意向以及匹配的程度，从而有力维护交易各方的合法利益，确保双方诚信交易，合作共赢。

但是，尽职调查是一项庞大而系统的工程，需要耗费较多的时间、精力和经济成本，在国企混改的工作实践中，不可能做到对每一个潜在合作方都进行深入的尽职调查。对于有合作意向的合作方，可以首先进行入门级尽调，摸清其主体资格、经营状况、行业类别、资产情况以及信誉情况等，进行初步的筛选。对于有深度合作可能的潜在合作方，则需要进行全面深入的尽职调查。

一、尽职调查的分类

在国有企业混合所有制改革的工作中，存在不同类型的尽职调查。根据被调查主体的不同，混改工作的尽职调查分为对混改目标企业的尽职调查和对潜在合作方的尽职调查。在对潜在合作方的尽职调查中，又因为调查程度的不同，将尽职调查分为简略版的尽职调查和详细版的尽职调查。

（一）对混改目标企业的尽职调查

对混改目标企业的尽职调查，以查清目标企业的资产、人员等基本状况，了解该企业的改革需求为目的，为企业混改方案的制定做出有针对性的设计和部署。

（二）对潜在合作方的尽职调查

为明确潜在合作方的合作意向、匹配程度、诚信情况以及支付能力，需要对潜在合作方开展尽职调查。对于潜在合作方的尽职调查，将根据调查程度的不同，分为详细版的调查和简略版的调查。详细版的调查将对潜在合作方进行深入、细致和全面的了解，简略版的调查将仅设定部分条件，检查其是否有资格作为未来合作者，从而开展进一步的沟通和协调。在混改工作的实践中，优质的国有企业一旦发布混改信息，将会吸引诸多的潜在合作方，与这些潜在合作方交流、沟通需要耗费大量的时间和经济成本。为解决这一问题，从广大的潜在合作方中寻找到真正适合的战略投资者，就要首先通过简略版的尽职调查对其进行筛选，挑选出少部分合格的备选合作方，再进行详细版的尽职调查，从而最大程度地节省调查的成本，又能保证调查的质量。

二、尽职调查的目的及作用

尽职调查又称“审慎调查”，是指由交易当事方（或者聘请的中介机构）在尽调对象的配合下，对交易对方主体、交易标的等调查事项运用查询、审核、考察、访谈等多种方式，进行适当的调查和评估。在国有企业混合所有制改革中，由于信息的不对称，存在着诸多的陷阱，这对于其中一方来说始终是不公平的，如信息陷阱、同业竞争陷阱、或有负债陷阱、财务陷阱、制度陷阱，而其中大部分的陷阱和问题最终都会归结为法律风险问题。因此，法律尽职调查非常重要，而且极为迫切。

（一）尽职调查的目的和意义

1. 确认企业设立的合法合规性，了解企业在历史沿革、公司治理结构、生产经营等方面是否存在问题，避免历史问题演变成现实的法律风险。这也涉及企业是否合法规范运作的问题。例如，在国有企业产权转让的业务中，企业的资产清晰是国企改制的一个重要前提，如果经过尽职调查发现企业在这些方面存在法律问题，就要及时弥补漏洞、解决问题，通过对企业资产的法律手续进行规范，来避免将来可能产生的争议和纠纷。如一些企业的土地、房产因历史原因还没有办理相关权证，有的无法办理国有土地使用权证，仅有房产证等，就需要通过尽职调查予以披露，在混改的过程中进行有针对性的处理。

2. 通过对企业存在的法律风险进行相应评估，帮助准确确定企业股权的估值。在国企混改工作中，对混改目标企业进行尽职调查，不仅为发现潜在的法律风险，还为有助于对目标公司的股权价值作出准确的估值，从而有效避免国有资产流失。在现实操作过程中，企业的实际价值并不是由其注册资本或者净资产决定的，而是要综合考虑各方面的因素，包括对财产权利、债权债务、担保情况、人力资源、知识产权、管理团队、发展前景等进行综合评判。这就需要通过全面、专业、细致的尽职调查，来挖掘企业潜在的价值，从而帮助混改目标企业和国有产权持有人做出理性的判断。

3. 帮助混改企业判断能否与潜在合作方实现改革目的及评估合作的合理性及其风险。对潜在合作方的具体情况、存在的法律风险和瑕疵进行准确的分析和评估，以确定对方是否为适格的战略投资者，明确双方合作的可行性、必要性和合理性，并明确法律风险，有时甚至成为是否接纳对方进行合作的前提和决定性因素。

（二）尽职调查的作用

1. 从法律层面对混改目标企业是否符合混改的要求，是否必要开展混改工作做出专业判断。律师在对混改目标企业开展尽职调查后，应当就混改目标企业是否符合混合所有制改革的要求作出独立、客观、公正的判断，提出专业的意见和建议，作为混改目标企业是否应立项的法律依据。

2. 帮助混改目标企业了解潜在合作方的真实情况，解决信息不对称的问题。混改目标企业和国有产权持有人通过阅读律师在尽职调查后所出具的《尽职调查报告》，可以从法律层面掌握潜在合作方的历史沿革、主体资格、股权状况、资产权属、财务状况、业务状况、债权债务、合法合规性状况等重大事项的当前法律属性，评估合作的基础和风险。此外，尽职调查还可以挖掘和发现企业的或有风险和潜在瑕疵，从而对企业的现状和价值做出准确评估。

3. 为律师出具法律意见书奠定事实基础。律师出具法律意见书的原则是“以事实为依据，以法律为准绳”。其中的法律事实，就需要通过尽职调查来获得，因此，尽职调查所掌握的信息将直接构成法律意见书的前提和基础。

4. 有效规避律师的执业风险。尽职调查所形成的工作底稿将有效证明律师在工作中是否已经勤勉尽责。在混改工作中，律师所出具的《法律意见书》应该是专业、真实、可靠的，审慎的尽职调查将保证《法律意见书》的专业性和真实性。因此，勤勉尽责地做好法律尽职调查也是规避律师执业风险的有效保障。

三、律师进行法律尽职调查应该遵循的原则[1]

法律尽职调查的原则，是指开展尽职调查工作所必须遵循的基本准则，其贯穿于尽职调查的始终，对尽职调查起着指导、规范、统一要求的作用，具体包括全面性和重要性兼顾原则，保密性原则，勤勉、尽责原则，独立性原则，规范性和及时性原则，针对性原则等六个原则：

（一）全面性和重要性兼顾原则

在开展尽职调查的过程中，由于调查对象涉及多个方面，种类和内容都较为庞杂、繁多，律师开展尽职调查，基于委托事项内容及交易目的，应对调查对象多个方面进行核查，收集与调查事项相关的所有材料，从而形成对企业全面、完整的信息和资料的了解和掌握。在对目标公司进行尽职调查的过程中，需要采取多种方法、途径及手段，对目标公司的现状、历史沿革、股权结构、资质、财产、税务等进行全方位核查，收集目标公司全面、完整的信息和资料。律师在进行尽职调查时不得有重大遗漏以及

---

〔1〕参见刘晓琴：《法律尽职调查指引》，中国法制出版社2018年版。

不正当披露，即要求律师对企业的信息披露必须完整，关联的信息要能互相印证。如果在调查过程中出现矛盾的地方，则必须找出问题的原因，从而保证信息完整无遗漏。

但是基于效率及时间的考虑，律师尽职调查时必须抓住重点问题。首先，在开展尽职调查前，律师需要明确本次尽职调查核查的重点问题。其次，在具体尽职调查过程中，律师要根据掌握的信息有针对性地开展尽职调查。

（二）保密性原则

在尽职调查过程中，律师会接触到委托人、调查对象披露的保密信息或材料，律师对与尽职调查有关的所有信息及资料都应当保密，包括：①律师从事尽职调查从委托方、调查对象等相关方获取的资料；②尽职调查过程中了解到的委托方、调查对象等相关信息。

在保密期限上，律师对与委托事项有关的保密信息，委托代理关系结束后仍负有保密义务。除非相关信息已为公众所知晓或已进入公众领域。

律师只有严格遵循保密性原则，才能打消调查对象提供资料，披露信息的顾虑，从而保障律师顺利、高效地开展法律尽职调查事务。

（三）勤勉、尽责原则

对于属于尽职调查范围的事项，律师必须做到“勤勉、尽责”。在尽职调查过程中，律师应该采取多种手段、方法，去发现与作出法律判断相关的各种信息、资料；对于所审核的文件材料和资料档案，要客观、公正、全面地予以披露，真实地反映企业情况；对于已发现的任何资料、信息以及发现的任何问题，律师均应持审慎的怀疑态度，作更深入的了解和探究；在作出法律判断时，律师应以事实为依据、以法律为准绳，根据相关法律法规的规定进行调查和判断。在实践中，律师在出具法律意见时，通常会要求被调查主体做出承诺，保证律师发表法律意见所必需的文件或资料已经提供，且确保真实和完整，并且一切足以影响律师发表意见的事实和文件也已披露，而无任何隐瞒或误导。但是，前述承诺与保证并不能当然免除律师应尽的勤勉尽责义务，律师仍应秉持谨慎的怀疑态度，勤勉尽责地进行独立核查并承担相应的责任。在尽职调查过程中，律师应对与法律相关的业务事项履行法律专业人士特别的注意义务，对其他业务事项履行普通人一般的注意义务。

（四）独立性原则

律师作为法律专业人士，尽管受当事人委托开展法律尽职调查，但地位是独立的，并不从属于委托人；在具体开展尽职调查工作中，律师应坚持实事求是的方针，保持执业的独立性，不受委托人意志和其他中介机构的干预；在发表法律意见或作出法律判断时，应“以事实为依据、以法律为准绳”，其意见是独立的。某些情况下，调查对象提供了资料，并且保证所提供的资料是真实准确的，但律师必须进行必要的核查，如果律师在尽到勤勉尽职义务之后仍不能发表肯定性的意见，则应当在说明理由、法律依据后，发表保留意见或者否定性意见，并说明对混改的影响程度。对于委托人过分的要求，律师应该予以拒绝。

律师是受委托人聘请进行尽职调查的，委托人看重的是律师的专业知识和经验。在不违背事实和法律的前提下，维护委托方的利益是正当的，但律师在发表结论意见时，也要保持一定的独立性，不能违背职业原则。某些情况下，调查对象提供了资料，且保证所提供的资料是真实、准确的。即便如此，律师也要进行必要的核查，因为律师是需要对尽职调查结论的真实性、准确性和完整性负责的，否则律师的专业意见就毫无价值可言。对于委托人过分的要求，律师要学会拒绝。如果调查对象存在法律瑕疵或违法之处，律师可以陈述相应的情况和提出法律建议，不能含糊其辞，敷衍了事。

（五）规范性和及时性原则

法律尽职调查作为律师的一项专业性的法律服务工作，对于操作程序、文书制作等均有着严格的法律规定、操作指引及行业规范。律师从事尽职调查，首先必须熟悉掌握这方面的法律规定和操作指引，知晓法律文书制作的格式及内容，并且严格按照相关要求开展工作，从而保证调查工作和调查报告的合法性和有效性。

同时，尽职调查具有时效性，随着时间的变化，很多情况也会相应发生变化，所以律师在对公司提供的资料进行如实的披露和描述时，首先要设定一个相对固定的时间段，并据此得出法律意见。如果经过一段时间，企业情况发生了变化，譬如审计报告、评估报告过期，则需要更新或者重做，出具补充报告。因此，尽职调查应当恪守及时性的原则，在一个确定的时间段内完成。

（六）针对性原则

开始尽职调查时，应当有明确的调查目标，以及通过尽职调查需要达到的目的，所有的尽调工作必须围绕这条主线和核心开展。因此，在尽职调查中应该针对需要了解和解决的问题进行重点核查。对于国有企业混改工作而言，针对混改目标企业和潜在合作方的关注重点是不同的。对于混改目标企业而言，需要重点关注混改目标企业的股权、资产情况，调查是否存在权属争议或者瑕疵问题。若企业存在的时间比较久，而且股权经过了多次变更，并且涉及国有股权的变更，则要严格审查当时转让的手续等，以确认当时的转让是否存在法律瑕疵，以及应该采取什么补救措施来解决历史遗留问题。对于潜在合作方而言，则要重点关注其主业情况、未来的发展方向以及商业信誉等方面的问题。

四、律师进行法律尽职调查的工作流程

在对混改目标企业和潜在合作方进行法律尽职调查时，需要遵循一定的流程，以保障尽职调查工作能够有条不紊，并且准确高效的进行。一般来说，法律尽职调查的流程主要如下：

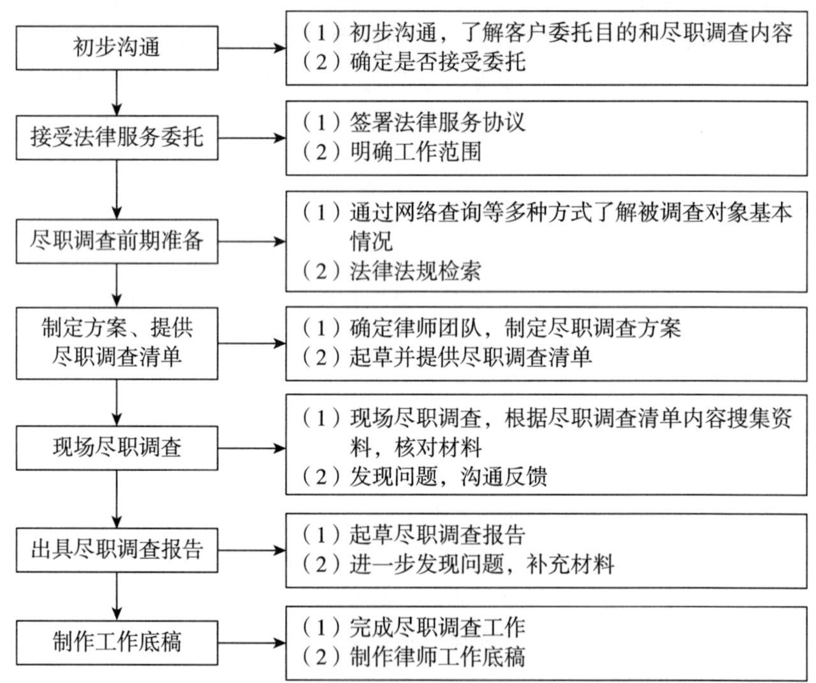

具体来说，混改中尽职调查的主要工作包括：

1. 开展调查准备工作。在开展尽职调查前，对调查的目的、委托人的要求、目标企业的基本情况等做基本的了解，从而保证尽职调查能充分满足委托人的要求，保障尽职调查工作紧紧围绕其目的和任务展开。

2. 签署相关协议文本。与委托人签署《专项法律服务委托协议》，明确双方的权利义务，与被调查单位签署《保密协议》，从而对当事人的商业秘密负责，也确保被调查者配合并支持律师的尽调工作。

3. 制订调查清单和问卷。根据尽调企业的情况和尽调目的，以表格形式拟订详尽的和有针对性的“尽职调查清单”和“尽职调查问卷”，并适时发送给企业相关负责同志。“尽职调查清单”和“尽职调查问卷”需有备注空格，让企业在已经备妥的材料空格中以打“√”的方式予以确认。

4. 收集材料开展调查。向被调查企业收集“尽职调查清单”要求的材料，要求企业在提供相应材料时全部加盖公司公章和骑缝章。如有需要，在企业相关人员的陪同下，查询工商档案、打印征信报告、办理其他查询事宜等。

5. 进行审阅制作报告。对相关材料进行审阅，遇到欠缺的材料和信息部分，纳入“补充尽职调查清单”中，由当事人补充材料。在此基础上制作《尽职调查报告》，对企业尽职调查后所获取的资料、信息经过筛选后进行汇总、整理，对于其中存在的法律风险应从专业的角度出发进行法律分析，得出相应的结论和判断。

五、尽职调查的方式方法

在对混改目标企业和潜在合作方进行法律尽职调查时，首先需要掌握和了解企业的真实情况和详细信息，律师要从多方面、多角度去调查、搜集资料和信息，以检验提供资料的真实性和准确性。在尽职调查工作中，可以采取查阅文件、面谈沟通、问卷调查、申请咨询、实地走访、现场考察等多种调查的途径和方法，以达到调查目的。

（一）初步收集相关材料

首先需要了解委托人的相关需求，确定尽职调查的目的和工作范围，在此基础上，对被调查企业的基本情况进行调查论证，确定律师团队，制作尽职调查的方案和工作计划，并且草拟出“尽职调查清单”和“尽职调查问卷”。通过向企业发送“尽职调查清单”和“尽职调查问卷”的方式，要求企业提供主体资格证明材料、权属证书、重大合同等各方面的初步资料。律师在收到被调查企业按“尽职调查清单”和“尽职调查问卷”提供的相关资料后，要按照时间顺序和内容进行归类，编制查阅清单，作为尽职调查报告的附件及律师工作底稿的附件。

（二）收集核查公开资料

通过各种公开渠道，如互联网、公共机构、业内专家、同行业公司等的公开信息等对相关情况进行研究分析和综合研判。对于信息材料，要分类整理、对比分析，如果发现相关资料存在矛盾或不一致的情况，必须予以核实或者补充调查，以保证尽职调查的准确性。在收集资料时，如果由于客观原因无法获得重要的文件资料，需要被调查人作出说明。此外，要严格履行保密义务，遵循保密协议的规定，对尽职调查工作中获悉的相关信息予以保密。

（三）调取复制政府资料

政府登记机关掌握和保存的文件资料具有准确性、真实性的特点，例如，工商行政管理部门保存有公司注册信息、登记事项变更信息，因此可以到工商登记机关查询公司底档，了解公司的成立日期、存续时间、公司性质、公司章程、注册资本、股东构成、法定代表人等情况，从而确定公司是否合法成立、有效存续。房地产登记机构保存有不动产转让或者抵押信息，因此可以到房地产登记机构查询公司的土地房产权利、合同、各种物权担保和抵押、限制性保证和法定担保等情况。同理，海关、税务、金融管理、外汇管理、环保管理、安全生产、卫生管理、质量监督、行业主管部门等机构和部门也都依职权掌握相应的公司信息，律师可以分别去获取和调取，从而核实公司提供资料的合法性、准确性和完整性。

（四）现场访谈及实地考察

为深入了解某些具体问题，可以通过访谈的形式进行，通过与公司相关人员的当面交流，获取问题的具体答案。开展访谈前，要做好访谈计划，包括准备好相应的问题、预设好答卷和被访谈的人员名单等。在现场访谈时，要按照访谈计划，有条不紊地开展，确保从不同人员处得到准确、详实的信息。同时，要做好访谈笔录，形成书面的记载，以固定访谈成果。如有需要，律师还可以实地走访考察，调查企业相关情况，从而为尽职调查提供第一手的客观资料。

（五）出具“声明书”“承诺函”

有时候，由于客观原因，一些资料无法获取，或者无法穷尽了解其事实的真实情况。对此，律师可以通过取得公司出具的“谈话笔录”、“声明书”或“承诺函”，来表明其提供文件资料内容真实、完整。

（六）其他手段

除上述主要方法外，律师还可以采取其他手段开展尽职调查，包括秘密调查、委托调查、电话交谈等方式方法，但目的就是通过各种渠道信息的互相补充、印证，了解有助于尽职调查的重要信息与资料。

六、《尽职调查清单》的主要内容

不同类型的尽职调查由于对象不同、目的不同，因此调查的内容也不尽相同。此外，由于企业性质和混改需求的不同，相应的尽职调查内容肯定也不尽相同。在混改法律服务的工作实践中，完整的尽调清单应包括以下内容。当然，在混改实践中，肯定也要根据不同的企业、不同的目的，对尽调清单的内容进行缩减和调整。

（一）公司现行有效的证件

现时有效的《企业法人营业执照》（现营业执照、组织机构代码证、税务登记证、社会保险登记证和统计登记证“五证合一”）副本；已在公司所属工商登记机关备案的现时有效的公司章程；与公司生产经营有关的现时有效的资质证书、行政许可文件及/或政府批文；最近一期的银行出具的企业征信报告；国有资产评估项目备案表（如系国有企业提供）。

（二）公司的历史沿革文件

设立至今的全套工商登记档案（应加盖工商登记机关的查询专用章）；公司股东认缴资金的验资报告或其他文件；公司设立后是否存在股东抽逃出资的情形（如是，提供纠正情况的说明）。

（三）公司的股东情况

各法人股东（如有）现时有效的营业执照、公司章程、最近一期的审计报告、自然人股东的简历和身份证明文件；股东是否存在名义出资人与实际出资人不一致的情形，是否存在委托持股或信托关系，是否存在关联关系（若无，请股东出具书面说明；如有，请提供相关协议等文件资料）；股东所持公司股份是否存在被法院查封、质押、冻结或其他权利行使受限制的情形（如无，请出具主管部门出具的书面说明；如主管部门不能出具，公司应向本所出具该类说明，并说明主管部门不予出具的理由）；除本公司之外，公司股东是否存在其他股权投资（如存在，请提供其他被投资公司的营业执照、章程）。

（四）公司董事、监事及高级管理人员情况

关于公司现任董事、监事及其他高级管理人员的名单（加盖公司公章）以及个人简历（包括姓名、性别、年龄、国籍、学历、职称、主要业务经历）；现任董事、董事长、监事任命文件以及身份证明；高管与公司是否存在债权债务关系（如有，请提供文件）；公司的组织架构图以及职能部门简介。

（五）公司员工情况

员工花名册［包括员工数量、用工类型（是否存在劳务派遣、雇佣以及签订、履行劳动合同情况），请按部门、用工类型分别统计以及必要的书面说明］，并提供企业劳动合同样本；公司是否为员工缴纳住房公积金（如缴纳，请提供近两年为员工缴纳公积金的明细及缴费凭证等文件）；保密、竞业禁止及其他重要协议：包括但不限于与管理层人员和核心员工签订的保密、竞业禁止协议；公司是否按照有关法律如期、足额缴纳相关社会保险费的书面说明，并请提供公司近两年的员工社会保险缴纳明细、缴费基数、社会保险缴费通知单及缴费凭证；公司目前是否存在正在进行中的劳动争议或纠纷（如有，说明争议或纠纷的具体情况，并提供相关的仲裁、诉讼文书、和解协议；如无，请出具说明）。

（六）公司业务情况

公司核准经营范围、公司主营业务构成、主要产品介绍；公司获得的与所从事经营业务有关的全部许可、批准、备案登记文件等。

（七）公司对外投资

公司控股或参股公司的名单；被投资公司现时有效的营业执照和公司章程、合资协议、股东间其他协议或安排、被投资公司最近一年或一期的财务报告（如有审计报告，请提供审计报告）；公司做出的同意、批准对外投资的股东会或董事会决议；公司对被投资公司的出资份额及持股比例说明。

（八）关联交易与同业竞争

公司董事、监事、高级管理人员在控股股东及实际控制人所控制的其他企业中任重要职务的企业名单（列明该等企业的名称、现有注册资本、主要业务、公司董事、监事、高级管理人员在其中担任的职务）及该等企业现时有效的《企业法人营业执照》、现时有效的公司章程和最近一年或一期的财务报告（如有审计报告，请提供审计报告）；公司与关联方关联交易情况的书面说明（包括但不限于定价方式和依据、关联交易占同期同类业务收入和利润的比例、股东（大）会或董事会批准关联交易的相关文件）；公司设立以来与关联方之间的关联交易的合同、协议、内部决策文件等相关文件；公司是否存在通过关联交易形式向关联方转移资产或垫付资金、支付管理费用、退休费用、医疗费用及其他费用的情况；公司控股股东及实际控制人控制的除公司以外的其他企业是否存在同公司、公司所属各控股子公司生产和/或提供相同或同类产品和/或服务的情况，包括产品和/或服务的名称、类型、数量、金额、客户等信息（若存在同业竞争，书面说明存在同业竞争的具体原因和贵公司计划采取的解决措施）。

（九）公司目前所拥有或使用的资产情况

1. 土地方面。公司是否存在使用国有土地或集体土地的情形，如有，提供国有土地使用权证；若尚未取得国有土地使用权证，以出让或受让方式取得土地使用权的，提供土地使用权出让/转让合同，出让/转让金支付凭证，转让土地使用权证等；以划拨方式取得土地使用权的，提供土地主管部门划拨该块土地供公司使用的批文等相关文件；涉及农用地转为建设用地或集体土地征用的，提供有权部门的批准及征地或转用手续的相关文件；若公司存在租赁土地的情形，提供租赁土地的租赁合同及缴纳租赁费的收据等凭证。

2. 房屋方面。公司目前拥有且已取得房屋所有权证书的房屋建筑物清单及相关房屋所有权证书；公司目前拥有、但未取得房屋所有权证书或有关证书没有变更至贵公司或贵公司下属企业名下的房屋建筑物清单，如系受让取得，同时请公司提供相关的房屋买卖协议、转让方的房屋所有权证书及购买发票或支付凭证；如系自建取得，请提供建设用地规划许可证、建设工程规划许可证、建设工程施工许可证、国有土地使用权证；公司如存在租赁使用他人房屋建筑物的情况，请提供房屋租赁协议、房屋所有权证书、房产局备案登记文件、土地使用权证书。

3. 设备方面。公司主要生产设备及设施等固定资产明细，请提供固定资产卡片。

4. 车辆方面。公司目前拥有所有权的船舶/车辆清单和船舶/车辆权属登记证及行驶证以及相关的合同、购买发票。

5. 无形资产方面。公司拥有的专利技术、非专利技术、注册商标的书面说明及专利证书、商标注册登记证等；若公司尚未取得权属证书，属于公司自行申请的，提供相关申请受理文件及申请进展情况的书面说明；如系受让取得的，提供转让合同、转让价款的支付凭证、原权利人的权利证书。

6. 其他方面。公司、公司下属企业截至目前拥有的其他固定资产清单（单个购置金额在100万元以上，包括购置价格、折旧、净值等情况）以及相关的合同、购买发票、凭证等。

7. 权属瑕疵方面。公司拥有或使用的上述财产是否存在财产产权纠纷情况，如有，提供财产产权纠纷的相关文件；如无，出具书面说明。上述财产是否存在设定抵押或其他担保的情况，如有，提供主债权合同、担保合同和抵押登记证明文件等相关文件；如无，出具书面说明。

（十）公司重大债权债务

银行借款方面：公司正在和将要履行的全部银行借款合同及借款担保合同、有关抵押/质押备案登记文件（如有）等借款文件；公司除银行借款外其他借款的借款合同及借款担保合同（如有）等相关借款文件；若贵公司除银行借款外存在有其他借款，但未与债权人签订书面协议的，请书面说明该等借款的详细情况（包括：债权人的名称/姓名、借款金额和币种、利率和利息计算、借款期限、担保情况、是否就该等借款存在现实和/或潜在纠纷等情况）。

1. 重大合同方面。公司正在或将要履行的重大合同（合同金额在100万元以上或履行期限一年以上的合同），列明该等合同的合同编号、交易对方、标的、交易金额、期限、有无担保等情形，并提供相应的合同及已付款凭证；公司关于已订立的重大合同是否符合公司章程及内部有关订立合同权限的规定以及合同履行情况的说明；公司是否存在虽已履行完毕但现实或可能存在潜在纠纷的重大合同或公司对外出具的承担重大责任承诺书的情况，如有，提供有关合同及其有关纠纷文件以及公司出具过的相关承诺书；若无，出具书面说明；公司是否存在其他虽不以公司、公司下属企业名义签订，但由公司承担主要合同权利或义务的合同，如有，提供书面说明及相关文件资料。

2. 侵权方面。公司是否存在因环境保护、知识产权、产品质量、劳动安全、人身权侵害等原因产生侵权之债情况的书面说明。

3. 对外担保方面。公司是否存在为其他单位或个人提供担保的情况；如有，提供所签署的主债务合同、担保合同以及为上述担保所办理的抵押、质押登记文件。

4. 合并重组方面。公司是否拟进行股权转让、资产置换、资产剥离、资产出售或收购等行为，若是，提供相关的协议、相关各方之权力机构所作决议、有关审计报告和资产评估报告、最近一期经审计的财务报告和与前述重组资产相关的业务描述等文件。

（十一）公司守法经营情况

公司成立以来是否存在违反工商、税收、土地、环保、海关、劳动与社会保障、产品质量监督管理等的主管部门规定而受到重大处罚的情形，如有，出具书面详细说明；如无，出具由主管部门出具的书面确认文件。如不能取得主管部门的文件，应向本所律师出具书面说明，并说明主管部门不予出具的理由。

（十二）公司适用的税种、税率、税收优惠及财政补贴情况

公司适用的税种、税率情况的书面说明；是否受过税收处罚的证明；公司近两年经所属主管税务机关签章的所得税、增值税纳税申报表及缴纳税款的凭证；公司是否有享受税收优惠政策或财政补贴情况，如有，提供所依据的法律文件，若无，提供书面说明；公司除前述税收优惠和财政补贴外是否还存在其他接受政府资金扶持或受到优惠待遇的情况，如有，提供有关批准文件、协议、资金入账凭证等相关文件资料，若无，提供书面说明。

（十三）公司环境保护情况

环保部门出具的关于公司成立以来的项目环保审批文件、环保监测报告、排污许可证、排污缴费凭证、环保污染事故及其治理文件（如有）、在建项目、新改扩建项目的环境影响评价报告、“三同时”制度执行情况报告和环保部门验收文件，公司、公司下属企业取得的环境体系认证证书（如有）。

（十四）公司重大诉讼、仲裁、行政处罚案件情况

公司、股东及高管人员是否存在尚未了结或可预见的重大诉讼、仲裁（标的100万元以上）、行政处罚案件，如有，提供包括起诉书、仲裁申请书、案件受理通知书、答辩状、判决书、仲裁裁决书、申述书、行政处罚通知书等相关文件；如无，提供主管部门出具的书面确认文件，如不能提供，应向本所律师出具书面确认，并说明主管部门不予出具的理由。

（十五）公司财务状况

公司最新的外部审计报告和资产评估报告。

第二节　参与商务谈判

国有企业混合所有制改革，虽然最终要在产权交易中心以摘牌的形式确定战略投资者，但在摘牌之前，是支持鼓励混改企业按照“多洽谈、多比选”的要求，去找寻适合自身发展的目标合作者的，以确保混改成功。在混改企业与潜在合作方进行商谈的过程中，我们希望双方以诚相待，但又难免双方进行博弈。对此，律师如果可以参与到双方的商务谈判中，将有效促进谈判的顺利、合法、有序开展，为双方后期工作的推进奠定良好的基础。

一、谈判的概念和重要性

国有企业混合所有制改革中的谈判，是促进混改企业与潜在合作方沟通合作的一种协商手段。谈判的主体既可以是混改企业，也可以是混改企业国有产权的持有者。在上述双方或者三方的谈判过程中，潜在合作方可以深入了解混改企业的基本情况、相关需求以及未来发展，考量其需求和规划是否符合自身发展的需要，是否存在良好合作和共同发展的基础；混改企业以及混改企业国有产权的持有者则可以对潜在合作方的主营业务、企业情况、发展规划等进行了解和掌握，从而明确该潜在合作方是否是适格的战略投资者。此外，混改企业以及混改企业国有产权的持有者还可以通过谈判，充分展示企业的优势，彰显企业价值，与投资者就混改后是否实施员工持股及相关事项达成一致，在企业瑕疵方面力争投资者的接受，确保投资者在企业混改后不会由于企业原有瑕疵向国有股东主张权利，并积极争取与投资者签署意向性框架协议，鼓励投资者在混改企业挂牌后积极参与摘牌报名及竞价。

混改工作的谈判属于专业谈判，谈判活动形形色色、千变万化，但基本上都会围绕两个关键环节来展开：①谈判相对方是否是适格的战略投资者；②谈判相对方是否愿意参与混改。通过谈判，考量谈判相对方能否成为适格战略投资者的标准，在于以下几个方面：①谈判相对方是否为依法注册并有效存续的公司制法人；②谈判相对方是否具有良好的公司治理结构或有效的组织管理方式；③谈判相对方是否有重大违法违规记录和受到行政处罚的记录；④谈判相对方是否有足够的资金能力；⑤谈判相对方的主业设定和发展规划是否与混改企业相契合。通过谈判，考量谈判相对方是否愿意参与混改的标准，在于以下几个方面：①谈判相对方是否接受混改企业的混改方案；②谈判相对方是否接受混改企业的职工安置方案；③谈判相对方是否接受混改企业混改的方式、流程以及相关要求等。

律师作为法律服务的专业人员，往往具有多种学科的广泛知识和丰富的社会经验，其参与到谈判中，可以利用专业的谈判技巧，不仅可以帮助客户在谈判桌上赢得主动，还可以更多地了解对方，从而有效筛选、确定真正的战略投资者。

二、律师谈判的原则

在混改工作的谈判过程中，律师谈判的目的，既要去伪存真，又要维护客户的合法权益，律师参与谈判，最终要促使混改企业找到真正适合的战略投资者。因此，律师谈判的原则具体表现为：

1. 认真负责的原则。对客户负责是律师职业的基本要求。这是法律、法规对律师行业以及律师行业的行规对律师执业的各种规范性规定要求，也是律师服务客户的具体要求。

2. 实事求是的原则。律师在谈判过程中，应当秉承实事求是的诚信原则，在向客户分析风险和预测前景时，不可盲目夸大，或者虚假预测。

3. 充分沟通的原则。在谈判以前，要与客户进行充分的沟通，建立必要的信任关系，明确谈判的内容和目的，甚至设定谈判的方式和策略，以期达到既定效果。

4. 防范风险的原则。律师在参与国企混改的谈判工作中，提供的是促成谈判达成或者达到谈判目的的商业服务。在此过程中，如果律师的代理活动没有满足客户的预期和要求，导致客户的不满，就可能造成客户的投诉。因此，律师在谈判过程中要充分认识到工作的风险性，讲话要实事求是，提出意见要有依据，对情况的分析要以事实、证据为基础，不能随意做出没有根据的分析和判断。

上述基本原则应贯穿于律师参与混改谈判工作的始终。尽管在整个混改谈判的过程中，由于谈判主体、谈判时期、谈判目的的不同，律师的谈判会遇到不同的问题，要用到不同的谈判策略和谈判技巧，但是，就律师专业谈判的基本技巧而言，这些原则无论在哪个阶段、与何等主体的谈判过程中，都是应当共同遵守的。

三、律师谈判前的准备工作

在谈判之前，律师一定要和客户做好谈判准备，包括：搜集整理各种可供谈判的信息，研究制订谈判的策略和方案，明确谈判的目的，甚至设定谈判中律师和客户分别担任的角色和履行的职能。

1. 客户的相关情况。主要了解客户的基本情况和混改需求。掌握客户背景情况的必要性在于，可以使律师在谈判中，围绕客户的需求开展工作，在最短的时间内达成谈判效果。同时，在为客户提出解决问题的方案时，可以使这种方案更符合客户的实际情况，也使律师提出的解决方案更容易为客户所接受。

2. 谈判相对方的情况。了解谈判相对方的背景资料，包括潜在合作者的行业特点、企业情况、发展规划、资金来源、经营业绩等，从而在谈判时有的放矢，占据主动。

3. 谈判内容的资料准备。围绕谈判内容准备相关资料，包括法律、判例、方案、业绩等，这可以使律师在谈判中更有信心。同时，在谈判过程中，可以根据提出的各种信息，有针对性地对谈判方案进行调整和修正，从而为客户提供动态的解决方案。

4. 谈判人员组合。在混改的谈判工作中，混改企业或者混改企业国有股权持有人是谈判的主体，律师起到谈判辅助的作用，这就要求律师与客户组成谈判小组开展工作。谈判小组的配置要秉承合理、精简、有效的原则，从而顺利完成客户的要求。

四、制订谈判方案

在准备谈判的过程中，除上述准备工作之外，律师还可以先制订一份谈判方案，对谈判中涉及的具体问题进行预测和设计。制订谈判方案，需要具有全局观和辩证思维。

1. 从全局上制订方案。谈判方案应当从全局的角度，从混改工作的全面情况和混改工作在推进过程中可能出现的不同阶段，以及不同阶段可能出现的不同问题做出全面分析。这一方案是谈判的总体方案，因此要能够从宏观的角度来看待混改工作的全面情况和动态发展情况，这种总体方案不可能对每一个具体问题都加以涵盖和准确分析。但是，谈判总体方案中的基本思路和基本原则应该保持一致，并一以贯之，即便日后出现新的谈判情况，只需要对方案中的某些细节做出局部的修改，而不需要颠覆谈判方案。

2. 辩证思维制订方案。在谈判方案中，要对谈判进展和结果作前期的预测分析，此时应当充分注意辩证思维。要充分考虑谈判相对方的情况，潜在合作方的谈判代表或者代理律师会出哪些主意，采取哪些谈判策略，如何应对，同时充分考虑到不同的谈判技巧和谈判策略在不同的谈判阶段发挥的不同作用。此外，还可以换位思考，站在对方的角度去考虑问题，用逆向思维分析和预测谈判情况，从而设计制订出完善的谈判方案。

五、谈判中的风险与防范

律师在混改谈判的工作中，首先要明确自身的角色定位，律师并非谈判的决定方，而是辅助者，是为了双方合作的达成提供法律意见的专业人士。律师参与谈判的根本目的是要促成真正符合条件的战略投资者参与混改合作，并在谈判的过程中去帮助混改企业或者混改企业国有产权的持有者了解、分析潜在合作者。基于此，律师在参与谈判时要注意防范以下风险：

1. 越俎代庖。在谈判工作中，有些律师代入感过强，不能及时领会或者问询客户的意图，甚至代替客户去决定谈判的走向和成败，这是律师参与谈判的大忌，不仅无益于自身专业技能的发挥，而且可能起到破坏双方合作的负面作用。

2. 准备不足。之所以要求在谈判之前要制订谈判方案，做好谈判准备，就是要对谈判做好预估，不打无准备之仗。但在现实谈判中，有些律师仓促上阵，准备不足，对谈判相对方了解不够，知之甚少，这就输在了谈判的起跑线上，不仅不利于谈判工作的开展，也是对客户的不负责任。

3. 粗心大意。在混改工作中，混改企业会面对很多的潜在合作方，也必然会经历大大小小多次谈判。谈判做得多了，有些律师对谈判工作的重视程度就会有所降低，表现在谈判过程中粗心大意，敷衍了事。这不仅是对客户的不负责任，也是对潜在合作方的不够尊重，还会因为一些工作上的疏忽和纰漏，对混改工作造成负面影响。

综上，律师作为专业法律服务人员，一定要时刻秉承为客户服务的职业道德，对谈判工作做好全面准备，事无巨细，认真严格，切忌疏忽大意，敷衍了事。

第三节　辅助产权交易

当前期工作全部完成之后，混改企业需要通过产权交易中心，对相关产权进行进场交易。此时，作为改制企业国有产权持有单位的专项法律顾问的律师除需对《产权交易合同》进行审核把关、对信息披露的期限、内容和形式进行法律审核之外，还应该做好辅助产权交易的工作，帮助混改企业准备相关的材料，确保挂牌顺利成功。

一、国有企业产权转让所需提交的材料

根据相关规定，国有企业以产权转让方式实施混改，在进场交易之前，不同主体、不同目的，需要提交的材料要件亦不相同。作为改制企业国有产权持有单位的专项法律顾问的律师应对转让方需要提交的要件、标的方需要提交的要件、产权转让信息预披露需要提供的要件进行法律审核和把关。

（一）转让方需要提交的要件

国有企业产权转让挂牌交易时，转让方需要提交以下材料：①产权转让信息发布申请书；②委托代理合同；③产权转让承诺与公告；④交易采用招投标方式时提供标书（投标单位应为中心会员），采用拍卖方式时提供拍卖委托合同及项目合作协议书；⑤企业营业执照或事业单位法人证书（副本复印件）；⑥企业国有产权登记证（复印件）；⑦总经理办公会或股东会或董事会决议（复印件）；⑧上级批准文件（复印件）；⑨法律意见书（复印件）；⑩经办人授权委托书；⑪市场要求提供的其他说明、证明材料。

（二）标的方需要提交的要件

国有企业产权转让挂牌交易时，标的方需要提交以下材料：①企业营业执照或事业单位法人证书（副本复印件）；②公司章程（复印件）；③公司国有产权登记证（复印件）；④总经理办公会或股东会或董事会决议（复印件）；⑤审计报告（包括评估时点审计报告和上一年度审计报告）（复印件）；⑥企业近期财务报表（复印件）；⑦资产评估报告及备案或核准（复印件）；⑧市场要求提供的其他说明、证明材料。

（三）产权转让信息预披露需要提供的要件

按照相关规定，因产权转让导致转让标的企业的实际控制权发生转移的，转让方应当在转让行为获批后10个工作日内，通过产权交易机构进行信息预披露，时间不得少于20个工作日。产权转让信息预披露需要提供以下材料：①产权转让信息预披露申请书；②委托代理合同；③转让方营业执照；④产权转让行为的决策及批准文件；⑤标的企业营业执照及章程；⑥标的企业最近一个年度审计报告；⑦标的企业最近一期财务报表；⑧中心要求提供的其他说明、证明材料。

范　例

某省级产权交易中心

产权转让信息发布申请书

标的名称：

申请方（企业公章/自然人签字）：

法定代表人或授权代表（签字）：

申请日期：　　　年　　月　　日

产权转让申请与申请发布信息承诺

××产权交易中心：

本转让方现提出申请，请贵中心将本转让方持有的________________________________（产权转让标的名称）通过贵中心网站及相关媒体公开发布产权转让信息并转让。现提交《产权转让信息发布申请书》等附件材料，请予审核。本转让方依照公开、公平、公正、诚信的原则，作如下承诺：

1. 我方承诺本次转让行为是我方真实意愿表示，转让的标的权属清晰，不存在侵犯第三方权益及法律法规禁止或限制交易的情形，我方对该标的具有完全处置权，就标的权属变更有关事项，已向有关部门咨询核实，确认权属变更无障碍。

2. 我方承诺转让标的相关行为已履行了相应程序，经过有效的内部决策，并获得相应批准。

3. 我方承诺所提交的《产权转让信息发布申请书》等附件材料内容真实、完整、准确、合法、有效，不存在虚假记载、误导性陈述或重大遗漏，并同意贵中心按《产权转让信息发布申请书》内容公开发布转让信息。

4. 我方承诺在转让过程中，遵守国家相关法律法规和贵中心产权交易相关规定规则，并已充分理解和认可贵中心交易程序，在转让过程中，按照有关要求履行我方义务。

5. 我方承诺按照贵中心收费办法及相关交易文件的约定及时支付相关费用，不因与受让方争议或合同解除终止等任何原因拒绝交纳或主张退还相关费用。

6. 我方承诺本次转让标的相关行为涉及相关权利人享有优先权的，我方已就转让事项以书面或其他能够确认收悉的方式通知了相关权利人。（涉及优先购买权的适用）

7. 我方承诺在交易过程中，不与意向受让方私下成交，不通过其他渠道进行交易。

8. 我方已充分了解相关法律法规要求和贵中心交易规则、收费标准等相关规定，承诺遵守交易规则，维护交易秩序，并已认真考虑了交易过程中可能存在的以及政策影响等不可预计的各项风险因素，愿意承担可能存在或产生的一切交易风险。

9. 我方承诺对《产权转让信息发布申请书》中填写的联系人、传真电话、通讯地址、电子邮箱已经予以确认，认可贵中心按此发送交易相关通知或函件。

我方保证遵守以上承诺，如违反上述承诺或有其他违法、违规行为，给交易相关方造成一切损失，我方愿意承担法律责任及相应的经济赔偿责任。

转让方（企业公章/自然人签名）：

产权转让信息披露公告

一、标的企业简况

单位：万元人民币

<table>
<tr><td>标的企业名称</td><td colspan="4"></td></tr>
<tr><td rowspan="5">标的企业基本情况</td><td>注册地</td><td colspan="3"></td></tr>
<tr><td>法定代表人</td><td></td><td>注册资本</td><td></td></tr>
<tr><td>企业类型</td><td></td><td>所属行业</td><td></td></tr>
<tr><td>经济类型</td><td colspan="3">□国有独资公司（企业）/国有全资企业
□国有控股企业
□国有事业单位，国有社团等
□国有实际控制企业
□国有参股企业
□其他　□非国有企业　□中外合资企业</td></tr>
<tr><td>设立时间</td><td></td><td>职工人数</td><td></td></tr>
</table>

续表

<table>
<tr><td rowspan="7">标的企业基本情况</td><td colspan="2">经营范围</td><td colspan="4"></td></tr>
<tr><td colspan="2">经营规模</td><td colspan="4">□大型　□中型　□小型　□微型</td></tr>
<tr><td colspan="3">统一社会信用代码或组织机构代码</td><td colspan="3"></td></tr>
<tr><td colspan="3">是否含有国有划拨土地</td><td colspan="3">□是　□否</td></tr>
<tr><td colspan="3">是否涉及职工安置</td><td colspan="3">□是　□否</td></tr>
<tr><td colspan="3">是否导致标的企业的
实际控制权发生转移</td><td colspan="3">□是　□否</td></tr>
<tr><td colspan="6"></td></tr>
<tr><td rowspan="14">标的企业股权结构</td><td colspan="3">原股东是否放弃行使优先受让权</td><td colspan="3">□是　□否</td></tr>
<tr><td colspan="4">前十位股东名称</td><td colspan="2">持股比例（%）</td></tr>
<tr><td colspan="4">1.</td><td colspan="2"></td></tr>
<tr><td colspan="4">2.</td><td colspan="2"></td></tr>
<tr><td colspan="4">3.</td><td colspan="2"></td></tr>
<tr><td colspan="4">4.</td><td colspan="2"></td></tr>
<tr><td colspan="4">5.</td><td colspan="2"></td></tr>
<tr><td colspan="4">6.</td><td colspan="2"></td></tr>
<tr><td colspan="4">7.</td><td colspan="2"></td></tr>
<tr><td colspan="4">8.</td><td colspan="2"></td></tr>
<tr><td colspan="4">9.</td><td colspan="2"></td></tr>
<tr><td colspan="4">10.</td><td colspan="2"></td></tr>
<tr><td colspan="4">11. 其他股东合计</td><td colspan="2"></td></tr>
<tr><td colspan="6"></td></tr>
<tr><td rowspan="5">主要财务指标</td><td colspan="6">以下数据出自年度审计报告</td></tr>
<tr><td rowspan="3">________年度
审计报告
数据</td><td>营业收入</td><td></td><td>营业利润</td><td colspan="2"></td></tr>
<tr><td>利润总额</td><td></td><td>净利润</td><td colspan="2"></td></tr>
<tr><td>资产
总计</td><td></td><td>负债
总计</td><td></td><td>所有者
权益</td></tr>
<tr><td>审计机构</td><td colspan="5"></td></tr>
</table>

续表

<table>
<tr><td rowspan="4">主要财务指标</td><td colspan="6">以下数据出自企业财务报表
□年报　　□季报　　□月报</td></tr>
<tr><td rowspan="3">____年____月____日
财务报表</td><td>营业收入</td><td colspan="2"></td><td colspan="2">营业利润</td><td></td></tr>
<tr><td>利润总额</td><td colspan="2"></td><td colspan="2">净利润</td><td></td></tr>
<tr><td>资产总计</td><td></td><td>负债总计</td><td></td><td>所有者权益</td><td></td></tr>
<tr><td colspan="2">出具法律意见书的律师事务所</td><td colspan="5"></td></tr>
<tr><td rowspan="11">标的企业评估核准备案情况</td><td>评估机构</td><td colspan="5"></td></tr>
<tr><td>评估基准日</td><td colspan="5"></td></tr>
<tr><td>评估核准（备案）机构</td><td colspan="3"></td><td colspan="2">核准□　备案□</td></tr>
<tr><td>核准（备案）日期</td><td colspan="5"></td></tr>
<tr><td colspan="6">资产评估结果</td></tr>
<tr><td>项　目</td><td colspan="3">账面价值</td><td colspan="2">评估值</td></tr>
<tr><td>资产总计</td><td colspan="3"></td><td colspan="2"></td></tr>
<tr><td>负债总计</td><td colspan="3"></td><td colspan="2"></td></tr>
<tr><td>净资产</td><td colspan="3"></td><td colspan="2"></td></tr>
<tr><td>转让标的对应评估值</td><td colspan="5"></td></tr>
<tr><td>内部决策情况</td><td colspan="6">以下决议已按有关法律法规要求完成，议事规则和决策程序符合规定。
□股东会决议　□董事会决议　□总经理办公会决议
其他________</td></tr>
</table>

续表

<table>
<tr><td rowspan="13">重要信息披露</td><td colspan="3">审计报告和评估报告中的保留意见、重要揭示、特别事项说明中涉及转让产权的提示提醒等内容</td><td colspan="3"></td></tr>
<tr><td colspan="3">重大债权债务事项</td><td colspan="3"></td></tr>
<tr><td colspan="3">其他披露内容</td><td colspan="3"></td></tr>
<tr><td colspan="3">企业管理层是否参与受让</td><td colspan="3">□是　　□否</td></tr>
<tr><td colspan="6">管理层拟参与受让的须填写</td></tr>
<tr><td>姓　名</td><td>所在单位</td><td>职务</td><td>原持股比例</td><td>拟受让比例</td><td>受让资金来源</td></tr>
<tr><td></td><td></td><td></td><td></td><td></td><td></td></tr>
<tr><td colspan="3">是否进行了经济责任审计（法人）</td><td colspan="3">□是　　□否</td></tr>
<tr><td colspan="3">是否改变标的企业主营业务</td><td colspan="3">□是　　□否</td></tr>
<tr><td colspan="3">是否对标的企业进行重大重组</td><td colspan="3">□是　　□否</td></tr>
<tr><td colspan="3">受让目的及相关后续计划</td><td colspan="3"></td></tr>
</table>

二、转让方基本情况

<table>
<tr><td rowspan="6">基本情况</td><td colspan="4">法人/机构/组织</td></tr>
<tr><td>转让方名称</td><td colspan="3"></td></tr>
<tr><td>注册地址</td><td colspan="3"></td></tr>
<tr><td>法定代表人</td><td></td><td>注册资本</td><td></td></tr>
<tr><td>企业类型</td><td></td><td>所属行业</td><td></td></tr>
<tr><td>经济类型</td><td colspan="3">□国有独资公司（企业）/国有全资企业
□国有控股企业　□国有事业单位，国有社团等
□国有实际控制企业　□国有参股企业
□其他　□非国有企业　□中外合资企业</td></tr>
</table>

续表

<table>
<tr><td rowspan="11">基本情况</td><td>经营规模</td><td colspan="4">□大型　□中型　□小型　□微型</td></tr>
<tr><td colspan="2">统一社会信用代码或组织机构代码</td><td colspan="3"></td></tr>
<tr><td colspan="5">自　然　人</td></tr>
<tr><td>自然人姓名</td><td colspan="4"></td></tr>
<tr><td>证件类型</td><td></td><td>证件号码</td><td></td></tr>
<tr><td colspan="5">产（股）权比例</td></tr>
<tr><td>持有标的企业产（股）权比例（%）</td><td></td><td>拟转让产（股）权比例（%）</td><td></td></tr>
<tr><td colspan="5">联系方式</td></tr>
<tr><td>联系人</td><td></td><td>电　　话</td><td></td></tr>
<tr><td>手机号码</td><td></td><td>传　　真</td><td></td></tr>
<tr><td>通讯地址</td><td></td><td>电子邮箱</td><td></td></tr>
<tr><td rowspan="5">监管情况</td><td>请选择是否国资</td><td colspan="4">□国资　□非国资</td></tr>
<tr><td>国资监管类型</td><td colspan="4">□央企　□市企　□异地</td></tr>
<tr><td>国资监管机构</td><td colspan="4"></td></tr>
<tr><td>主管集团或其他部门名称</td><td colspan="4"></td></tr>
<tr><td>主管集团或其他部门组织机构代码</td><td colspan="4"></td></tr>
<tr><td rowspan="5">产权转让行为决策及批准情况</td><td>转让方决策文件类型</td><td colspan="4">□股东会决议　□董事会决议
□总经理办公会决议　其他________</td></tr>
<tr><td>批准单位名称</td><td colspan="4"></td></tr>
<tr><td>批准日期</td><td colspan="4"></td></tr>
<tr><td>批准单位决议文件类型及文号</td><td colspan="4">□文件　□董事会决议　□总经理办公会决议
□股东会决议　□批复　□其他类型
文号：____________</td></tr>
<tr><td>决议文件名称</td><td colspan="4"></td></tr>
</table>

三、交易条件与受让方资格条件

<table>
<tr><td rowspan="5">交易条件</td><td>标的名称</td><td></td></tr>
<tr><td>转让底价</td><td></td></tr>
<tr><td>交易价款
支付方式</td><td>□一次性支付：
□分期付款，分期付款方式：</td></tr>
<tr><td>分期付款
支付要求</td><td></td></tr>
<tr><td>与转让相关
的其他条件</td><td></td></tr>
<tr><td>受让资格条件</td><td colspan="2"></td></tr>
<tr><td rowspan="4">保证金设定</td><td>是否交纳保证金</td><td>□是　　　　□否</td></tr>
<tr><td>交易保证金</td><td>设定为________万元</td></tr>
<tr><td>交纳时间</td><td>意向受让方经资格确认后______个工作日内交纳。</td></tr>
<tr><td>交纳形式</td><td>□支票　　□网上支付</td></tr>
<tr><td colspan="2">信息披露公告期</td><td>自公告之日起______工作日</td></tr>
<tr><td colspan="2">信息披露期满，如未征集到意向受让方</td><td>□信息披露终结。
□延长信息披露：
(□不变更信息披露内容，按照______个工作日为一个周期延长，直至征集到意向受让方；
□不变更信息披露内容，按照______个工作日为一个周期延长，最多延长______周期。)
□变更公告内容，重新申请信息披露。</td></tr>
</table>

续表

交易方式	信息披露期满，如征集到两个及以上符合条件的意向受让方，选择以下交易方式确定受让方： □网络竞价（□多次报价、□一次报价、□权重报价） □拍卖　□招投标　□其他______
权重报价或招投标实施方案主要内容	

四、经纪会员核实意见

<table>
<tr><td rowspan="4">委托经纪会员</td><td>名　称</td><td colspan="3"></td></tr>
<tr><td>联系人</td><td></td><td>电　话</td><td></td></tr>
<tr><td>手机号码</td><td></td><td>传　真</td><td></td></tr>
<tr><td>通讯地址</td><td></td><td>电子邮箱</td><td></td></tr>
<tr><td>经纪会员核实意见</td><td colspan="4">本经纪会员接受转让方委托，向贵中心提出产权转让信息披露的申请，并已对转让方提供的材料进行了核实。
经核实，转让方提供的材料真实、完整、准确、合法、有效，无误导和重大遗漏。转让方的产权转让行为符合相关规定，现提交转让信息披露的申请。

经纪会员（盖章）：
执业经纪人（签字）：________
日期：________年________月________日</td></tr>
</table>

《产权转让信息发布申请书》填写说明

一、封面

1. 标的名称：指拟转让的股权名称，例如：“×××××%股权”（×××股份）等。

2. 法定代表人或授权代表（签字）：应由转让方法定代表人签字；若为授

权代表签字，需另附授权委托书。

二、转让方申请与承诺

3. 请转让方根据实际情况填写，转让方提出转让申请，并对转让行为相关事项作出承诺，须有转让方盖章或签字。

三、转让信息披露公告

4. 标的企业名称：按在工商行政管理部门登记注册的企业全称填列。

5. 注册地、法定代表人、注册资本、公司类型、按营业执照登记内容填写。

6. 所属行业：依据《国民经济行业分类》（GB/T 4754-2017），分二十大类。经营规模：按照《国家统计局关于印发〈统计上大中小微型企业划分办法（2017）〉的通知》规定的分类标准填列。

7. 公司股权情况按工商注册的股东及比例填写。

8. 主要财务指标：依据审计报告和企业财务报表填列。

9. 标的企业评估核准备案情况：依据股权评估报告和评估备案表或核准表填写。

10. 内部决策情况：指按照公司法等法律法规和公司章程的要求履行的内部决策情况。

11. 其他披露内容：指转让方需要说明的其他对标的价值可能产生重大影响的事项，包括标的特性、瑕疵状况、抵押情况、权利人是否放弃优先购买权、权利限制状况等事项。

12. 受让资格条件：指对意向受让方提出的包括财务状况、相关资质等方面的要求，须逐条填列，且不得出现具有明确指向性或违反公平竞争的内容。

13. 本表中采用的货币单位默认为“人民币：××万元”，保留小数点后两位或者四位需一致，特殊情况如外币的须特别注明。

14. 如为多方组成联合转让体的，联合转让方各方应分别填列“转让方基本情况”表格内容，并注明转让方一、转让方二等。

15. 以上内容涉及国有为必填项，涉及非国有可按实际情况填写，不涉及的注明不涉及。

16. 表中各栏、各项指标内容，务请如实、准确填列。本说明未能解释的栏目，如有疑义，请与××产权交易中心联系，最终解释权归××产权交易中心。

范　例

某省级产权交易中心

委托代理合同（适用于转让方）

合同使用须知

一、本合同文本是根据《中华人民共和国合同法》及××产权交易中心交易规则制定的示范文本。构成本合同示范文本要件的合同条款均为提示性适用条款。条款所列内容，包括括号中所列内容，均由合同当事人约定时选择采用。本示范合同所列提示性条款在正式合同中应予删除。

二、为更好地维护当事人的权益，签订合同时应当慎重，力求具体、严密。订立具体条款，需要约定的必须表述清楚，无须约定的用“本合同不涉及此条款”或“本合同对此条款无须约定”加以载明。

三、委托标的名称：可以是产（股）权、资产、增资扩股项目等，当事人可根据项目实际情况在本合同文本基础上修改、调整或补充。

四、提交的文件：一般应当提供转让方与标的企业的主体资格证明（营业执照或自然人的有效证明）、内部决策文件及有批准权限的批准文件等资料。

五、交易佣金：乙方为甲方提供经纪服务，向甲方收取的报酬。

六、争议的解决方式，除协商和调解方式外，合同当事人还可以选择仲裁或诉讼方式，但选择了仲裁方式就不能再约定其他方式。

本合同涉及的当事方：

委托方（以下简称“甲方”）：
法定代表人：
地址：
电话：
传真：
电子邮箱：

受托方（以下简称“乙方”）：
法定代表人：
地址：
电话：
传真：
电子邮箱：

甲、乙双方遵循自愿、平等、公正、诚实信用的原则，经协商一致，订立本委托合同，以资共同遵守。

第一条　委托事项

1. 甲方自愿委托乙方作为在××产权交易中心（以下简称“交易中心”）转让其持有的（标的）项目经纪代理机构，并按照交易中心交易规则为甲方提供经纪代理服务。

2. 乙方愿意接受甲方委托，指定其执业经纪人（姓名）负责办理甲方委托的上述交易事项。

第二条　具体服务内容

1. 甲方委托乙方就以下经纪业务提供经纪代理服务：

（1）向甲方提供有关法律、法规、政策及交易规则的咨询服务；

（2）代为填写交易业务表单及相关文件；

（3）协助甲方起草有关交易行为中必要的交易文件；

（4）代为向交易中心递交相关交易材料和转达交易中心的函件、通知等；

（5）协助甲方确定项目交易竞价方式；

（6）若甲方选择由交易中心组织的竞价方式，乙方应当为甲方提供与竞价相关的业务咨询、竞价方案或实施方案等文件制作、程序代理、操作培训等服务，并配合交易中心执行相关规则，协调处理在竞价过程中出现的相关问题；

（7）协助甲方办理项目交易价款领取手续；

（8）代为办理项目交易相关手续；

（9）其他按照交易中心交易规则乙方应提供的经纪服务。

2. 除本条第1款约定的经纪业务外，甲方委托乙方同时代为提供下列服务和/或代为办理下列事项（将未选定事项删除）：

（1）参与转让方案的制订；

（2）协调清产核资、审计、评估及律师机构的有关工作；

（3）寻找、推荐受让方，并参与相关谈判；

（4）协助甲方办理权证变更等手续；

（5）其他双方商定的经纪业务以外的服务事项。

第三条　委托期限

本合同委托期限自____________至____________止。

委托期限届满，本合同自动终止。本合同项下交易事项未成交的，甲方有权委托其他经纪机构提供本合同约定的经纪/或其他服务。

（或：除非该项目撤牌或变更交易场所，甲方应继续委托乙方提供本合同约定的经纪/或其他服务）

第四条　权利和义务

1. 甲、乙双方应遵守国家有关法律、法规及交易中心交易规则，自觉接受政府主管部门及交易中心的监管。

2. 甲方应根据国家有关法律、法规及交易中心交易规则，向乙方及时、完整地提供乙方为完成委托事项所要求的所有相关文件材料，并如实填报有关表式内容。如为复印件、甲方须加盖证明章。

3. 甲方应如实提供有关文件材料和陈述有关事实，乙方有权对有关文件材料的真实性、合法性、合规性进行核实。甲方应承担提供虚假文件或隐瞒事实的法律后果。

4. 甲方有权随时向乙方了解委托事项的进展情况，监督乙方办理委托事项；乙方有义务勤勉尽责，提供场内经纪和其他服务并根据甲方要求向甲方报告相关情况。

5. 乙方有义务按照甲方的指示处理委托事务。乙方处理委托事务时基于甲方利益考虑，认为需要甲方变更指示的，应当经甲方同意。未经甲方同意所引发的法律后果由乙方承担。

6. 双方均应就委托事项所提供的相关材料承担保密的义务。除非法律或有管辖权的法院、仲裁机构或行政主管机关明确要求，双方在任何情况下不得向与交易无关的第三方披露或说明本合同项下对方所提供的任何资料和文件。

第五条　佣金及竞价服务费的支付方式

1. 甲方在交易中心内办理交易所应支付的相关服务费标准按交易中心有关规定执行。

2. 甲方应按成交金额的______‰向乙方支付交易佣金。

3. 甲乙双方确定，本合同约定的经纪服务之外的其他服务费，其支付时间、方式、金额以及延期支付约定如下：

(此款内容应依据甲乙双方商定)

4. 甲方应在该项目交易合同签约后 5 日内，一次性将交易佣金支付至交易中心指定账户。

5. 若交易项目通过交易中心组织竞价活动成交的，甲方应向交易中心交纳竞价服务费，竞价服务费标准：______。

第六条　违约责任

1. 甲、乙双方应严格履行各自的责任，若违反国家有关法律、法规、交易中心交易规则和本委托合同约定的，违约方须承担相应的法律责任。

2. 甲方如未按本委托合同的约定支付交易佣金，每逾期____天，应按交易佣金总价款的______%，向乙方支付违约金。

3. 甲乙任何一方违反本合同的约定，给对方造成损失的，应由违约方承担赔偿责任。

4. 甲方违反本合同规定，在挂牌期间和撤牌后与意向受让方私下成交的，乙方有权要求甲方赔偿因此而遭受的损失，并有权要求甲方支付委托交易项目总价______%的违约金。

第七条　合同的变更和解除

1. 甲乙双方经协商一致可以书面形式对本合同条款进行变更。任何一方不得单方面变更本合同条款。

2. 甲乙双方经协商一致可以解除本合同，合同解除的，应当结清已发生的服务费用。解除合同给对方造成损失的，除不可归责于当事人的事由外，应当赔偿损失。

第八条　争议的解决方式

甲、乙双方在履行本合同过程中若发生争议，可自行协商解决；也可向产权交易机构申请调解，或依法采取下列方式：

1. 向________________仲裁委员会申请仲裁。

2. 向有管辖权的人民法院提起诉讼。

第九条　甲、乙双方的承诺

1. 甲、乙双方承诺其所提供的所有材料（包括原件、复印件）、陈述的事实真实、完整、有效。如有不实，将承担由此带来的一切经济责任和法律责任。

2. 甲方保证其对处分的标的享有完整的权利。甲方对处分的标的所享有的权利有瑕疵的，应明示该瑕疵并提供有关说明、处理方案。

3. 甲方保证其委托乙方处理本合同所述委托事项已获得甲方有权机构的批准或授权。

4. 除非甲方按照本合同约定解除合同，甲方在本合同期限内保证不再与第三方订立同一标的的项目委托合同；甲方保证在标的挂牌期间和撤牌后不与任何一个意向受让方私下接触、洽谈成交。

5. 乙方保证其具备从事甲方委托事项的所有资格及资质，并按照甲方的指示处理委托事务。如未按甲方指示办理委托事务，将承担由此带来的一切经济责任和法律责任。

第十条　其　他

上述条款未尽事项的约定。

第十一条　合同的生效

本合同经甲、乙双方签字盖章后生效。

合同附件与本合同具有同等的法律效力。

附件：

1. ……

2. ……

本合同一式三份，甲、乙双方各执一份，报××产权交易中心备案一份。

(以下无正文)

委托人（甲方）：　　受托人（乙方）：

(企业盖章/自然人签字)　　(盖章)

法定代表人（签字）：　　法定代表人（签字）：

(或授权代表人签字)：　　经办执业经纪人（签字）：

签约地点：

签约日期：　　年　　月　　日

范　例

某省级产权交易中心

委托代理合同（适用于意向受让方）

合同使用须知

一、本合同文本是根据《中华人民共和国合同法》及××产权交易中心交易规则制定的示范文本。构成本合同示范文本要件的合同条款均为提示性适用条款。条款所列内容，包括括号中所列内容，均由合同当事人约定时选择采用。本示范合同所列提示性条款在正式合同中应予删除。

二、为更好地维护当事人的权益，签订合同时应当慎重，力求具体、严密。订立具体条款，需要约定的必须表述清楚，无须约定的用“本合同不涉及此条款”或“本合同对此条款无须约定”加以载明。

三、委托标的名称：可以是产（股）权、资产、增资扩股项目等，当事人可根据项目实际情况在本合同文本基础上修改、调整或补充。

四、提交的文件：一般应当提供转让方与标的企业的主体资格证明（营业执照或自然人的有效证明）、内部决策文件及有批准权限的批准文件等资料。

五、交易佣金：乙方为甲方提供经纪服务，向甲方收取的报酬。

六、争议的解决方式，除协商和调解方式外，合同当事人还可以选择仲裁或诉讼方式，但选择了仲裁方式就不能再约定其他方式。

本合同涉及的当事方：

委托方（以下简称“甲方”）：	受托方（以下简称“乙方”）：
法定代表人：	法定代表人：
地址：	地址：
电话：	电话：
传真：	传真：
电子邮箱：	电子邮箱：

甲、乙双方遵循自愿、平等、公正、诚实信用的原则，经协商一致，订立本委托合同，以资共同遵守。

第一条 委托事项

1. 甲方自愿委托乙方作为在××产权交易中心（以下简称“交易中心”）受让（转让方名称）其持有的（标的）项目经纪代理机构，并按照交易中心交易规则为甲方提供经纪代理服务。

2. 乙方愿意接受甲方委托，指定其执业经纪人（姓名）负责办理甲方委托受让的上述交易事项。

第二条 具体服务内容

1. 甲方委托乙方就以下经纪业务提供经纪服务：

（1）向甲方提供有关法律、法规、政策及交易规则的咨询服务；

（2）代为填写交易业务表单及相关文件；

（3）协助甲方起草交易行为中必要的交易文件；

（4）代为向交易中心递交相关交易材料和转达交易中心的函件、通知等；

（5）协助甲方参加项目交易竞价，并根据竞价方式的不同，协助甲方准备竞买文件，办理竞买登记手续、竞买操作培训等，及协调处理在竞价过程中出现的相关问题；

（6）协助甲方支付项目交易价款；

（7）代为办理项目交易相关手续；

（8）其他按照交易中心交易规则乙方应提供的经纪服务。

2. 除本条第1款约定的经纪业务外，甲方委托乙方同时代为提供下列服务和/或代为办理下列事项（将未选定事项删除）：

（1）寻找、推荐转让标的，并参与相关谈判；

（2）根据标的企业情况制作投资分析；

（3）协助甲方办理权证变更等手续；

（4）其他双方商定的经纪业务以外的服务事项。

第三条　委托期限

本合同委托期限自____________至____________止。

委托期限届满，本合同自动终止。本合同项下交易事项未成交的，甲方有权委托其他经纪机构提供本合同约定的经纪/或其他服务。

（或：除非该项目撤牌或变更交易场所，甲方应继续委托乙方提供本合同约定的经纪/或其他服务）

第四条　权利和义务

1. 甲、乙双方应遵守国家有关法律、法规及交易中心交易规则，自觉接受政府主管部门及交易中心的监管。

2. 甲方应根据国家有关法律、法规及交易中心交易规则，向乙方及时、完整地提供乙方为完成委托事项所要求的所有相关文件材料，并如实填报有关表式内容。如为复印件、甲方须加盖证明章。

3. 甲方应如实提供有关文件材料和陈述有关事实，乙方有权对有关文件材料的真实性、合法性、合规性进行核实。甲方应承担提供虚假文件或隐瞒事实的法律后果。

4. 甲方有权随时向乙方了解委托事项的进展情况，监督乙方办理委托事项；乙方有义务勤勉尽责，提供场内经纪和其他服务并根据甲方要求向甲方报告相关情况。

5. 乙方有义务按照甲方的指示处理委托事务。乙方处理委托事务时基于甲方利益考虑，认为需要甲方变更指示的，应当经甲方同意。未经甲方同意所引发的法律后果由乙方承担。

6. 双方均应就委托事项所提供的相关材料承担保密的义务。除非法律或有管辖权的法院、仲裁机构或行政主管机关明确要求，双方在任何情况下不得向与交易无关的第三方披露或说明本合同项下对方所提供的任何资料和文件。

第五条　佣金及竞价服务费的支付方式

1. 甲方在交易中心内办理交易所应支付的相关服务费标准按交易中心有关规定执行。

2. 甲方应按成交金额的______‰向乙方支付交易佣金。

3. 甲乙双方确定，本合同约定的经纪服务之外的其他服务费，其支付时间、方式、金额以及延期支付约定如下：

(此款内容应依据甲乙双方商定)

4. 甲方应在该项目交易合同签约后5日内，一次性将交易佣金支付至交易中心指定账户。

5. 若转让标的通过交易中心组织竞价活动成交的，甲方应向交易中心交纳竞价服务费，竞价服务费标准：______。

第六条　违约责任

1. 甲、乙双方应严格履行各自的责任，若违反国家有关法律、法规、交易中心交易规则和本委托合同约定的，违约方须承担相应的法律责任。

2. 甲方如未按本委托合同的约定支付交易佣金，每逾期____天，应按交易佣金总价款的______%，向乙方支付违约金。

3. 甲乙任何一方违反本合同的约定，给对方造成损失的，应由违约方承担赔偿责任。

4. 甲方违反本合同规定，在挂牌期间和撤牌后与转让方私下成交的，乙方有权要求甲方赔偿因此而遭受的损失，并有权要求甲方支付委托交易项目总价______%的违约金。

第七条　合同的变更和解除

1. 甲乙双方经协商一致可以书面形式对本合同条款进行变更。任何一方不得单方面变更本合同条款。

2. 甲乙双方经协商一致可以解除本合同，合同解除的，应当结清已发生的服务费用。解除合同给对方造成损失的，除不可归责于当事人的事由外，应当赔偿损失。

第八条　争议的解决方式

甲、乙双方在履行本合同过程中若发生争议，可自行协商解决；也可向产权交易机构申请调解，或依法采取下列方式：

1. 向________________仲裁委员会申请仲裁。

2. 向有管辖权的人民法院提起诉讼。

第九条　甲、乙双方的承诺

1. 甲、乙双方承诺其所提供的所有材料（包括原件、复印件）、陈述的事实真实、完整、有效。如有不实，将承担由此带来的一切经济责任和法律责任。

2. 甲方保证其委托乙方处理本合同所述委托事项已获得甲方有权机构的批准或授权。

3. 除非甲方按照本合同约定解除合同，甲方在本合同期限内保证不再与第三方订立同一标的的项目委托合同；甲方保证在标的挂牌期间和撤牌后不与转让方私下接触、洽谈成交。

4. 乙方保证其具备从事甲方委托事项的所有资格及资质，并按照甲方的指示处理委托事务。如未按甲方指示办理委托事务，将承担由此带来的一切经济责任和法律责任。

第十条　其　他

上述条款未尽事项的约定。

第十一条　合同的生效

本合同经甲、乙双方签字盖章后生效。

合同附件与本合同具有同等的法律效力。

附件：

1. ……

2. ……

本合同一式三份，甲、乙双方各执一份，报××产权交易中心备案一份。

(以下无正文)

委托人（甲方）：	受托人（乙方）：
(企业盖章/自然人签字)	(盖章)
法定代表人（签字）：	法定代表人（签字）：
(或授权代表人签字)：	经办执业经纪人（签字）：
签约地点：	
签约日期：　　　年　　月　　日	

范　例

某省级产权交易中心

产权转让信息预披露申请书

标的名称：

申请人（企业公章/自然人签字）：

法定代表人或授权代表（签字）：

申请日期：　　　年　　月　　日

转让方承诺

××产权交易中心：

本转让方现提出申请，将持有的＿＿＿＿＿＿＿＿＿＿＿＿（标的名称）通过贵中心进行产权转让信息预披露，并请贵中心在相关网站及相关媒体公开发布产权转让预披露公告。本转让方依照公开、公平、公正、诚信的原则，特做如下承诺：

1. 我方预披露的产权转让标的权属清晰，不存在侵犯第三方权益及法律法规禁止或限制交易的情形，我方对该产权具有完全处置权。

2. 我方承诺转让标的相关行为已履行了相应程序，经过有效的内部决策，并获得相应批准。

3. 我方所提交的《产权转让信息预披露申请书》等附件材料内容真实、完整、合法、有效，不存在虚假记载、误导性陈述或重大遗漏。

4. 我方已充分了解并自愿遵守国家法律法规和产权交易相关规定规则，按照有关交易程序要求履行我方义务。

5. 如我方正式实施转让，承诺按照产权交易相关规定规则履行相关程序后在××产权交易中心办理相关手续。

我方保证遵守以上承诺，如违反上述承诺或有其他违法、违规行为，给交易相关方造成一切损失，我方愿意承担法律责任及相应的经济赔偿责任。

转让方（企业公章/自然人签字）：

产权转让信息预披露公告

一、转让标的基本情况

单位：万元人民币

<table>
<tr><td colspan="2">导致标的企业
实际控制权转移</td><td colspan="3">□是　　　□否</td></tr>
<tr><td rowspan="9">标的企业简况</td><td>标的企业名称</td><td colspan="3"></td></tr>
<tr><td>注册地址</td><td colspan="3"></td></tr>
<tr><td>法定代表人</td><td></td><td>成立日期</td><td></td></tr>
<tr><td>注册资本</td><td></td><td>注册资本币种</td><td></td></tr>
<tr><td>企业类型</td><td></td><td>所属行业</td><td></td></tr>
<tr><td>经济类型</td><td colspan="3">□国资监管机构/政府部门
□国有独资公司（企业）/国有全资企业
□国有控股企业　□国有事业单位，国有社团等
□国有实际控制企业　□国有参股企业
□其他　□非国有企业　□中外合资企业</td></tr>
<tr><td>经营规模</td><td colspan="3">□大型　□中型　□小型　□微型</td></tr>
<tr><td>统一社会信用代码
或组织机构代码</td><td colspan="3"></td></tr>
<tr><td>经营范围</td><td colspan="3"></td></tr>
<tr><td rowspan="7">标的企业股权结构</td><td colspan="3">前十位股东名称</td><td>持股比例（%）</td></tr>
<tr><td colspan="3"></td><td></td></tr>
<tr><td colspan="3"></td><td></td></tr>
<tr><td colspan="3"></td><td></td></tr>
<tr><td colspan="3"></td><td></td></tr>
<tr><td colspan="3"></td><td></td></tr>
<tr><td colspan="3">其他股东合计</td><td></td></tr>
</table>

续表

<table>
<tr><td rowspan="10">主要财务指标</td><td colspan="6">以下数据出自年度审计报告</td></tr>
<tr><td rowspan="3">______年度
审计报告
数据</td><td>营业收入
（万元）</td><td></td><td>营业利润
（万元）</td><td colspan="2"></td></tr>
<tr><td>净利润
（万元）</td><td></td><td>利润总额
（万元）</td><td colspan="2"></td></tr>
<tr><td>资产总计
（万元）</td><td></td><td>负债总计
（万元）</td><td></td><td>所有者权益
（万元）</td></tr>
<tr><td>审计机构</td><td colspan="5"></td></tr>
<tr><td colspan="6">以下数据出自企业财务报表
□年报　　□季报　　□月报</td></tr>
<tr><td rowspan="3">______年
____月____日
财务报表</td><td>营业收入
（万元）</td><td></td><td>营业利润
（万元）</td><td colspan="2"></td></tr>
<tr><td>净利润
（万元）</td><td></td><td>利润总额
（万元）</td><td colspan="2"></td></tr>
<tr><td>资产总计
（万元）</td><td></td><td>负债总计
（万元）</td><td></td><td>所有者权益
（万元）</td></tr>
</table>

二、转让方基本情况

<table>
<tr><td rowspan="6">基本情况</td><td colspan="4">法人/机构/组织</td></tr>
<tr><td>转让方名称</td><td colspan="3"></td></tr>
<tr><td>注册地址</td><td colspan="3"></td></tr>
<tr><td>法定代表人</td><td></td><td>成立日期</td><td></td></tr>
<tr><td>注册资本</td><td></td><td>企业类型</td><td></td></tr>
<tr><td>所属行业</td><td></td><td>经营规模</td><td>□大型　□中型
□小型　□微型</td></tr>
</table>

续表

<table>
<tr><td rowspan="10">基本情况</td><td>经济类型</td><td colspan="3">□国资监管机构/政府部门
□国有独资公司（企业）/国有全资企业
□国有控股企业　□国有事业单位，国有社团等
□国有实际控制企业　□国有参股企业
□其他　□非国有企业　□中外合资企业</td></tr>
<tr><td colspan="2">统一社会信用代码
或组织机构代码</td><td colspan="2"></td></tr>
<tr><td colspan="4">自　然　人</td></tr>
<tr><td>自然人姓名</td><td colspan="3"></td></tr>
<tr><td>证件类型</td><td></td><td>证件号码</td><td></td></tr>
<tr><td colspan="4">产（股）权比例</td></tr>
<tr><td>持有（产）
股权比例%</td><td></td><td>拟转让（产）
股权比例%</td><td></td></tr>
<tr><td colspan="4">联系方式</td></tr>
<tr><td>联系人</td><td></td><td>电话/传真</td><td></td></tr>
<tr><td>通讯地址</td><td></td><td>电子邮箱</td><td></td></tr>
<tr><td rowspan="4">转让行为内部决策及批准情况</td><td>转让方决策
文件类型</td><td colspan="3">□股东会决议　□董事会决议
□总经理办公会决议　其他______</td></tr>
<tr><td>批准单位名称</td><td colspan="3"></td></tr>
<tr><td>批准单位决议
文件类型</td><td colspan="3">□文件　□董事会决议　□股东会决议
□批复　□总经理办公会决议　□其他______</td></tr>
<tr><td>批准日期</td><td></td><td>决议文件名</td><td></td></tr>
<tr><td>国资监管机构</td><td colspan="2"></td><td>主管集团或
其他部门名称</td><td></td></tr>
<tr><td>预披露公告期</td><td colspan="4">自公告之日起______工作日</td></tr>
</table>

三、其他

<table>
<tr><td>受让资格条件</td><td></td></tr>
<tr><td>其他披露事项</td><td></td></tr>
</table>

四、经纪会员核实意见

<table>
<tr><td rowspan="4">委托经纪会员</td><td>名　称</td><td colspan="3"></td></tr>
<tr><td>联系人</td><td></td><td>电话</td><td></td></tr>
<tr><td>手机号码</td><td></td><td>传真</td><td></td></tr>
<tr><td>通讯地址</td><td></td><td>电子邮箱</td><td></td></tr>
<tr><td>经纪会员核实意见</td><td colspan="4">本经纪会员接受转让方委托，向贵中心提出产权转让信息预披露的申请，并已对转让方提供的材料进行了核实。
经核实，转让方提供的材料真实、完整、准确、合法、有效，无误导和重大遗漏。转让方的产权转让行为符合相关规定，现提交转让信息预披露的申请。

经纪会员（盖章）：
执业经纪人（签字）：________
日期：________年____月____日</td></tr>
</table>

填表说明

一、封面

1. 标的名称：指拟转让的产权名称，应填列为“×××××有限责任公司×××%股权”、“×××××股份有限公司×××股股份（×××%股权）”或“××××公司整体产权”。

2. 法定代表人或授权代表（签章）：应由转让方法定代表人签字；若是授权代表签字，应附有授权委托书。

二、产权转让信息预披露公告

1. 转让方承诺：转让方就转让事项的承诺。

2. 标的企业名称：按在工商行政管理部门登记注册的企业全称填列。

3. 注册地（住所）、法定代表人、注册资本、企业类型、经营范围：按营业执照登记内容填列。

4. 所属行业：依据《国民经济行业分类》（GB/T 4754-2017），分二十大类。

5. 经营规模：按照《国家统计局关于印发〈统计上大中小微型企业划分办法（2017）〉的通知》规定的分类标准填列。

6. 公司股权情况：按标的企业股东情况填列。

7. 主要财务指标：依据审计报告和企业财务报表填列。

8. 转让方基本情况：参照上述方式填列。

9. 持有产（股）权比例：指产权转让前转让方在标的企业中所拥有的股权比例。

10. 预披露公告期：指转让信息在××产权交易中心网站公开进行预披露的持续时间。

11. 受让资格条件：指对意向受让方提出的包括财务状况、相关资质等方面的要求，须逐条填列，且不得出现具有明确指向性或违反公平竞争的内容。

12. 其他披露事项：指转让方认为需要说明的其他事项，包括标的权利瑕疵状况、权利限制状况、标的公司或有债权、债务，涉诉等重大事项。

13. 如为多个转让方联合转让的，应分别填列本申请书。

14. 表中选择项请在□内相应勾选。

15. 除特别说明外，表中采用的货币单位为万元。

16. 表中各栏、各项指标内容，请如实、准确填列。

二、国有企业增资扩股所需提交的材料

根据相关规定，国有企业以增资扩股方式实施混改，在进场交易之前，招股方需要提交相关要件。此外，增资企业在正式提交增资申请之前，根据增资业务的需要，可以通过交易中心预披露拟增资信息。对此，作为改制企业国有产权持有单位的专项法律顾问的律师应对相关要件进行法律审核和把关。

（一）招股方需要提交的要件

根据相关规定，国有企业以增资扩股方式混改，在挂牌交易时，招股方需要提交以下材料：①增资信息发布申请书；②产权交易转让委托合同；③企业营业执照或事业法人证书（需要年检、加盖公章复印件）；④领导班子决议（指股东会、董事会或总经理、厂长办公会）；⑤国有资产产权登记证（加盖公章复印件）；⑥批复文件；⑦近三年年度审计报告及最近一期财务报表；⑧项目核准或备案表；⑨估值报告；⑩企业章程（有限公司提供）；⑪《增资扩股实施方案》（须经相关部门批准）；⑫法律意见书；⑬评估时点审计报告；⑭其他需提供的证明文件。

（二）预披露增资信息需要提交的要件

根据相关规定，增资企业在正式提交增资申请之前，根据增资业务的需要，可以通过交易中心预披露拟增资信息。增资企业预披露增资信息的，需向交易中心提交《增资信息预披露申请书》及相关材料，预披露信息一般包括但不限于企业基本情况、拟增资金额（含区间）、募集资金用途、投资方资格条件等内容。预披露信息期间，交易中心应向增资企业反馈意向投资方征集情况，也可以组织增资企业与意向投资方洽谈，协助增资企业修订完善增资方案。增资企业认为正式披露条件成熟，可直接申请增资信息正式披露。

范 例

某省级产权交易中心

增资信息发布申请书

项目名称：

申请方（增资企业公章）：

法定代表人或授权代表（签字）：

申请日期：　　　年　　月　　日

增资信息发布申请与承诺

××产权交易中心：

我方拟实施企业增资，申请通过贵中心网站及相关媒体公开发布（项目名称）的增资信息公告。现提交《增资信息发布申请书》等附件材料，请予审核。我方依照公开、公平、公正、诚信的原则，作如下承诺：

1. 我方承诺本次增资行为是我方真实意愿表示，涉及产权权属清晰，不存在侵犯第三方权益及法律法规禁止或限制交易的情形，已履行了相应程序，经过有效的内部决策，并获得相应批准。

2. 我方承诺所提交的《增资信息发布申请书》等附件材料内容真实、完整、准确、合法、有效，不存在虚假记载、误导性陈述或重大遗漏；并同意贵中心按《增资信息发布申请书》内容公开发布增资信息公告。

3. 我方承诺在增资过程中，遵守国家相关法律法规和贵中心相关规定规则，并已充分理解和认可贵中心交易程序，按照有关要求履行我方义务。

4. 我方承诺按照贵中心收费办法及相关交易文件的约定及时支付相关费用，不因与投资方争议或增资协议解除终止等任何原因拒绝交纳或主张退还相关费用。

5. 我方承诺在增资活动过程中，不与意向投资方私下成交；不通过其他渠道进行交易。

6. 我方已充分了解相关法律法规要求和贵中心交易规则、收费标准等相关规定，承诺遵守交易规则，维护交易秩序，并已认真考虑了交易过程中可能存在的以及政策影响等不可预计的各项风险因素，愿意承担可能存在或产生的一切交易风险。

7. 我方承诺对《增资信息发布申请书》中填写的联系人、传真电话、通讯地址、电子邮箱已经予以确认，认可贵中心按此发送增资活动的相关通知或函件。

我方保证遵守以上承诺，如违反上述承诺或有其他违法、违规行为，给增资活动相关方造成一切损失，我方愿意承担法律责任及相应的经济赔偿责任。

增资企业（公章）：

一、增资项目基本情况

<table>
<tr><td>项目名称</td><td colspan="3"></td></tr>
<tr><td>拟募集资金总额（万元）</td><td></td><td>拟募集资金对应持股比例（%）</td><td></td></tr>
<tr><td>拟新增注册资本（万元）</td><td colspan="3"></td></tr>
<tr><td>原股东是否参与增资</td><td>□是　□否</td><td>员工是否参与增资</td><td>□是　□否</td></tr>
<tr><td colspan="2">投资价值描述</td><td colspan="2">选　填</td></tr>
<tr><td colspan="2">增资后企业股权结构</td><td colspan="2"></td></tr>
<tr><td colspan="2">增资达成或终结的条件</td><td colspan="2"></td></tr>
<tr><td colspan="2">募集资金用途</td><td colspan="2"></td></tr>
<tr><td>对增资有重大影响的相关信息</td><td colspan="3">1. 审计报告、资产评估报告、法律意见书相关披露事项。
2. 增资方案中的重大事项。
3. 增资后企业治理结构、期间损益安排、募集资金超出注册资本金额的安排等。
4. 双向尽职调查相关安排。
5. 其他有必要披露的事项。</td></tr>
</table>

二、增资企业基本情况

<table>
<tr><td>增资企业名称</td><td colspan="4"></td></tr>
<tr><td rowspan="4">基本情况</td><td>住　所</td><td colspan="3"></td></tr>
<tr><td>法定代表人</td><td></td><td>成立日期</td><td></td></tr>
<tr><td>注册资本（万元）</td><td></td><td>实收资本（万元）</td><td></td></tr>
<tr><td>企业类型</td><td></td><td>所属行业</td><td></td></tr>
</table>

续表

<table>
<tr><td rowspan="7">基本情况</td><td>经济类型</td><td></td><td>社会统一信用代码/组织机构代码</td><td></td></tr>
<tr><td>经营规模</td><td colspan="3">□大型　□中型　□小型　□微型</td></tr>
<tr><td>经营范围</td><td colspan="3"></td></tr>
<tr><td>股东数量</td><td></td><td>职工人数</td><td></td></tr>
<tr><td>增资企业联系人</td><td></td><td>联系电话</td><td></td></tr>
<tr><td>电子邮箱</td><td></td><td>通讯地址</td><td></td></tr>
<tr style="display:none"></tr>
<tr><td rowspan="12">股权结构</td><td>序　号</td><td colspan="2">前十位股东名称</td><td>持股比例（%）</td></tr>
<tr><td>1</td><td colspan="2"></td><td></td></tr>
<tr><td>2</td><td colspan="2"></td><td></td></tr>
<tr><td>3</td><td colspan="2"></td><td></td></tr>
<tr><td>4</td><td colspan="2"></td><td></td></tr>
<tr><td>5</td><td colspan="2"></td><td></td></tr>
<tr><td>6</td><td colspan="2"></td><td></td></tr>
<tr><td>7</td><td colspan="2"></td><td></td></tr>
<tr><td>8</td><td colspan="2"></td><td></td></tr>
<tr><td>9</td><td colspan="2"></td><td></td></tr>
<tr><td>10</td><td colspan="2"></td><td></td></tr>
<tr><td>11</td><td colspan="2">其余______位股东</td><td></td></tr>
</table>

续表

<table>
<tr><td rowspan="12">主要财务指标
（万元）</td><td colspan="7">近三年企业年度审计报告</td></tr>
<tr><td>年度
项目</td><td colspan="2"></td><td colspan="2"></td><td colspan="2"></td></tr>
<tr><td>资产总额</td><td colspan="2"></td><td colspan="2"></td><td colspan="2"></td></tr>
<tr><td>负债总额</td><td colspan="2"></td><td colspan="2"></td><td colspan="2"></td></tr>
<tr><td>所有者权益</td><td colspan="2"></td><td colspan="2"></td><td colspan="2"></td></tr>
<tr><td>营业收入</td><td colspan="2"></td><td colspan="2"></td><td colspan="2"></td></tr>
<tr><td>利润总额</td><td colspan="2"></td><td colspan="2"></td><td colspan="2"></td></tr>
<tr><td>净利润</td><td colspan="2"></td><td colspan="2"></td><td colspan="2"></td></tr>
<tr><td>审计机构</td><td colspan="2"></td><td colspan="2"></td><td colspan="2"></td></tr>
<tr><td colspan="7">最近一期财务数据</td></tr>
<tr><td>报表日期</td><td>资产总额</td><td>负债总额</td><td>所有者权益</td><td>营业收入</td><td>利润总额</td><td>净利润</td></tr>
<tr><td></td><td></td><td></td><td></td><td></td><td></td><td></td></tr>
<tr><td rowspan="10">资产评估
或
估值情况</td><td>评估机构</td><td colspan="6"></td></tr>
<tr><td>评估基准日</td><td colspan="6"></td></tr>
<tr><td>评估核准
（备案）机构</td><td colspan="3"></td><td colspan="3">核准□ 备案□</td></tr>
<tr><td>核准（备案）日期</td><td colspan="6"></td></tr>
<tr><td colspan="7">资产评估结果</td></tr>
<tr><td>项 目</td><td colspan="3">账面价值</td><td colspan="3">评估值</td></tr>
<tr><td>资产总计</td><td colspan="3"></td><td colspan="3"></td></tr>
<tr><td>负债总计</td><td colspan="3"></td><td colspan="3"></td></tr>
<tr><td>净资产</td><td colspan="3"></td><td colspan="3"></td></tr>
<tr><td>单位注册资本
对应评估值</td><td colspan="6"></td></tr>
</table>

续表

<table>
<tr><td rowspan="7">增资行为决策及批准情况</td><td>国资监管机构</td><td>□国务院国资委监管
□中央其他部委监管
□省（直辖市、自治区）级国资委监管
□地级市（区 县）国资委监管
□省（直辖市、自治区）级其他部门监管
□地级市（区 县）其他部门监管</td></tr>
<tr><td>国家出资企业或主管部门名称</td><td></td></tr>
<tr><td>批准单位名称</td><td></td></tr>
<tr><td>国家出资企业统一社会信用代码或组织机构代码</td><td></td></tr>
<tr><td>批准文件类型</td><td>□文件 □董事会决议 □股东会决议
□批复 □其他类型</td></tr>
<tr><td>批准文件名称或决议名称</td><td></td></tr>
</table>

三、投资方资格条件与增资条件

投资方资格条件	
增资条件	

续表

保证金设置	交纳保证金	□是　　□否
	保证金金额/比例	______万元/______%
	保证金交纳时间（以到达××产权交易中心指定专用账户时间为准）	□通过资格确认的意向投资方在收到××产权交易中心书面通知之次日起______个工作日内交纳 □本公告截止日前交纳
	保证金处置方式	1. 保证金扣除情形…… 2. 意向投资方成为投资方的，其保证金按《增资协议》约定处置；未成为最终投资方的，且不涉及保证金扣除情形的，其交纳的保证金在增资结果通知发出次日起3个工作日内原路径全额无息退还。 3. 其他约定：____________________。

四、信息发布需求

信息发布期	______个工作日
信息发布期满的安排	1. 未产生符合条件的意向投资方，则： □信息发布终结。 □按照______个工作日为一个周期延长信息发布，直至产生意向投资方/最多延长______个周期。 2. 产生符合条件的意向投资方，则： （1）____________________，信息发布终结。 （2）____________________，按照______个工作日为一个周期延长信息发布。

五、遴选方案

遴选方式（可多选）	□网络竞价 □综合评议 □竞争性谈判 □其他：__________。

续表

遴选方案 主要内容	

六、经纪会员核实意见（如适用）

委托经纪会员	名　称			
	联系人		电　话	
	手机号码		传　真	
	通讯地址		电子邮箱	
经纪会员核实意见	本经纪会员接受增资企业委托，向贵中心提出增资信息发布的申请，并已对增资企业提供的材料进行了核实。 经核实，增资企业提供的材料真实、完整、准确、合法、有效，无误导和重大遗漏。增资企业的增资行为符合相关规定，现提交增资信息发布的申请。 经纪会员（盖章）： 执业经纪人（签字）：________ 日期：________年____月____日			

格式文本填写说明

1. 项目名称：格式为“×××（企业名称）增资项目”。

2. 法定代表人或授权代表（签字）：应由增资企业法定代表人签字；若是授权代表签字，应附有授权委托书。

3. 拟募集资金金额：可填列固定数额或区间数额。

4. 拟新增注册资本：指本次增资拟增加的注册资本金额。

5. 项目编号：按国务院国资委监测系统编码规则填写。

6. 增资企业基本情况：按照营业执照登记内容填列名称、住所、法定代表人、注册资本、成立日期、经营范围等。

7. 经济类型：指国有独资公司（企业）、国有控股企业、国有事业单位、国有社团、国有实际控制企业、国有参股企业、非国有企业、外资企业、其他等。

8. 企业类型：指全民所有制企业、有限责任公司、股份有限公司、集体所有制企业、合伙企业、其他。

9. 职工人数：按照当前人事关系和工资关系在本单位的固定职工、劳动合同制职工人数合计填报，不包括离、退休人员。

10. 经营规模：按照工业和信息化部等《关于印发中小企业划型标准规定的通知》（工信部联企业［2011］300号）和《国家统计局关于印发〈统计上大中小微型企业划分办法（2017）〉的通知》规定的分类标准填列。

11. 增资达成或终结的条件：包括但不限于下述各项限制条件，如募集资金金额、持股比例、新增股东人数等。

12. 投资方资格条件：投资方资格条件可以包括主体资格、商业信誉、经营情况、财务状况、管理能力、资产规模、业务资源、竞争优势等，但不得具有明确指向性或违反公平竞争的内容。

13. 增资条件：包括募集资金支付要求、职工安置、债权债务、企业存续发展、保证金处置要求、合同签订条件等相关要求。

14. 遴选方式：采取竞价、综合评议、竞争性谈判等方式之一或组合运用进行遴选。遴选方案包括启动遴选工作的条件、流程、标准、超募或不足情形时的安排等。

范　例

某省级产权交易中心

增资信息预披露申请书

项目名称：

申请人（企业公章）：

法定代表人或授权代表（签字）：

申请日期：　　年　　月　　日

增资信息预披露申请与承诺

××产权交易中心：

我方拟实施企业增资，申请通过贵中心网站及相关媒体公开发布________________（项目名称）的增资信息预披露公告。现提交《增资信息预披露申请书》等附件材料，请予审核。我方依照公开、公平、公正、诚信的原则，作如下承诺：

我方承诺本次增资预披露行为是我方真实意愿表示，涉及产权权属清晰，不存在侵犯第三方权益及法律法规禁止或限制交易的情形，已履行了相应程序，经过有效的内部决策。

我方所提交的《增资信息预披露申请书》等附件材料内容真实、完整、合法、有效，不存在虚假记载、误导性陈述或重大遗漏。并同意贵中心按《增资信息预披露申请书》内容公开发布增资信息预披露公告。

如我方正式实施增资，承诺按照企业增资业务相关规定规则履行相关程序后在××产权交易中心办理相关手续。

我方保证遵守以上承诺，如违反上述承诺或有其他违法、违规行为，给增资活动相关方造成一切损失，我方愿意承担法律责任及相应的经济赔偿责任。

增资企业（公章）：

增资信息预披露公告

一、项目基本情况

项目情况	项目名称			
	拟新增注册资本		新增资本拟对应持股比例	
	拟募集资金总额		拟新增投资方数量	
	增资目的和资金用途			
	投资价值描述			

续表

<table>
<tr><td rowspan="4">项目情况</td><td>预披露公告期</td><td>自公告之日起________工作日</td></tr>
<tr><td>投资方
资格条件</td><td></td></tr>
<tr><td>增资条件</td><td></td></tr>
<tr><td>其他披露内容</td><td></td></tr>
<tr><td colspan="3">本预披露信息为意向增资信息，相关内容以正式挂牌发布的信息公告为准。</td></tr>
</table>

二、增资企业简况

<table>
<tr><td>增资企业
名称</td><td colspan="4"></td></tr>
<tr><td rowspan="7">增资企业
基本情况</td><td>注册地</td><td colspan="3"></td></tr>
<tr><td>法定代表人</td><td></td><td>注册资本</td><td></td></tr>
<tr><td>企业类型</td><td></td><td>所属行业</td><td></td></tr>
<tr><td>经济类型</td><td colspan="3">□国有独资公司（企业）/国有全资企业
□国有控股企业
□国有事业单位，国有社团等
□国有实际控制企业
□国有参股企业
□其他________</td></tr>
<tr><td>经营范围</td><td colspan="3"></td></tr>
<tr><td>设立时间</td><td></td><td>经营规模</td><td>□大型
□中型
□小型
□微型</td></tr>
<tr><td colspan="2">统一社会信用代码
或组织机构代码</td><td colspan="2"></td></tr>
</table>

续表

<table>
<tr><td>增资企业
基本情况</td><td>增资企业简介</td><td colspan="3"></td></tr>
<tr><td>内部决策
情况</td><td colspan="4">以下决议已按有关法律法规要求完成，议事规则和决策程序符合规定。
□股东会决议　□董事会决议　□总经理办公会决议
□其他______</td></tr>
</table>

联系人		电　　话	
手机号码		传　　真	
通讯地址		电子邮箱	

三、经纪会员核实意见（如适用）

<table>
<tr><td rowspan="4">委托经纪
会员</td><td>名　称</td><td colspan="3"></td></tr>
<tr><td>联系人</td><td></td><td>电　　话</td><td></td></tr>
<tr><td>手机号码</td><td></td><td>传　　真</td><td></td></tr>
<tr><td>通讯地址</td><td></td><td>电子邮箱</td><td></td></tr>
<tr><td>经纪会员
核实意见</td><td colspan="4">本经纪会员接受增资企业委托，向贵中心提出增资信息预披露的申请，并已对增资企业提供的材料进行了核实。
经核实，增资企业提供的材料真实、完整、准确、合法、有效，无误导和重大遗漏。增资企业的预披露行为符合相关规定，现提交增资信息预披露的申请。

经纪会员（盖章）：
执业经纪人（签字）：________
日期：________年____月____日</td></tr>
</table>

《增资信息预披露申请书》填写说明

一、封面

1. 项目名称："×××××有限责任公司增资项目""×××××股份有限公司增资项目"。

2. 法定代表人或授权代表（签字）：应由增资企业法定代表人签字；若为授权代表签字，需另附授权委托书。

二、增资企业申请与承诺

请增资企业根据实际情况填写，增资企业提出增资申请，并对增资行为相关事项作出承诺，须有增资企业盖章。

三、增资信息预披露公告

1. 增资企业名称：按在工商行政管理部门登记注册的企业全称填列。

2. 所属行业：依据《国民经济行业分类》（GB/T 4754-2017），分二十大类。经营规模：按照《国家统计局关于印发〈统计上大中小微型企业划分办法（2017）〉的通知》规定的分类标准填列。

3. 公司股权情况按工商注册的股东及比例填写。

4. 内部决策情况：指按照公司法等法律法规和公司章程的要求履行的内部决策情况。

5. 其他披露内容：指增资企业需要说明的其他对增资项目价值可能产生重大影响的事项。

6. 投资方资格条件：指对意向投资方提出的包括主体资格、商业信誉、经营情况、财务状况、管理能力、资产规模、业务资源、竞争优势等要求，须逐条填列，且不得出现具有明确指向性或违反公平竞争的内容。

7. 本表中采用的货币单位默认为"人民币：××万元"，保留小数点后两位或者四位需一致，特殊情况如外币的须特别注明。

8. 以上内容涉及国有为必填项，涉及非国有可按实际情况填写，不涉及的注明不涉及。

9. 表中各栏、各项指标内容，务请如实、准确填列。本说明未能解释的栏目，如有疑义，请与××产权交易中心联系，最终解释权归××产权交易中心。

第六章

国企混改之法律风险及预防

国有企业混合所有制改革工作是一种新型的国企改革模式，是国企改革的有益尝试和全新探索，需要兼顾出资人、债权人、企业和职工等多方面的利益，涉及人员众多、标的巨大、程序复杂、周期漫长，因此稍有不慎便有可能出现法律问题。国企混改是国有资本与非国有资本的融合与合作，由于国有企业经营理念、管理方式以及利益需求与非国有企业不同，在我国市场经济发展并不完全充分、法律法规及政策性文件尚未完全统一的前提下，国企混改引发法律风险的可能性就会更大。国企混改过程中出现法律问题，不仅会使国有企业、中介机构以及相关部门的责任人员承担相应的行政、刑事和民事责任，还会阻碍国有企业混合所有制改革的顺利进行，甚至造成国有资产的流失，后果非常严重，影响比较深远。

这些法律问题的发生，有些是操作不当、疏忽大意引发的，有些则是贪欲腐败和利益驱使导致的。为有效预防国企混改工作中可能出现的法律问题，必须针对相应的法律风险进行研究，结合法律问题的具体情形，深入挖掘其发生的内在原因，从而提出有针对性的预防措施和解决办法。

本章将对国有企业混合所有制改革可能遇到的法律问题进行阐释，特别是混改模式引发的特有问题，对国企改革中可能承担的法律责任予以释明，并结合相关法律风险提出相应的预防办法和解决措施。

第一节　国企混改工作的法律风险

在国有企业混合所有制改革工作中，可能会遇到各种法律问题，处理不好便会引发法律风险。相关的法律问题主要包括：审计评估、产权交易、职工安置、引入战略投资者、员工持股等。

一、审计评估的法律问题

在国企混改的工作中，首先要对企业资产进行审计评估。如本书第二章第二节所述，审计评估主要包括资产清查、选聘审计评估的中介机构、清产核资、财务审计、划定范围、资产评估、离任审计等重点工作。在这一阶段，可能会出现财产清查不彻底、资产剥离不全面、资产评估不规范等法律问题，此外，还可能由于中介机构选聘违规违法造成法律风险。

1. 财产清查不彻底。在对混改企业进行资产清查时，未完全、客观、如实地将财产进行清查和登记，导致对企业的资产和负债情况不能真实、完整地反映，从而影响到资产评估值。财产清查不彻底的原因，分为主观原因和客观原因两个方面。主观原因主要为故意不将企业资产登记入册，或者疏忽大意，因管理不规范而漏登记、登记不及时、登记错误、未及时变更登记等。客观原因主要指企业只是将账面原值作为清查值，因账实不一致，导致一定的账外资产没有纳入清查范围，清产核资程序存在瑕疵，导致对企业历史形成的资产和负债情况不能真实、完整地反映。

2. 资产剥离不全面。在企业改制过程中，对于应该剥离出去的资产没有严格剥离，导致这些资产被混改后企业无偿使用，国有股东应获取的收益没有获取，从而造成国有资产的流失。例如，国有划拨土地没有及时变性、补缴土地出让金，而由混改后企业继续无偿使用，从而造成了国有资产的流失。

3. 资产评估不规范。在对资产进行评估的过程中，由于方法失当或者人为违反评估程序，从而造成资产评估值不准确。在国企混改工作中，一般来说资产评估不规范的结果是资产评估值低于资产实际价值，从而造成国有资产流失。在资产评估的过程中，造成资产评估不规范的原因有很多，包括评估人员被收买、评估操作程序有问题、评估方法不合理、评估范围不全面、评估结果被操纵等，都会造成评估结果有失公允。

4. 中介机构不合规。选聘审计、评估等中介机构至关重要，相关规定对国企改革的审计、评估中介机构做出了明确要求，如不得聘请改制前两年内在企业财务审计中有违法、违规记录的会计师事务所和注册会计师，不得聘请参与该企业上一次资产评估的中介机构和注册资产评估师，不得聘请同一中介机构开展财务审计与资产评估等。在遴选中介机构的时候，要严格按照规定执行，否则便会出现法律问题。此外，在混改工作实务中，多数国有企业会通过招投标的程序，选聘合格的审计、评估等中介机构。这也要符合相关国资监管规定和企业的内部管理制度，对于中央企业集团公司或者省属国有企业等由国资监管部门作为出资人的企业进行混改的，还应该符合《政府采购法》的要求。

深入解读

国有资产评估过程中的各类问题

根据国务院国有资产监督管理委员会官方网站刊载的总结，目前国有资产评估过程存在各类不规范问题：

1. 认识程度不全面。一些企业和部门为了达到某一特定目的，臆定评估值，致使资产评估走过场。

2. 提供资料不齐全。产权单位在提供委托评估范围内的资产所需资料时，存在着资料不完备、不齐全，报告附件或缺等现象，更有甚者提供虚假情况和资料，使得评估资产的全貌难以体现，容易形成账外资产，埋下国有资产流失的伏笔。

3. 评估工作不深入。有的资产评估机构对委托范围内的资产，没有认真履行盘点清查、实地勘察等必要的核对程序，对债权债务类资产没有进行必要的函证，只是对资产账面数凭工作经验作出评判，不能客观公正地反映资产公允价值，难以保证评估结果的真实、合理和完整性。

4. 评估方法不恰当。一些评估执业师在对某些资产进行评估时方法选择不恰当，不慎引用评估假设，扭曲资产价值。

5. 评估内容不完全。国有资产是指国家以各种形式投资形成的固定资产、流动资产、无形资产和其他形态资产，在一部分以企业改制和产权转让为目的的资产评估中，对专利、商标、商誉等极具价值和增值潜力的无形资产按极低的价格评估或不评估不说明等。

6. 信息披露不充分。有的资产评估报告中对于不动产的总体情况、产权特点、权属关系以及资产的担保、抵押、剥离、租赁、权证变更等可能对评估资产价值判断产生重大影响的信息，披露不够充分。

（资料来源于《企业国有资产评估管理存在的问题及对策思路》，http：//www.cisri.com/g330/s1238/t5253.aspx）

二、产权交易的法律问题

企业国有产权转让主体在履行相关决策和批准程序后，需通过产权交易机构发布产权转让信息，公开挂牌竞价转让企业国有产权。在这一阶段，如果发生不公开的交易、非公允的关联交易和产权受让方违约等法律问题，则会引发法律风险。

（一）交易不公开

在国企改革的过程中，产权交易中心起到了监管产权交易公平、公开、公正进行的作用。如果交易双方不通过产权交易中心公开进行交易，而是对交易对象、交易价格、交易方式、交易程序等私下予以决定、进行操作，则可能是有意避开产权交易中心的监管，故意串通压低国有资产价格，从而造成国有资产流失。

相关案例

河南长葛市发电厂厂长借企业改制暗箱操作
上亿国资被贱卖1500万元

发电厂改制前是这个县级市为数不多的盈利国企之一，有1000多名职工，厂长和法人代表是梁佰岭。现在，发电厂已经改制成“长葛市恒光热电有限责任公司”（以下简称“恒光公司”）——一家由35个自然人股东组成的股份制企业，公司董事长依然是梁佰岭。

根据记者调查，发电厂资产评估值为1.01亿元，负债评估值为3600多万元，二者相减后得出的净资产评估值为6500多万元；净资产评估值在扣除职工身份转换费、内部退养最低生活费及社会保障费等各项费用后，剩余国有净资产为3200多万元。但是，购买方仅以1500多万元的底价，一次性付款购买了企业。

3200多万元的剩余国有净资产，为什么才卖了1500多万元？长葛市财政局国资办主任贺宝凤在第三次接受记者采访时，才肯谈及奖励和优惠的问题。她承认：“剩余国有净资产中被扣除了两大款项：一是对有功人员奖励30%，共960多万元；二是用现金一次性买断优惠25%，共560多万元。两项合计1500多万元，最后成交的国有资产出售收入也是1500多万元。”通过奖励和优惠，剩余国有净资产竟缩水了一半！

产权转让操作受质疑

记者在采访中了解到，发电厂改制的过程中，评估机构是由企业直接委托的，梁佰岭等企业管理人员至少参与了改制项目申报、改制方案制定、资产申报等重大事项。

更让人不解的是，发电厂的产权转让没有进入产权交易市场，也没有公开信息、竞价转让。

发电厂改制“叫停不停”

长葛市企业产权制度改革领导小组批准发电厂改制方案是在2003年4月16日。同年12月31日，恒光公司筹备组向市政府体改办提出组建公司的申请，当天即获市政府体改办批准，恒光公司首届股东大会也在同日召开。至此，发电厂改制完成。

正是在发电厂改制过程中，国资委、发展改革委和财政部于2003年8月联合下发紧急通知，要求各地暂停将经营发电或电网业务的中央和各级电力企业改制为职工持股的企业；暂停违规改制或新设立职工持股企业、投资新设立发电企业。通知还要求：“各级政府有关部门和各电力企业暂停办理新的审批，正在审批的要立即停止。”

国家叫停，发电厂的改制为什么没停？朱广轩的说法是：“当时没有见到文件，许昌市没有下发。我们看到文件时已经是11月，改制快完成了。”然而记者手头的一份文件显示，许昌市三部门联合转发国务院三部委紧急通知的时间是2003年9月29日。高民生在接受记者采访时，首先也是强调通知下发晚了。高民生说：“当时确实在报上看到紧急通知，我们理解是针对电力系统内部企业的，地方电厂不算在内。”

在国家明令禁止的背景下，发电厂的产权转让就这样进行到底了。3200多万元的剩余国有净资产就缩水了一半，在涉及上亿元的国有资产申报、评估、审计及转让底价确定等问题上，是否还有更大的谜？

（资料来源于汪金福、程红根：《河南长葛市发电厂厂长借企业改制暗箱操作上亿国资被贱卖1500万元》，http：//news. sina. com. cn/c/2004-07-05/13072995270s. shtml）

（二）关联交易

关联交易是指公司或其附属公司与在本公司直接或间接占有权益、存在利害关系的关联方之间所进行的交易。关联方包括自然人和法人，主要指上市公司的发起人、主要股东、董事、监事、高级行政管理人员、上述各方家属和上述各方所控股的公司。[1] 不公允的关联交易，是指在国有企业混合所有制改革中，企业以无偿或不公平的价格与关联方进行交易，从而导致国有资产流失。

相关案例

中石油薄启亮中饱私囊

2014年5月，中国石油原副总裁、兼任海外勘探开发分公司总经理的薄启亮，被有关部门带走调查。薄启亮长期负责中石油的海外业务板块，境内外媒体报道称其通过利益输送、寻租侵占获取巨额财富。

据称，薄启亮的哥哥通过代理人开设公司，专门负责中国石油海外业务材料采购。在中国石油80多个海外项目中，80%的项目都由该公司负责材料采购，项目遍及非洲的尼日尔、乍得、阿尔及利亚以及亚洲的印度尼西亚等国，该公司每年收入在200亿左右。

薄启亮还被指为其朋友、同学开绿灯，让其承接中国石油海外业务的后勤管理项目。据媒体报道，每年各项目后勤管理费用高达百亿左右，薄启亮那些朋友、同学的公司从中赚取高额利润，最终收益按照三七开分成，薄启亮收取七成利益。

手握大权的薄启亮，除了中石油海外业务的材料采购、后勤管理，还介入多起中石油的海外收购，造成严重的国有资产流失。据媒体报道，中石油在加拿大等国收购的油气田项目，疑点颇多。中石油花几十亿美元收购了号称“资质良好”的项目，一经开采却发现资源贫乏，造成了巨额资金浪费。

有媒体报道称，薄主导的部分海外项目收购估值虚增十倍甚至百倍，如收购加拿大能源公司CutbankRidge天然气资产50%的股权、收购原必和必拓持有的澳洲布劳斯LNG一体化项目股份、与加拿大

[1] 参见苏华董：《财务报告舞弊行为探讨》，载《经济研究导刊》2013年第16期。

公司 Encana 成立合资公司共同开发加拿大阿尔伯塔省的页岩凝析气资源，这三宗业务涉及金额约合 577.8 亿元。

而在 2014 年，“三桶油”用于并购的金额大幅下降。据中石油集团经济技术研究院发布的《2014 年国内外油气行业发展报告》显示，2014 年，中国三大石油公司全年新项目并购金额总计不到 30 亿美元，较 2013 年下降近 90%。

（资料来源于《盘点央企境外资产流失七宗罪：很多项目以私人名义开展》，载 http：//www.ceweekly.cn/2015/0413/108207.shtml）

（三）产权受让方违约

产权受让方违约，是指在国有资产交易中，产权受让方违背合同约定，包括不按时支付交易价款，不足额缴纳交易价款等。按照相关规定，交易价款原则上应当在合同生效之日起 5 个工作日内一次付清。产权交易合同约定价款支付方式为分期付款的，首付交易价款数额不低于成交金额的 30%，并在合同生效之日起 5 个工作日内支付；其余款项按同期银行贷款利率支付延期付款期间的利息，付款期限不得超过 1 年。但是，由于存在产权受让方违约的情况，如果受让方存在主观或客观履行不能的问题，那么将从根本上影响混改工作的成果。

三、职工安置的法律问题

保护职工权益是国有企业混合所有制改革的一个重大问题，涉及国有企业职工的切身利益，若不注意预先判断处置，将成为极难处理的风险源。《企业国有资产法》第 41 条第 2 款规定：“……企业改制涉及重新安置企业职工的，还应当制定职工安置方案，并经职工代表大会或者职工大会审议通过。”这是因为，国有企业混合所有制改革会造成企业股权结构发生变化，国有企业和非国有企业在经营机制、管理模式上均存在较多差异，国有企业混合所有制改革对于企业职工而言影响较大，如不能合理妥善地解决，不但会影响到国有企业混合制改革的顺利进行，还会对社会造成极大压力，影响社会稳定。因此，在混合所有制改革的过程中必须听取职工意见，尊重和维护职工的参与权、表达权和知情权。职工安置出现问题，主要基于以下原因：

（一）对单位职工的情况调查不清晰不明确

对混改企业人员情况的调查，不能局限在混改企业层面，还需要对下属国有及国有控股企业的职工进行调查。调查时，需要按照类别予以区分并核定人数，如在职职工（包括在岗职工与不在岗职工）的人数、企业退休人员和原机关退休人员及其遗属人数、离休干部及已故离休干部配偶人数，60 年代精简退职人员人数，以及上述人员中工伤致残、患职业病、因公死亡人员需供养亲属的人数，还要统计职工托管中心托管人员的情况（包括退休人员、大龄灵活就业人员、丧失劳动能力人员、工伤人员）和人数等。如果不能够达到上述要求，只是粗略掌握职工的情况，就会为妥善安置职工带来隐患。

（二）对单位职工的处理违反相关法律法规的规定

按照《劳动合同法》的相关规定，对单位职工的处理，主要要看员工与企业之间的法律关系。如果员工与企业存在劳动关系，那么有三种解决办法：①协商变更劳动合同，经协商同意，对员工进行调岗或者安排到关联企业工作；②解除劳动合同，与员工协商解除劳动合同，依法解除劳动关系，并按协商结果给予经济补偿；③终止劳动合同，对于合同到期员工，可直接终止劳动合同。如果员工与企业之间属于劳务派遣关系，企业可与劳务派遣机构解除劳务派遣合同，将相关人员退回劳务派遣机构，不需要支付经济补偿金或承担其他赔偿。如果员工与企业之间是劳务关系，那么只需要依照员工与企业签订的劳务合同约定的解除条件解除劳务关系。在此基础上，还要考虑员工的具体情况，依照相关的政策予以处理。如果在安置职工的时候，没有按照上述规定来执行，则属于违法操作，会为职工安置工作带来风险。

（三）召开职代会或者职工大会的程序违反相关规定等

《国务院办公厅转发国资委关于进一步规范国有企业改制工作实施意见的通知》（国办发［2005］60 号）规定："职工安置方案必须经职工代表大会或职工大会审议通过，企业方可实施改制。职工安置方案必须及时向广大职工群众公布。"因此，如果职工安置方案没有经过职工代表大会或职工大会审议通过，改制行为违法。此外，《全民所有制工业企业职工代表大会条例》、《中华全国总工会办公厅关于规范召开企业职工代表大会的意见》（总工办发［2011］53 号）等文件对职工代表大会制度的性质、职权、组织、职工代表等均作出明确规定，在召开职工代表大会或职工大会时，也需要严格按照上述规定进行，否则，相关审议程序无效。

四、引入战投的法律问题

战略投资者一般都具有更加丰富的投资经验和雄厚的资本背景，对比战略投资者而言，国有企业在资本管理运营、法律应用经验等方面往往处于弱势。因此，在国有企业混合所有制改革中引入战略投资者时，往往会出现以下法律问题：

（一）合作不对等问题

国有企业以出让部分国有股权甚至控制权为代价引入战略投资者，目的是换来先进的管理理念、制度技术以及大量资金。但是，如果战略投资者存有私心，不将核心理念、关键技术用于混改企业，而是窥探国有企业的资产和人才，则可能造成双方合作的破裂和国有资产的流失。此外，国企混改希望找到的战略投资者，是能够长期合作的投资者，而不是“战略投机者”。但是，目前我国现行制度不够完善，如规定的股权退出成本太低、解禁期太短、减持股权的申报程序过于简单、未要求减持者必须寻找到资质更好的投资者接盘等，就造成战略投资者容易演变成“战略投机者”，在短期限内抽离资本，使混改后的企业发展存在很大问题。

相关案例

中外合资××精细化工有限公司
外方侵占国有资产、损害中方权益严重

湖南省××市××精细化工有限公司是××市染料化工总厂（国有企业）与新加坡××投资私人有限公司于1987年合资兴办的一家企业。根据合资协议，双方各投资150万元，各占投资比例的50%。中方以厂房和非标准设备入股（土地28亩未作价），外方以设备（120万美元）和技术软件（30万美元）入股。董事会成员七人，总经理由外方担任。该公司是××市最早兴办的一家中外合资企业，在合资过程中，被外方钻了空子，造成了国有资产的严重流失。

1. 外方设备进来时，未通过商检，实际大部分都是旧设备，按中方参考国际同类设备的价格测算，高估约30万美元，折合人民币约111万元，企业也因此一直未通过验资。

2. 外方的技术软件既没有完整的技术资料，又没有所有权或使用权的证明，致使合资四年期间仍达不到设计要求，导致企业连年亏损。从1988年10月投产到1991年末，三年连续亏损累计达180万元。

3. 外方在产品外销价上做手脚。根据××市会计师事务所1992年元月的查账报告，该企业到1991年11月底，外销价低于内销价562万元，外方通过低价外销从而转移企业利润350万元，中方蒙受损失175万元。

针对在合资中出现以上问题，中方于1992年4月，以外方违约和损害中方权益为由，向××市中级人民法院提起诉讼，由于政府部门的行政干预，双方于1992年8月30日签订了一个由中方退出该合资企业的“协议书”，规定由外方按评估价购买中方资产。1993年1月，湖南会计师事务所××分所出具了评估报告，评估后的中方资产价值为1489.7万元，评估报告得到了××市国有资产管理部门的正式确认，但外方并无意拿出这么多钱来购买中方资产，反而以评估价过高为由，拖延产权的成交，并用欺骗的手法，经省有关部门同意取得了“外资企业”法人营业执照，这样，一家合资企业在中方股份尚未转让给外方，也未对原合资企业资产进行清算的情况下，一下就换成了外商独资企业的牌子，中方1400多万元资产竟被外商无偿占用。

在企业初建的4年中，企业的亏损由中方承担。现在企业盈利了，外商又通过欺骗手段将企业据为已有，并无偿占用中方国有资产为其谋利。现地方政府对此案正在处理中。

（资料来源于刘方：《国有资产流失案例分析》，载《中国国情国力》1994年第6期）

（二）控制权丧失问题

在引进战略投资者后，如果国有股东丧失控股地位，在法人治理结构中又没有做出有利于国有股东的设定，则国有股东很可能会丧失控制权。这样一来，混改后的企业将成为战略投资者“一股独大”，不仅国有股东的权益无法维系，曾经属于国有企业应该担负的社会责任也极可能被推脱，这对社会前景极为不利。

（三）串通合谋问题

国企混改之后，在国企中发挥作用的是战略投资者和国有股权的代理人，对于国有股权的代理人需要从职业操守、业务能力、勤勉廉洁等方面严格把关，否则，国有股权的代理人与战略投资者内外串通，势必会造成国有股东权益的损失和国有资产的流失。

相关案例

山西××公司在港合资兴办
××钢管厂有限公司造成巨大经济损失

山西××经济技术合作公司在没有进行认真调查研究和可行性分析、未按经贸部规定报批的情况下，委托香港山西××公司于1986年11月17日与港商王××签订协议合资兴办××钢管厂有限公司。投产后，因亏损严重，负债累累以致被接管拍卖。由于中方主要负责人焦××、刘××、马××、香港山西××公司总经理、合资办厂的委托代理人和××钢管厂董事康××等人的工作失误和严重不负责任，大量向××钢管厂提供股东借款、担保贷款和担保抵押贷款，山西省蒙受了巨大经济损失，实际损失达到了2285万元港币，如果加上中国交通银行香港分行因我方担保的连带责任继续追索该厂拍卖后尚欠的抵押贷款3284万元港币（包括管理费和利息），两项损失共计5569万元港币。

1. 未按经贸部规定报批的情况下，私自与港商签订合资合同。山西××公司明知港商只有10万元港币，为达到合资目的，将银行的资信证明私自扣押下来，第一次报省政府审批未获批准，后又上报经贸部，又被否定，在这种情况下私自同港商签订了合同。

2. 在未签订正式合约的情况下，超越协议规定范围，擅自向××钢管厂大量提供股东借款、担保贷款和担保抵押贷款。

按照双方协议规定，山西××公司向××钢管厂投资最多不超过150万元港币，担保贷款数额为600万元港币，并应在香港律师楼正式签订合约。但香港山西××公司总经理、合资办厂的委托代理人康××、山西国际公司负责人焦××、刘××、马××等却超越协议规定范围，不经请示，擅自决定向××钢管厂提供股东借款、担保贷款和担保抵押贷款合计5835万元港币，造成巨大经济损失。其中，由康××提出，并请示焦××同意，以香港山西××公司名义，为××钢管厂向日本佳友银行担保贷款100万美元（折800万元港币）；焦××批示同意借给××钢管厂50万美元（折390万元港币）；山西××公司董事马××擅自决定为××钢管厂向日本住友银行担保贷款100万元港币；山西××公司总经理刘××批准为××钢管厂借款6.5万美元（折51万元港币）；康××不经请示山西××公司，三次为××钢管厂向中国交通银行香港分行担保抵押贷款累计4494万元港币，其中还担保了合资前港商王××办厂抵押担保的700万元港币贷款。

3. 对××钢管厂存在的问题严重失察，对驻厂人员多次反映的问题，置之不理，没有及时采取措施。

1986年11月17日山西××公司委托香港山西××公司签订合资办厂协议后，直到1988年8月才派尚××等人赴港以雇员身份参加××钢管厂的工作。尚驻厂后经多方调查，了解到钢管厂存在严重问题，于1988年12月至1990年6月间，先后8次书面向焦××、刘××、马××、康××等有关领导汇报情况，反映了钢管厂的供销、人事、财务、运输等均属于王××的××集团公司统一管理，没有构成一个独立核算的经济实体，我方无权过问财务等方面的问题，提出："不宜再扩大投入，且股东借款应尽量偿还，以减少风险"，并建议："对整个投资进行决算，提交董事会审查批准，各股东签字确认"等，但焦××、刘××、康××等对这些正确的意见和建议不但没有引起警觉和重视，采取有效措施加以解决，反而有的还继续给××钢管厂提供股东借款和担保抵押贷款。

山西××公司与港商在港合资兴办××钢管厂造成巨大经济损失一事，中共山西省纪律检查委员会，山西省监察厅以晋纪通（1992）5号文件对此事的处理进行了通报。在中外合资合作中像这种本来可以避免的报失未能避免，造成国有资产流失的情况还很严重，应引起各级政府和有关方面的充分重视。

（资料来源于刘方：《国有资产流失案例分析》，载《中国国情国力》1994年第6期）

五、员工持股的法律问题

员工持股虽然可以解决国有企业"东家""管家"不一致的机制问题，提升员工的工作积极性，《关于国有控股混合所有制企业开展员工持股试点的意见》也对员工持股试点原则、试点企业条件、企业员工入股、企业员工股权管理、试点工作实施、组织领导等细则予以了明确，但是这一方式仍然存在一定的法律问题和法律风险。

1. 资金来源问题。员工入股需要大量资金，因此对于员工入股的资金来源的合法性需要予以重点关注，实践中，有一些改制的国企用企业自有资金为职工垫付股金或提供借款，这种做法是违法的。

2. 持股方式问题。员工持股要求的是由员工直接持股，但是在实践中，有持股会持股、工会持股、委托持股、信托持股等间接持股方式，这样的持股方式可能会因法定资格缺失和违法而被确定为无效，存在法律风险。

3. 效果模糊问题。员工持股的目的，是要通过改变员工的身份，起到激励员工的作用。但是在实践中，存在股份代持的情况，由部分职工作为“股东代表”，其他被代持股份的职工则基本丧失了表决权、处置权等股东权利。此外，员工持股比例过低，难于真正参与企业决策和管理，打击了员工的积极性。

4. 内幕交易问题。持股后，员工身份转变为股东，使得员工特别是管理层更易于提前接触到一些和自身利益相关的市场信息，有可能造成管理层借机腐败，甚至可能会导致内幕交易问题的发生，最终导致国有资产流失。

5. 股权纠纷问题。作为一种新型模式，员工持股目前还在试点阶段，实施细则还有待完善。在实践中，需要对持股员工退股、辞职、调动、退休等情况制定严格的股权处置方案，否则就容易引起股权纠纷。

六、其他可能的法律问题

除了上述列举的法律风险以外，在国有企业混合所有制改革工作中，还会因为违背流程、操作不当或者利欲熏心、贪欲腐败，出现一些法律风险，甚至是犯罪行为，例如：

1. 法律适用问题。如本书第一章第三节所述，国有企业混合所有制改革作为一项新兴的改革工作，处于国企改革的前沿阵地，涉及的法律关系复杂新颖，在实践中缺乏统一的法律支撑和操作指引。同时，国企混改涉及的层面和领域比较宽泛，可以适用的法律、法规，特别是国家部委出台的规范性文件非常庞杂。同时，国企混改要遵循“一企一策”的要求，要结合地方的相关政策和规定，因此在工作中可能要全盘考虑国企改革问题涉及的全部法律法规，还要结合各省市指定的国有企业改制政策。此外，不同的国企类型、混改的不同阶段，适用的法律、法规、政策等均不相同，因此需要认真分析，确定法律适用的问题，防止因适用法律、法规、政策错误导致国企改革风险的产生。

2. 法人治理结构问题。法人治理结构，是现代企业制度中最重要的组织架构。狭义的公司治理主要是指公司内部股东、董事、监事及经理层之间的关系，广义的公司治理还包括与外部利益相关者之间的关系。公司作为法人，也就是作为由法律赋予人格的团体人、实体人，需要有相适应的组织体制和管理机构，使之具有决策能力、管理能力，行使权利、承担责任，从而使公司法人能有效地活动起来，因而法人治理结构非常重要，是公司制度的核心。混改后的企业，日常的经营行为、国有股东的话语权、国有权益的保护全部要靠法人治理结构来完成，因此，如果法人治理结构出现问题，企业将出现巨大的合作经营和国有资产保值增值的风险。此外，按照相关规定，改制后企业的章程中需要有国有权益保护条款，这也对法人治理结构的构建提出了明确要求，如有违反，将追究相关人员的责任。

3. 违反改制程序问题。企业在混改的过程中，在开展审计评估、履行决策程序、实施产权交易、办理变更登记等各个阶段都有严格的工作流程，如果不严格按照流程操作，则可能违反国资监管的相关规定，造成改制行为无效、违法。特别要注意的是，在履行决策程序方面，会出现不严格执行“三重一大”决策机制、违反规定越权决策、批准相关交易事项的问题。在实施产权交易阶段，会发生披露事项不完备、披露周期不合法的问题，特别是不同的混改方式，信息披露的要求是不同的，因此一定要谨慎对待。

4. 签订相关合同问题。在混改工作中，可能要和战略投资方签订多个合同，既有过程期间的《保密协议》《合作框架协议》，又有在摘牌后要签署的《合资合作协议》和《产权交易合同》。对于这些合同的内容要严格审查、仔细研究，防止出现法律风险。特别需要提示的是，《合作框架协议》只是规范双方在正式合作之前的相关工作事宜，对内容的安排有严格的限定，并应约定“协议仅为双方投资意向约定，不具备任何法律效力，具体事宜以双方正式签署的《投资协议》为准”。

第二节　国企混改工作的法律责任

在国有企业混合所有制工作中，如果出现法律问题，不仅会影响国企混改的进程，造成国有资产流失，还会导致相关人员被追究法律责任。在混改工作中，承担法律责任的主体，既包括国有企业的企业负责人，也包括具有审批权的国资监管部门的工作人员，还包括承担资产评估、财务审计职能的资产评估机构、会计师事务所等中介机构。按照责任类型来分，国企混改工作中可能承担的法律责任主要包括刑事责任、行政责任和民事责任。

一、刑事责任

在国有企业混合所有制工作中，可能会因为某些行为，触犯刑事法律，承担刑事责任。其中，可能会涉及的刑事罪名包括：贪污罪，受贿罪，私分国有资产罪，妨害清算罪，徇私舞弊低价折股、出售国有资产罪，为亲友非法牟利罪，签订、履行合同失职被骗罪，隐匿或者故意销毁依法应当保存的会计凭证、会计账簿、财务会计报告罪等。

（一）贪污罪

在混改工作中，国有公司、企业中从事公务的人员利用职务上的便利，故意侵吞、窃取、骗取或者以其他手段非法占有国有财产的行为，涉嫌贪污罪。

贪污罪的法律规定：

《刑法》第 382 条 国家工作人员利用职务上的便利，侵吞、窃取、骗取或者以其他手段非法占有公共财物的，是贪污罪。

受国家机关、国有公司、企业、事业单位、人民团体委托管理、经营国有财产的人员，利用职务上的便利，侵吞、窃取、骗取或者以其他手段非法占有国有财物的，以贪污论。

与前两款所列人员勾结，伙同贪污的，以共犯论处。

《刑法》第 383 条 对犯贪污罪的，根据情节轻重，分别依照下列规定处罚：

（一）贪污数额较大或者有其他较重情节的，处 3 年以下有期徒刑或者拘役，并处罚金。

（二）贪污数额巨大或者有其他严重情节的，处 3 年以上 10 年以下有期徒刑，并处罚金或者没收财产。

（三）贪污数额特别巨大或者有其他特别严重情节的，处 10 年以上有期徒刑或者无期徒刑，并处罚金或者没收财产；数额特别巨大，并使国家和人民利益遭受特别重大损失的，处无期徒刑或者死刑，并处没收财产。

对多次贪污未经处理的，按照累计贪污数额处罚。

犯第 1 款罪，在提起公诉前如实供述自己罪行、真诚悔罪、积极退赃，避免、减少损害结果的发生，有第1项规定情形的，可以从轻、减轻或者免除处罚；有第2项、第3项规定情形的，可以从轻处罚。

犯第1款罪，有第3项规定情形被判处死刑缓期执行的，人民法院根据犯罪情节等情况可以同时决定在其死刑缓期执行2年期满依法减为无期徒刑后，终身监禁，不得减刑、假释。

《刑法》第271条第2款 国有公司、企业或者其他国有单位中从事公务的人员和国有公司、企业或者其他国有单位委派到非国有公司、企业以及其他单位从事公务的人员有前款行为的（利用职务上的便利，将本单位财物非法占为己有），依照本法第382条、第383条的规定定罪处罚。

（二）受贿罪

在混改工作中，国有公司、企业中从事公务的人员故意利用职务上的便利，索取他人财物，或者非法收受他人财物，为他人谋取利益的行为，涉嫌受贿罪。受贿罪侵犯的客体是国家机关工作人员的职务廉洁性。

受贿罪的法律规定：

《刑法》第386条 对犯受贿罪的，根据受贿所得数额及情节，依照本法第383条的规定处罚。索贿的从重处罚。

《刑法》第163条第3款 国有公司、企业或者其他国有单位中从事公务的人员和国有公司、企业或者其他国有单位委派到非国有公司、企业以及其他单位从事公务的人员有前两款行为的（利用职务上的便利，索取他人财物或者非法收受他人财物，为他人谋利益；在经济往来中，违反国家规定，收受各种名义的回扣、手续费，归个人所有的），依照本法第385条、第386条的规定定罪处罚。

（三）私分国有资产罪

在混改工作中，国有公司、企业中违反国家规定，以单位名义将国有资产集体私分给个人，数额较大的行为，涉嫌私分国有资产罪。私分国有资产罪所侵犯的是国有资产的管理制度及所有权。本罪是单位犯罪，但根据法律规定只处罚私分国有资产的直接负责的主管人员和其他直接责任人员。

私分国有资产罪的法律规定：

《刑法》第396条 国家机关、国有公司、企业、事业单位、人民团体，违反国家规定，以单位名义将国有资产集体私分给个人，数额较大的，对其直接负责的主管人员和其他直接责任人员，处3年以下有期徒刑或者拘役，并处或者单处罚金；数额巨大的，处3年以上7年以下有期徒刑，并处罚金。

（四）妨害清算罪

在混改工作中，公司、企业进行清算时，隐匿财产，对资产负债表或者财产清单作虚假记载，或者在未清偿债务前擅自分配公司、企业财产，严重损害债权人或者其他人利益的行为，涉嫌妨害清算罪。妨害清算罪的犯罪行为由清算组代表公司、企业实施，承担刑事责任的是清算组成员中直接负责的主管人员和其他直接责任人员。

妨害清算罪的法律规定：

《刑法》第162条　公司、企业进行清算时，隐匿财产，对资产负债表或者财产清单作虚伪记载或者在未清偿债务前分配公司、企业财产，严重损害债权人或者其他人利益的，对其直接负责的主管人员和其他直接责任人员，处5年以下有期徒刑或者拘役，并处或者单处2万元以上20万元以下罚金。

（五）徇私舞弊低价折股、出售国有资产罪

在混改工作中，国有公司、企业或者其上级主管部门直接负责的主管人员，徇私舞弊，将国有资产低价折股或者低价出售，致使国家利益遭受重大损失的行为，涉嫌徇私舞弊低价折股、出售国有资产罪。徇私舞弊低价折股、出售国有资产罪侵害的客体是国有公司、企业财产的国有所有权和国有资产管理制度（包括产权登记制度、国有资产统计报告制度、产权收益监缴管理制度、资产评估管理制度以及通过清产核资核实企业资本金的制度等）。

徇私舞弊低价折股、出售国有资产罪的法律规定：

《刑法》第169条　国有公司、企业或者其上级主管部门直接负责的主管人员，徇私舞弊，将国有资产低价折股或者低价出售，致使国家利益遭受重大损失的，处3年以下有期徒刑或者拘役；致使国家利益遭受特别重大损失的，处3年以上7年以下有期徒刑。

（六）为亲友非法牟利罪

在混改工作中，国有公司、企业的工作人员利用职务便利，将本单位的盈利业务交由自己的亲友进行经营，或者以明显高于市场的价格向自己的亲友经营管理的单位采购商品或者以明显低于市场的价格向自己的亲友经营管理的单位销售商品，或者向自己的亲友经营管理的单位采购不合格商品，使国家利益遭受重大损失的行为，涉嫌为亲友非法牟利罪。

为亲友非法牟利罪的法律规定：

《刑法》第166条　国有公司、企业、事业单位的工作人员，利用职务便利，有下列情形之一，使国家利益遭受重大损失的，处3年以下有期徒刑或者拘役，并处或者单处罚金；致使国家利益遭受特别重大损失的，处3年以上7年以下有期徒刑，并处罚金：

（一）将本单位的盈利业务交由自己的亲友进行经营的；

（二）以明显高于市场的价格向自己的亲友经营管理的单位采购商品或者以明显低于市场的价格向自己的亲友经营管理的单位销售商品的；

（三）向自己的亲友经营管理的单位采购不合格商品的。

（七）签订、履行合同失职被骗罪

在混改工作中，国有公司、企业直接负责的主管人员在签订、履行合同过程中，因严重不负责任而被诈骗，致使国家利益遭受重大损失的行为，涉嫌签订、履行合同失职被骗罪。在实践中，“严重不负责任”表现各异，如粗枝大叶，盲目轻信，不认真审查对方当事人的合同主体资格、资信情况；不认真审查对方的履约能力和货源情况；销售商品时对并非滞销甚至是紧俏的商品，让价出售或赊销，以权谋私，导致被骗；无视规章制度和工作纪律，擅自越权签订或者履行经济合同；急于推销产品，上当受骗；不辨真假，盲目吸收投资，同假外商签订引资合作协议等。此外，签订、履行合同失职被骗罪的主观方面是过失。

签订、履行合同失职被骗罪的法律规定：

《刑法》第167条　国有公司、企业、事业单位直接负责的主管人员，在签订、履行合同过程中，因严重不负责任被诈骗，致使国家利益遭受重大损失的，处3年以下有期徒刑或者拘役；致使国家利益遭受特别重大损失的，处3年以上7年以下有期徒刑。

（八）隐匿或者故意销毁依法应当保存的会计凭证、会计账簿、财务会计报告罪

在混改工作中，故意隐匿、故意销毁有法定保存义务的会计凭证和账簿、财务报告，情节严重的行为，涉嫌隐匿或者故意销毁依法应当保存的会计凭证、会计账簿、财务会计报告罪。该罪侵害的客体是国家对公司、企业的财会管理制度。该罪犯罪主体既可以为自然人，也可以是单位。自然人作为本罪的主体，主要是公司、企业内部的会计人员、有关主管人员

和直接责任人员。

本罪的法律规定：

《刑法》第162条之一　隐匿或者故意销毁依法应当保存的会计凭证、会计账簿、财务会计报告，情节严重的，处5年以下有期徒刑或者拘役，并处或者单处2万元以上20万元以下罚金。

单位犯前款罪的，对单位判处罚金，并对其直接负责的主管人员和其他直接责任人员，依照前款的规定处罚。

二、行政责任

在国有企业混合所有制改革的过程中，一些尚未构成犯罪的行为，是可以追究相关责任人的行政责任的。行政责任的追究对象，主要包括资产评估机构、会计师事务所等中介机构，还包括国有产权持有单位、国有企业及国有企业的负责人。

（一）资产评估机构、会计师事务所等中介机构的行政责任

按照《企业国有资产法》第74条的规定："接受委托对国家出资企业进行资产评估、财务审计的资产评估机构、会计师事务所违反法律、行政法规的规定和执业准则，出具虚假的资产评估报告或者审计报告的，依照有关法律、行政法规的规定追究法律责任。"对此，《资产评估法》和《注册会计师法》均作出过相关规定。

《资产评估法》

第44条　评估专业人员违反本法规定，有下列情形之一的，由有关评估行政管理部门予以警告，可以责令停止从业6个月以上1年以下；有违法所得的，没收违法所得；情节严重的，责令停止从业1年以上5年以下；构成犯罪的，依法追究刑事责任：

（一）私自接受委托从事业务、收取费用的；

（二）同时在两个以上评估机构从事业务的；

（三）采用欺骗、利诱、胁迫，或者贬损、诋毁其他评估专业人员等不正当手段招揽业务的；

（四）允许他人以本人名义从事业务，或者冒用他人名义从事业务的；

（五）签署本人未承办业务的评估报告或者有重大遗漏的评估报告的；

（六）索要、收受或者变相索要、收受合同约定以外的酬金、财物，或者谋取其他不正当利益的。

第45条　评估专业人员违反本法规定，签署虚假评估报告的，由有关评估行政管理部门责令停止从业2年以上5年以下；有违法所得的，没收违法所得；情节严重的，责令停止从业5年以上10年以下；构成犯罪的，依法追究刑事责任，终身不得从事评估业务。

第46条　违反本法规定，未经工商登记以评估机构名义从事评估业务的，由工商行政管理部门责令停止违法活动；有违法所得的，没收违法所得，并处违法所得1倍以上5倍以下罚款。

第47条　评估机构违反本法规定，有下列情形之一的，由有关评估行政管理部门予以警告，可以责令停业1个月以上6个月以下；有违法所得的，没收违法所得，并处违法所得1倍以上5倍以下罚款；情节严重的，由工商行政管理部门吊销营业执照；构成犯罪的，依法追究刑事责任：

（一）利用开展业务之便，谋取不正当利益的；

（二）允许其他机构以本机构名义开展业务，或者冒用其他机构名义开展业务的；

（三）以恶性压价、支付回扣、虚假宣传，或者贬损、诋毁其他评估机构等不正当手段招揽业务的；

（四）受理与自身有利害关系的业务的；

（五）分别接受利益冲突双方的委托，对同一评估对象进行评估的；

（六）出具有重大遗漏的评估报告的；

（七）未按本法规定的期限保存评估档案的；

（八）聘用或者指定不符合本法规定的人员从事评估业务的；

（九）对本机构的评估专业人员疏于管理，造成不良后果的。

评估机构未按本法规定备案或者不符合本法第15条规定的条件的，由有关评估行政管理部门责令改正；拒不改正的，责令停业，可以并处1万元以上5万元以下罚款。

第48条　评估机构违反本法规定，出具虚假评估报告的，由有关评估行政管理部门责令停业6个月以上1年以下；有违法所得的，没收违法所得，并处违法所得1倍以上5倍以下罚款；情节严重的，由工商行政管理部门吊销营业执照；构成犯罪的，依法追究刑事责任。

第49条　评估机构、评估专业人员在1年内累计3次因违反本法规定受到责令停业、责令停止从业以外处罚的，有关评估行政管理部门可以责令其停业或者停止从业1年以上5年以下。

《注册会计师法》

第14条　注册会计师承办下列审计业务：

（一）审查企业会计报表，出具审计报告；

（二）验证企业资本，出具验资报告；

（三）办理企业合并、分立、清算事宜中的审计业务，出具有关的报告；

（四）法律、行政法规规定的其他审计业务。

注册会计师依法执行审计业务出具的报告，具有证明效力。

第 20 条 注册会计师执行审计业务，遇有下列情形之一的，应当拒绝出具有关报告：

（一）委托人示意其作不实或者不当证明的；

（二）委托人故意不提供有关会计资料和文件的；

（三）因委托人有其他不合理要求，致使注册会计师出具的报告不能对财务会计的重要事项作出正确表述的。

第 21 条 注册会计师执行审计业务，必须按照执业准则、规则确定的工作程序出具报告。

注册会计师执行审计业务出具报告时，不得有下列行为：

（一）明知委托人对重要事项的财务会计处理与国家有关规定相抵触，而不予指明；

（二）明知委托人的财务会计处理会直接损害报告使用人或者其他利害关系人的利益，而予以隐瞒或者作不实的报告；

（三）明知委托人的财务会计处理会导致报告使用人或者其他利害关系人产生重大误解，而不予指明；

（四）明知委托人的会计报表的重要事项有其他不实的内容，而不予指明。

对委托人有前款所列行为，注册会计师按照执业准则、规则应当知道的，适用前款规定。

第 39 条 会计师事务所违反本法第 20 条、第 21 条规定的，由省级以上人民政府财政部门给予警告，没收违法所得，可以并处违法所得 1 倍以上 5 倍以下的罚款；情节严重的，并可以由省级以上人民政府财政部门暂停其经营业务或者予以撤销。

注册会计师违反本法第 20 条、第 21 条规定的，由省级以上人民政府财政部门给予警告；情节严重的，可以由省级以上人民政府财政部门暂停其执行业务或者吊销注册会计师证书。

会计师事务所、注册会计师违反本法第 20 条、第 21 条的规定，故意出具虚假的审计报告、验资报告，构成犯罪的，依法追究刑事责任。

第 40 条 对未经批准承办本法第 14 条规定的注册会计师业务的单位，由省级以上人民政府财政部门责令其停止违法活动，没收违法所得，可以并处违法所得 1 倍以上 5 倍以下的罚款。

（二）国有产权持有单位、国有企业及相关负责人的行政责任

由于在混改工作中，与评估机构、审计机构产生直接关系的主体可能是国有产权持有单位，也可能是国有企业，因此承担行政责任的主体可能是国有产权持有单位、国有企业及相关负责人。对此作出过相关规定的，有《资产评估法》、《会计法》和《审计法》等。

《资产评估法》

第 51 条　违反本法规定，应当委托评估机构进行法定评估而未委托的，由有关部门责令改正；拒不改正的，处 10 万元以上 50 万元以下罚款；情节严重的，对直接负责的主管人员和其他直接责任人员依法给予处分；造成损失的，依法承担赔偿责任；构成犯罪的，依法追究刑事责任。

第 52 条　违反本法规定，委托人在法定评估中有下列情形之一的，由有关评估行政管理部门会同有关部门责令改正；拒不改正的，处 10 万元以上 50 万元以下罚款；有违法所得的，没收违法所得；情节严重的，对直接负责的主管人员和其他直接责任人员依法给予处分；造成损失的，依法承担赔偿责任；构成犯罪的，依法追究刑事责任：

（一）未依法选择评估机构的；

（二）索要、收受或者变相索要、收受回扣的；

（三）串通、唆使评估机构或者评估师出具虚假评估报告的；

（四）不如实向评估机构提供权属证明、财务会计信息和其他资料的；

（五）未按照法律规定和评估报告载明的使用范围使用评估报告的。

前款规定以外的委托人违反本法规定，给他人造成损失的，依法承担赔偿责任。

《会计法》

第 42 条　违反本法规定，有下列行为之一的，由县级以上人民政府财政部门责令限期改正，可以对单位并处 3000 元以上 5 万元以下的罚款；对其直接负责的主管人员和其他直接责任人员，可以处 2000 元以上 2 万元以下的罚款；属于国家工作人员的，还应当由其所在单位或者有关单位依法给予行政处分：

（一）不依法设置会计帐簿的；

（二）私设会计帐簿的；

（三）未按照规定填制、取得原始凭证或者填制、取得的原始凭证不符合规定的；

（四）以未经审核的会计凭证为依据登记会计帐簿或者登记会计帐簿不符

合规定的；

（五）随意变更会计处理方法的；

（六）向不同的会计资料使用者提供的财务会计报告编制依据不一致的；

（七）未按照规定使用会计记录文字或者记帐本位币的；

（八）未按照规定保管会计资料，致使会计资料毁损、灭失的；

（九）未按照规定建立并实施单位内部会计监督制度或者拒绝依法实施的监督或者不如实提供有关会计资料及有关情况的；

（十）任用会计人员不符合本法规定的。

有前款所列行为之一，构成犯罪的，依法追究刑事责任。

会计人员有第1款所列行为之一，情节严重的，5年内不得从事会计工作。

有关法律对第1款所列行为的处罚另有规定的，依照有关法律的规定办理。

第43条 伪造、变造会计凭证、会计帐簿，编制虚假财务会计报告，构成犯罪的，依法追究刑事责任。

有前款行为，尚不构成犯罪的，由县级以上人民政府财政部门予以通报，可以对单位并处5000元以上10万元以下的罚款；对其直接负责的主管人员和其他直接责任人员，可以处3000元以上5万元以下的罚款；属于国家工作人员的，还应当由其所在单位或者有关单位依法给予撤职直至开除的行政处分；其中的会计人员，5年内不得从事会计工作。

第44条 隐匿或者故意销毁依法应当保存的会计凭证、会计帐簿、财务会计报告，构成犯罪的，依法追究刑事责任。

有前款行为，尚不构成犯罪的，由县级以上人民政府财政部门予以通报，可以对单位并处5000元以上10万元以下的罚款；对其直接负责的主管人员和其他直接责任人员，可以处3000元以上5万元以下的罚款；属于国家工作人员的，还应当由其所在单位或者有关单位依法给予撤职直至开除的行政处分；其中的会计人员，5年内不得从事会计工作。

第45条 授意、指使、强令会计机构、会计人员及其他人员伪造、变造会计凭证、会计帐簿，编制虚假财务会计报告或者隐匿、故意销毁依法应当保存的会计凭证、会计帐簿、财务会计报告，构成犯罪的，依法追究刑事责任；尚不构成犯罪的，可以处5000元以上5万元以下的罚款；属于国家工作人员的，还应当由其所在单位或者有关单位依法给予降级、撤职、开除的行政处分。

第46条 单位负责人对依法履行职责、抵制违反本法规定行为的会计人员以降级、撤职、调离工作岗位、解聘或者开除等方式实行打击报复，构成犯罪的，依法追究刑事责任；尚不构成犯罪的，由其所在单位或者有关单位依法给予行政处分。对受打击报复的会计人员，应当恢复其名誉和原有职务、级别。

第47条　财政部门及有关行政部门的工作人员在实施监督管理中滥用职权、玩忽职守、徇私舞弊或者泄露国家秘密、商业秘密，构成犯罪的，依法追刑事责任；尚不构成犯罪的，依法给予行政处分。

第48条　违反本法第30条规定，将检举人姓名和检举材料转给被检举单位和被检举人个人的，由所在单位或者有关单位依法给予行政处分。

《审计法》

第43条　被审计单位违反本法规定，拒绝或者拖延提供与审计事项有关的资料的，或者提供的资料不真实、不完整的，或者拒绝、阻碍检查的，由审计机关责令改正，可以通报批评，给予警告；拒不改正的，依法追究责任。

第44条　被审计单位违反本法规定，转移、隐匿、篡改、毁弃会计凭证、会计账簿、财务会计报告以及其他与财政收支、财务收支有关的资料，或者转移、隐匿所持有的违反国家规定取得的资产，审计机关认为对直接负责的主管人员和其他直接责任人员依法应当给予处分的，应当提出给予处分的建议，被审计单位或者其上级机关、监察机关应当依法及时作出决定，并将结果书面通知审计机关；构成犯罪的，依法追究刑事责任。

三、民事责任

在国有企业混合所有制改革过程中，除上述可能引发的刑事责任和行政责任以外，国有及国有控股企业的企业负责人、相关中介机构以及产权交易机构还可能会承担民事责任。相关法律法规的规定有：

《企业国有资产监督管理暂行条例》第39条　国有及国有控股企业的企业负责人滥用职权、玩忽职守，造成企业国有资产损失的，应负赔偿责任，并对其依法给予纪律处分；构成犯罪的，依法追究刑事责任。

《企业国有资产法》第71条　国家出资企业的董事、监事、高级管理人员有下列行为之一，造成国有资产损失的，依法承担赔偿责任；属于国家工作人员的，并依法给予处分：

（一）利用职权收受贿赂或者取得其他非法收入和不当利益的；

（二）侵占、挪用企业资产的；

（三）在企业改制、财产转让等过程中，违反法律、行政法规和公平交易规则，将企业财产低价转让、低价折股的；

（四）违反本法规定与本企业进行交易的；

（五）不如实向资产评估机构、会计师事务所提供有关情况和资料，或者与资产评估机构、会计师事务所串通出具虚假资产评估报告、审计报告的；

（六）违反法律、行政法规和企业章程规定的决策程序，决定企业重大事项的；

（七）有其他违反法律、行政法规和企业章程执行职务行为的。

国家出资企业的董事、监事、高级管理人员因前款所列行为取得的收入，依法予以追缴或者归国家出资企业所有。

履行出资人职责的机构任命或者建议任命的董事、监事、高级管理人员有本条第1款所列行为之一，造成国有资产重大损失的，由履行出资人职责的机构依法予以免职或者提出免职建议。

《企业国有资产交易监督管理办法》第59条 企业国有资产交易应当严格执行“三重一大”决策机制。国资监管机构、国有及国有控股企业、国有实际控制企业的有关人员违反规定越权决策、批准相关交易事项，或者玩忽职守、以权谋私致使国有权益受到侵害的，由有关单位按照人事和干部管理权限给予相关责任人员相应处分；造成国有资产损失的，相关责任人员应当承担赔偿责任；构成犯罪的，依法追究其刑事责任。

《企业国有资产交易监督管理办法》第61条 产权交易机构在企业国有资产交易中弄虚作假或者玩忽职守、给企业造成损失的，应当承担赔偿责任，并依法追究直接责任人员的责任。

《注册会计师法》第42条 会计师事务所违反本法规定，给委托人、其他利害关系人造成损失的，应当依法承担赔偿责任。

《资产评估法》第50条 评估专业人员违反本法规定，给委托人或者其他相关当事人造成损失的，由其所在的评估机构依法承担赔偿责任。评估机构履行赔偿责任后，可以向有故意或者重大过失行为的评估专业人员追偿。

此外，2016年8月国务院办公厅印发了《关于建立国有企业违规经营投资责任追究制度的意见》（国办发［2016］63号，以下简称《63号文件》），意见中明确规定，责任追究的范围包括：

1. 转让产权、上市公司股权和资产方面。未按规定履行决策和审批程序或超越授权范围转让；财务审计和资产评估违反相关规定；组织提供和披露虚假信息，操纵中介机构出具虚假财务审计、资产评估鉴证结果；未按相关规定执行回避制度，造成资产损失；违反相关规定和公开公平交易原则，低价转让企业产权、上市公司股权和资产等。

2. 投资并购方面。投资并购未按规定开展尽职调查，或尽职调查未进行风险分析等，存在重大疏漏；财务审计、资产评估或估值违反相关规定，或投资并购过程中授意、指使中介机构或有关单位出具虚假报告；未按规定履行决策和审批程序，决策未充分考虑重大风险因素，未制定风险防范预案；违规以各种形式为其他合资合作方提供垫资，或通过高溢价并购等手段向关联方输送利益；投资合同、协议及标的企业公司章程中国有权益保护条款缺失，对标的企业管理失控；投资参股后未行使股东权利，发生重大变化未及时采取止损措施；违反合同约定提前支付并购价款等。

3. 改组改制方面。未按规定履行决策和审批程序；未按规定组织开展清产核资、财务审计和资产评估；故意转移、隐匿国有资产或向中介机构提供虚假信息，操纵中介机构出具虚假清产核资、财务审计与资产评估鉴证结果；将国有资产以明显不公允低价折股、出售或无偿分给其他单位或个人；在发展混合所有制经济、实施员工持股计划等改组改制过程中变相套取、私分国有股权；未按规定收取国有资产转让价款；改制后的公司章程中国有权益保护条款缺失等。

以上情形，在国有企业混合所有制改革中，均有可能被涉及。

按照《63 号文件》的规定，责任追究处理的方式包括组织处理、扣减薪酬、禁入限制、纪律处分、移送司法机关等。具体包括：①组织处理。包括批评教育、责令书面检查、通报批评、诫勉、停职、调离工作岗位、降职、改任非领导职务、责令辞职、免职等。②扣减薪酬。扣减和追索绩效年薪或任期激励收入，终止或收回中长期激励收益，取消参加中长期激励资格等。③禁入限制。5 年内直至终身不得担任国有企业董事、监事、高级管理人员。④纪律处分。由相应的纪检监察机关依法依规查处。⑤移送司法机关处理。依据国家有关法律规定，移送司法机关依法查处。

但是，由于《63 号文件》是指导性意见，其要求“各级履行出资人职责的机构和国有企业要按照本意见要求，建立健全违规经营投资责任追究制度，细化经营投资责任追究的原则、范围、依据、启动机制、程序、方式、标准和职责，保障违规经营投资责任追究工作有章可循、规范有序”，因此，还需要结合各地区出台的违规经营投资责任追究制度，来确定承担责任的方式和处理的标准。

2018 年 7 月，国务院国资委发布了《中央企业违规经营投资责任追究实施办法（试行）》（国资委令第 37 号，以下简称《办法》），自 2018 年 8 月 30 日起施行。《办法》对中央企业违规经营投资责任追究工作进行了明确规定，相比较《63 号文件》而言，《办法》总共有六大方面的调整和变化：

1. 责任追究范围的顺序和内容有调整。将《63 号文件》责任追究范围“集团管控、购销管理、工程承包建设、转让产权、上市公司股权和资产方面、固定资产投资、投资并购、改组改制、资金管理、风险管理”，调整为“集团管控、风险管理、购销管理、工程承包建设、资金管理、转让产权、上市公司股权、资产、固定资产投资、投资并购、改组改制、境外经营投资”，表明了对风险管理和资金管理的重视，增加了对于境外经营投资的管理。

2. 资产损失认定具体化。中央企业违规经营投资资产损失 500 万元以下，为一般资产损失；500 万元以上 5000 万元以下，为较大资产损失；5000 万元以上，为重大资产损失。涉及违纪违法和犯罪行为查处的损失标准，遵照相关党内法规和国家法律法规的规定执行。

3. 明确所属子企业违规经营投资追究上级企业经营管理有关人员责任的情形。中央企业所属子企业违规经营投资致使发生本条第 2 款、第 3 款所列情形的，上级企业经营管理有关人员应当承担相应的责任。上一级企业有关人员应当承担相应责任的情形包括：①发生重大资产损失且对企业生产经营、财务状况产生重大影响的；②多次发生较大、重大资产损失，或造成其他严重不良后果的。除上一级企业有关人员外，更高层级企业有关人员也应当承担相应责任的情形包括：①发生违规违纪违法问题，造成资产损失金额巨大且危及企业生存发展的；②在一定时期内多家所属子企业连续集中发生重大资产损失，或造成其他严重不良后果的。

4. 明确发生一般资产损失的处理方式。发生一般资产损失的，对直接责任人和主管责任人给予批评教育、责令书面检查、通报批评、诫勉等处理，可以扣减和追索责任认定年度 50%以下的绩效年薪。

5. 明确受到诫勉、调离工作岗位、改任非领导职务、责令辞职、免职等处理的方式。相关责任人受到诫勉处理的，6 个月内不得提拔、重用；受到调离工作岗位、改任非领导职务处理的，1 年内不得提拔；受到降职处理的，2 年内不得提拔；受到责令辞职、免职处理的，1 年内不安排职务，2 年内不得担任高于原任职务层级的职务；同时受到纪律处分的，按照影响期长的规定执行。

6. 明确从重、加重、从轻、减轻和免除处理的方式

有下列情形之一的，应当对相关责任人从重或加重处理：①资产损失频繁发生、金额巨大、后果严重的；②屡禁不止、顶风违规、影响恶劣的；③强迫、唆使他人违规造成资产损失或其他严重不良后果的；④未及时采取措施或措施不力导致资产损失或其他严重不良后果扩大的；⑤瞒报、漏报或谎报资产损失的；⑥拒不配合或干扰、抵制责任追究工作的；⑦其他

应当从重或加重处理的。

对中央企业经营管理有关人员在企业改革发展中所出现的失误，不属于有令不行、有禁不止、不当谋利、主观故意、独断专行等的，根据有关规定和程序予以容错。有下列情形之一的，可以对违规经营投资相关责任人从轻或减轻处理：①情节轻微的；②以促进企业改革发展稳定或履行企业经济责任、政治责任、社会责任为目标，且个人没有谋取私利的；③党和国家方针政策、党章党规党纪、国家法律法规、地方性法规和规章等没有明确限制或禁止的；④处置突发事件或紧急情况下，个人或少数人决策，事后及时履行报告程序并得到追认，且不存在故意或重大过失的；⑤及时采取有效措施减少、挽回资产损失并消除不良影响的；⑥主动反映资产损失情况，积极配合责任追究工作的，或主动检举其他造成资产损失相关人员，查证属实的；⑦其他可以从轻或减轻处理的。

对于违规经营投资有关责任人应当给予批评教育、责令书面检查、通报批评或诫勉处理，但是具有本办法第 40 条规定的情形之一的，可以免除处理。

对违规经营投资有关责任人减轻或免除处理，须由作出处理决定的上一级企业或国资委批准。

第三节 国企混改法律问题的应对措施

在国有企业混合所有制改革工作中，难免遇到法律问题或者法律风险，如果妥善应对，防患未然，做出有针对性的预防措施和解决办法，将保证国有企业混合所有制改革的顺利进行，维护国有资产的保值增值，也保护国有企业、中介机构以及相关部门的责任人员的安全。

一、审计评估问题的应对措施

在审计评估阶段，可能会出现财产清查不彻底、资产剥离不全面、资产评估不规范、中介机构不合规等问题，对此，每个问题均有相对应的预防措施。

（一）财产清查不彻底的应对措施

财产清查不彻底，导致对企业资产和负债情况不能真实、完整地反映，从而将影响到资产评估值。为有效预防财产清查不彻底，可以采取以下措施：①建立管理制度，确保财产清查真实、准确、完整。对于企业财产的管理，要建章立制，建立和完善严格的管理制度，从而有效保证财产情况的清晰明确。②制订财产表格，分门别类进行登记。企业的财产分为多种类别，主要包括企业的房屋建筑物和土地使用权，企业的主要生产设备及设施，企业的知识产权以及企业的下属公司等情况。要详细了解各项财产情况，可以借助财产表格的办法，按照不同的财产类别予以登记。③完善登记流程，将清查责任落实到人。完善企业财产的登记流程，确保财产清查的完整性和准确性，做到将清查责任落实到人，对每一类别财产的清查，从直接经手人员到部门负责同志都要严格把关，亲自核实并签字落实，承担相应责任。

（二）资产剥离不全面的应对措施

资产剥离不全面，使得未纳入混改范围，也未支付对价的国有资产被混改后企业无偿使用，国有股东未获取应得收益，从而造成国有资产流失。防止资产剥离不严格，要求在企业改制前，要对企业的相关资产（比如固定资产、无形资产类资产等）做严格核查，明晰产权，对不纳入混改需要剥离的资产进行盘点，并且登记造册，按照法定程序进行剥离，确保无遗漏无缺报。

（三）资产评估不规范的应对措施

资产评估不规范，往往导致资产评估值低于资产实际价值，从而造成国有资产流失。预防资产评估不规范的措施包括：①在评估过程中，无论是委托方还是受托方，都要严格依照法律、法规规定进行评估，并依法办理评估的核准、备案手续，同时加强对资产评估工作的监督。对于国有资产的评估，按照《企业国有资产评估管理暂行办法》的规定："企业国有资产评估项目实行核准制和备案制"，因此还要按照相关规定，做好评估的核准、备案工作。②在对企业的资产做评估的过程中，需要企业提供财产的相关资料，为防止有漏报缺报的事项造成资产评估不准确，需要根据企业财产情况制定《资料交接清单》，清单的内容包括财产的类别、名称、数量等基本情况。在进行资料交接的时候，直接经手人员、部门负责同志要在《资料交接清单》上签字，表示对企业财产的审核和认可，对资料的完整性和准确性负责。评估机构的接收同志也要在《资料交接清单》上签字，表示对企业财产资料的接收。

（四）中介机构不合规的应对措施

严格按照《招标投标法》的相关规定选聘具有相关资质、业绩突出的中介机构开展审计评估工作，将“改制前2年内在企业财务审计中有违法、违规记录的会计师事务所和注册会计师”，“参与该企业上一次资产评估的中介机构和注册资产评估师”，“同一中介机构开展财务审计与资产评估等”等禁止性条款写入招标文件，并加大审查力度，确保从源头上杜绝不合规中介机构的进入。

相关规定

企业国有资产评估管理暂行办法

（国资委令第12号）

第4条　企业国有资产评估项目实行核准制和备案制。

经各级人民政府批准经济行为的事项涉及的资产评估项目，分别由其国有资产监督管理机构负责核准。

经国务院国有资产监督管理机构批准经济行为的事项涉及的资产评估项目，由国务院国有资产监督管理机构负责备案；经国务院国有资产监督管理机构所出资企业及其各级子企业批准经济行为的事项涉及的资产评估项目，由中央企业负责备案。

地方国有资产监督管理机构及其所出资企业的资产评估项目备案管理工作的职责分工，由地方国有资产监督管理机构根据各地实际情况自行规定。

二、产权交易问题的应对措施

在产权交易阶段，要对交易不公开、关联交易和产权受让方违约等法律问题采取应对措施，防范法律风险。

（一）交易不透明的应对措施

交易不透明，是对法定交易流程的规避，目的是隐蔽操作、私下决定，从而串通压低国有资产价格，最终导致国有资产流失。因此，为避免交易不透明，应加大内、外部的监督力度，确保国有资产转让应依照相关法律、法规的规定，规范交易行为，该进产权交易市场的坚决进产权交易市场进行交易，确保交易过程公开、公平、公正，在阳光下进行，接受社会的监督，防止交易被暗箱操作。

（二）关联交易的应对措施

关联交易分为公允的关联交易与非公允的关联交易，非公允的关联交易是不被允许的，但是公允的关联交易是被接受和允许的。因此，如何区分关联交易是否公允将是预防法律风险的关键。对于关联交易的区分，主要有程序审查、实体审查以及履行审查三个方面。①对于关联交易的程序审查。审查交易是否合法合规，是否按照章程和内部相关文件的规定履行了必要的批准程序。审查交易涉及的董事是否对决议行使或代理他人行使了表决权，如果没有，则此项程序是合规的。②对于关联交易的内容审查。重点审查交易合同的标的、数量、金额等内容是否有失公允，是否损害企业或其他股东的利益。如果确定没有有失公允的情况，那该关联交易则为公允的关联交易。③对于关联交易的履行审查。跟进审查关联交易在实际履行中的具体情况，有些关联交易具有隐蔽性，在程序审查和实体审查中，貌似是公允的关联交易，但其实质是非公允的关联交易，在该交易的实际履行中会露出端倪，因此要跟进审查，密切关注，随时叫停。

相关规定

公司法

第 124 条 上市公司董事与董事会会议决议事项所涉及的企业有关联关系的，不得对该项决议行使表决权，也不得代理其他董事行使表决权。该董事会会议由过半数的无关联关系董事出席即可举行，董事会会议所作决议须经无关联关系董事过半数通过。出席董事会的无关联关系董事人数不足 3 人的，应将该事项提交上市公司股东大会审议。

（三）产权受让方违约的应对措施

产权受让方违约，可能影响到混改工作的进展，甚至从根本上造成混改工作彻底失败。为避免产权受让方违约，在进行产权转让前，须对产权受让方的商业信誉、支付能力等做尽职调查，产权转让中要对受让方的价款支付条件、支付期限、支付方式等做出严格的限定，同时规定企业国有产权价格不得以任何付款方式为条件进行打折优惠，要求受让方提供转让方认可的合法有效担保，防止因受让方拖欠支付款导致国有资产流失。

三、职工安置问题的应对措施

在处置职工安置问题方面，首先要做到底数清、情况明，然后依据相应的法律法规和制度政策，分门别类地予以解决。

（一）调查了解相关情况

要对企业的职工情况进行深入了解，准确掌握员工的工作情况，界定员工与企业是劳动关系、劳务关系还是劳动派遣关系。属于劳动关系的，还要确定是否已经和劳动者签订了劳动合同，否则会面临双倍经济补偿金的问题。对于属于劳动关系的职工，要区分事业编制的人员和企业编制的人员，并分别明确人数和名单。对于企业编制人员，要掌握：①在职职工人数及名单，包括拟留用人员人数及名单，拟安置人员人数及名单；②工伤致残人员的人数及名单；③退休人员人数及名单；④离休干部及已故离休干部配偶人数及名单；⑤60年代精简退职人员人数及名单。

（二）按照原则开展工作

在国企混改工作中，需要按照以下原则谨慎妥善开展工作。①平稳操作原则。正确处理改革、发展、稳定之间的关系，充分考虑职工、企业和社会的承受能力，充分挖掘就业岗位，尽可能不将职工推向社会，稳定就业。②依法操作，分类处置原则。以现行法律法规为依据，按照各省市相关政策，规范操作分类处理改制企业与职工的劳动关系。③公开、公平、公正原则。根据实际情况并按照规定计算并支付职工各项费用，维护职工合法权益，保证国有资产不流失。④民主程序、民主审议原则。充分保障企业职工对国有企业混合所有制改革的知情权和参与权，混改方案必须提交企业职工代表大会或职工大会审议，并按照相关规定和程序向广大职工公布。职工安置方案必须经职工代表大会或职工大会审议通过。涉及职工利益调整、可能造成企业和社会不稳定的，必须严格按照程序进行社会稳定风险评估。

（三）依法分类予以安置

按照《劳动合同法》和各省市的相关政策，对与企业有劳动关系的职工依法进行安置。由于各省市职工安置的政策不同，因此安置的具体情况也不尽相同，仅从《劳动合同法》的法律原则来说，一般将企业职工做如下分类，并分别安置：①对事业编制人员的安置，实行整体平移，保持收入待遇不变，不向职工支付经济补偿。②对企业在职职工的安置，继续履行劳动合同的，工作年限合并计算，不支付经济补偿；解除劳动合同的，支付经济补偿。需要特别注意的是，根据法律规定，处于三期（孕期、产期、哺乳期）的女职工不可以强行解除劳动关系，只能依靠协商解决，制定相应的补偿方案，最好选择继续留用或调岗。③对工伤致残人员的安置。

工伤或者患职业病的人员按照《工伤保险条例》相关规定，分工伤等级予以安置。④对退休人员的安置。由混改企业提供管理和服务，确保退休职工待遇不降低。⑤对离休干部及已故离休干部配偶的安置。原则上根据混改后企业的性质而有所区别。国有控股的企业，由原单位管理和服务；国有不再控股的企业，由国有股权持有单位提供管理和服务。⑥对20世纪60年代精简退职人员的安置。混改企业的60年代精简退职人员，一次性支付60年代精简退职人员的生活困难补助费，或者按照人均寿命预留资金，由职工托管中心代为管理发放。

（四）完善工作方式方法

在安置过程中，要注意和员工建立充分沟通的渠道，以确保员工能够正确理解员工安置方案，对异议进行合理解释，对不满情绪进行安抚，防止员工因对安置不满，启动诉讼或仲裁程序。对于安置方案的公示、与员工协商、沟通过程中形成的文件等要妥善保管，一旦发生争议，这些程序性文件都是用人单位完成法定义务、避免承担违法解除劳动合同后果的证明性文件。

四、引入战略投资者问题的应对措施

在以引入战略投资者作为混改方式的时候，要注重对战略投资者质量和信誉的考量，不可轻信战略投资者的名声，更不可以仅仅看中对方的资金，而应对其进行全面深入的尽职调查，主要侧重于企业信誉、主业领域、发展规划等方面，看其是否与混改目标企业相契合。此外，要注意对择优条件的设计，加大对战略投资者主业、规划、投入方面的考量，确保选择适合目标企业、长期合作共赢的战略投资者。

五、员工持股问题的应对措施

深入理解《关于国有控股混合所有制企业开展员工持股试点的意见》等规定“员工持股”的相关制度。在开展员工持股工作之前，制定严格、细致的股权处置方案，对撤股、转股等股权处置问题予以规范。在开展员工持股工作时，严格审查员工入股的资金来源，规范员工的持股方式，杜绝无效违法的持股模式，确保员工持股的效果。

六、其他可能问题的应对措施

除了上述应对措施以外，在国有企业混合所有制改革工作中，对于法律适用的问题、法人结构治理的问题、违反改制程序问题、签订相关合同的问题等，也应引起高度的重视，并采取积极有利的应对措施。建议混改企业聘请专门的混改律师，对混改工作进行全面辅助，建议混改企业在立项伊始，便对混改工作所需的法律法规和制度文件予以收集、整理，汇编成册，已备工作时随时查阅。在企业混改过程中，严格按照流程、程序规范操作，并且对信息披露事项和相关的协议合同进行审查，防止出现法律问题，同时，完善现代企业制度的组织架构，对混改后企业的股东会、董事会、经理层、监事会和党委会予以合理构建，使混改后的公司具有决策能力、管理能力，充分行使权利、承担责任。此外，加强对混改工作法制化的宣传，加大对违法违规问题和人员的惩处，全面防范混改工作的法律风险。

附　录

国有企业混合所有制改革重点适用的法律法规及规范性文件

1. 《中华人民共和国公司法》
2. 《中华人民共和国企业国有资产法》
3. 《企业国有资产交易监督管理办法》
4. 《中共中央、国务院关于深化国有企业改革的指导意见》
5. 《国务院关于国有企业发展混合所有制经济的意见》
6. 《国务院办公厅转发国务院国有资产监督管理委员会关于规范国有企业改制工作意见的通知》
7. 《国务院办公厅转发国资委关于进一步规范国有企业改制工作实施意见的通知》
8. 《国务院办公厅关于建立国有企业违规经营投资责任追究制度的意见》

中华人民共和国公司法

1993 年 12 月 29 日第八届全国人民代表大会常务委员会第五次会议通过　根据 1999 年 12 月 25 日第九届全国人民代表大会常务委员会第十三次会议《关于修改〈中华人民共和国公司法〉的决定》第一次修正　根据 2004 年 8 月 28 日第十届全国人民代表大会常务委员会第十一次会议《关于修改〈中华人民共和国公司法〉的决定》第二次修正　2005 年 10 月 27 日第十届全国人民代表大会常务委员会第十八次会议修订　根据 2013 年 12 月 28 日第十二届全国人民代表大会常务委员会第六次会议《关于修改〈中华人民共和国海洋环境保护法〉等七部法律的决定》第三次修正　根据 2018 年 10 月 26 日第十三届全国人民代表大会常务委员会第六次会议《关于修改〈中华人民共和国公司法〉的决定》第四次修正

第一章　总　则

第一条　为了规范公司的组织和行为，保护公司、股东和债权人的合法权益，维护社会经济秩序，促进社会主义市场经济的发展，制定本法。

第二条　本法所称公司是指依照本法在中国境内设立的有限责任公司和股份有限公司。

第三条　公司是企业法人，有独立的法人财产，享有法人财产权。公司以其全部财产对公司的债务承担责任。

有限责任公司的股东以其认缴的出资额为限对公司承担责任；股份有限公司的股东以其认购的股份为限对公司承担责任。

第四条　公司股东依法享有资产收益、参与重大决策和选择管理者等权利。

第五条　公司从事经营活动，必须遵守法律、行政法规，遵守社会公德、商业道德，诚实守信，接受政府和社会公众的监督，承担社会责任。

公司的合法权益受法律保护，不受侵犯。

第六条　设立公司，应当依法向公司登记机关申请设立登记。符合本法规定的设立条件的，由公司登记机关分别登记为有限责任公司或者股份有限公司；不符合本法规定的设立条件的，不得登记为有限责任公司或者股份有限公司。

法律、行政法规规定设立公司必须报经批准的，应当在公司登记前依法办理批准手续。

公众可以向公司登记机关申请查询公司登记事项，公司登记机关应当提供查询服务。

第七条　依法设立的公司，由公司登记机关发给公司营业执照。公司营业执照签发日期为公司成立日期。

公司营业执照应当载明公司的名称、住所、注册资本、经营范围、法定代表人姓名等事项。

公司营业执照记载的事项发生变更的，公司应当依法办理变更登记，由公司登记机关换发营业执照。

第八条 依照本法设立的有限责任公司，必须在公司名称中标明有限责任公司或者有限公司字样。

依照本法设立的股份有限公司，必须在公司名称中标明股份有限公司或者股份公司字样。

第九条 有限责任公司变更为股份有限公司，应当符合本法规定的股份有限公司的条件。股份有限公司变更为有限责任公司，应当符合本法规定的有限责任公司的条件。

有限责任公司变更为股份有限公司的，或者股份有限公司变更为有限责任公司的，公司变更前的债权、债务由变更后的公司承继。

第十条 公司以其主要办事机构所在地为住所。

第十一条 设立公司必须依法制定公司章程。公司章程对公司、股东、董事、监事、高级管理人员具有约束力。

第十二条 公司的经营范围由公司章程规定，并依法登记。公司可以修改公司章程，改变经营范围，但是应当办理变更登记。

公司的经营范围中属于法律、行政法规规定须经批准的项目，应当依法经过批准。

第十三条 公司法定代表人依照公司章程的规定，由董事长、执行董事或者经理担任，并依法登记。公司法定代表人变更，应当办理变更登记。

第十四条 公司可以设立分公司。设立分公司，应当向公司登记机关申请登记，领取营业执照。分公司不具有法人资格，其民事责任由公司承担。

公司可以设立子公司，子公司具有法人资格，依法独立承担民事责任。

第十五条 公司可以向其他企业投资；但是，除法律另有规定外，不得成为对所投资企业的债务承担连带责任的出资人。

第十六条 公司向其他企业投资或者为他人提供担保，依照公司章程的规定，由董事会或者股东会、股东大会决议；公司章程对投资或者担保的总额及单项投资或者担保的数额有限额规定的，不得超过规定的限额。

公司为公司股东或者实际控制人提供担保的，必须经股东会或者股东大会决议。

前款规定的股东或者受前款规定的实际控制人支配的股东，不得参加前款规定事项的表决。该项表决由出席会议的其他股东所持表决权的过半数通过。

第十七条 公司必须保护职工的合法权益，依法与职工签订劳动合同，参加社会保险，加强劳动保护，实现安全生产。

公司应当采用多种形式，加强公司职工的职业教育和岗位培训，提高职工素质。

第十八条　公司职工依照《中华人民共和国工会法》组织工会，开展工会活动，维护职工合法权益。公司应当为本公司工会提供必要的活动条件。公司工会代表职工就职工的劳动报酬、工作时间、福利、保险和劳动安全卫生等事项依法与公司签订集体合同。

公司依照宪法和有关法律的规定，通过职工代表大会或者其他形式，实行民主管理。

公司研究决定改制以及经营方面的重大问题、制定重要的规章制度时，应当听取公司工会的意见，并通过职工代表大会或者其他形式听取职工的意见和建议。

第十九条　在公司中，根据中国共产党章程的规定，设立中国共产党的组织，开展党的活动。公司应当为党组织的活动提供必要条件。

第二十条　公司股东应当遵守法律、行政法规和公司章程，依法行使股东权利，不得滥用股东权利损害公司或者其他股东的利益；不得滥用公司法人独立地位和股东有限责任损害公司债权人的利益。

公司股东滥用股东权利给公司或者其他股东造成损失的，应当依法承担赔偿责任。

公司股东滥用公司法人独立地位和股东有限责任，逃避债务，严重损害公司债权人利益的，应当对公司债务承担连带责任。

第二十一条　公司的控股股东、实际控制人、董事、监事、高级管理人员不得利用其关联关系损害公司利益。

违反前款规定，给公司造成损失的，应当承担赔偿责任。

第二十二条　公司股东会或者股东大会、董事会的决议内容违反法律、行政法规的无效。

股东会或者股东大会、董事会的会议召集程序、表决方式违反法律、行政法规或者公司章程，或者决议内容违反公司章程的，股东可以自决议作出之日起60日内，请求人民法院撤销。

股东依照前款规定提起诉讼的，人民法院可以应公司的请求，要求股东提供相应担保。

公司根据股东会或者股东大会、董事会决议已办理变更登记的，人民法院宣告该决议无效或者撤销该决议后，公司应当向公司登记机关申请撤销变更登记。

第二章 有限责任公司的设立和组织机构

第一节 设 立

第二十三条 设立有限责任公司，应当具备下列条件：

（一）股东符合法定人数；

（二）有符合公司章程规定的全体股东认缴的出资额；

（三）股东共同制定公司章程；

（四）有公司名称，建立符合有限责任公司要求的组织机构；

（五）有公司住所。

第二十四条 有限责任公司由50个以下股东出资设立。

第二十五条 有限责任公司章程应当载明下列事项：

（一）公司名称和住所；

（二）公司经营范围；

（三）公司注册资本；

（四）股东的姓名或者名称；

（五）股东的出资方式、出资额和出资时间；

（六）公司的机构及其产生办法、职权、议事规则；

（七）公司法定代表人；

（八）股东会会议认为需要规定的其他事项。

股东应当在公司章程上签名、盖章。

第二十六条 有限责任公司的注册资本为在公司登记机关登记的全体股东认缴的出资额。

法律、行政法规以及国务院决定对有限责任公司注册资本实缴、注册资本最低限额另有规定的，从其规定。

第二十七条 股东可以用货币出资，也可以用实物、知识产权、土地使用权等可以用货币估价并可以依法转让的非货币财产作价出资；但是，法律、行政法规规定不得作为出资的财产除外。

对作为出资的非货币财产应当评估作价，核实财产，不得高估或者低估作价。法律、行政法规对评估作价有规定的，从其规定。

第二十八条 股东应当按期足额缴纳公司章程中规定的各自所认缴的出资额。股东以货币出资的，应当将货币出资足额存入有限责任公司在银行开设的账户；以非货币财产出资的，应当依法办理其财产权的转移手续。

股东不按照前款规定缴纳出资的，除应当向公司足额缴纳外，还应当向已按期足额缴纳出资的股东承担违约责任。

第二十九条 股东认足公司章程规定的出资后，由全体股东指定的代表或者共同委托的代理人向公司登记机关报送公司登记申请书、公司章程等文件，申请设立登记。

第三十条 有限责任公司成立后，发现作为设立公司出资的非货币财产的实际价额显著低于公司章程所定价额的，应当由交付该出资的股东补足其差额；公司设立时的其他股东承担连带责任。

第三十一条 有限责任公司成立后，应当向股东签发出资证明书。

出资证明书应当载明下列事项：

（一）公司名称；

（二）公司成立日期；

（三）公司注册资本；

（四）股东的姓名或者名称、缴纳的出资额和出资日期；

（五）出资证明书的编号和核发日期。

出资证明书由公司盖章。

第三十二条 有限责任公司应当置备股东名册，记载下列事项：

（一）股东的姓名或者名称及住所；

（二）股东的出资额；

（三）出资证明书编号。

记载于股东名册的股东，可以依股东名册主张行使股东权利。

公司应当将股东的姓名或者名称向公司登记机关登记；登记事项发生变更的，应当办理变更登记。未经登记或者变更登记的，不得对抗第三人。

第三十三条 股东有权查阅、复制公司章程、股东会会议记录、董事会会议决议、监事会会议决议和财务会计报告。

股东可以要求查阅公司会计账簿。股东要求查阅公司会计账簿的，应当向公司提出书面请求，说明目的。公司有合理根据认为股东查阅会计账簿有不正当目的，可能损害公司合法利益的，可以拒绝提供查阅，并应当自股东提出书面请求之日起 15 日内书面答复股东并说明理由。公司拒绝提供查阅的，股东可以请求人民法院要求公司提供查阅。

第三十四条 股东按照实缴的出资比例分取红利；公司新增资本时，股东有权优先按照实缴的出资比例认缴出资。但是，全体股东约定不按照出资比例分取红利或者不按照出资比例优先认缴出资的除外。

第三十五条 公司成立后，股东不得抽逃出资。

第二节 组织机构

第三十六条 有限责任公司股东会由全体股东组成。股东会是公司的权力机构，依照本法行使职权。

第三十七条 股东会行使下列职权：

（一）决定公司的经营方针和投资计划；

（二）选举和更换非由职工代表担任的董事、监事，决定有关董事、监事的报酬事项；

（三）审议批准董事会的报告；

（四）审议批准监事会或者监事的报告；

（五）审议批准公司的年度财务预算方案、决算方案；

（六）审议批准公司的利润分配方案和弥补亏损方案；

（七）对公司增加或者减少注册资本作出决议；

（八）对发行公司债券作出决议；

（九）对公司合并、分立、解散、清算或者变更公司形式作出决议；

（十）修改公司章程；

（十一）公司章程规定的其他职权。

对前款所列事项股东以书面形式一致表示同意的，可以不召开股东会会议，直接作出决定，并由全体股东在决定文件上签名、盖章。

第三十八条 首次股东会会议由出资最多的股东召集和主持，依照本法规定行使职权。

第三十九条 股东会会议分为定期会议和临时会议。

定期会议应当依照公司章程的规定按时召开。代表 1/10 以上表决权的股东，1/3 以上的董事，监事会或者不设监事会的公司的监事提议召开临时会议的，应当召开临时会议。

第四十条 有限责任公司设立董事会的，股东会会议由董事会召集，董事长主持；董事长不能履行职务或者不履行职务的，由副董事长主持；副董事长不能履行职务或者不履行职务的，由半数以上董事共同推举一名董事主持。

有限责任公司不设董事会的，股东会会议由执行董事召集和主持。

董事会或者执行董事不能履行或者不履行召集股东会会议职责的，由监事会或者不设监事会的公司的监事召集和主持；监事会或者监事不召集和主持的，代表 1/10 以上表决权的股东可以自行召集和主持。

第四十一条 召开股东会会议，应当于会议召开 15 日前通知全体股东；但是，公司章程另有规定或者全体股东另有约定的除外。

股东会应当对所议事项的决定作成会议记录，出席会议的股东应当在会议记录上签名。

第四十二条 股东会会议由股东按照出资比例行使表决权；但是，公司章程另有规定的除外。

第四十三条 股东会的议事方式和表决程序，除本法有规定的外，由公司章程规定。

股东会会议作出修改公司章程、增加或者减少注册资本的决议，以及公司合并、分立、解散或者变更公司形式的决议，必须经代表2/3以上表决权的股东通过。

第四十四条　有限责任公司设董事会，其成员为3人至13人；但是，本法第五十条另有规定的除外。

两个以上的国有企业或者两个以上的其他国有投资主体投资设立的有限责任公司，其董事会成员中应当有公司职工代表；其他有限责任公司董事会成员中可以有公司职工代表。董事会中的职工代表由公司职工通过职工代表大会、职工大会或者其他形式民主选举产生。

董事会设董事长一人，可以设副董事长。董事长、副董事长的产生办法由公司章程规定。

第四十五条　董事任期由公司章程规定，但每届任期不得超过3年。董事任期届满，连选可以连任。

董事任期届满未及时改选，或者董事在任期内辞职导致董事会成员低于法定人数的，在改选出的董事就任前，原董事仍应当依照法律、行政法规和公司章程的规定，履行董事职务。

第四十六条　董事会对股东会负责，行使下列职权：

（一）召集股东会会议，并向股东会报告工作；

（二）执行股东会的决议；

（三）决定公司的经营计划和投资方案；

（四）制订公司的年度财务预算方案、决算方案；

（五）制订公司的利润分配方案和弥补亏损方案；

（六）制订公司增加或者减少注册资本以及发行公司债券的方案；

（七）制订公司合并、分立、解散或者变更公司形式的方案；

（八）决定公司内部管理机构的设置；

（九）决定聘任或者解聘公司经理及其报酬事项，并根据经理的提名决定聘任或者解聘公司副经理、财务负责人及其报酬事项；

（十）制定公司的基本管理制度；

（十一）公司章程规定的其他职权。

第四十七条　董事会会议由董事长召集和主持；董事长不能履行职务或者不履行职务的，由副董事长召集和主持；副董事长不能履行职务或者不履行职务的，由半数以上董事共同推举一名董事召集和主持。

第四十八条　董事会的议事方式和表决程序，除本法有规定的外，由公司章程规定。

董事会应当对所议事项的决定作成会议记录，出席会议的董事应当在会议记录上签名。

董事会决议的表决，实行一人一票。

第四十九条 有限责任公司可以设经理，由董事会决定聘任或者解聘。经理对董事会负责，行使下列职权：

（一）主持公司的生产经营管理工作，组织实施董事会决议；

（二）组织实施公司年度经营计划和投资方案；

（三）拟订公司内部管理机构设置方案；

（四）拟订公司的基本管理制度；

（五）制定公司的具体规章；

（六）提请聘任或者解聘公司副经理、财务负责人；

（七）决定聘任或者解聘除应由董事会决定聘任或者解聘以外的负责管理人员；

（八）董事会授予的其他职权。

公司章程对经理职权另有规定的，从其规定。

经理列席董事会会议。

第五十条 股东人数较少或者规模较小的有限责任公司，可以设一名执行董事，不设董事会。执行董事可以兼任公司经理。

执行董事的职权由公司章程规定。

第五十一条 有限责任公司设监事会，其成员不得少于 3 人。股东人数较少或者规模较小的有限责任公司，可以设 1 至 2 名监事，不设监事会。

监事会应当包括股东代表和适当比例的公司职工代表，其中职工代表的比例不得低于 1/3，具体比例由公司章程规定。监事会中的职工代表由公司职工通过职工代表大会、职工大会或者其他形式民主选举产生。

监事会设主席一人，由全体监事过半数选举产生。监事会主席召集和主持监事会会议；监事会主席不能履行职务或者不履行职务的，由半数以上监事共同推举一名监事召集和主持监事会会议。

董事、高级管理人员不得兼任监事。

第五十二条 监事的任期每届为 3 年。监事任期届满，连选可以连任。

监事任期届满未及时改选，或者监事在任期内辞职导致监事会成员低于法定人数的，在改选出的监事就任前，原监事仍应当依照法律、行政法规和公司章程的规定，履行监事职务。

第五十三条 监事会、不设监事会的公司的监事行使下列职权：

（一）检查公司财务；

（二）对董事、高级管理人员执行公司职务的行为进行监督，对违反法律、行政法规、公司章程或者股东会决议的董事、高级管理人员提出罢免的建议；

（三）当董事、高级管理人员的行为损害公司的利益时，要求董事、高级管理人员予以纠正；

（四）提议召开临时股东会会议，在董事会不履行本法规定的召集和主持股东会会议职责时召集和主持股东会会议；

（五）向股东会会议提出提案；

（六）依照本法第一百五十一条的规定，对董事、高级管理人员提起诉讼；

（七）公司章程规定的其他职权。

第五十四条　监事可以列席董事会会议，并对董事会决议事项提出质询或者建议。

监事会、不设监事会的公司的监事发现公司经营情况异常，可以进行调查；必要时，可以聘请会计师事务所等协助其工作，费用由公司承担。

第五十五条　监事会每年度至少召开一次会议，监事可以提议召开临时监事会会议。

监事会的议事方式和表决程序，除本法有规定的外，由公司章程规定。

监事会决议应当经半数以上监事通过。

监事会应当对所议事项的决定作成会议记录，出席会议的监事应当在会议记录上签名。

第五十六条　监事会、不设监事会的公司的监事行使职权所必需的费用，由公司承担。

第三节　一人有限责任公司的特别规定

第五十七条　一人有限责任公司的设立和组织机构，适用本节规定；本节没有规定的，适用本章第一节、第二节的规定。

本法所称一人有限责任公司，是指只有一个自然人股东或者一个法人股东的有限责任公司。

第五十八条　一个自然人只能投资设立一个一人有限责任公司。该一人有限责任公司不能投资设立新的一人有限责任公司。

第五十九条　一人有限责任公司应当在公司登记中注明自然人独资或者法人独资，并在公司营业执照中载明。

第六十条　一人有限责任公司章程由股东制定。

第六十一条　一人有限责任公司不设股东会。股东作出本法第三十七条第一款所列决定时，应当采用书面形式，并由股东签名后置备于公司。

第六十二条　一人有限责任公司应当在每一会计年度终了时编制财务会计报告，并经会计师事务所审计。

第六十三条 一人有限责任公司的股东不能证明公司财产独立于股东自己的财产的，应当对公司债务承担连带责任。

第四节 国有独资公司的特别规定

第六十四条 国有独资公司的设立和组织机构，适用本节规定；本节没有规定的，适用本章第一节、第二节的规定。

本法所称国有独资公司，是指国家单独出资、由国务院或者地方人民政府授权本级人民政府国有资产监督管理机构履行出资人职责的有限责任公司。

第六十五条 国有独资公司章程由国有资产监督管理机构制定，或者由董事会制定报国有资产监督管理机构批准。

第六十六条 国有独资公司不设股东会，由国有资产监督管理机构行使股东会职权。国有资产监督管理机构可以授权公司董事会行使股东会的部分职权，决定公司的重大事项，但公司的合并、分立、解散、增加或者减少注册资本和发行公司债券，必须由国有资产监督管理机构决定；其中，重要的国有独资公司合并、分立、解散、申请破产的，应当由国有资产监督管理机构审核后，报本级人民政府批准。

前款所称重要的国有独资公司，按照国务院的规定确定。

第六十七条 国有独资公司设董事会，依照本法第四十六条、第六十六条的规定行使职权。董事每届任期不得超过 3 年。董事会成员中应当有公司职工代表。

董事会成员由国有资产监督管理机构委派；但是，董事会成员中的职工代表由公司职工代表大会选举产生。

董事会设董事长一人，可以设副董事长。董事长、副董事长由国有资产监督管理机构从董事会成员中指定。

第六十八条 国有独资公司设经理，由董事会聘任或者解聘。经理依照本法第四十九条规定行使职权。

经国有资产监督管理机构同意，董事会成员可以兼任经理。

第六十九条 国有独资公司的董事长、副董事长、董事、高级管理人员，未经国有资产监督管理机构同意，不得在其他有限责任公司、股份有限公司或者其他经济组织兼职。

第七十条 国有独资公司监事会成员不得少于 5 人，其中职工代表的比例不得低于 1/3，具体比例由公司章程规定。

监事会成员由国有资产监督管理机构委派；但是，监事会成员中的职工代表由公司职工代表大会选举产生。监事会主席由国有资产监督管理机构从监事会成员中指定。

监事会行使本法第五十三条第（一）项至第（三）项规定的职权和国务院规

定的其他职权。

第三章　有限责任公司的股权转让

第七十一条　有限责任公司的股东之间可以相互转让其全部或者部分股权。

股东向股东以外的人转让股权，应当经其他股东过半数同意。股东应就其股权转让事项书面通知其他股东征求同意，其他股东自接到书面通知之日起满30日未答复的，视为同意转让。其他股东半数以上不同意转让的，不同意的股东应当购买该转让的股权；不购买的，视为同意转让。

经股东同意转让的股权，在同等条件下，其他股东有优先购买权。两个以上股东主张行使优先购买权的，协商确定各自的购买比例；协商不成的，按照转让时各自的出资比例行使优先购买权。

公司章程对股权转让另有规定的，从其规定。

第七十二条　人民法院依照法律规定的强制执行程序转让股东的股权时，应当通知公司及全体股东，其他股东在同等条件下有优先购买权。其他股东自人民法院通知之日起满20日不行使优先购买权的，视为放弃优先购买权。

第七十三条　依照本法第七十一条、第七十二条转让股权后，公司应当注销原股东的出资证明书，向新股东签发出资证明书，并相应修改公司章程和股东名册中有关股东及其出资额的记载。对公司章程的该项修改不需再由股东会表决。

第七十四条　有下列情形之一的，对股东会该项决议投反对票的股东可以请求公司按照合理的价格收购其股权：

（一）公司连续5年不向股东分配利润，而公司该5年连续盈利，并且符合本法规定的分配利润条件的；

（二）公司合并、分立、转让主要财产的；

（三）公司章程规定的营业期限届满或者章程规定的其他解散事由出现，股东会会议通过决议修改章程使公司存续的。

自股东会会议决议通过之日起60日内，股东与公司不能达成股权收购协议的，股东可以自股东会会议决议通过之日起90日内向人民法院提起诉讼。

第七十五条　自然人股东死亡后，其合法继承人可以继承股东资格；但是，公司章程另有规定的除外。

第四章　股份有限公司的设立和组织机构

第一节　设　立

第七十六条　设立股份有限公司，应当具备下列条件：

（一）发起人符合法定人数；

（二）有符合公司章程规定的全体发起人认购的股本总额或者募集的实收股

本总额；

（三）股份发行、筹办事项符合法律规定；

（四）发起人制定公司章程，采用募集方式设立的经创立大会通过；

（五）有公司名称，建立符合股份有限公司要求的组织机构；

（六）有公司住所。

第七十七条　股份有限公司的设立，可以采取发起设立或者募集设立的方式。

发起设立，是指由发起人认购公司应发行的全部股份而设立公司。

募集设立，是指由发起人认购公司应发行股份的一部分，其余股份向社会公开募集或者向特定对象募集而设立公司。

第七十八条　设立股份有限公司，应当有2人以上200人以下为发起人，其中须有半数以上的发起人在中国境内有住所。

第七十九条　股份有限公司发起人承担公司筹办事务。

发起人应当签订发起人协议，明确各自在公司设立过程中的权利和义务。

第八十条　股份有限公司采取发起设立方式设立的，注册资本为在公司登记机关登记的全体发起人认购的股本总额。在发起人认购的股份缴足前，不得向他人募集股份。

股份有限公司采取募集方式设立的，注册资本为在公司登记机关登记的实收股本总额。

法律、行政法规以及国务院决定对股份有限公司注册资本实缴、注册资本最低限额另有规定的，从其规定。

第八十一条　股份有限公司章程应当载明下列事项：

（一）公司名称和住所；

（二）公司经营范围；

（三）公司设立方式；

（四）公司股份总数、每股金额和注册资本；

（五）发起人的姓名或者名称、认购的股份数、出资方式和出资时间；

（六）董事会的组成、职权和议事规则；

（七）公司法定代表人；

（八）监事会的组成、职权和议事规则；

（九）公司利润分配办法；

（十）公司的解散事由与清算办法；

（十一）公司的通知和公告办法；

（十二）股东大会会议认为需要规定的其他事项。

第八十二条　发起人的出资方式，适用本法第二十七条的规定。

第八十三条 以发起设立方式设立股份有限公司的，发起人应当书面认足公司章程规定其认购的股份，并按照公司章程规定缴纳出资。以非货币财产出资的，应当依法办理其财产权的转移手续。

发起人不依照前款规定缴纳出资的，应当按照发起人协议承担违约责任。

发起人认足公司章程规定的出资后，应当选举董事会和监事会，由董事会向公司登记机关报送公司章程以及法律、行政法规规定的其他文件，申请设立登记。

第八十四条 以募集设立方式设立股份有限公司的，发起人认购的股份不得少于公司股份总数的35%；但是，法律、行政法规另有规定的，从其规定。

第八十五条 发起人向社会公开募集股份，必须公告招股说明书，并制作认股书。认股书应当载明本法第八十六条所列事项，由认股人填写认购股数、金额、住所，并签名、盖章。认股人按照所认购股数缴纳股款。

第八十六条 招股说明书应当附有发起人制定的公司章程，并载明下列事项：

（一）发起人认购的股份数；

（二）每股的票面金额和发行价格；

（三）无记名股票的发行总数；

（四）募集资金的用途；

（五）认股人的权利、义务；

（六）本次募股的起止期限及逾期未募足时认股人可以撤回所认股份的说明。

第八十七条 发起人向社会公开募集股份，应当由依法设立的证券公司承销，签订承销协议。

第八十八条 发起人向社会公开募集股份，应当同银行签订代收股款协议。

代收股款的银行应当按照协议代收和保存股款，向缴纳股款的认股人出具收款单据，并负有向有关部门出具收款证明的义务。

第八十九条 发行股份的股款缴足后，必须经依法设立的验资机构验资并出具证明。发起人应当自股款缴足之日起30日内主持召开公司创立大会。创立大会由发起人、认股人组成。

发行的股份超过招股说明书规定的截止期限尚未募足的，或者发行股份的股款缴足后，发起人在30日内未召开创立大会的，认股人可以按照所缴股款并加算银行同期存款利息，要求发起人返还。

第九十条 发起人应当在创立大会召开15日前将会议日期通知各认股人或者予以公告。创立大会应有代表股份总数过半数的发起人、认股人出席，方可举行。

创立大会行使下列职权：

（一）审议发起人关于公司筹办情况的报告；

（二）通过公司章程；

（三）选举董事会成员；

（四）选举监事会成员；

（五）对公司的设立费用进行审核；

（六）对发起人用于抵作股款的财产的作价进行审核；

（七）发生不可抗力或者经营条件发生重大变化直接影响公司设立的，可以作出不设立公司的决议。

创立大会对前款所列事项作出决议，必须经出席会议的认股人所持表决权过半数通过。

第九十一条 发起人、认股人缴纳股款或者交付抵作股款的出资后，除未按期募足股份、发起人未按期召开创立大会或者创立大会决议不设立公司的情形外，不得抽回其股本。

第九十二条 董事会应于创立大会结束后30日内，向公司登记机关报送下列文件，申请设立登记：

（一）公司登记申请书；

（二）创立大会的会议记录；

（三）公司章程；

（四）验资证明；

（五）法定代表人、董事、监事的任职文件及其身份证明；

（六）发起人的法人资格证明或者自然人身份证明；

（七）公司住所证明。

以募集方式设立股份有限公司公开发行股票的，还应当向公司登记机关报送国务院证券监督管理机构的核准文件。

第九十三条 股份有限公司成立后，发起人未按照公司章程的规定缴足出资的，应当补缴；其他发起人承担连带责任。

股份有限公司成立后，发现作为设立公司出资的非货币财产的实际价额显著低于公司章程所定价额的，应当由交付该出资的发起人补足其差额；其他发起人承担连带责任。

第九十四条 股份有限公司的发起人应当承担下列责任：

（一）公司不能成立时，对设立行为所产生的债务和费用负连带责任；

（二）公司不能成立时，对认股人已缴纳的股款，负返还股款并加算银行同期存款利息的连带责任；

（三）在公司设立过程中，由于发起人的过失致使公司利益受到损害的，应当对公司承担赔偿责任。

第九十五条 有限责任公司变更为股份有限公司时，折合的实收股本总额不得高于公司净资产额。有限责任公司变更为股份有限公司，为增加资本公开发行股份时，应当依法办理。

第九十六条　股份有限公司应当将公司章程、股东名册、公司债券存根、股东大会会议记录、董事会会议记录、监事会会议记录、财务会计报告置备于本公司。

第九十七条　股东有权查阅公司章程、股东名册、公司债券存根、股东大会会议记录、董事会会议决议、监事会会议决议、财务会计报告，对公司的经营提出建议或者质询。

第二节　股东大会

第九十八条　股份有限公司股东大会由全体股东组成。股东大会是公司的权力机构，依照本法行使职权。

第九十九条　本法第三十七条第一款关于有限责任公司股东会职权的规定，适用于股份有限公司股东大会。

第一百条　股东大会应当每年召开一次年会。有下列情形之一的，应当在2个月内召开临时股东大会：

（一）董事人数不足本法规定人数或者公司章程所定人数的2/3时；

（二）公司未弥补的亏损达实收股本总额1/3时；

（三）单独或者合计持有公司10%以上股份的股东请求时；

（四）董事会认为必要时；

（五）监事会提议召开时；

（六）公司章程规定的其他情形。

第一百零一条　股东大会会议由董事会召集，董事长主持；董事长不能履行职务或者不履行职务的，由副董事长主持；副董事长不能履行职务或者不履行职务的，由半数以上董事共同推举一名董事主持。

董事会不能履行或者不履行召集股东大会会议职责的，监事会应当及时召集和主持；监事会不召集和主持的，连续90日以上单独或者合计持有公司10%以上股份的股东可以自行召集和主持。

第一百零二条　召开股东大会会议，应当将会议召开的时间、地点和审议的事项于会议召开20日前通知各股东；临时股东大会应当于会议召开15日前通知各股东；发行无记名股票的，应当于会议召开30日前公告会议召开的时间、地点和审议事项。

单独或者合计持有公司3%以上股份的股东，可以在股东大会召开10日前提出临时提案并书面提交董事会；董事会应当在收到提案后2日内通知其他股东，并将该临时提案提交股东大会审议。临时提案的内容应当属于股东大会职权范围，并有明确议题和具体决议事项。

股东大会不得对前两款通知中未列明的事项作出决议。

无记名股票持有人出席股东大会会议的，应当于会议召开 5 日前至股东大会闭会时将股票交存于公司。

第一百零三条 股东出席股东大会会议，所持每一股份有一表决权。但是，公司持有的本公司股份没有表决权。

股东大会作出决议，必须经出席会议的股东所持表决权过半数通过。但是，股东大会作出修改公司章程、增加或者减少注册资本的决议，以及公司合并、分立、解散或者变更公司形式的决议，必须经出席会议的股东所持表决权的 2/3 以上通过。

第一百零四条 本法和公司章程规定公司转让、受让重大资产或者对外提供担保等事项必须经股东大会作出决议的，董事会应当及时召集股东大会会议，由股东大会就上述事项进行表决。

第一百零五条 股东大会选举董事、监事，可以依照公司章程的规定或者股东大会的决议，实行累积投票制。

本法所称累积投票制，是指股东大会选举董事或者监事时，每一股份拥有与应选董事或者监事人数相同的表决权，股东拥有的表决权可以集中使用。

第一百零六条 股东可以委托代理人出席股东大会会议，代理人应当向公司提交股东授权委托书，并在授权范围内行使表决权。

第一百零七条 股东大会应当对所议事项的决定作成会议记录，主持人、出席会议的董事应当在会议记录上签名。会议记录应当与出席股东的签名册及代理出席的委托书一并保存。

第三节　董事会、经理

第一百零八条 股份有限公司设董事会，其成员为 5 人至 19 人。

董事会成员中可以有公司职工代表。董事会中的职工代表由公司职工通过职工代表大会、职工大会或者其他形式民主选举产生。

本法第四十五条关于有限责任公司董事任期的规定，适用于股份有限公司董事。

本法第四十六条关于有限责任公司董事会职权的规定，适用于股份有限公司董事会。

第一百零九条 董事会设董事长一人，可以设副董事长。董事长和副董事长由董事会以全体董事的过半数选举产生。

董事长召集和主持董事会会议，检查董事会决议的实施情况。副董事长协助董事长工作，董事长不能履行职务或者不履行职务的，由副董事长履行职务；副董事长不能履行职务或者不履行职务的，由半数以上董事共同推举一名董事履行职务。

第一百一十条　董事会每年度至少召开两次会议，每次会议应当于会议召开10日前通知全体董事和监事。

代表1/10以上表决权的股东、1/3以上董事或者监事会，可以提议召开董事会临时会议。董事长应当自接到提议后10日内，召集和主持董事会会议。

董事会召开临时会议，可以另定召集董事会的通知方式和通知时限。

第一百一十一条　董事会会议应有过半数的董事出席方可举行。董事会作出决议，必须经全体董事的过半数通过。

董事会决议的表决，实行一人一票。

第一百一十二条　董事会会议，应由董事本人出席；董事因故不能出席，可以书面委托其他董事代为出席，委托书中应载明授权范围。

董事会应当对会议所议事项的决定作成会议记录，出席会议的董事应当在会议记录上签名。

董事应当对董事会的决议承担责任。董事会的决议违反法律、行政法规或者公司章程、股东大会决议，致使公司遭受严重损失的，参与决议的董事对公司负赔偿责任。但经证明在表决时曾表明异议并记载于会议记录的，该董事可以免除责任。

第一百一十三条　股份有限公司设经理，由董事会决定聘任或者解聘。

本法第四十九条关于有限责任公司经理职权的规定，适用于股份有限公司经理。

第一百一十四条　公司董事会可以决定由董事会成员兼任经理。

第一百一十五条　公司不得直接或者通过子公司向董事、监事、高级管理人员提供借款。

第一百一十六条　公司应当定期向股东披露董事、监事、高级管理人员从公司获得报酬的情况。

第四节　监事会

第一百一十七条　股份有限公司设监事会，其成员不得少于3人。

监事会应当包括股东代表和适当比例的公司职工代表，其中职工代表的比例不得低于1/3，具体比例由公司章程规定。监事会中的职工代表由公司职工通过职工代表大会、职工大会或者其他形式民主选举产生。

监事会设主席一人，可以设副主席。监事会主席和副主席由全体监事过半数选举产生。监事会主席召集和主持监事会会议；监事会主席不能履行职务或者不履行职务的，由监事会副主席召集和主持监事会会议；监事会副主席不能履行职务或者不履行职务的，由半数以上监事共同推举一名监事召集和主持监事会会议。

董事、高级管理人员不得兼任监事。

本法第五十二条关于有限责任公司监事任期的规定，适用于股份有限公司监事。

第一百一十八条 本法第五十三条、第五十四条关于有限责任公司监事会职权的规定，适用于股份有限公司监事会。

监事会行使职权所必需的费用，由公司承担。

第一百一十九条 监事会每6个月至少召开一次会议。监事可以提议召开临时监事会会议。

监事会的议事方式和表决程序，除本法有规定的外，由公司章程规定。

监事会决议应当经半数以上监事通过。

监事会应当对所议事项的决定作成会议记录，出席会议的监事应当在会议记录上签名。

第五节 上市公司组织机构的特别规定

第一百二十条 本法所称上市公司，是指其股票在证券交易所上市交易的股份有限公司。

第一百二十一条 上市公司在1年内购买、出售重大资产或者担保金额超过公司资产总额30%的，应当由股东大会作出决议，并经出席会议的股东所持表决权的2/3以上通过。

第一百二十二条 上市公司设独立董事，具体办法由国务院规定。

第一百二十三条 上市公司设董事会秘书，负责公司股东大会和董事会会议的筹备、文件保管以及公司股东资料的管理，办理信息披露事务等事宜。

第一百二十四条 上市公司董事与董事会会议决议事项所涉及的企业有关联关系的，不得对该项决议行使表决权，也不得代理其他董事行使表决权。该董事会会议由过半数的无关联关系董事出席即可举行，董事会会议所作决议须经无关联关系董事过半数通过。出席董事会的无关联关系董事人数不足3人的，应将该事项提交上市公司股东大会审议。

第五章 股份有限公司的股份发行和转让

第一节 股份发行

第一百二十五条 股份有限公司的资本划分为股份，每一股的金额相等。

公司的股份采取股票的形式。股票是公司签发的证明股东所持股份的凭证。

第一百二十六条 股份的发行，实行公平、公正的原则，同种类的每一股份应当具有同等权利。

同次发行的同种类股票，每股的发行条件和价格应当相同；任何单位或者个人所认购的股份，每股应当支付相同价额。

第一百二十七条　股票发行价格可以按票面金额，也可以超过票面金额，但不得低于票面金额。

第一百二十八条　股票采用纸面形式或者国务院证券监督管理机构规定的其他形式。

股票应当载明下列主要事项：

（一）公司名称；

（二）公司成立日期；

（三）股票种类、票面金额及代表的股份数；

（四）股票的编号。

股票由法定代表人签名，公司盖章。

发起人的股票，应当标明发起人股票字样。

第一百二十九条　公司发行的股票，可以为记名股票，也可以为无记名股票。

公司向发起人、法人发行的股票，应当为记名股票，并应当记载该发起人、法人的名称或者姓名，不得另立户名或者以代表人姓名记名。

第一百三十条　公司发行记名股票的，应当置备股东名册，记载下列事项：

（一）股东的姓名或者名称及住所；

（二）各股东所持股份数；

（三）各股东所持股票的编号；

（四）各股东取得股份的日期。

发行无记名股票的，公司应当记载其股票数量、编号及发行日期。

第一百三十一条　国务院可以对公司发行本法规定以外的其他种类的股份，另行作出规定。

第一百三十二条　股份有限公司成立后，即向股东正式交付股票。公司成立前不得向股东交付股票。

第一百三十三条　公司发行新股，股东大会应当对下列事项作出决议：

（一）新股种类及数额；

（二）新股发行价格；

（三）新股发行的起止日期；

（四）向原有股东发行新股的种类及数额。

第一百三十四条　公司经国务院证券监督管理机构核准公开发行新股时，必须公告新股招股说明书和财务会计报告，并制作认股书。

本法第八十七条、第八十八条的规定适用于公司公开发行新股。

第一百三十五条 公司发行新股，可以根据公司经营情况和财务状况，确定其作价方案。

第一百三十六条 公司发行新股募足股款后，必须向公司登记机关办理变更登记，并公告。

第二节 股份转让

第一百三十七条 股东持有的股份可以依法转让。

第一百三十八条 股东转让其股份，应当在依法设立的证券交易场所进行或者按照国务院规定的其他方式进行。

第一百三十九条 记名股票，由股东以背书方式或者法律、行政法规规定的其他方式转让；转让后由公司将受让人的姓名或者名称及住所记载于股东名册。

股东大会召开前20日内或者公司决定分配股利的基准日前5日内，不得进行前款规定的股东名册的变更登记。但是，法律对上市公司股东名册变更登记另有规定的，从其规定。

第一百四十条 无记名股票的转让，由股东将该股票交付给受让人后即发生转让的效力。

第一百四十一条 发起人持有的本公司股份，自公司成立之日起1年内不得转让。公司公开发行股份前已发行的股份，自公司股票在证券交易所上市交易之日起1年内不得转让。

公司董事、监事、高级管理人员应当向公司申报所持有的本公司的股份及其变动情况，在任职期间每年转让的股份不得超过其所持有本公司股份总数的25%；所持本公司股份自公司股票上市交易之日起1年内不得转让。上述人员离职后半年内，不得转让其所持有的本公司股份。公司章程可以对公司董事、监事、高级管理人员转让其所持有的本公司股份作出其他限制性规定。

第一百四十二条 公司不得收购本公司股份。但是，有下列情形之一的除外：

（一）减少公司注册资本；

（二）与持有本公司股份的其他公司合并；

（三）将股份用于员工持股计划或者股权激励；

（四）股东因对股东大会作出的公司合并、分立决议持异议，要求公司收购其股份；

（五）将股份用于转换上市公司发行的可转换为股票的公司债券；

（六）上市公司为维护公司价值及股东权益所必需。

公司因前款第（一）项、第（二）项规定的情形收购本公司股份的，应当经股东大会决议；公司因前款第（三）项、第（五）项、第（六）项规定的情形收购本公司股份的，可以依照公司章程的规定或者股东大会的授权，经2/3以上董事出席的董事会会议决议。

公司依照本条第一款规定收购本公司股份后，属于第（一）项情形的，应当自收购之日起10日内注销；属于第（二）项、第（四）项情形的，应当在6个月内转让或者注销；属于第（三）项、第（五）项、第（六）项情形的，公司合计持有的本公司股份数不得超过本公司已发行股份总额的10%，并应当在3年内转让或者注销。

上市公司收购本公司股份的，应当依照《中华人民共和国证券法》的规定履行信息披露义务。上市公司因本条第一款第（三）项、第（五）项、第（六）项规定的情形收购本公司股份的，应当通过公开的集中交易方式进行。

公司不得接受本公司的股票作为质押权的标的。

第一百四十三条　记名股票被盗、遗失或者灭失，股东可以依照《中华人民共和国民事诉讼法》规定的公示催告程序，请求人民法院宣告该股票失效。人民法院宣告该股票失效后，股东可以向公司申请补发股票。

第一百四十四条　上市公司的股票，依照有关法律、行政法规及证券交易所交易规则上市交易。

第一百四十五条　上市公司必须依照法律、行政法规的规定，公开其财务状况、经营情况及重大诉讼，在每会计年度内半年公布一次财务会计报告。

第六章　公司董事、监事、高级管理人员的资格和义务

第一百四十六条　有下列情形之一的，不得担任公司的董事、监事、高级管理人员：

（一）无民事行为能力或者限制民事行为能力；

（二）因贪污、贿赂、侵占财产、挪用财产或者破坏社会主义市场经济秩序，被判处刑罚，执行期满未逾5年，或者因犯罪被剥夺政治权利，执行期满未逾5年；

（三）担任破产清算的公司、企业的董事或者厂长、经理，对该公司、企业的破产负有个人责任的，自该公司、企业破产清算完结之日起未逾3年；

（四）担任因违法被吊销营业执照、责令关闭的公司、企业的法定代表人，并负有个人责任的，自该公司、企业被吊销营业执照之日起未逾3年；

（五）个人所负数额较大的债务到期未清偿。

公司违反前款规定选举、委派董事、监事或者聘任高级管理人员的，该选举、委派或者聘任无效。

董事、监事、高级管理人员在任职期间出现本条第一款所列情形的，公司应

当解除其职务。

第一百四十七条 董事、监事、高级管理人员应当遵守法律、行政法规和公司章程，对公司负有忠实义务和勤勉义务。

董事、监事、高级管理人员不得利用职权收受贿赂或者其他非法收入，不得侵占公司的财产。

第一百四十八条 董事、高级管理人员不得有下列行为：

（一）挪用公司资金；

（二）将公司资金以其个人名义或者以其他个人名义开立账户存储；

（三）违反公司章程的规定，未经股东会、股东大会或者董事会同意，将公司资金借贷给他人或者以公司财产为他人提供担保；

（四）违反公司章程的规定或者未经股东会、股东大会同意，与本公司订立合同或者进行交易；

（五）未经股东会或者股东大会同意，利用职务便利为自己或者他人谋取属于公司的商业机会，自营或者为他人经营与所任职公司同类的业务；

（六）接受他人与公司交易的佣金归为己有；

（七）擅自披露公司秘密；

（八）违反对公司忠实义务的其他行为。

董事、高级管理人员违反前款规定所得的收入应当归公司所有。

第一百四十九条 董事、监事、高级管理人员执行公司职务时违反法律、行政法规或者公司章程的规定，给公司造成损失的，应当承担赔偿责任。

第一百五十条 股东会或者股东大会要求董事、监事、高级管理人员列席会议的，董事、监事、高级管理人员应当列席并接受股东的质询。

董事、高级管理人员应当如实向监事会或者不设监事会的有限责任公司的监事提供有关情况和资料，不得妨碍监事会或者监事行使职权。

第一百五十一条 董事、高级管理人员有本法第一百四十九条规定的情形的，有限责任公司的股东、股份有限公司连续180日以上单独或者合计持有公司1%以上股份的股东，可以书面请求监事会或者不设监事会的有限责任公司的监事向人民法院提起诉讼；监事有本法第一百四十九条规定的情形的，前述股东可以书面请求董事会或者不设董事会的有限责任公司的执行董事向人民法院提起诉讼。

监事会、不设监事会的有限责任公司的监事，或者董事会、执行董事收到前款规定的股东书面请求后拒绝提起诉讼，或者自收到请求之日起30日内未提起诉讼，或者情况紧急、不立即提起诉讼将会使公司利益受到难以弥补的损害的，前款规定的股东有权为了公司的利益以自己的名义直接向人民法院提起诉讼。

他人侵犯公司合法权益，给公司造成损失的，本条第一款规定的股东可以依照前两款的规定向人民法院提起诉讼。

第一百五十二条　董事、高级管理人员违反法律、行政法规或者公司章程的规定，损害股东利益的，股东可以向人民法院提起诉讼。

第七章　公司债券

第一百五十三条　本法所称公司债券，是指公司依照法定程序发行、约定在一定期限还本付息的有价证券。

公司发行公司债券应当符合《中华人民共和国证券法》规定的发行条件。

第一百五十四条　发行公司债券的申请经国务院授权的部门核准后，应当公告公司债券募集办法。

公司债券募集办法中应当载明下列主要事项：

（一）公司名称；

（二）债券募集资金的用途；

（三）债券总额和债券的票面金额；

（四）债券利率的确定方式；

（五）还本付息的期限和方式；

（六）债券担保情况；

（七）债券的发行价格、发行的起止日期；

（八）公司净资产额；

（九）已发行的尚未到期的公司债券总额；

（十）公司债券的承销机构。

第一百五十五条　公司以实物券方式发行公司债券的，必须在债券上载明公司名称、债券票面金额、利率、偿还期限等事项，并由法定代表人签名，公司盖章。

第一百五十六条　公司债券，可以为记名债券，也可以为无记名债券。

第一百五十七条　公司发行公司债券应当置备公司债券存根簿。

发行记名公司债券的，应当在公司债券存根簿上载明下列事项：

（一）债券持有人的姓名或者名称及住所；

（二）债券持有人取得债券的日期及债券的编号；

（三）债券总额，债券的票面金额、利率、还本付息的期限和方式；

（四）债券的发行日期。

发行无记名公司债券的，应当在公司债券存根簿上载明债券总额、利率、偿还期限和方式、发行日期及债券的编号。

第一百五十八条　记名公司债券的登记结算机构应当建立债券登记、存管、付息、兑付等相关制度。

第一百五十九条 公司债券可以转让，转让价格由转让人与受让人约定。

公司债券在证券交易所上市交易的，按照证券交易所的交易规则转让。

第一百六十条 记名公司债券，由债券持有人以背书方式或者法律、行政法规规定的其他方式转让；转让后由公司将受让人的姓名或者名称及住所记载于公司债券存根簿。

无记名公司债券的转让，由债券持有人将该债券交付给受让人后即发生转让的效力。

第一百六十一条 上市公司经股东大会决议可以发行可转换为股票的公司债券，并在公司债券募集办法中规定具体的转换办法。上市公司发行可转换为股票的公司债券，应当报国务院证券监督管理机构核准。

发行可转换为股票的公司债券，应当在债券上标明可转换公司债券字样，并在公司债券存根簿上载明可转换公司债券的数额。

第一百六十二条 发行可转换为股票的公司债券的，公司应当按照其转换办法向债券持有人换发股票，但债券持有人对转换股票或者不转换股票有选择权。

第八章 公司财务、会计

第一百六十三条 公司应当依照法律、行政法规和国务院财政部门的规定建立本公司的财务、会计制度。

第一百六十四条 公司应当在每一会计年度终了时编制财务会计报告，并依法经会计师事务所审计。

财务会计报告应当依照法律、行政法规和国务院财政部门的规定制作。

第一百六十五条 有限责任公司应当依照公司章程规定的期限将财务会计报告送交各股东。

股份有限公司的财务会计报告应当在召开股东大会年会的 20 日前置备于本公司，供股东查阅；公开发行股票的股份有限公司必须公告其财务会计报告。

第一百六十六条 公司分配当年税后利润时，应当提取利润的 10%列入公司法定公积金。公司法定公积金累计额为公司注册资本的 50%以上的，可以不再提取。

公司的法定公积金不足以弥补以前年度亏损的，在依照前款规定提取法定公积金之前，应当先用当年利润弥补亏损。

公司从税后利润中提取法定公积金后，经股东会或者股东大会决议，还可以从税后利润中提取任意公积金。

公司弥补亏损和提取公积金后所余税后利润，有限责任公司依照本法第三十四条的规定分配；股份有限公司按照股东持有的股份比例分配，但股份有限公司章程规定不按持股比例分配的除外。

股东会、股东大会或者董事会违反前款规定，在公司弥补亏损和提取法定公积金之前向股东分配利润的，股东必须将违反规定分配的利润退还公司。

公司持有的本公司股份不得分配利润。

第一百六十七条　股份有限公司以超过股票票面金额的发行价格发行股份所得的溢价款以及国务院财政部门规定列入资本公积金的其他收入，应当列为公司资本公积金。

第一百六十八条　公司的公积金用于弥补公司的亏损、扩大公司生产经营或者转为增加公司资本。但是，资本公积金不得用于弥补公司的亏损。

法定公积金转为资本时，所留存的该项公积金不得少于转增前公司注册资本的25%。

第一百六十九条　公司聘用、解聘承办公司审计业务的会计师事务所，依照公司章程的规定，由股东会、股东大会或者董事会决定。

公司股东会、股东大会或者董事会就解聘会计师事务所进行表决时，应当允许会计师事务所陈述意见。

第一百七十条　公司应当向聘用的会计师事务所提供真实、完整的会计凭证、会计账簿、财务会计报告及其他会计资料，不得拒绝、隐匿、谎报。

第一百七十一条　公司除法定的会计账簿外，不得另立会计账簿。

对公司资产，不得以任何个人名义开立账户存储。

第九章　公司合并、分立、增资、减资

第一百七十二条　公司合并可以采取吸收合并或者新设合并。

一个公司吸收其他公司为吸收合并，被吸收的公司解散。两个以上公司合并设立一个新的公司为新设合并，合并各方解散。

第一百七十三条　公司合并，应当由合并各方签订合并协议，并编制资产负债表及财产清单。公司应当自作出合并决议之日起10日内通知债权人，并于30日内在报纸上公告。债权人自接到通知书之日起30日内，未接到通知书的自公告之日起45日内，可以要求公司清偿债务或者提供相应的担保。

第一百七十四条　公司合并时，合并各方的债权、债务，应当由合并后存续的公司或者新设的公司承继。

第一百七十五条　公司分立，其财产作相应的分割。

公司分立，应当编制资产负债表及财产清单。公司应当自作出分立决议之日起10日内通知债权人，并于30日内在报纸上公告。

第一百七十六条　公司分立前的债务由分立后的公司承担连带责任。但是，公司在分立前与债权人就债务清偿达成的书面协议另有约定的除外。

第一百七十七条　公司需要减少注册资本时，必须编制资产负债表及财产

清单。

公司应当自作出减少注册资本决议之日起10日内通知债权人，并于30日内在报纸上公告。债权人自接到通知书之日起30日内，未接到通知书的自公告之日起45日内，有权要求公司清偿债务或者提供相应的担保。

第一百七十八条　有限责任公司增加注册资本时，股东认缴新增资本的出资，依照本法设立有限责任公司缴纳出资的有关规定执行。

股份有限公司为增加注册资本发行新股时，股东认购新股，依照本法设立股份有限公司缴纳股款的有关规定执行。

第一百七十九条　公司合并或者分立，登记事项发生变更的，应当依法向公司登记机关办理变更登记；公司解散的，应当依法办理公司注销登记；设立新公司的，应当依法办理公司设立登记。

公司增加或者减少注册资本，应当依法向公司登记机关办理变更登记。

第十章　公司解散和清算

第一百八十条　公司因下列原因解散：

（一）公司章程规定的营业期限届满或者公司章程规定的其他解散事由出现；

（二）股东会或者股东大会决议解散；

（三）因公司合并或者分立需要解散；

（四）依法被吊销营业执照、责令关闭或者被撤销；

（五）人民法院依照本法第一百八十二条的规定予以解散。

第一百八十一条　公司有本法第一百八十条第（一）项情形的，可以通过修改公司章程而存续。

依照前款规定修改公司章程，有限责任公司须经持有2/3以上表决权的股东通过，股份有限公司须经出席股东大会会议的股东所持表决权的2/3以上通过。

第一百八十二条　公司经营管理发生严重困难，继续存续会使股东利益受到重大损失，通过其他途径不能解决的，持有公司全部股东表决权10%以上的股东，可以请求人民法院解散公司。

第一百八十三条　公司因本法第一百八十条第（一）项、第（二）项、第（四）项、第（五）项规定而解散的，应当在解散事由出现之日起15日内成立清算组，开始清算。有限责任公司的清算组由股东组成，股份有限公司的清算组由董事或者股东大会确定的人员组成。逾期不成立清算组进行清算的，债权人可以申请人民法院指定有关人员组成清算组进行清算。人民法院应当受理该申请，并及时组织清算组进行清算。

第一百八十四条　清算组在清算期间行使下列职权：

（一）清理公司财产，分别编制资产负债表和财产清单；

（二）通知、公告债权人；

（三）处理与清算有关的公司未了结的业务；

（四）清缴所欠税款以及清算过程中产生的税款；

（五）清理债权、债务；

（六）处理公司清偿债务后的剩余财产；

（七）代表公司参与民事诉讼活动。

第一百八十五条　清算组应当自成立之日起10日内通知债权人，并于60日内在报纸上公告。债权人应当自接到通知书之日起30日内，未接到通知书的自公告之日起45日内，向清算组申报其债权。

债权人申报债权，应当说明债权的有关事项，并提供证明材料。清算组应当对债权进行登记。

在申报债权期间，清算组不得对债权人进行清偿。

第一百八十六条　清算组在清理公司财产、编制资产负债表和财产清单后，应当制定清算方案，并报股东会、股东大会或者人民法院确认。

公司财产在分别支付清算费用、职工的工资、社会保险费用和法定补偿金，缴纳所欠税款，清偿公司债务后的剩余财产，有限责任公司按照股东的出资比例分配，股份有限公司按照股东持有的股份比例分配。

清算期间，公司存续，但不得开展与清算无关的经营活动。公司财产在未依照前款规定清偿前，不得分配给股东。

第一百八十七条　清算组在清理公司财产、编制资产负债表和财产清单后，发现公司财产不足清偿债务的，应当依法向人民法院申请宣告破产。

公司经人民法院裁定宣告破产后，清算组应当将清算事务移交给人民法院。

第一百八十八条　公司清算结束后，清算组应当制作清算报告，报股东会、股东大会或者人民法院确认，并报送公司登记机关，申请注销公司登记，公告公司终止。

第一百八十九条　清算组成员应当忠于职守，依法履行清算义务。

清算组成员不得利用职权收受贿赂或者其他非法收入，不得侵占公司财产。

清算组成员因故意或者重大过失给公司或者债权人造成损失的，应当承担赔偿责任。

第一百九十条　公司被依法宣告破产的，依照有关企业破产的法律实施破产清算。

第十一章　外国公司的分支机构

第一百九十一条　本法所称外国公司是指依照外国法律在中国境外设立的公司。

第一百九十二条 外国公司在中国境内设立分支机构，必须向中国主管机关提出申请，并提交其公司章程、所属国的公司登记证书等有关文件，经批准后，向公司登记机关依法办理登记，领取营业执照。

外国公司分支机构的审批办法由国务院另行规定。

第一百九十三条 外国公司在中国境内设立分支机构，必须在中国境内指定负责该分支机构的代表人或者代理人，并向该分支机构拨付与其所从事的经营活动相适应的资金。

对外国公司分支机构的经营资金需要规定最低限额的，由国务院另行规定。

第一百九十四条 外国公司的分支机构应当在其名称中标明该外国公司的国籍及责任形式。

外国公司的分支机构应当在本机构中置备该外国公司章程。

第一百九十五条 外国公司在中国境内设立的分支机构不具有中国法人资格。

外国公司对其分支机构在中国境内进行经营活动承担民事责任。

第一百九十六条 经批准设立的外国公司分支机构，在中国境内从事业务活动，必须遵守中国的法律，不得损害中国的社会公共利益，其合法权益受中国法律保护。

第一百九十七条 外国公司撤销其在中国境内的分支机构时，必须依法清偿债务，依照本法有关公司清算程序的规定进行清算。未清偿债务之前，不得将其分支机构的财产移至中国境外。

第十二章 法律责任

第一百九十八条 违反本法规定，虚报注册资本、提交虚假材料或者采取其他欺诈手段隐瞒重要事实取得公司登记的，由公司登记机关责令改正，对虚报注册资本的公司，处以虚报注册资本金额5%以上15%以下的罚款；对提交虚假材料或者采取其他欺诈手段隐瞒重要事实的公司，处以5万元以上50万元以下的罚款；情节严重的，撤销公司登记或者吊销营业执照。

第一百九十九条 公司的发起人、股东虚假出资，未交付或者未按期交付作为出资的货币或者非货币财产的，由公司登记机关责令改正，处以虚假出资金额5%以上15%以下的罚款。

第二百条 公司的发起人、股东在公司成立后，抽逃其出资的，由公司登记机关责令改正，处以所抽逃出资金额5%以上15%以下的罚款。

第二百零一条 公司违反本法规定，在法定的会计账簿以外另立会计账簿的，由县级以上人民政府财政部门责令改正，处以5万元以上50万元以下的罚款。

第二百零二条　公司在依法向有关主管部门提供的财务会计报告等材料上作虚假记载或者隐瞒重要事实的，由有关主管部门对直接负责的主管人员和其他直接责任人员处以3万元以上30万元以下的罚款。

第二百零三条　公司不依照本法规定提取法定公积金的，由县级以上人民政府财政部门责令如数补足应当提取的金额，可以对公司处以20万元以下的罚款。

第二百零四条　公司在合并、分立、减少注册资本或者进行清算时，不依照本法规定通知或者公告债权人的，由公司登记机关责令改正，对公司处以1万元以上10万元以下的罚款。

公司在进行清算时，隐匿财产，对资产负债表或者财产清单作虚假记载或者在未清偿债务前分配公司财产的，由公司登记机关责令改正，对公司处以隐匿财产或者未清偿债务前分配公司财产金额5%以上10%以下的罚款；对直接负责的主管人员和其他直接责任人员处以1万元以上10万元以下的罚款。

第二百零五条　公司在清算期间开展与清算无关的经营活动的，由公司登记机关予以警告，没收违法所得。

第二百零六条　清算组不依照本法规定向公司登记机关报送清算报告，或者报送清算报告隐瞒重要事实或者有重大遗漏的，由公司登记机关责令改正。

清算组成员利用职权徇私舞弊、谋取非法收入或者侵占公司财产的，由公司登记机关责令退还公司财产，没收违法所得，并可以处以违法所得1倍以上5倍以下的罚款。

第二百零七条　承担资产评估、验资或者验证的机构提供虚假材料的，由公司登记机关没收违法所得，处以违法所得1倍以上5倍以下的罚款，并可以由有关主管部门依法责令该机构停业、吊销直接责任人员的资格证书，吊销营业执照。

承担资产评估、验资或者验证的机构因过失提供有重大遗漏的报告的，由公司登记机关责令改正，情节较重的，处以所得收入1倍以上5倍以下的罚款，并可以由有关主管部门依法责令该机构停业、吊销直接责任人员的资格证书，吊销营业执照。

承担资产评估、验资或者验证的机构因其出具的评估结果、验资或者验证证明不实，给公司债权人造成损失的，除能够证明自己没有过错的外，在其评估或者证明不实的金额范围内承担赔偿责任。

第二百零八条　公司登记机关对不符合本法规定条件的登记申请予以登记，或者对符合本法规定条件的登记申请不予登记的，对直接负责的主管人员和其他直接责任人员，依法给予行政处分。

第二百零九条　公司登记机关的上级部门强令公司登记机关对不符合本法规定条件的登记申请予以登记，或者对符合本法规定条件的登记申请不予登记的，或者对违法登记进行包庇的，对直接负责的主管人员和其他直接责任人员依法给予行政处分。

第二百一十条 未依法登记为有限责任公司或者股份有限公司，而冒用有限责任公司或者股份有限公司名义的，或者未依法登记为有限责任公司或者股份有限公司的分公司，而冒用有限责任公司或者股份有限公司的分公司名义的，由公司登记机关责令改正或者予以取缔，可以并处 10 万元以下的罚款。

第二百一十一条 公司成立后无正当理由超过 6 个月未开业的，或者开业后自行停业连续 6 个月以上的，可以由公司登记机关吊销营业执照。

公司登记事项发生变更时，未依照本法规定办理有关变更登记的，由公司登记机关责令限期登记；逾期不登记的，处以 1 万元以上 10 万元以下的罚款。

第二百一十二条 外国公司违反本法规定，擅自在中国境内设立分支机构的，由公司登记机关责令改正或者关闭，可以并处 5 万元以上 20 万元以下的罚款。

第二百一十三条 利用公司名义从事危害国家安全、社会公共利益的严重违法行为的，吊销营业执照。

第二百一十四条 公司违反本法规定，应当承担民事赔偿责任和缴纳罚款、罚金的，其财产不足以支付时，先承担民事赔偿责任。

第二百一十五条 违反本法规定，构成犯罪的，依法追究刑事责任。

第十三章 附 则

第二百一十六条 本法下列用语的含义：

（一）高级管理人员，是指公司的经理、副经理、财务负责人，上市公司董事会秘书和公司章程规定的其他人员。

（二）控股股东，是指其出资额占有限责任公司资本总额 50%以上或者其持有的股份占股份有限公司股本总额 50%以上的股东；出资额或者持有股份的比例虽然不足 50%，但依其出资额或者持有的股份所享有的表决权已足以对股东会、股东大会的决议产生重大影响的股东。

（三）实际控制人，是指虽不是公司的股东，但通过投资关系、协议或者其他安排，能够实际支配公司行为的人。

（四）关联关系，是指公司控股股东、实际控制人、董事、监事、高级管理人员与其直接或者间接控制的企业之间的关系，以及可能导致公司利益转移的其他关系。但是，国家控股的企业之间不仅因为同受国家控股而具有关联关系。

第二百一十七条 外商投资的有限责任公司和股份有限公司适用本法；有关外商投资的法律另有规定的，适用其规定。

第二百一十八条 本法自 2006 年 1 月 1 日起施行。

中华人民共和国企业国有资产法

2008年10月28日第十一届全国人民代表大会常务委员会第五次会议通过

第一章 总 则

第一条 为了维护国家基本经济制度，巩固和发展国有经济，加强对国有资产的保护，发挥国有经济在国民经济中的主导作用，促进社会主义市场经济发展，制定本法。

第二条 本法所称企业国有资产（以下称国有资产），是指国家对企业各种形式的出资所形成的权益。

第三条 国有资产属于国家所有即全民所有。国务院代表国家行使国有资产所有权。

第四条 国务院和地方人民政府依照法律、行政法规的规定，分别代表国家对国家出资企业履行出资人职责，享有出资人权益。

国务院确定的关系国民经济命脉和国家安全的大型国家出资企业，重要基础设施和重要自然资源等领域的国家出资企业，由国务院代表国家履行出资人职责。其他的国家出资企业，由地方人民政府代表国家履行出资人职责。

第五条 本法所称国家出资企业，是指国家出资的国有独资企业、国有独资公司，以及国有资本控股公司、国有资本参股公司。

第六条 国务院和地方人民政府应当按照政企分开、社会公共管理职能与国有资产出资人职能分开、不干预企业依法自主经营的原则，依法履行出资人职责。

第七条 国家采取措施，推动国有资本向关系国民经济命脉和国家安全的重要行业和关键领域集中，优化国有经济布局和结构，推进国有企业的改革和发展，提高国有经济的整体素质，增强国有经济的控制力、影响力。

第八条 国家建立健全与社会主义市场经济发展要求相适应的国有资产管理与监督体制，建立健全国有资产保值增值考核和责任追究制度，落实国有资产保值增值责任。

第九条 国家建立健全国有资产基础管理制度。具体办法按照国务院的规定制定。

第十条 国有资产受法律保护，任何单位和个人不得侵害。

第二章 履行出资人职责的机构

第十一条 国务院国有资产监督管理机构和地方人民政府按照国务院的规定

设立的国有资产监督管理机构，根据本级人民政府的授权，代表本级人民政府对国家出资企业履行出资人职责。

国务院和地方人民政府根据需要，可以授权其他部门、机构代表本级人民政府对国家出资企业履行出资人职责。

代表本级人民政府履行出资人职责的机构、部门，以下统称履行出资人职责的机构。

第十二条 履行出资人职责的机构代表本级人民政府对国家出资企业依法享有资产收益、参与重大决策和选择管理者等出资人权利。

履行出资人职责的机构依照法律、行政法规的规定，制定或者参与制定国家出资企业的章程。

履行出资人职责的机构对法律、行政法规和本级人民政府规定须经本级人民政府批准的履行出资人职责的重大事项，应当报请本级人民政府批准。

第十三条 履行出资人职责的机构委派的股东代表参加国有资本控股公司、国有资本参股公司召开的股东会会议、股东大会会议，应当按照委派机构的指示提出提案、发表意见、行使表决权，并将其履行职责的情况和结果及时报告委派机构。

第十四条 履行出资人职责的机构应当依照法律、行政法规以及企业章程履行出资人职责，保障出资人权益，防止国有资产损失。

履行出资人职责的机构应当维护企业作为市场主体依法享有的权利，除依法履行出资人职责外，不得干预企业经营活动。

第十五条 履行出资人职责的机构对本级人民政府负责，向本级人民政府报告履行出资人职责的情况，接受本级人民政府的监督和考核，对国有资产的保值增值负责。

履行出资人职责的机构应当按照国家有关规定，定期向本级人民政府报告有关国有资产总量、结构、变动、收益等汇总分析的情况。

第三章　国家出资企业

第十六条 国家出资企业对其动产、不动产和其他财产依照法律、行政法规以及企业章程享有占有、使用、收益和处分的权利。

国家出资企业依法享有的经营自主权和其他合法权益受法律保护。

第十七条 国家出资企业从事经营活动，应当遵守法律、行政法规，加强经营管理，提高经济效益，接受人民政府及其有关部门、机构依法实施的管理和监督，接受社会公众的监督，承担社会责任，对出资人负责。

国家出资企业应当依法建立和完善法人治理结构，建立健全内部监督管理和风险控制制度。

第十八条　国家出资企业应当依照法律、行政法规和国务院财政部门的规定，建立健全财务、会计制度，设置会计账簿，进行会计核算，依照法律、行政法规以及企业章程的规定向出资人提供真实、完整的财务、会计信息。

国家出资企业应当依照法律、行政法规以及企业章程的规定，向出资人分配利润。

第十九条　国有独资公司、国有资本控股公司和国有资本参股公司依照《中华人民共和国公司法》的规定设立监事会。国有独资企业由履行出资人职责的机构按照国务院的规定委派监事组成监事会。

国家出资企业的监事会依照法律、行政法规以及企业章程的规定，对董事、高级管理人员执行职务的行为进行监督，对企业财务进行监督检查。

第二十条　国家出资企业依照法律规定，通过职工代表大会或者其他形式，实行民主管理。

第二十一条　国家出资企业对其所出资企业依法享有资产收益、参与重大决策和选择管理者等出资人权利。

国家出资企业对其所出资企业，应当依照法律、行政法规的规定，通过制定或者参与制定所出资企业的章程，建立权责明确、有效制衡的企业内部监督管理和风险控制制度，维护其出资人权益。

第四章　国家出资企业管理者的选择与考核

第二十二条　履行出资人职责的机构依照法律、行政法规以及企业章程的规定，任免或者建议任免国家出资企业的下列人员：

（一）任免国有独资企业的经理、副经理、财务负责人和其他高级管理人员；

（二）任免国有独资公司的董事长、副董事长、董事、监事会主席和监事；

（三）向国有资本控股公司、国有资本参股公司的股东会、股东大会提出董事、监事人选。

国家出资企业中应当由职工代表出任的董事、监事，依照有关法律、行政法规的规定由职工民主选举产生。

第二十三条　履行出资人职责的机构任命或者建议任命的董事、监事、高级管理人员，应当具备下列条件：

（一）有良好的品行；

（二）有符合职位要求的专业知识和工作能力；

（三）有能够正常履行职责的身体条件；

（四）法律、行政法规规定的其他条件。

董事、监事、高级管理人员在任职期间出现不符合前款规定情形或者出现《中华人民共和国公司法》规定的不得担任公司董事、监事、高级管理人员情形的，履行出资人职责的机构应当依法予以免职或者提出免职建议。

第二十四条 履行出资人职责的机构对拟任命或者建议任命的董事、监事、高级管理人员的人选，应当按照规定的条件和程序进行考察。考察合格的，按照规定的权限和程序任命或者建议任命。

第二十五条 未经履行出资人职责的机构同意，国有独资企业、国有独资公司的董事、高级管理人员不得在其他企业兼职。未经股东会、股东大会同意，国有资本控股公司、国有资本参股公司的董事、高级管理人员不得在经营同类业务的其他企业兼职。

未经履行出资人职责的机构同意，国有独资公司的董事长不得兼任经理。未经股东会、股东大会同意，国有资本控股公司的董事长不得兼任经理。

董事、高级管理人员不得兼任监事。

第二十六条 国家出资企业的董事、监事、高级管理人员，应当遵守法律、行政法规以及企业章程，对企业负有忠实义务和勤勉义务，不得利用职权收受贿赂或者取得其他非法收入和不当利益，不得侵占、挪用企业资产，不得超越职权或者违反程序决定企业重大事项，不得有其他侵害国有资产出资人权益的行为。

第二十七条 国家建立国家出资企业管理者经营业绩考核制度。履行出资人职责的机构应当对其任命的企业管理者进行年度和任期考核，并依据考核结果决定对企业管理者的奖惩。

履行出资人职责的机构应当按照国家有关规定，确定其任命的国家出资企业管理者的薪酬标准。

第二十八条 国有独资企业、国有独资公司和国有资本控股公司的主要负责人，应当接受依法进行的任期经济责任审计。

第二十九条 本法第二十二条第一款第一项、第二项规定的企业管理者，国务院和地方人民政府规定由本级人民政府任免的，依照其规定。履行出资人职责的机构依照本章规定对上述企业管理者进行考核、奖惩并确定其薪酬标准。

第五章 关系国有资产出资人权益的重大事项

第一节 一般规定

第三十条 国家出资企业合并、分立、改制、上市，增加或者减少注册资本，发行债券，进行重大投资，为他人提供大额担保，转让重大财产，进行大额捐赠，分配利润，以及解散、申请破产等重大事项，应当遵守法律、行政法规以及企业章程的规定，不得损害出资人和债权人的权益。

第三十一条 国有独资企业、国有独资公司合并、分立，增加或者减少注册资本，发行债券，分配利润，以及解散、申请破产，由履行出资人职责的机构决定。

第三十二条　国有独资企业、国有独资公司有本法第三十条所列事项的，除依照本法第三十一条和有关法律、行政法规以及企业章程的规定，由履行出资人职责的机构决定的以外，国有独资企业由企业负责人集体讨论决定，国有独资公司由董事会决定。

第三十三条　国有资本控股公司、国有资本参股公司有本法第三十条所列事项的，依照法律、行政法规以及公司章程的规定，由公司股东会、股东大会或者董事会决定。由股东会、股东大会决定的，履行出资人职责的机构委派的股东代表应当依照本法第十三条的规定行使权利。

第三十四条　重要的国有独资企业、国有独资公司、国有资本控股公司的合并、分立、解散、申请破产以及法律、行政法规和本级人民政府规定应当由履行出资人职责的机构报经本级人民政府批准的重大事项，履行出资人职责的机构在作出决定或者向其委派参加国有资本控股公司股东会会议、股东大会会议的股东代表作出指示前，应当报请本级人民政府批准。

本法所称的重要的国有独资企业、国有独资公司和国有资本控股公司，按照国务院的规定确定。

第三十五条　国家出资企业发行债券、投资等事项，有关法律、行政法规规定应当报经人民政府或者人民政府有关部门、机构批准、核准或者备案的，依照其规定。

第三十六条　国家出资企业投资应当符合国家产业政策，并按照国家规定进行可行性研究；与他人交易应当公平、有偿，取得合理对价。

第三十七条　国家出资企业的合并、分立、改制、解散、申请破产等重大事项，应当听取企业工会的意见，并通过职工代表大会或者其他形式听取职工的意见和建议。

第三十八条　国有独资企业、国有独资公司、国有资本控股公司对其所出资企业的重大事项参照本章规定履行出资人职责。具体办法由国务院规定。

第二节　企业改制

第三十九条　本法所称企业改制是指：

（一）国有独资企业改为国有独资公司；

（二）国有独资企业、国有独资公司改为国有资本控股公司或者非国有资本控股公司；

（三）国有资本控股公司改为非国有资本控股公司。

第四十条　企业改制应当依照法定程序，由履行出资人职责的机构决定或者由公司股东会、股东大会决定。

重要的国有独资企业、国有独资公司、国有资本控股公司的改制，履行出资人职责的机构在作出决定或者向其委派参加国有资本控股公司股东会会议、股东大会会议的股东代表作出指示前，应当将改制方案报请本级人民政府批准。

第四十一条 企业改制应当制定改制方案，载明改制后的企业组织形式、企业资产和债权债务处理方案、股权变动方案、改制的操作程序、资产评估和财务审计等中介机构的选聘等事项。

企业改制涉及重新安置企业职工的，还应当制定职工安置方案，并经职工代表大会或者职工大会审议通过。

第四十二条 企业改制应当按照规定进行清产核资、财务审计、资产评估，准确界定和核实资产，客观、公正地确定资产的价值。

企业改制涉及以企业的实物、知识产权、土地使用权等非货币财产折算为国有资本出资或者股份的，应当按照规定对折价财产进行评估，以评估确认价格作为确定国有资本出资额或者股份数额的依据。不得将财产低价折股或者有其他损害出资人权益的行为。

第三节 与关联方的交易

第四十三条 国家出资企业的关联方不得利用与国家出资企业之间的交易，谋取不当利益，损害国家出资企业利益。

本法所称关联方，是指本企业的董事、监事、高级管理人员及其近亲属，以及这些人员所有或者实际控制的企业。

第四十四条 国有独资企业、国有独资公司、国有资本控股公司不得无偿向关联方提供资金、商品、服务或者其他资产，不得以不公平的价格与关联方进行交易。

第四十五条 未经履行出资人职责的机构同意，国有独资企业、国有独资公司不得有下列行为：

（一）与关联方订立财产转让、借款的协议；

（二）为关联方提供担保；

（三）与关联方共同出资设立企业，或者向董事、监事、高级管理人员或者其近亲属所有或者实际控制的企业投资。

第四十六条 国有资本控股公司、国有资本参股公司与关联方的交易，依照《中华人民共和国公司法》和有关行政法规以及公司章程的规定，由公司股东会、股东大会或者董事会决定。由公司股东会、股东大会决定的，履行出资人职责的机构委派的股东代表，应当依照本法第十三条的规定行使权利。

公司董事会对公司与关联方的交易作出决议时，该交易涉及的董事不得行使表决权，也不得代理其他董事行使表决权。

第四节 资产评估

第四十七条 国有独资企业、国有独资公司和国有资本控股公司合并、分立、改制，转让重大财产，以非货币财产对外投资，清算或者有法律、行政法规以及企业章程规定应当进行资产评估的其他情形的，应当按照规定对有关资产进行评估。

第四十八条　国有独资企业、国有独资公司和国有资本控股公司应当委托依法设立的符合条件的资产评估机构进行资产评估；涉及应当报经履行出资人职责的机构决定的事项的，应当将委托资产评估机构的情况向履行出资人职责的机构报告。

第四十九条　国有独资企业、国有独资公司、国有资本控股公司及其董事、监事、高级管理人员应当向资产评估机构如实提供有关情况和资料，不得与资产评估机构串通评估作价。

第五十条　资产评估机构及其工作人员受托评估有关资产，应当遵守法律、行政法规以及评估执业准则，独立、客观、公正地对受托评估的资产进行评估。资产评估机构应当对其出具的评估报告负责。

第五节　国有资产转让

第五十一条　本法所称国有资产转让，是指依法将国家对企业的出资所形成的权益转移给其他单位或者个人的行为；按照国家规定无偿划转国有资产的除外。

第五十二条　国有资产转让应当有利于国有经济布局和结构的战略性调整，防止国有资产损失，不得损害交易各方的合法权益。

第五十三条　国有资产转让由履行出资人职责的机构决定。履行出资人职责的机构决定转让全部国有资产的，或者转让部分国有资产致使国家对该企业不再具有控股地位的，应当报请本级人民政府批准。

第五十四条　国有资产转让应当遵循等价有偿和公开、公平、公正的原则。

除按照国家规定可以直接协议转让的以外，国有资产转让应当在依法设立的产权交易场所公开进行。转让方应当如实披露有关信息，征集受让方；征集产生的受让方为两个以上的，转让应当采用公开竞价的交易方式。

转让上市交易的股份依照《中华人民共和国证券法》的规定进行。

第五十五条　国有资产转让应当以依法评估的、经履行出资人职责的机构认可或者由履行出资人职责的机构报经本级人民政府核准的价格为依据，合理确定最低转让价格。

第五十六条　法律、行政法规或者国务院国有资产监督管理机构规定可以向本企业的董事、监事、高级管理人员或者其近亲属，或者这些人员所有或者实际控制的企业转让的国有资产，在转让时，上述人员或者企业参与受让的，应当与其他受让参与者平等竞买；转让方应当按照国家有关规定，如实披露有关信息；

相关的董事、监事和高级管理人员不得参与转让方案的制定和组织实施的各项工作。

第五十七条 国有资产向境外投资者转让的，应当遵守国家有关规定，不得危害国家安全和社会公共利益。

第六章 国有资本经营预算

第五十八条 国家建立健全国有资本经营预算制度，对取得的国有资本收入及其支出实行预算管理。

第五十九条 国家取得的下列国有资本收入，以及下列收入的支出，应当编制国有资本经营预算：

（一）从国家出资企业分得的利润；

（二）国有资产转让收入；

（三）从国家出资企业取得的清算收入；

（四）其他国有资本收入。

第六十条 国有资本经营预算按年度单独编制，纳入本级人民政府预算，报本级人民代表大会批准。

国有资本经营预算支出按照当年预算收入规模安排，不列赤字。

第六十一条 国务院和有关地方人民政府财政部门负责国有资本经营预算草案的编制工作，履行出资人职责的机构向财政部门提出由其履行出资人职责的国有资本经营预算建议草案。

第六十二条 国有资本经营预算管理的具体办法和实施步骤，由国务院规定，报全国人民代表大会常务委员会备案。

第七章 国有资产监督

第六十三条 各级人民代表大会常务委员会通过听取和审议本级人民政府履行出资人职责的情况和国有资产监督管理情况的专项工作报告，组织对本法实施情况的执法检查等，依法行使监督职权。

第六十四条 国务院和地方人民政府应当对其授权履行出资人职责的机构履行职责的情况进行监督。

第六十五条 国务院和地方人民政府审计机关依照《中华人民共和国审计法》的规定，对国有资本经营预算的执行情况和属于审计监督对象的国家出资企业进行审计监督。

第六十六条 国务院和地方人民政府应当依法向社会公布国有资产状况和国有资产监督管理工作情况，接受社会公众的监督。

任何单位和个人有权对造成国有资产损失的行为进行检举和控告。

第六十七条　履行出资人职责的机构根据需要，可以委托会计师事务所对国有独资企业、国有独资公司的年度财务会计报告进行审计，或者通过国有资本控股公司的股东会、股东大会决议，由国有资本控股公司聘请会计师事务所对公司的年度财务会计报告进行审计，维护出资人权益。

第八章　法律责任

第六十八条　履行出资人职责的机构有下列行为之一的，对其直接负责的主管人员和其他直接责任人员依法给予处分：

（一）不按照法定的任职条件，任命或者建议任命国家出资企业管理者的；

（二）侵占、截留、挪用国家出资企业的资金或者应当上缴的国有资本收入的；

（三）违反法定的权限、程序，决定国家出资企业重大事项，造成国有资产损失的；

（四）有其他不依法履行出资人职责的行为，造成国有资产损失的。

第六十九条　履行出资人职责的机构的工作人员玩忽职守、滥用职权、徇私舞弊，尚不构成犯罪的，依法给予处分。

第七十条　履行出资人职责的机构委派的股东代表未按照委派机构的指示履行职责，造成国有资产损失的，依法承担赔偿责任；属于国家工作人员的，并依法给予处分。

第七十一条　国家出资企业的董事、监事、高级管理人员有下列行为之一，造成国有资产损失的，依法承担赔偿责任；属于国家工作人员的，并依法给予处分：

（一）利用职权收受贿赂或者取得其他非法收入和不当利益的；

（二）侵占、挪用企业资产的；

（三）在企业改制、财产转让等过程中，违反法律、行政法规和公平交易规则，将企业财产低价转让、低价折股的；

（四）违反本法规定与本企业进行交易的；

（五）不如实向资产评估机构、会计师事务所提供有关情况和资料，或者与资产评估机构、会计师事务所串通出具虚假资产评估报告、审计报告的；

（六）违反法律、行政法规和企业章程规定的决策程序，决定企业重大事项的；

（七）有其他违反法律、行政法规和企业章程执行职务行为的。

国家出资企业的董事、监事、高级管理人员因前款所列行为取得的收入，依法予以追缴或者归国家出资企业所有。

履行出资人职责的机构任命或者建议任命的董事、监事、高级管理人员有本条第一款所列行为之一，造成国有资产重大损失的，由履行出资人职责的机构依法予以免职或者提出免职建议。

第七十二条 在涉及关联方交易、国有资产转让等交易活动中，当事人恶意串通，损害国有资产权益的，该交易行为无效。

第七十三条 国有独资企业、国有独资公司、国有资本控股公司的董事、监事、高级管理人员违反本法规定，造成国有资产重大损失，被免职的，自免职之日起5年内不得担任国有独资企业、国有独资公司、国有资本控股公司的董事、监事、高级管理人员；造成国有资产特别重大损失，或者因贪污、贿赂、侵占财产、挪用财产或者破坏社会主义市场经济秩序被判处刑罚的，终身不得担任国有独资企业、国有独资公司、国有资本控股公司的董事、监事、高级管理人员。

第七十四条 接受委托对国家出资企业进行资产评估、财务审计的资产评估机构、会计师事务所违反法律、行政法规的规定和执业准则，出具虚假的资产评估报告或者审计报告的，依照有关法律、行政法规的规定追究法律责任。

第七十五条 违反本法规定，构成犯罪的，依法追究刑事责任。

第九章 附 则

第七十六条 金融企业国有资产的管理与监督，法律、行政法规另有规定的，依照其规定。

第七十七条 本法自2009年5月1日起施行。

企业国有资产交易监督管理办法

2016年6月24日 国资委、财政部令第32号

第一章 总 则

第一条 为规范企业国有资产交易行为，加强企业国有资产交易监督管理，防止国有资产流失，根据《中华人民共和国企业国有资产法》、《中华人民共和国公司法》、《企业国有资产监督管理暂行条例》等有关法律法规，制定本办法。

第二条 企业国有资产交易应当遵守国家法律法规和政策规定，有利于国有经济布局和结构调整优化，充分发挥市场配置资源作用，遵循等价有偿和公开公平公正的原则，在依法设立的产权交易机构中公开进行，国家法律法规另有规定的从其规定。

第三条 本办法所称企业国有资产交易行为包括：

（一）履行出资人职责的机构、国有及国有控股企业、国有实际控制企业转

让其对企业各种形式出资所形成权益的行为（以下称企业产权转让）；

（二）国有及国有控股企业、国有实际控制企业增加资本的行为（以下称企业增资），政府以增加资本金方式对国家出资企业的投入除外；

（三）国有及国有控股企业、国有实际控制企业的重大资产转让行为（以下称企业资产转让）。

第四条　本办法所称国有及国有控股企业、国有实际控制企业包括：

（一）政府部门、机构、事业单位出资设立的国有独资企业（公司），以及上述单位、企业直接或间接合计持股为100%的国有全资企业；

（二）本条第（一）款所列单位、企业单独或共同出资，合计拥有产（股）权比例超过50%，且其中之一为最大股东的企业；

（三）本条第（一）、（二）款所列企业对外出资，拥有股权比例超过50%的各级子企业；

（四）政府部门、机构、事业单位、单一国有及国有控股企业直接或间接持股比例未超过50%，但为第一大股东，并且通过股东协议、公司章程、董事会决议或者其他协议安排能够对其实际支配的企业。

第五条　企业国有资产交易标的应当权属清晰，不存在法律法规禁止或限制交易的情形。已设定担保物权的国有资产交易，应当符合《中华人民共和国物权法》、《中华人民共和国担保法》等有关法律法规规定。涉及政府社会公共管理事项的，应当依法报政府有关部门审核。

第六条　国有资产监督管理机构（以下简称国资监管机构）负责所监管企业的国有资产交易监督管理；国家出资企业负责其各级子企业国有资产交易的管理，定期向同级国资监管机构报告本企业的国有资产交易情况。

第二章　企业产权转让

第七条　国资监管机构负责审核国家出资企业的产权转让事项。其中，因产权转让致使国家不再拥有所出资企业控股权的，须由国资监管机构报本级人民政府批准。

第八条　国家出资企业应当制定其子企业产权转让管理制度，确定审批管理权限。其中，对主业处于关系国家安全、国民经济命脉的重要行业和关键领域，主要承担重大专项任务子企业的产权转让，须由国家出资企业报同级国资监管机构批准。

转让方为多家国有股东共同持股的企业，由其中持股比例最大的国有股东负责履行相关批准程序；各国有股东持股比例相同的，由相关股东协商后确定其中一家股东负责履行相关批准程序。

第九条　产权转让应当由转让方按照企业章程和企业内部管理制度进行决

策，形成书面决议。国有控股和国有实际控制企业中国有股东委派的股东代表，应当按照本办法规定和委派单位的指示发表意见、行使表决权，并将履职情况和结果及时报告委派单位。

第十条 转让方应当按照企业发展战略做好产权转让的可行性研究和方案论证。产权转让涉及职工安置事项的，安置方案应当经职工代表大会或职工大会审议通过；涉及债权债务处置事项的，应当符合国家相关法律法规的规定。

第十一条 产权转让事项经批准后，由转让方委托会计师事务所对转让标的企业进行审计。涉及参股权转让不宜单独进行专项审计的，转让方应当取得转让标的企业最近一期年度审计报告。

第十二条 对按照有关法律法规要求必须进行资产评估的产权转让事项，转让方应当委托具有相应资质的评估机构对转让标的进行资产评估，产权转让价格应以经核准或备案的评估结果为基础确定。

第十三条 产权转让原则上通过产权市场公开进行。转让方可以根据企业实际情况和工作进度安排，采取信息预披露和正式披露相结合的方式，通过产权交易机构网站分阶段对外披露产权转让信息，公开征集受让方。其中正式披露信息时间不得少于20个工作日。

因产权转让导致转让标的企业的实际控制权发生转移的，转让方应当在转让行为获批后10个工作日内，通过产权交易机构进行信息预披露，时间不得少于20个工作日。

第十四条 产权转让原则上不得针对受让方设置资格条件，确需设置的，不得有明确指向性或违反公平竞争原则，所设资格条件相关内容应当在信息披露前报同级国资监管机构备案，国资监管机构在5个工作日内未反馈意见的视为同意。

第十五条 转让方披露信息包括但不限于以下内容：

（一）转让标的基本情况；

（二）转让标的企业的股东结构；

（三）产权转让行为的决策及批准情况；

（四）转让标的企业最近一个年度审计报告和最近一期财务报表中的主要财务指标数据，包括但不限于资产总额、负债总额、所有者权益、营业收入、净利润等（转让参股权的，披露最近一个年度审计报告中的相应数据）；

（五）受让方资格条件（适用于对受让方有特殊要求的情形）；

（六）交易条件、转让底价；

（七）企业管理层是否参与受让，有限责任公司原股东是否放弃优先受让权；

（八）竞价方式，受让方选择的相关评判标准；

（九）其他需要披露的事项。

其中信息预披露应当包括但不限于以上（一）、（二）、（三）、（四）、（五）款内容。

第十六条　转让方应当按照要求向产权交易机构提供披露信息内容的纸质文档材料，并对披露内容和所提供材料的真实性、完整性、准确性负责。产权交易机构应当对信息披露的规范性负责。

第十七条　产权转让项目首次正式信息披露的转让底价，不得低于经核准或备案的转让标的评估结果。

第十八条　信息披露期满未征集到意向受让方的，可以延期或在降低转让底价、变更受让条件后重新进行信息披露。

降低转让底价或变更受让条件后重新披露信息的，披露时间不得少于 20 个工作日。新的转让底价低于评估结果的 90%时，应当经转让行为批准单位书面同意。

第十九条　转让项目自首次正式披露信息之日起超过 12 个月未征集到合格受让方的，应当重新履行审计、资产评估以及信息披露等产权转让工作程序。

第二十条　在正式披露信息期间，转让方不得变更产权转让公告中公布的内容，由于非转让方原因或其他不可抗力因素导致可能对转让标的价值判断造成影响的，转让方应当及时调整补充披露信息内容，并相应延长信息披露时间。

第二十一条　产权交易机构负责意向受让方的登记工作，对意向受让方是否符合受让条件提出意见并反馈转让方。产权交易机构与转让方意见不一致的，由转让行为批准单位决定意向受让方是否符合受让条件。

第二十二条　产权转让信息披露期满、产生符合条件的意向受让方的，按照披露的竞价方式组织竞价。竞价可以采取拍卖、招投标、网络竞价以及其他竞价方式，且不得违反国家法律法规的规定。

第二十三条　受让方确定后，转让方与受让方应当签订产权交易合同，交易双方不得以交易期间企业经营性损益等理由对已达成的交易条件和交易价格进行调整。

第二十四条　产权转让导致国有股东持有上市公司股份间接转让的，应当同时遵守上市公司国有股权管理以及证券监管相关规定。

第二十五条　企业产权转让涉及交易主体资格审查、反垄断审查、特许经营权、国有划拨土地使用权、探矿权和采矿权等政府审批事项的，按照相关规定执行。

第二十六条　受让方为境外投资者的，应当符合外商投资产业指导目录和负面清单管理要求，以及外商投资安全审查有关规定。

第二十七条　交易价款应当以人民币计价，通过产权交易机构以货币进行结算。因特殊情况不能通过产权交易机构结算的，转让方应当向产权交易机构提供转让行为批准单位的书面意见以及受让方付款凭证。

第二十八条 交易价款原则上应当自合同生效之日起 5 个工作日内一次付清。

金额较大、一次付清确有困难的，可以采取分期付款方式。采用分期付款方式的，首期付款不得低于总价款的 30%，并在合同生效之日起 5 个工作日内支付；其余款项应当提供转让方认可的合法有效担保，并按同期银行贷款利率支付延期付款期间的利息，付款期限不得超过 1 年。

第二十九条 产权交易合同生效后，产权交易机构应当将交易结果通过交易机构网站对外公告，公告内容包括交易标的名称、转让标的评估结果、转让底价、交易价格，公告期不少于 5 个工作日。

第三十条 产权交易合同生效，并且受让方按照合同约定支付交易价款后，产权交易机构应当及时为交易双方出具交易凭证。

第三十一条 以下情形的产权转让可以采取非公开协议转让方式：

（一）涉及主业处于关系国家安全、国民经济命脉的重要行业和关键领域企业的重组整合，对受让方有特殊要求，企业产权需要在国有及国有控股企业之间转让的，经国资监管机构批准，可以采取非公开协议转让方式；

（二）同一国家出资企业及其各级控股企业或实际控制企业之间因实施内部重组整合进行产权转让的，经该国家出资企业审议决策，可以采取非公开协议转让方式。

第三十二条 采取非公开协议转让方式转让企业产权，转让价格不得低于经核准或备案的评估结果。

以下情形按照《中华人民共和国公司法》、企业章程履行决策程序后，转让价格可以资产评估报告或最近一期审计报告确认的净资产值为基础确定，且不得低于经评估或审计的净资产值：

（一）同一国家出资企业内部实施重组整合，转让方和受让方为该国家出资企业及其直接或间接全资拥有的子企业；

（二）同一国有控股企业或国有实际控制企业内部实施重组整合，转让方和受让方为该国有控股企业或国有实际控制企业及其直接、间接全资拥有的子企业。

第三十三条 国资监管机构批准、国家出资企业审议决策采取非公开协议方式的企业产权转让行为时，应当审核下列文件：

（一）产权转让的有关决议文件；

（二）产权转让方案；

（三）采取非公开协议方式转让产权的必要性以及受让方情况；

（四）转让标的企业审计报告、资产评估报告及其核准或备案文件。其中属于第三十二条（一）、（二）款情形的，可以仅提供企业审计报告；

（五）产权转让协议；

（六）转让方、受让方和转让标的企业的国家出资企业产权登记表（证）；

（七）产权转让行为的法律意见书；

（八）其他必要的文件。

第三章　企业增资

第三十四条　国资监管机构负责审核国家出资企业的增资行为。其中，因增资致使国家不再拥有所出资企业控股权的，须由国资监管机构报本级人民政府批准。

第三十五条　国家出资企业决定其子企业的增资行为。其中，对主业处于关系国家安全、国民经济命脉的重要行业和关键领域，主要承担重大专项任务的子企业的增资行为，须由国家出资企业报同级国资监管机构批准。

增资企业为多家国有股东共同持股的企业，由其中持股比例最大的国有股东负责履行相关批准程序；各国有股东持股比例相同的，由相关股东协商后确定其中一家股东负责履行相关批准程序。

第三十六条　企业增资应当符合国家出资企业的发展战略，做好可行性研究，制定增资方案，明确募集资金金额、用途、投资方应具备的条件、选择标准和遴选方式等。增资后企业的股东数量须符合国家相关法律法规的规定。

第三十七条　企业增资应当由增资企业按照企业章程和内部管理制度进行决策，形成书面决议。国有控股、国有实际控制企业中国有股东委派的股东代表，应当按照本办法规定和委派单位的指示发表意见、行使表决权，并将履职情况和结果及时报告委派单位。

第三十八条　企业增资在完成决策批准程序后，应当由增资企业委托具有相应资质的中介机构开展审计和资产评估。

以下情形按照《中华人民共和国公司法》、企业章程履行决策程序后，可以依据评估报告或最近一期审计报告确定企业资本及股权比例：

（一）增资企业原股东同比例增资的；

（二）履行出资人职责的机构对国家出资企业增资的；

（三）国有控股或国有实际控制企业对其独资子企业增资的；

（四）增资企业和投资方均为国有独资或国有全资企业的。

第三十九条　企业增资通过产权交易机构网站对外披露信息公开征集投资方，时间不得少于40个工作日。信息披露内容包括但不限于：

（一）企业的基本情况；

（二）企业目前的股权结构；

（三）企业增资行为的决策及批准情况；

（四）近3年企业审计报告中的主要财务指标；

（五）企业拟募集资金金额和增资后的企业股权结构；

（六）募集资金用途；

（七）投资方的资格条件，以及投资金额和持股比例要求等；

（八）投资方的遴选方式；

（九）增资终止的条件；

（十）其他需要披露的事项。

第四十条　企业增资涉及上市公司实际控制人发生变更的，应当同时遵守上市公司国有股权管理以及证券监管相关规定。

第四十一条　产权交易机构接受增资企业的委托提供项目推介服务，负责意向投资方的登记工作，协助企业开展投资方资格审查。

第四十二条　通过资格审查的意向投资方数量较多时，可以采用竞价、竞争性谈判、综合评议等方式进行多轮次遴选。产权交易机构负责统一接收意向投资方的投标和报价文件，协助企业开展投资方遴选有关工作。企业董事会或股东会以资产评估结果为基础，结合意向投资方的条件和报价等因素审议选定投资方。

第四十三条　投资方以非货币资产出资的，应当经增资企业董事会或股东会审议同意，并委托具有相应资质的评估机构进行评估，确认投资方的出资金额。

第四十四条　增资协议签订并生效后，产权交易机构应当出具交易凭证，通过交易机构网站对外公告结果，公告内容包括投资方名称、投资金额、持股比例等，公告期不少于5个工作日。

第四十五条　以下情形经同级国资监管机构批准，可以采取非公开协议方式进行增资：

（一）因国有资本布局结构调整需要，由特定的国有及国有控股企业或国有实际控制企业参与增资；

（二）因国家出资企业与特定投资方建立战略合作伙伴或利益共同体需要，由该投资方参与国家出资企业或其子企业增资。

第四十六条　以下情形经国家出资企业审议决策，可以采取非公开协议方式进行增资：

（一）国家出资企业直接或指定其控股、实际控制的其他子企业参与增资；

（二）企业债权转为股权；

（三）企业原股东增资。

第四十七条　国资监管机构批准、国家出资企业审议决策采取非公开协议方式的企业增资行为时，应当审核下列文件：

（一）增资的有关决议文件；

（二）增资方案；

（三）采取非公开协议方式增资的必要性以及投资方情况；

（四）增资企业审计报告、资产评估报告及其核准或备案文件。其中属于第三十八条（一）、（二）、（三）、（四）款情形的，可以仅提供企业审计报告；

（五）增资协议；

（六）增资企业的国家出资企业产权登记表（证）；

（七）增资行为的法律意见书；

（八）其他必要的文件。

第四章　企业资产转让

第四十八条　企业一定金额以上的生产设备、房产、在建工程以及土地使用权、债权、知识产权等资产对外转让，应当按照企业内部管理制度履行相应决策程序后，在产权交易机构公开进行。涉及国家出资企业内部或特定行业的资产转让，确需在国有及国有控股、国有实际控制企业之间非公开转让的，由转让方逐级报国家出资企业审核批准。

第四十九条　国家出资企业负责制定本企业不同类型资产转让行为的内部管理制度，明确责任部门、管理权限、决策程序、工作流程，对其中应当在产权交易机构公开转让的资产种类、金额标准等作出具体规定，并报同级国资监管机构备案。

第五十条　转让方应当根据转让标的情况合理确定转让底价和转让信息公告期：

（一）转让底价高于100万元、低于1000万元的资产转让项目，信息公告期应不少于10个工作日；

（二）转让底价高于1000万元的资产转让项目，信息公告期应不少于20个工作日。

企业资产转让的具体工作流程参照本办法关于企业产权转让的规定执行。

第五十一条　除国家法律法规或相关规定另有要求的外，资产转让不得对受让方设置资格条件。

第五十二条　资产转让价款原则上一次性付清。

第五章　监督管理

第五十三条　国资监管机构及其他履行出资人职责的机构对企业国有资产交易履行以下监管职责：

（一）根据国家有关法律法规，制定企业国有资产交易监管制度和办法；

（二）按照本办法规定，审核批准企业产权转让、增资等事项；

（三）选择从事企业国有资产交易业务的产权交易机构，并建立对交易机构的检查评审机制；

（四）对企业国有资产交易制度的贯彻落实情况进行监督检查；

（五）负责企业国有资产交易信息的收集、汇总、分析和上报工作；

（六）履行本级人民政府赋予的其他监管职责。

第五十四条 省级以上国资监管机构应当在全国范围选择开展企业国有资产交易业务的产权交易机构，并对外公布名单。选择的产权交易机构应当满足以下条件：

（一）严格遵守国家法律法规，未从事政府明令禁止开展的业务，未发生重大违法违规行为；

（二）交易管理制度、业务规则、收费标准等向社会公开，交易规则符合国有资产交易制度规定；

（三）拥有组织交易活动的场所、设施、信息发布渠道和专业人员，具备实施网络竞价的条件；

（四）具有较强的市场影响力，服务能力和水平能够满足企业国有资产交易的需要；

（五）信息化建设和管理水平满足国资监管机构对交易业务动态监测的要求；

（六）相关交易业务接受国资监管机构的监督检查。

第五十五条 国资监管机构应当对产权交易机构开展企业国有资产交易业务的情况进行动态监督。交易机构出现以下情形的，视情节轻重对其进行提醒、警告、通报、暂停直至停止委托从事相关业务：

（一）服务能力和服务水平较差，市场功能未得到充分发挥；

（二）在日常监管和定期检查评审中发现问题较多，且整改不及时或整改效果不明显；

（三）因违规操作、重大过失等导致企业国有资产在交易过程中出现损失；

（四）违反相关规定，被政府有关部门予以行政处罚而影响业务开展；

（五）拒绝接受国资监管机构对其相关业务开展监督检查；

（六）不能满足国资监管机构监管要求的其他情形。

第五十六条 国资监管机构发现转让方或增资企业未执行或违反相关规定、侵害国有权益的，应当责成其停止交易活动。

第五十七条 国资监管机构及其他履行出资人职责的机构应定期对国家出资企业及其控股和实际控制企业的国有资产交易情况进行检查和抽查，重点检查国家法律法规政策和企业内部管理制度的贯彻执行情况。

第六章 法律责任

第五十八条 企业国有资产交易过程中交易双方发生争议时，当事方可以向产权交易机构申请调解；调解无效时可以按照约定向仲裁机构申请仲裁或向人民法院提起诉讼。

第五十九条　企业国有资产交易应当严格执行“三重一大”决策机制。国资监管机构、国有及国有控股企业、国有实际控制企业的有关人员违反规定越权决策、批准相关交易事项，或者玩忽职守、以权谋私致使国有权益受到侵害的，由有关单位按照人事和干部管理权限给予相关责任人员相应处分；造成国有资产损失的，相关责任人员应当承担赔偿责任；构成犯罪的，依法追究其刑事责任。

第六十条　社会中介机构在为企业国有资产交易提供审计、资产评估和法律服务中存在违规执业行为的，有关国有企业应及时报告同级国资监管机构，国资监管机构可要求国有及国有控股企业、国有实际控制企业不得再委托其开展相关业务；情节严重的，由国资监管机构将有关情况通报其行业主管部门，建议给予其相应处罚。

第六十一条　产权交易机构在企业国有资产交易中弄虚作假或者玩忽职守、给企业造成损失的，应当承担赔偿责任，并依法追究直接责任人员的责任。

第七章　附　则

第六十二条　政府部门、机构、事业单位持有的企业国有资产交易，按照现行监管体制，比照本办法管理。

第六十三条　金融、文化类国家出资企业的国有资产交易和上市公司的国有股权转让等行为，国家另有规定的，依照其规定。

第六十四条　国有资本投资、运营公司对各级子企业资产交易的监督管理，相应由各级人民政府或国资监管机构另行授权。

第六十五条　境外国有及国有控股企业、国有实际控制企业在境内投资企业的资产交易，比照本办法规定执行。

第六十六条　政府设立的各类股权投资基金投资形成企业产（股）权对外转让，按照有关法律法规规定执行。

第六十七条　本办法自发布之日起施行，现行企业国有资产交易监管相关规定与本办法不一致的，以本办法为准。

中共中央、国务院关于深化国有企业改革的指导意见

2015 年 8 月 24 日　中发［2015］22 号

国有企业属于全民所有，是推进国家现代化、保障人民共同利益的重要力量，是我们党和国家事业发展的重要物质基础和政治基础。改革开放以来，国有

企业改革发展不断取得重大进展，总体上已经同市场经济相融合，运行质量和效益明显提升，在国际国内市场竞争中涌现出一批具有核心竞争力的骨干企业，为推动经济社会发展、保障和改善民生、开拓国际市场、增强我国综合实力作出了重大贡献，国有企业经营管理者队伍总体上是好的，广大职工付出了不懈努力，成就是突出的。但也要看到，国有企业仍然存在一些亟待解决的突出矛盾和问题，一些企业市场主体地位尚未真正确立，现代企业制度还不健全，国有资产监管体制有待完善，国有资本运行效率需进一步提高；一些企业管理混乱，内部人控制、利益输送、国有资产流失等问题突出，企业办社会职能和历史遗留问题还未完全解决；一些企业党组织管党治党责任不落实、作用被弱化。面向未来，国有企业面临日益激烈的国际竞争和转型升级的巨大挑战。在推动我国经济保持中高速增长和迈向中高端水平、完善和发展中国特色社会主义制度、实现中华民族伟大复兴中国梦的进程中，国有企业肩负着重大历史使命和责任。要认真贯彻落实党中央、国务院战略决策，按照“四个全面”战略布局的要求，以经济建设为中心，坚持问题导向，继续推进国有企业改革，切实破除体制机制障碍，坚定不移做强做优做大国有企业。为此，提出以下意见。

一、总体要求

（一）指导思想

高举中国特色社会主义伟大旗帜，认真贯彻落实党的十八大和十八届三中、四中全会精神，深入学习贯彻习近平总书记系列重要讲话精神，坚持和完善基本经济制度，坚持社会主义市场经济改革方向，适应市场化、现代化、国际化新形势，以解放和发展社会生产力为标准，以提高国有资本效率、增强国有企业活力为中心，完善产权清晰、权责明确、政企分开、管理科学的现代企业制度，完善国有资产监管体制，防止国有资产流失，全面推进依法治企，加强和改进党对国有企业的领导，做强做优做大国有企业，不断增强国有经济活力、控制力、影响力、抗风险能力，主动适应和引领经济发展新常态，为促进经济社会持续健康发展、实现中华民族伟大复兴中国梦作出积极贡献。

（二）基本原则

——坚持和完善基本经济制度。这是深化国有企业改革必须把握的根本要求。必须毫不动摇巩固和发展公有制经济，毫不动摇鼓励、支持、引导非公有制经济发展。坚持公有制主体地位，发挥国有经济主导作用，积极促进国有资本、集体资本、非公有资本等交叉持股、相互融合，推动各种所有制资本取长补短、相互促进、共同发展。

——坚持社会主义市场经济改革方向。这是深化国有企业改革必须遵循的基本规律。国有企业改革要遵循市场经济规律和企业发展规律，坚持政企分开、政资分开、所有权与经营权分离，坚持权利、义务、责任相统一，坚持激励机制和约束机制相结合，促使国有企业真正成为依法自主经营、自负盈亏、自担风险、自我约束、自我发展的独立市场主体。社会主义市场经济条件下的国有企业，要成为自觉履行社会责任的表率。

——坚持增强活力和强化监管相结合。这是深化国有企业改革必须把握的重要关系。增强活力是搞好国有企业的本质要求，加强监管是搞好国有企业的重要保障，要切实做到两者的有机统一。继续推进简政放权，依法落实企业法人财产权和经营自主权，进一步激发企业活力、创造力和市场竞争力。进一步完善国有企业监管制度，切实防止国有资产流失，确保国有资产保值增值。

——坚持党对国有企业的领导。这是深化国有企业改革必须坚守的政治方向、政治原则。要贯彻全面从严治党方针，充分发挥企业党组织政治核心作用，加强企业领导班子建设，创新基层党建工作，深入开展党风廉政建设，坚持全心全意依靠工人阶级，维护职工合法权益，为国有企业改革发展提供坚强有力的政治保证、组织保证和人才支撑。

——坚持积极稳妥统筹推进。这是深化国有企业改革必须采用的科学方法。要正确处理推进改革和坚持法治的关系，正确处理改革发展稳定关系，正确处理搞好顶层设计和尊重基层首创精神的关系，突出问题导向，坚持分类推进，把握好改革的次序、节奏、力度，确保改革扎实推进、务求实效。

（三）主要目标

到 2020 年，在国有企业改革重要领域和关键环节取得决定性成果，形成更加符合我国基本经济制度和社会主义市场经济发展要求的国有资产管理体制、现代企业制度、市场化经营机制，国有资本布局结构更趋合理，造就一大批德才兼备、善于经营、充满活力的优秀企业家，培育一大批具有创新能力和国际竞争力的国有骨干企业，国有经济活力、控制力、影响力、抗风险能力明显增强。

——国有企业公司制改革基本完成，发展混合所有制经济取得积极进展，法人治理结构更加健全，优胜劣汰、经营自主灵活、内部管理人员能上能下、员工能进能出、收入能增能减的市场化机制更加完善。

——国有资产监管制度更加成熟，相关法律法规更加健全，监管手段和方式不断优化，监管的科学性、针对性、有效性进一步提高，经营性国有资产实现集中统一监管，国有资产保值增值责任全面落实。

——国有资本配置效率显著提高，国有经济布局结构不断优化、主导作用有效发挥，国有企业在提升自主创新能力、保护资源环境、加快转型升级、履行社会责任中的引领和表率作用充分发挥。

——企业党的建设全面加强，反腐倡廉制度体系、工作体系更加完善，国有企业党组织在公司治理中的法定地位更加巩固，政治核心作用充分发挥。

二、分类推进国有企业改革

（四）划分国有企业不同类别。根据国有资本的战略定位和发展目标，结合不同国有企业在经济社会发展中的作用、现状和发展需要，将国有企业分为商业类和公益类。通过界定功能、划分类别，实行分类改革、分类发展、分类监管、分类定责、分类考核，提高改革的针对性、监管的有效性、考核评价的科学性，推动国有企业同市场经济深入融合，促进国有企业经济效益和社会效益有机统一。按照谁出资谁分类的原则，由履行出资人职责的机构负责制定所出资企业的功能界定和分类方案，报本级政府批准。各地区可结合实际，划分并动态调整本地区国有企业功能类别。

（五）推进商业类国有企业改革。商业类国有企业按照市场化要求实行商业化运作，以增强国有经济活力、放大国有资本功能、实现国有资产保值增值为主要目标，依法独立自主开展生产经营活动，实现优胜劣汰、有序进退。

主业处于充分竞争行业和领域的商业类国有企业，原则上都要实行公司制股份制改革，积极引入其他国有资本或各类非国有资本实现股权多元化，国有资本可以绝对控股、相对控股，也可以参股，并着力推进整体上市。对这些国有企业，重点考核经营业绩指标、国有资产保值增值和市场竞争能力。

主业处于关系国家安全、国民经济命脉的重要行业和关键领域、主要承担重大专项任务的商业类国有企业，要保持国有资本控股地位，支持非国有资本参股。对自然垄断行业，实行以政企分开、政资分开、特许经营、政府监管为主要内容的改革，根据不同行业特点实行网运分开、放开竞争性业务，促进公共资源配置市场化；对需要实行国有全资的企业，也要积极引入其他国有资本实行股权多元化；对特殊业务和竞争性业务实行业务板块有效分离，独立运作、独立核算。对这些国有企业，在考核经营业绩指标和国有资产保值增值情况的同时，加强对服务国家战略、保障国家安全和国民经济运行、发展前瞻性战略性产业以及完成特殊任务的考核。

（六）推进公益类国有企业改革。公益类国有企业以保障民生、服务社会、提供公共产品和服务为主要目标，引入市场机制，提高公共服务效率和能力。这类企业可以采取国有独资形式，具备条件的也可以推行投资主体多元化，还可以通过购买服务、特许经营、委托代理等方式，鼓励非国有企业参与经营。对公益类国有企业，重点考核成本控制、产品服务质量、营运效率和保障能力，根据企业不同特点有区别地考核经营业绩指标和国有资产保值增值情况，考核中要引入社会评价。

三、完善现代企业制度

（七）推进公司制股份制改革。加大集团层面公司制改革力度，积极引入各类投资者实现股权多元化，大力推动国有企业改制上市，创造条件实现集团公司整体上市。根据不同企业的功能定位，逐步调整国有股权比例，形成股权结构多元、股东行为规范、内部约束有效、运行高效灵活的经营机制。允许将部分国有资本转化为优先股，在少数特定领域探索建立国家特殊管理股制度。

（八）健全公司法人治理结构。重点是推进董事会建设，建立健全权责对等、运转协调、有效制衡的决策执行监督机制，规范董事长、总经理行权行为，充分发挥董事会的决策作用、监事会的监督作用、经理层的经营管理作用、党组织的政治核心作用，切实解决一些企业董事会形同虚设、“一把手”说了算的问题，实现规范的公司治理。要切实落实和维护董事会依法行使重大决策、选人用人、薪酬分配等权利，保障经理层经营自主权，法无授权任何政府部门和机构不得干预。加强董事会内部的制衡约束，国有独资、全资公司的董事会和监事会均应有职工代表，董事会外部董事应占多数，落实一人一票表决制度，董事对董事会决议承担责任。改进董事会和董事评价办法，强化对董事的考核评价和管理，对重大决策失误负有直接责任的要及时调整或解聘，并依法追究责任。进一步加强外部董事队伍建设，拓宽来源渠道。

（九）建立国有企业领导人员分类分层管理制度。坚持党管干部原则与董事会依法产生、董事会依法选择经营管理者、经营管理者依法行使用人权相结合，不断创新有效实现形式。上级党组织和国有资产监管机构按照管理权限加强对国有企业领导人员的管理，广开推荐渠道，依规考察提名，严格履行选用程序。根据不同企业类别和层级，实行选任制、委任制、聘任制等不同选人用人方式。推行职业经理人制度，实行内部培养和外部引进相结合，畅通现有经营管理者与职业经理人身份转换通道，董事会按市场化方式选聘和管理职业经理人，合理增加市场化选聘比例，加快建立退出机制。推行企业经理层成员任期制和契约化管理，明确责任、权利、义务，严格任期管理和目标考核。

（十）实行与社会主义市场经济相适应的企业薪酬分配制度。企业内部的薪酬分配权是企业的法定权利，由企业依法依规自主决定，完善既有激励又有约束、既讲效率又讲公平、既符合企业一般规律又体现国有企业特点的分配机制。建立健全与劳动力市场基本适应、与企业经济效益和劳动生产率挂钩的工资决定和正常增长机制。推进全员绩效考核，以业绩为导向，科学评价不同岗位员工的贡献，合理拉开收入分配差距，切实做到收入能增能减和奖惩分明，充分调动广大职工积极性。对国有企业领导人员实行与选任方式相匹配、与企业功能性质相适应、与经营业绩相挂钩的差异化薪酬分配办法。对党中央、国务院和地方党委、政府及其部门任命的国有企业领导人员，合理确定基本年薪、绩效年薪和任期激励收入。对市场化选聘的职业经理人实行市场化薪酬分配机制，可以采取多种方式探索完善中长期激励机制。健全与激励机制相对称的经济责任审计、信息披露、延期支付、追索扣回等约束机制。严格规范履职待遇、业务支出，严禁将公款用于个人支出。

（十一）深化企业内部用人制度改革。建立健全企业各类管理人员公开招聘、竞争上岗等制度，对特殊管理人员可以通过委托人才中介机构推荐等方式，拓宽选人用人视野和渠道。建立分级分类的企业员工市场化公开招聘制度，切实做到信息公开、过程公开、结果公开。构建和谐劳动关系，依法规范企业各类用工管理，建立健全以合同管理为核心、以岗位管理为基础的市场化用工制度，真正形成企业各类管理人员能上能下、员工能进能出的合理流动机制。

四、完善国有资产管理体制

（十二）以管资本为主推进国有资产监管机构职能转变。国有资产监管机构要准确把握依法履行出资人职责的定位，科学界定国有资产出资人监管的边界，建立监管权力清单和责任清单，实现以管企业为主向以管资本为主的转变。该管的要科学管理、决不缺位，重点管好国有资本布局、规范资本运作、提高资本回报、维护资本安全；不该管的要依法放权、决不越位，将依法应由企业自主经营决策的事项归位于企业，将延伸到子企业的管理事项原则上归位于一级企业，将配合承担的公共管理职能归位于相关政府部门和单位。大力推进依法监管，着力创新监管方式和手段，改变行政化管理方式，改进考核体系和办法，提高监管的科学性、有效性。

（十三）以管资本为主改革国有资本授权经营体制。改组组建国有资本投资、运营公司，探索有效的运营模式，通过开展投资融资、产业培育、资本整合，推动产业集聚和转型升级，优化国有资本布局结构；通过股权运作、价值管理、有序进退，促进国有资本合理流动，实现保值增值。科学界定国有资本所有权和经营权的边界，国有资产监管机构依法对国有资本投资、运营公司和其他直接监管的企业履行出资人职责，并授权国有资本投资、运营公司对授权范围内的国有资本履行出资人职责。国有资本投资、运营公司作为国有资本市场化运作的专业平台，依法自主开展国有资本运作，对所出资企业行使股东职责，按照责权对应原则切实承担起国有资产保值增值责任。开展政府直接授权国有资本投资、运营公司履行出资人职责的试点。

（十四）以管资本为主推动国有资本合理流动优化配置。坚持以市场为导向、以企业为主体，有进有退、有所为有所不为，优化国有资本布局结构，增强国有经济整体功能和效率。紧紧围绕服务国家战略，落实国家产业政策和重点产业布局调整总体要求，优化国有资本重点投资方向和领域，推动国有资本向关系国家安全、国民经济命脉和国计民生的重要行业和关键领域、重点基础设施集中，向前瞻性战略性产业集中，向具有核心竞争力的优势企业集中。发挥国有资本投资、运营公司的作用，清理退出一批、重组整合一批、创新发展一批国有企业。建立健全优胜劣汰市场化退出机制，充分发挥失业救济和再就业培训等的作用，解决好职工安置问题，切实保障退出企业依法实现关闭或破产，加快处置低效无效资产，淘汰落后产能。支持企业依法合规通过证券交易、产权交易等资本市场，以市场公允价格处置企业资产，实现国有资本形态转换，变现的国有资本用于更需要的领域和行业。推动国有企业加快管理创新、商业模式创新，合理限定法人层级，有效压缩管理层级。发挥国有企业在实施创新驱动发展战略和制造强国战略中的骨干和表率作用，强化企业在技术创新中的主体地位，重视培养科研人才和高技能人才。支持国有企业开展国际化经营，鼓励国有企业之间以及与其他所有制企业以资本为纽带，强强联合、优势互补，加快培育一批具有世界一流水平的跨国公司。

（十五）以管资本为主推进经营性国有资产集中统一监管。稳步将党政机关、事业单位所属企业的国有资本纳入经营性国有资产集中统一监管体系，具备条件的进入国有资本投资、运营公司。加强国有资产基础管理，按照统一制度规范、统一工作体系的原则，抓紧制定企业国有资产基础管理条例。建立覆盖全部国有企业、分级管理的国有资本经营预算管理制度，提高国有资本收益上缴公共财政比例，2020 年提高到 30%，更多用于保障和改善民生。划转部分国有资本充实社会保障基金。

五、发展混合所有制经济

（十六）推进国有企业混合所有制改革。以促进国有企业转换经营机制，放大国有资本功能，提高国有资本配置和运行效率，实现各种所有制资本取长补短、相互促进、共同发展为目标，稳妥推动国有企业发展混合所有制经济。对通过实行股份制、上市等途径已经实行混合所有制的国有企业，要着力在完善现代企业制度、提高资本运行效率上下功夫；对于适宜继续推进混合所有制改革的国有企业，要充分发挥市场机制作用，坚持因地施策、因业施策、因企施策，宜独则独、宜控则控、宜参则参，不搞拉郎配，不搞全覆盖，不设时间表，成熟一个推进一个。改革要依法依规、严格程序、公开公正，切实保护混合所有制企业各类出资人的产权权益，杜绝国有资产流失。

（十七）引入非国有资本参与国有企业改革。鼓励非国有资本投资主体通过出资入股、收购股权、认购可转债、股权置换等多种方式，参与国有企业改制重组或国有控股上市公司增资扩股以及企业经营管理。实行同股同权，切实维护各类股东合法权益。在石油、天然气、电力、铁路、电信、资源开发、公用事业等领域，向非国有资本推出符合产业政策、有利于转型升级的项目。依照外商投资产业指导目录和相关安全审查规定，完善外资安全审查工作机制。开展多类型政府和社会资本合作试点，逐步推广政府和社会资本合作模式。

（十八）鼓励国有资本以多种方式入股非国有企业。充分发挥国有资本投资、运营公司的资本运作平台作用，通过市场化方式，以公共服务、高新技术、生态环保、战略性产业为重点领域，对发展潜力大、成长性强的非国有企业进行股权投资。鼓励国有企业通过投资入股、联合投资、重组等多种方式，与非国有企业进行股权融合、战略合作、资源整合。

（十九）探索实行混合所有制企业员工持股。坚持试点先行，在取得经验基础上稳妥有序推进，通过实行员工持股建立激励约束长效机制。优先支持人才资本和技术要素贡献占比较高的转制科研院所、高新技术企业、科技服务型企业开展员工持股试点，支持对企业经营业绩和持续发展有直接或较大影响的科研人员、经营管理人员和业务骨干等持股。员工持股主要采取增资扩股、出资新设等方式。完善相关政策，健全审核程序，规范操作流程，严格资产评估，建立健全股权流转和退出机制，确保员工持股公开透明，严禁暗箱操作，防止利益输送。

六、强化监督防止国有资产流失

（二十）强化企业内部监督。完善企业内部监督体系，明确监事会、审计、纪检监察、巡视以及法律、财务等部门的监督职责，完善监督制度，增强制度执行力。强化对权力集中、资金密集、资源富集、资产聚集的部门和岗位的监督，实行分事行权、分岗设权、分级授权，定期轮岗，强化内部流程控制，防止权力滥用。建立审计部门向董事会负责的工作机制。落实企业内部监事会对董事、经理和其他高级管理人员的监督。进一步发挥企业总法律顾问在经营管理中的法律审核把关作用，推进企业依法经营、合规管理。集团公司要依法依规、尽职尽责加强对子企业的管理和监督。大力推进厂务公开，健全以职工代表大会为基本形式的企业民主管理制度，加强企业职工民主监督。

（二十一）建立健全高效协同的外部监督机制。强化出资人监督，加快国有企业行为规范法律法规制度建设，加强对企业关键业务、改革重点领域、国有资本运营重要环节以及境外国有资产的监督，规范操作流程，强化专业检查，开展总会计师由履行出资人职责机构委派的试点。加强和改进外派监事会制度，明确职责定位，强化与有关专业监督机构的协作，加强当期和事中监督，强化监督成果运用，建立健全核查、移交和整改机制。健全国有资本审计监督体系和制度，实行企业国有资产审计监督全覆盖，建立对企业国有资本的经常性审计制度。加强纪检监察监督和巡视工作，强化对企业领导人员廉洁从业、行使权力等的监督，加大大案要案查处力度，狠抓对存在问题的整改落实。整合出资人监管、外派监事会监督和审计、纪检监察、巡视等监督力量，建立监督工作会商机制，加强统筹，创新方式，共享资源，减少重复检查，提高监督效能。建立健全监督意见反馈整改机制，形成监督工作的闭环。

（二十二）实施信息公开加强社会监督。完善国有资产和国有企业信息公开制度，设立统一的信息公开网络平台，依法依规、及时准确披露国有资本整体运营和监管、国有企业公司治理以及管理架构、经营情况、财务状况、关联交易、企业负责人薪酬等信息，建设阳光国企。认真处理人民群众关于国有资产流失等问题的来信、来访和检举，及时回应社会关切。充分发挥媒体舆论监督作用，有效保障社会公众对企业国有资产运营的知情权和监督权。

（二十三）严格责任追究。建立健全国有企业重大决策失误和失职、渎职责任追究倒查机制，建立和完善重大决策评估、决策事项履职记录、决策过错认定标准等配套制度，严厉查处侵吞、贪污、输送、挥霍国有资产和逃废金融债务的行为。建立健全企业国有资产的监督问责机制，对企业重大违法违纪问题敷衍不追、隐匿不报、查处不力的，严格追究有关人员失职渎职责任，视不同情形给予纪律处分或行政处分，构成犯罪的，由司法机关依法追究刑事责任。

七、加强和改进党对国有企业的领导

（二十四）充分发挥国有企业党组织政治核心作用。把加强党的领导和完善公司治理统一起来，将党建工作总体要求纳入国有企业章程，明确国有企业党组织在公司法人治理结构中的法定地位，创新国有企业党组织发挥政治核心作用的途径和方式。在国有企业改革中坚持党的建设同步谋划、党的组织及工作机构同步设置、党组织负责人及党务工作人员同步配备、党的工作同步开展，保证党组织工作机构健全、党务工作者队伍稳定、党组织和党员作用得到有效发挥。坚持和完善双向进入、交叉任职的领导体制，符合条件的党组织领导班子成员可以通过法定程序进入董事会、监事会、经理层，董事会、监事会、经理层成员中符合条件的党员可以依照有关规定和程序进入党组织领导班子；经理层成员与党组织领导班子成员适度交叉任职；董事长、总经理原则上分设，党组织书记、董事长一般由一人担任。

国有企业党组织要切实承担好、落实好从严管党治党责任。坚持从严治党、思想建党、制度治党，增强管党治党意识，建立健全党建工作责任制，聚精会神抓好党建工作，做到守土有责、守土负责、守土尽责。党组织书记要切实履行党建工作第一责任人职责，党组织班子其他成员要切实履行“一岗双责”，结合业务分工抓好党建工作。中央企业党组织书记同时担任企业其他主要领导职务的，应当设立 1 名专职抓企业党建工作的副书记。加强国有企业基层党组织建设和党员队伍建设，强化国有企业基层党建工作的基础保障，充分发挥基层党组织战斗堡垒作用、共产党员先锋模范作用。加强企业党组织对群众工作的领导，发挥好工会、共青团等群团组织的作用，深入细致做好职工群众的思想政治工作。把建立党的组织、开展党的工作，作为国有企业推进混合所有制改革的必要前提，根据不同类型混合所有制企业特点，科学确定党组织的设置方式、职责定位、管理模式。

（二十五）进一步加强国有企业领导班子建设和人才队伍建设。根据企业改革发展需要，明确选人用人标准和程序，创新选人用人方式。强化党组织在企业领导人员选拔任用、培养教育、管理监督中的责任，支持董事会依法选择经营管理者、经营管理者依法行使用人权，坚决防止和整治选人用人中的不正之风。加强对国有企业领导人员尤其是主要领导人员的日常监督管理和综合考核评价，及时调整不胜任、不称职的领导人员，切实解决企业领导人员能上不能下的问题。以强化忠诚意识、拓展世界眼光、提高战略思维、增强创新精神、锻造优秀品行为重点，加强企业家队伍建设，充分发挥企业家作用。大力实施人才强企战略，加快建立健全国有企业集聚人才的体制机制。

（二十六）切实落实国有企业反腐倡廉“两个责任”。国有企业党组织要切实履行好主体责任，纪检机构要履行好监督责任。加强党性教育、法治教育、警示教育，引导国有企业领导人员坚定理想信念，自觉践行“三严三实”要求，正确履职行权。建立切实可行的责任追究制度，与企业考核等挂钩，实行“一案双查”。推动国有企业纪律检查工作双重领导体制具体化、程序化、制度化，强化上级纪委对下级纪委的领导。加强和改进国有企业巡视工作，强化对权力运行的监督和制约。坚持运用法治思维和法治方式反腐败，完善反腐倡廉制度体系，严格落实反“四风”规定，努力构筑企业领导人员不敢腐、不能腐、不想腐的有效机制。

八、为国有企业改革创造良好环境条件

（二十七）完善相关法律法规和配套政策。加强国有企业相关法律法规立改废释工作，确保重大改革于法有据。切实转变政府职能，减少审批、优化制度、简化手续、提高效率。完善公共服务体系，推进政府购买服务，加快建立稳定可靠、补偿合理、公开透明的企业公共服务支出补偿机制。完善和落实国有企业重组整合涉及的资产评估增值、土地变更登记和国有资产无偿划转等方面税收优惠政策。完善国有企业退出的相关政策，依法妥善处理劳动关系调整、社会保险关系接续等问题。

（二十八）加快剥离企业办社会职能和解决历史遗留问题。完善相关政策，建立政府和国有企业合理分担成本的机制，多渠道筹措资金，采取分离移交、重

组改制、关闭撤销等方式，剥离国有企业职工家属区“三供一业”和所办医院、学校、社区等公共服务机构，继续推进厂办大集体改革，对国有企业退休人员实施社会化管理，妥善解决国有企业历史遗留问题，为国有企业公平参与市场竞争创造条件。

（二十九）形成鼓励改革创新的氛围。坚持解放思想、实事求是，鼓励探索、实践、创新。全面准确评价国有企业，大力宣传中央关于全面深化国有企业改革的方针政策，宣传改革的典型案例和经验，营造有利于国有企业改革的良好舆论环境。

（三十）加强对国有企业改革的组织领导。各级党委和政府要统一思想，以高度的政治责任感和历史使命感，切实履行对深化国有企业改革的领导责任。要根据本指导意见，结合实际制定实施意见，加强统筹协调、明确责任分工、细化目标任务、强化督促落实，确保深化国有企业改革顺利推进，取得实效。

金融、文化等国有企业的改革，中央另有规定的依其规定执行。

国务院关于国有企业发展混合所有制经济的意见

2015年9月23日　国发［2015］54号

各省、自治区、直辖市人民政府，国务院各部委、各直属机构：

发展混合所有制经济，是深化国有企业改革的重要举措。为贯彻党的十八大和十八届三中、四中全会精神，按照“四个全面”战略布局要求，落实党中央、国务院决策部署，推进国有企业混合所有制改革，促进各种所有制经济共同发展，现提出以下意见。

一、总体要求

（一）改革出发点和落脚点。国有资本、集体资本、非公有资本等交叉持股、相互融合的混合所有制经济，是基本经济制度的重要实现形式。多年来，一批国有企业通过改制发展成为混合所有制企业，但治理机制和监管体制还需要进一步完善；还有许多国有企业为转换经营机制、提高运行效率，正在积极探索混合所有制改革。当前，应对日益激烈的国际竞争和挑战，推动我国经济保持中高速增长、迈向中高端水平，需要通过深化国有企业混合所有制改革，推动完善现代企业制度，健全企业法人治理结构；提高国有资本配置和运行效率，优化国有经济布局，增强国有经济活力、控制力、影响力和抗风险能力，主动适应和引领经济发展新常态；促进国有企业转换经营机制，放大国有资本功能，实现国有资产保值增值，实现各种所有制资本取长补短、相互促进、共同发展，夯实社会主义基本经济制度的微观基础。在国有企业混合所有制改革中，要坚决防止因监管不到位、改革不彻底导致国有资产流失。

（二）基本原则。

——政府引导，市场运作。尊重市场经济规律和企业发展规律，以企业为主体，充分发挥市场机制作用，把引资本与转机制结合起来，把产权多元化与完善企业法人治理结构结合起来，探索国有企业混合所有制改革的有效途径。

——完善制度，保护产权。以保护产权、维护契约、统一市场、平等交换、公平竞争、有效监管为基本导向，切实保护混合所有制企业各类出资人的产权权益，调动各类资本参与发展混合所有制经济的积极性。

——严格程序，规范操作。坚持依法依规，进一步健全国有资产交易规则，科学评估国有资产价值，完善市场定价机制，切实做到规则公开、过程公开、结果公开。强化交易主体和交易过程监管，防止暗箱操作、低价贱卖、利益输送、化公为私、逃废债务，杜绝国有资产流失。

——宜改则改，稳妥推进。对通过实行股份制、上市等途径已经实行混合所有制的国有企业，要着力在完善现代企业制度、提高资本运行效率上下功夫；对适宜继续推进混合所有制改革的国有企业，要充分发挥市场机制作用，坚持因地施策、因业施策、因企施策，宜独则独、宜控则控、宜参则参，不搞拉郎配，不搞全覆盖，不设时间表，一企一策，成熟一个推进一个，确保改革规范有序进行。尊重基层创新实践，形成一批可复制、可推广的成功做法。

二、分类推进国有企业混合所有制改革

（三）稳妥推进主业处于充分竞争行业和领域的商业类国有企业混合所有制改革。按照市场化、国际化要求，以增强国有经济活力、放大国有资本功能、实现国有资产保值增值为主要目标，以提高经济效益和创新商业模式为导向，充分运用整体上市等方式，积极引入其他国有资本或各类非国有资本实现股权多元化。坚持以资本为纽带完善混合所有制企业治理结构和管理方式，国有资本出资人和各类非国有资本出资人以股东身份履行权利和职责，使混合所有制企业成为真正的市场主体。

（四）有效探索主业处于重要行业和关键领域的商业类国有企业混合所有制改革。对主业处于关系国家安全、国民经济命脉的重要行业和关键领域、主要承担重大专项任务的商业类国有企业，要保持国有资本控股地位，支持非国有资本参股。对自然垄断行业，实行以政企分开、政资分开、特许经营、政府监管为主要内容的改革，根据不同行业特点实行网运分开、放开竞争性业务，促进公共资源配置市场化，同时加强分类依法监管，规范营利模式。

——重要通信基础设施、枢纽型交通基础设施、重要江河流域控制性水利水

电航电枢纽、跨流域调水工程等领域，实行国有独资或控股，允许符合条件的非国有企业依法通过特许经营、政府购买服务等方式参与建设和运营。

——重要水资源、森林资源、战略性矿产资源等开发利用，实行国有独资或绝对控股，在强化环境、质量、安全监管的基础上，允许非国有资本进入，依法依规有序参与开发经营。

——江河主干渠道、石油天然气主干管网、电网等，根据不同行业领域特点实行网运分开、主辅分离，除对自然垄断环节的管网实行国有独资或绝对控股外，放开竞争性业务，允许非国有资本平等进入。

——核电、重要公共技术平台、气象测绘水文等基础数据采集利用等领域，实行国有独资或绝对控股，支持非国有企业投资参股以及参与特许经营和政府采购。粮食、石油、天然气等战略物资国家储备领域保持国有独资或控股。

——国防军工等特殊产业，从事战略武器装备科研生产、关系国家战略安全和涉及国家核心机密的核心军工能力领域，实行国有独资或绝对控股。其他军工领域，分类逐步放宽市场准入，建立竞争性采购体制机制，支持非国有企业参与武器装备科研生产、维修服务和竞争性采购。

——对其他服务国家战略目标、重要前瞻性战略性产业、生态环境保护、共用技术平台等重要行业和关键领域，加大国有资本投资力度，发挥国有资本引导和带动作用。

（五）引导公益类国有企业规范开展混合所有制改革。在水电气热、公共交通、公共设施等提供公共产品和服务的行业和领域，根据不同业务特点，加强分类指导，推进具备条件的企业实现投资主体多元化。通过购买服务、特许经营、委托代理等方式，鼓励非国有企业参与经营。政府要加强对价格水平、成本控制、服务质量、安全标准、信息披露、营运效率、保障能力等方面的监管，根据企业不同特点有区别地考核其经营业绩指标和国有资产保值增值情况，考核中要引入社会评价。

三、分层推进国有企业混合所有制改革

（六）引导在子公司层面有序推进混合所有制改革。对国有企业集团公司二级及以下企业，以研发创新、生产服务等实体企业为重点，引入非国有资本，加快技术创新、管理创新、商业模式创新，合理限定法人层级，有效压缩管理层级。明确股东的法律地位和股东在资本收益、企业重大决策、选择管理者等方面的权利，股东依法按出资比例和公司章程规定行权履职。

（七）探索在集团公司层面推进混合所有制改革。在国家有明确规定的特定领域，坚持国有资本控股，形成合理的治理结构和市场化经营机制；在其他领域，鼓励通过整体上市、并购重组、发行可转债等方式，逐步调整国有股权比

例，积极引入各类投资者，形成股权结构多元、股东行为规范、内部约束有效、运行高效灵活的经营机制。

（八）鼓励地方从实际出发推进混合所有制改革。各地区要认真贯彻落实中央要求，区分不同情况，制定完善改革方案和相关配套措施，指导国有企业稳妥开展混合所有制改革，确保改革依法合规、有序推进。

四、鼓励各类资本参与国有企业混合所有制改革

（九）鼓励非公有资本参与国有企业混合所有制改革。非公有资本投资主体可通过出资入股、收购股权、认购可转债、股权置换等多种方式，参与国有企业改制重组或国有控股上市公司增资扩股以及企业经营管理。非公有资本投资主体可以货币出资，或以实物、股权、土地使用权等法律法规允许的方式出资。企业国有产权或国有股权转让时，除国家另有规定外，一般不在意向受让人资质条件中对民间投资主体单独设置附加条件。

（十）支持集体资本参与国有企业混合所有制改革。明晰集体资产产权，发展股权多元化、经营产业化、管理规范化的经济实体。允许经确权认定的集体资本、资产和其他生产要素作价入股，参与国有企业混合所有制改革。研究制定股份合作经济（企业）管理办法。

（十一）有序吸收外资参与国有企业混合所有制改革。引入外资参与国有企业改制重组、合资合作，鼓励通过海外并购、投融资合作、离岸金融等方式，充分利用国际市场、技术、人才等资源和要素，发展混合所有制经济，深度参与国际竞争和全球产业分工，提高资源全球化配置能力。按照扩大开放与加强监管同步的要求，依照外商投资产业指导目录和相关安全审查规定，完善外资安全审查工作机制，切实加强风险防范。

（十二）推广政府和社会资本合作（PPP）模式。优化政府投资方式，通过投资补助、基金注资、担保补贴、贷款贴息等，优先支持引入社会资本的项目。以项目运营绩效评价结果为依据，适时对价格和补贴进行调整。组合引入保险资金、社保基金等长期投资者参与国家重点工程投资。鼓励社会资本投资或参股基础设施、公用事业、公共服务等领域项目，使投资者在平等竞争中获取合理收益。加强信息公开和项目储备，建立综合信息服务平台。

（十三）鼓励国有资本以多种方式入股非国有企业。在公共服务、高新技术、生态环境保护和战略性产业等重点领域，以市场选择为前提，以资本为纽带，充分发挥国有资本投资、运营公司的资本运作平台作用，对发展潜力大、成长性强的非国有企业进行股权投资。鼓励国有企业通过投资入股、联合投资、并购重组等多种方式，与非国有企业进行股权融合、战略合作、资源整合，发展混合所有制经济。支持国有资本与非国有资本共同设立股权投资基金，参与企业改制

重组。

（十四）探索完善优先股和国家特殊管理股方式。国有资本参股非国有企业或国有企业引入非国有资本时，允许将部分国有资本转化为优先股。在少数特定领域探索建立国家特殊管理股制度，依照相关法律法规和公司章程规定，行使特定事项否决权，保证国有资本在特定领域的控制力。

（十五）探索实行混合所有制企业员工持股。坚持激励和约束相结合的原则，通过试点稳妥推进员工持股。员工持股主要采取增资扩股、出资新设等方式，优先支持人才资本和技术要素贡献占比较高的转制科研院所、高新技术企业和科技服务型企业开展试点，支持对企业经营业绩和持续发展有直接或较大影响的科研人员、经营管理人员和业务骨干等持股。完善相关政策，健全审核程序，规范操作流程，严格资产评估，建立健全股权流转和退出机制，确保员工持股公开透明，严禁暗箱操作，防止利益输送。混合所有制企业实行员工持股，要按照混合所有制企业实行员工持股试点的有关工作要求组织实施。

五、建立健全混合所有制企业治理机制

（十六）进一步确立和落实企业市场主体地位。政府不得干预企业自主经营，股东不得干预企业日常运营，确保企业治理规范、激励约束机制到位。落实董事会对经理层成员等高级经营管理人员选聘、业绩考核和薪酬管理等职权，维护企业真正的市场主体地位。

（十七）健全混合所有制企业法人治理结构。混合所有制企业要建立健全现代企业制度，明晰产权，同股同权，依法保护各类股东权益。规范企业股东（大）会、董事会、经理层、监事会和党组织的权责关系，按章程行权，对资本监管，靠市场选人，依规则运行，形成定位清晰、权责对等、运转协调、制衡有效的法人治理结构。

（十八）推行混合所有制企业职业经理人制度。按照现代企业制度要求，建立市场导向的选人用人和激励约束机制，通过市场化方式选聘职业经理人依法负责企业经营管理，畅通现有经营管理者与职业经理人的身份转换通道。职业经理人实行任期制和契约化管理，按照市场化原则决定薪酬，可以采取多种方式探索中长期激励机制。严格职业经理人任期管理和绩效考核，加快建立退出机制。

六、建立依法合规的操作规则

（十九）严格规范操作流程和审批程序。在组建和注册混合所有制企业时，要依据相关法律法规，规范国有资产授权经营和产权交易等行为，健全清产核资、评估定价、转让交易、登记确权等国有产权流转程序。国有企业产权和股权转让、增资扩股、上市公司增发等，应在产权、股权、证券市场公开披露信息，

公开择优确定投资人，达成交易意向后应及时公示交易对象、交易价格、关联交易等信息，防止利益输送。国有企业实施混合所有制改革前，应依据本意见制定方案，报同级国有资产监管机构批准；重要国有企业改制后国有资本不再控股的，报同级人民政府批准。国有资产监管机构要按照本意见要求，明确国有企业混合所有制改革的操作流程。方案审批时，应加强对社会资本质量、合作方诚信与操守、债权债务关系等内容的审核。要充分保障企业职工对国有企业混合所有制改革的知情权和参与权，涉及职工切身利益的要做好评估工作，职工安置方案要经过职工代表大会或者职工大会审议通过。

（二十）健全国有资产定价机制。按照公开公平公正原则，完善国有资产交易方式，严格规范国有资产登记、转让、清算、退出等程序和交易行为。通过产权、股权、证券市场发现和合理确定资产价格，发挥专业化中介机构作用，借助多种市场化定价手段，完善资产定价机制，实施信息公开，加强社会监督，防止出现内部人控制、利益输送造成国有资产流失。

（二十一）切实加强监管。政府有关部门要加强对国有企业混合所有制改革的监管，完善国有产权交易规则和监管制度。国有资产监管机构对改革中出现的违法转让和侵吞国有资产、化公为私、利益输送、暗箱操作、逃废债务等行为，要依法严肃处理。审计部门要依法履行审计监督职能，加强对改制企业原国有企业法定代表人的离任审计。充分发挥第三方机构在清产核资、财务审计、资产定价、股权托管等方面的作用。加强企业职工内部监督。进一步做好信息公开，自觉接受社会监督。

七、营造国有企业混合所有制改革的良好环境

（二十二）加强产权保护。健全严格的产权占有、使用、收益、处分等完整保护制度，依法保护混合所有制企业各类出资人的产权和知识产权权益。在立法、司法和行政执法过程中，坚持对各种所有制经济产权和合法利益给予同等法律保护。

（二十三）健全多层次资本市场。加快建立规则统一、交易规范的场外市场，促进非上市股份公司股权交易，完善股权、债权、物权、知识产权及信托、融资租赁、产业投资基金等产品交易机制。建立规范的区域性股权市场，为企业提供融资服务，促进资产证券化和资本流动，健全股权登记、托管、做市商等第三方服务体系。以具备条件的区域性股权、产权市场为载体，探索建立统一结算制度，完善股权公开转让和报价机制。制定场外市场交易规则和规范监管制度，明确监管主体，实行属地化、专业化监管。

（二十四）完善支持国有企业混合所有制改革的政策。进一步简政放权，最大限度取消涉及企业依法自主经营的行政许可审批事项。凡是市场主体基于自愿

的投资经营和民事行为，只要不属于法律法规禁止进入的领域，且不危害国家安全、社会公共利益和第三方合法权益，不得限制进入。完善工商登记、财税管理、土地管理、金融服务等政策。依法妥善解决混合所有制改革涉及的国有企业职工劳动关系调整、社会保险关系接续等问题，确保企业职工队伍稳定。加快剥离国有企业办社会职能，妥善解决历史遗留问题。完善统计制度，加强监测分析。

（二十五）加快建立健全法律法规制度。健全混合所有制经济相关法律法规和规章，加大法律法规立、改、废、释工作力度，确保改革于法有据。根据改革需要抓紧对合同法、物权法、公司法、企业国有资产法、企业破产法中有关法律制度进行研究，依照法定程序及时提请修改。推动加快制定有关产权保护、市场准入和退出、交易规则、公平竞争等方面法律法规。

八、组织实施

（二十六）建立工作协调机制。国有企业混合所有制改革涉及面广、政策性强、社会关注度高。各地区、各有关部门和单位要高度重视，精心组织，严守规范，明确责任。各级政府及相关职能部门要加强对国有企业混合所有制改革的组织领导，做好把关定向、配套落实、审核批准、纠偏提醒等工作。各级国有资产监管机构要及时跟踪改革进展，加强改革协调，评估改革成效，推广改革经验，重大问题及时向同级人民政府报告。各级工商联要充分发挥广泛联系非公有制企业的组织优势，参与做好沟通政企、凝聚共识、决策咨询、政策评估、典型宣传等方面工作。

（二十七）加强混合所有制企业党建工作。坚持党的建设与企业改革同步谋划、同步开展，根据企业组织形式变化，同步设置或调整党的组织，理顺党组织隶属关系，同步选配好党组织负责人，健全党的工作机构，配强党务工作者队伍，保障党组织工作经费，有效开展党的工作，发挥好党组织政治核心作用和党员先锋模范作用。

（二十八）开展不同领域混合所有制改革试点示范。结合电力、石油、天然气、铁路、民航、电信、军工等领域改革，开展放开竞争性业务、推进混合所有制改革试点示范。在基础设施和公共服务领域选择有代表性的政府投融资项目，开展多种形式的政府和社会资本合作试点，加快形成可复制、可推广的模式和经验。

（二十九）营造良好的舆论氛围。以坚持“两个毫不动摇”（毫不动摇巩固和发展公有制经济，毫不动摇鼓励、支持、引导非公有制经济发展）为导向，加强国有企业混合所有制改革舆论宣传，做好政策解读，阐释目标方向和重要意义，宣传成功经验，正确引导舆论，回应社会关切，使广大人民群众了解和支持改革。

各级政府要加强对国有企业混合所有制改革的领导，根据本意见，结合实际推动改革。

金融、文化等国有企业的改革，中央另有规定的依其规定执行。

国务院

2015 年 9 月 23 日

国务院办公厅转发国务院国有资产监督管理委员会关于规范国有企业改制工作意见的通知

2003 年 11 月 30 日　国办发［2003］96 号

党的十五大以来，各地认真贯彻国有经济有进有退、有所为有所不为的方针，积极推进国有经济布局和结构调整，探索公有制的多种有效实现形式和国有企业改制的多种途径，取得了显著成效，积累了宝贵经验。但前一阶段国有企业改制工作中出现了一些不够规范的现象，造成国有资产的流失。国有企业改制是一项政策性很强的工作，涉及出资人、债权人、企业和职工等多方面的利益，既要积极探索，又要规范有序。为全面贯彻落实党中央关于国有经济布局结构调整和国有企业改革的精神，保证国有企业改制工作健康、有序、规范地进行，现提出以下意见：

一、健全制度，规范运作

（一）批准制度。国有企业改制应采取重组、联合、兼并、租赁、承包经营、合资、转让国有产权和股份制、股份合作制等多种形式进行。国有企业改制，包括转让国有控股、参股企业国有股权或者通过增资扩股来提高非国有股的比例等，必须制定改制方案。方案可由改制企业国有产权持有单位制定，也可由其委托中介机构或者改制企业（向本企业经营管理者转让国有产权的企业和国有参股企业除外）制定。国有企业改制方案需按照《企业国有资产监督管理暂行条例》（国务院令第 378 号，以下简称《条例》）和国务院国有资产监督管理委员会（以下简称国资委）的有关规定履行决定或批准程序，未经决定或批准不得实施。国有企业改制涉及财政、劳动保障等事项的，需预先报经同级人民政府有关部门审核，批准后报国有资产监督管理机构协调审批；涉及政府社会公共管理审批事项的，依照国家有关法律法规，报经政府有关部门审批；国有资产监督管理机构所出资企业改制为国有股不控股或不参股的企业（以下简称非国有的企业），改制方案需报同级人民政府批准；转让上市公司国有股权审批暂按现行规定办理，并由国资委会同证监会抓紧研究提出完善意见。

（二）清产核资。国有企业改制，必须对企业各类资产、负债进行全面认真的清查，做到账、卡、物、现金等齐全、准确、一致。要按照“谁投资、谁所有、谁受益”的原则，核实和界定国有资本金及其权益，其中国有企业借贷资金形成的净资产必须界定为国有产权。企业改制中涉及资产损失认定与处理的，必须按有关规定履行批准程序。改制企业法定代表人和财务负责人对清产核资结果的真实性、准确性负责。

（三）财务审计。国有企业改制，必须由直接持有该国有产权的单位决定聘请具备资格的会计师事务所进行财务审计。凡改制为非国有的企业，必须按照国家有关规定对企业法定代表人进行离任审计。改制企业必须按照有关规定向会计师事务所或政府审计部门提供有关财务会计资料和文件，不得妨碍其办理业务。任何人不得授意、指使、强令改制企业会计机构、会计人员提供虚假资料文件或违法办理会计事项。

（四）资产评估。国有企业改制，必须依照《国有资产评估管理办法》（国务院令第 91 号）聘请具备资格的资产评估事务所进行资产和土地使用权评估。国有控股企业进行资产评估，要严格履行有关法律法规规定的程序。向非国有投资者转让国有产权的，由直接持有该国有产权的单位决定聘请资产评估事务所。企业的专利权、非专利技术、商标权、商誉等无形资产必须纳入评估范围。评估结果由依照有关规定批准国有企业改制和转让国有产权的单位核准。

（五）交易管理。非上市企业国有产权转让要进入产权交易市场，不受地区、行业、出资和隶属关系的限制，并按照《企业国有产权转让管理暂行办法》的规定，公开信息，竞价转让。具体转让方式可以采取拍卖、招投标、协议转让以及国家法律法规规定的其他方式。

（六）定价管理。向非国有投资者转让国有产权的底价，或者以存量国有资产吸收非国有投资者投资时国有产权的折股价格，由依照有关规定批准国有企业改制和转让国有产权的单位决定。底价的确定主要依据资产评估的结果，同时要考虑产权交易市场的供求状况、同类资产的市场价格、职工安置、引进先进技术等因素。上市公司国有股转让价格在不低于每股净资产的基础上，参考上市公司盈利能力和市场表现合理定价。

（七）转让价款管理。转让国有产权的价款原则上应当一次结清。一次结清确有困难的，经转让和受让双方协商，并经依照有关规定批准国有企业改制和转让国有产权的单位批准，可采取分期付款的方式。分期付款时，首期付款不得低于总价款的 30%，其余价款应当由受让方提供合法担保，并在首期付款之日起 1 年内支付完毕。转让国有产权的价款优先用于支付解除劳动合同职工的经济补偿金和移交社会保障机构管理职工的社会保险费，以及偿还拖欠职工的债务和企业欠缴的社会保险费，剩余价款按照有关规定处理。

（八）依法保护债权人利益。国有企业改制要征得债权金融机构同意，保全金融债权，依法落实金融债务，维护其他债权人的利益。要严格防止利用改制逃废金融债务，金融债务未落实的企业不得进行改制。

（九）维护职工合法权益。国有企业改制方案和国有控股企业改制为非国有的企业的方案，必须提交企业职工代表大会或职工大会审议，充分听取职工意见。其中，职工安置方案需经企业职工代表大会或职工大会审议通过后方可实施改制。改制为非国有的企业，要按照有关政策处理好改制企业与职工的劳动关系。改制企业拖欠职工的工资、医疗费和挪用的职工住房公积金以及企业欠缴的社会保险费等要按有关规定予以解决。改制后的企业要按照有关规定按时足额交纳社会保险费，及时为职工接续养老、失业、医疗、工伤、生育等各项社会保险关系。

（十）管理层收购。向本企业经营管理者转让国有产权必须严格执行国家的有关规定，以及本指导意见的各项要求，并需按照有关规定履行审批程序。向本企业经营管理者转让国有产权方案的制定，由直接持有该企业国有产权的单位负责或其委托中介机构进行，经营管理者不得参与转让国有产权的决策、财务审计、离任审计、清产核资、资产评估、底价确定等重大事项，严禁自卖自买国有产权。经营管理者筹集收购国有产权的资金，要执行《贷款通则》的有关规定，不得向包括本企业在内的国有及国有控股企业借款，不得以这些企业的国有产权或实物资产作标的物为融资提供保证、抵押、质押、贴现等。经营管理者对企业经营业绩下降负有责任的，不得参与收购本企业国有产权。

二、严格监督，追究责任

各级监察机关、国有资产监督管理机构和其他有关部门，要加强联系、密切配合，加大对国有企业改制工作的监督检查力度。通过建立重要事项通报制度和重大案件报告制度，以及设立并公布举报电话和信箱等办法，及时发现和严肃查处国有企业改制中的违纪违法案件。对国有资产监督管理机构工作人员、企业领导人员利用改制之机转移、侵占、侵吞国有资产的，隐匿资产、提供虚假会计资料造成国有资产流失的，营私舞弊、与买方串通低价转让国有产权的，严重失职、违规操作、损害国家和群众利益的，要进行认真调查处理。其中涉嫌犯罪的，依法移交司法机关处理；造成国有资产损失的，按照《条例》的规定，追究有关责任人的赔偿责任。对中介机构弄虚作假、提供虚假审计报告、故意压低评估价格等违规违法行为，要加大惩处力度；国有资产监督管理机构和国有及国有控股企业不得再聘请该中介机构及其责任人从事涉及国有及国有控股企业的中介活动。

为加快建设和完善产权交易市场体系，确保产权交易公开、公平、公正，由法制办会同国资委、财政部等有关部门研究有关产权交易市场的法规和监管制度，各地依照法律法规及有关规定，根据实际情况制定具体实施细则。

三、精心组织，加强领导

（一）全面准确理解国有经济布局和结构调整战略方针，坚持党的十六大提出的必须毫不动摇地巩固和发展公有制经济，必须毫不动摇地鼓励、支持和引导非公有制经济发展的方针。国有企业改制要坚持国有经济控制重要行业和关键领域，提高国有经济的控制力、影响力和带动力。在其他行业和领域，国有企业通过重组改制、结构调整、深化改革、转换机制，在市场竞争中实现优胜劣汰。

（二）在国有企业改制工作中，各地区要防止和纠正不顾产权市场供求状况及其对价格形成的影响作用、不计转让价格和收益，下指标、限时间、赶进度，集中成批向非国有投资者转让国有产权的做法。防止和避免人为造成买方市场、低价处置和贱卖国有资产的现象。

（三）国有企业改制要从企业实际出发，着眼于企业的发展。要建立竞争机制，充分考虑投资者搞好企业的能力，选择合格的投资者参与国有企业改制，引入资金、技术、管理、市场、人才等资源增量，推动企业制度创新、机制转换、盘活资产、扭亏脱困和增加就业，促进企业加快发展。

（四）地方各级人民政府及其国有资产监督管理机构、国有及国有控股企业，要高度重视国有企业改制工作，全面理解和正确贯彻党中央、国务院有关精神，切实负起责任，加强组织领导。要从实际出发，把握好改制工作的力度和节奏。在国有企业改制的每一个环节都要做到依法运作，规范透明，落实责任。上级国有资产监督管理机构要加强对下级国有资产监督管理机构的指导和监督，及时总结经验，发现和纠正国有企业改制工作中存在的问题，促进国有资产合理流动和重组，实现国有资产保值增值，更好地发挥国有经济的主导作用。

国务院办公厅转发国资委关于进一步规范国有企业改制工作实施意见的通知

2005 年 12 月 19 日　国办发［2005］60 号

《国务院办公厅转发国务院国有资产监督管埋委员会关于规范国有企业改制工作意见的通知》（国办发［2003］96 号）印发以来，各地区、各有关部门加强组织领导，认真贯彻落实，规范国有企业改制工作取得了重大进展。但在实际工作中还存在改制方案不完善、审批不严格，清产核资、财务审计、资产评估和产权转让不规范，对维护职工合法权益重视不够等问题。为确保国有企业改制工作健康发展，防止国有资产流失，维护职工合法权益，现就进一步规范国有企业改制工作提出以下意见：

一、严格制定和审批企业改制方案

（一）认真制定企业改制方案。改制方案的主要内容应包括：改制的目的及必要性，改制后企业的资产、业务、股权设置和产品开发、技术改造等；改制的具体形式；改制后形成的法人治理结构；企业的债权、债务落实情况；职工安置方案；改制的操作程序，财务审计、资产评估等中介机构和产权交易市场的选择等。

（二）改制方案必须明确保全金融债权，依法落实金融债务，并征得金融机构债权人的同意。审批改制方案的单位（包括各级人民政府、各级国有资产监督管理机构及其所出资企业、各级国有资产监督管理机构以外有权审批改制方案的部门及其授权单位，下同）应认真审查，严格防止企业利用改制逃废金融债务，对未依法保全金融债权、落实金融债务的改制方案不予批准。

（三）企业改制中涉及企业国有产权转让的，应严格按照国家有关法律法规以及《企业国有产权转让管理暂行办法》（国资委、财政部令第3号）、《关于印发〈企业国有产权向管理层转让暂行规定〉的通知》（国资发产权［2005］78号）及相关配套文件的规定执行。拟通过增资扩股实施改制的企业，应当通过产权交易市场、媒体或网络等公开企业改制有关情况、投资者条件等信息，择优选择投资者；情况特殊的，经国有资产监督管理机构批准，可通过向多个具备相关资质条件的潜在投资者提供信息等方式，选定投资者。企业改制涉及公开上市发行股票的，按照《中华人民共和国证券法》等有关法律法规执行。

（四）企业改制必须对改制方案出具法律意见书。法律意见书由审批改制方案的单位的法律顾问或该单位决定聘请的律师事务所出具，拟改制为国有控股企业且职工（包括管理层）不持有本企业股权的，可由审批改制方案的单位授权该企业法律顾问出具。

（五）国有企业改制方案需按照《企业国有资产监督管理暂行条例》（国务院令第378号）和国务院国有资产监督管理委员会的有关规定履行决定或批准程序，否则不得实施改制。国有企业改制涉及财政、劳动保障等事项的，须预先报经同级人民政府有关部门审核，批准后报国有资产监督管理机构协调审批；涉及政府社会公共管理审批事项的，依照国家有关法律法规，报经政府有关部门审批；国有资产监督管理机构所出资企业改制为非国有企业（国有股不控股及不参股的企业)，改制方案须报同级人民政府批准。

（六）审批改制方案的单位必须按照权利、义务、责任相统一的原则，建立有关审批的程序、权限、责任等制度。

（七）审批改制方案的单位必须就改制方案的审批及清产核资、财务审计、资产评估、进场交易、定价、转让价款、落实债权、职工安置方案等重要资料建立档案管理制度，改制企业的国有产权持有单位要妥善保管相关资料。

二、认真做好清产核资工作

（一）企业改制要按照有关规定进行清产核资。要切实对企业资产进行全面清理、核对和查实，盘点实物、核实账目，核查负债和所有者权益，做好各类应收及预付账款、各项对外投资、账外资产的清查，做好有关抵押、担保等事项的清理工作，按照国家规定调整有关账务。

（二）清产核资结果经国有产权持有单位审核认定，并经国有资产监督管理机构确认后，自清产核资基准日起 2 年内有效，在有效期内企业实施改制不再另行组织清产核资。

（三）企业实施改制仅涉及引入非国有投资者少量投资，且企业已按照国家有关规定规范进行会计核算的，经本级国有资产监督管理机构批准，可不进行清产核资。

三、加强对改制企业的财务审计和资产评估

（一）企业实施改制必须由审批改制方案的单位确定的中介机构进行财务审计和资产评估。确定中介机构必须考察和了解其资质、信誉及能力；不得聘请改制前两年内在企业财务审计中有违法、违规记录的会计师事务所和注册会计师；不得聘请参与该企业上一次资产评估的中介机构和注册资产评估师；不得聘请同一中介机构开展财务审计与资产评估。

（二）财务审计应依据《中国注册会计师独立审计准则》等有关规定实施。其中，依据国家有关规定计提的各项资产减值准备，必须由会计师事务所逐笔逐项审核并出具专项意见，与审计报告一并提交国有产权持有单位作为改制方案依据，其中不合理的减值准备应予调整。国有独资企业实施改制，计提各项资产减值准备和已核销的各项资产损失凡影响国有产权转让价或折股价的，该计提减值准备的资产和已核销的各项资产损失必须交由改制企业的国有产权持有单位负责处理，国有产权持有单位应采取清理追缴等监管措施，落实监管责任，最大程度地减少损失。国有控股企业实施改制，计提各项减值准备的资产和已核销的各项资产损失由国有产权持有单位与其他股东协商处理。

（三）国有独资企业实施改制，自企业资产评估基准日到企业改制后进行工

商变更登记期间，因企业盈利而增加的净资产，应上交国有产权持有单位，或经国有产权持有单位同意，作为改制企业国有权益；因企业亏损而减少的净资产，应由国有产权持有单位补足，或者由改制企业用以后年度国有股份应得的股利补足。国有控股企业实施改制，自企业资产评估基准日到改制后工商变更登记期间的净资产变化，应由改制前企业的各产权持有单位协商处理。

（四）改制为非国有的企业，必须在改制前由国有产权持有单位组织进行法定代表人离任审计，不得以财务审计代替离任审计。离任审计应依照国家有关法律法规和《中央企业经济责任审计管理暂行办法》（国资委令第 7 号）及相关配套规定执行。财务审计和离任审计工作应由两家会计师事务所分别承担，分别出具审计报告。

（五）企业改制涉及土地使用权的，必须经土地确权登记并明确土地使用权的处置方式。进入企业改制资产范围的土地使用权必须经具备土地估价资格的中介机构进行评估，并按国家有关规定备案。涉及国有划拨土地使用权的，必须按照国家土地管理有关规定办理土地使用权处置审批手续。

（六）企业改制涉及探矿权、采矿权有关事项的，依照国家有关法律以及《探矿权、采矿权转让管理办法》（国务院令第 242 号）、国土资源部《关于印发〈探矿权采矿权招标拍卖挂牌管理办法（试行）〉的通知》（国土资发［2003］197 号）、财政部、国土资源部《关于印发〈探矿权采矿权价款转增国家资本管理办法〉的通知》（财建［2004］262 号）等有关规定执行。企业改制必须由国土资源主管部门明确探矿权、采矿权的处置方式，但不得单独转让探矿权、采矿权，涉及由国家出资形成的探矿权、采矿权的，应当按照国家有关规定办理处置审批手续。进入企业改制资产范围的探矿权、采矿权，必须经具有矿业权评估资格的中介机构进行评估作价（采矿权评估结果报国土资源主管部门确认）并纳入企业整体资产中，由审批改制方案的单位商国土资源主管部门审批后处置。

（七）没有进入企业改制资产范围的实物资产和专利权、非专利技术、商标权、土地使用权、探矿权、采矿权、特许经营权等资产，改制后的企业不得无偿使用；若需使用的，有偿使用费或租赁费计算标准应参考资产评估价或同类资产的市场价确定。

（八）非国有投资者以实物资产和专利权、非专利技术、商标权、土地使用权、探矿权、采矿权、特许经营权等资产评估作价参与企业改制，由国有产权持有单位和非国有投资者共同认可的中介机构，对双方进入改制企业的资产按同一基准日进行评估；若一方资产已经评估，可由另一方对资产评估结果进行复核。

（九）在清产核资、财务审计、离任审计、资产评估、落实债务、产权交易等过程中发现造成国有资产流失、逃废金融债务等违法违纪问题的，必须暂停改制并追查有关人员的责任。

四、切实维护职工的合法权益

（一）改制方案必须提交企业职工代表大会或职工大会审议，并按照有关规定和程序及时向广大职工群众公布。应当向广大职工群众讲清楚国家关于国有企业改革的方针政策和改制的规定，讲清楚改制的必要性、紧迫性以及企业的发展思路。在改制方案制定过程中要充分听取职工群众意见，深入细致地做好思想工作，争取广大职工群众对改制的理解和支持。

（二）国有企业实施改制前，原企业应当与投资者就职工安置费用、劳动关系接续等问题明确相关责任，并制定职工安置方案。职工安置方案必须经职工代表大会或职工大会审议通过，企业方可实施改制。职工安置方案必须及时向广大职工群众公布，其主要内容包括：企业的人员状况及分流安置意见；职工劳动合同的变更、解除及重新签订办法；解除劳动合同职工的经济补偿金支付办法；社会保险关系接续；拖欠职工的工资等债务和企业欠缴的社会保险费处理办法等。

（三）企业实施改制时必须向职工群众公布企业总资产、总负债、净资产、净利润等主要财务指标的财务审计、资产评估结果，接受职工群众的民主监督。

（四）改制为国有控股企业的，改制后企业继续履行改制前企业与留用的职工签订的劳动合同；留用的职工在改制前企业的工作年限应合并计算为在改制后企业的工作年限；原企业不得向继续留用的职工支付经济补偿金。改制为非国有企业的，要严格按照有关法律法规和政策处理好改制企业与职工的劳动关系。对企业改制时解除劳动合同且不再继续留用的职工，要支付经济补偿金。企业国有产权持有单位不得强迫职工将经济补偿金等费用用于对改制后企业的投资或借给改制后企业（包括改制企业的投资者）使用。

（五）企业改制时，对经确认的拖欠职工的工资、集资款、医疗费和挪用的职工住房公积金以及企业欠缴社会保险费，原则上要一次性付清。改制后的企业要按照有关规定，及时为职工接续养老、失业、医疗、工伤、生育等各项社会保险关系，并按时为职工足额交纳各种社会保险费。

五、严格控制企业管理层通过增资扩股持股

（一）本意见所称“管理层”是指国有及国有控股企业的负责人以及领导班子的其他成员；本意见所称“管理层通过增资扩股持股”，不包括对管理层实施的奖励股权或股票期权。

（二）国有及国有控股大型企业实施改制，应严格控制管理层通过增资扩股以各种方式直接或间接持有本企业的股权。为探索实施激励与约束机制，经国有资产监督管理机构批准，凡通过公开招聘、企业内部竞争上岗等方式竞聘上岗或对企业发展作出重大贡献的管理层成员，可通过增资扩股持有本企业股权，但管

理层的持股总量不得达到控股或相对控股数量。国有及国有控股企业的划型标准按照统计局《关于印发〈统计上大中小型企业划分办法（暂行）〉的通知》（国统字［2003］17号）和原国家经贸委、原国家计委、财政部、统计局《关于印发中小企业标准暂行规定的通知》（国经贸中小企［2003］143号）规定的分类标准执行。

（三）管理层成员拟通过增资扩股持有企业股权的，不得参与制定改制方案、确定国有产权折股价、选择中介机构，以及清产核资、财务审计、离任审计、资产评估中的重大事项。管理层持股必须提供资金来源合法的相关证明，必须执行《贷款通则》的有关规定，不得向包括本企业在内的国有及国有控股企业借款，不得以国有产权或资产作为标的物通过抵押、质押、贴现等方式筹集资金，也不得采取信托或委托等方式间接持有企业股权。

（四）存在下列情况之一的管理层成员，不得通过增资扩股持有改制企业的股权：

1. 经审计认定对改制企业经营业绩下降负有直接责任的；

2. 故意转移、隐匿资产，或者在改制过程中通过关联交易影响企业净资产的；

3. 向中介机构提供虚假资料，导致审计、评估结果失真，或者与有关方面串通，压低资产评估值以及国有产权折股价的；

4. 违反有关规定，参与制定改制方案、确定国有产权折股价、选择中介机构，以及清产核资、财务审计、离任审计、资产评估中重大事项的；

5. 无法提供持股资金来源合法相关证明的。

（五）涉及管理层通过增资扩股持股的改制方案，必须对管理层成员不再持有企业股权的有关事项作出具体规定。

（六）管理层通过增资扩股持有企业股权后涉及该企业所持上市公司国有股性质变更的，按国家有关规定办理。

六、加强对改制工作的领导和管理

（一）除国有大中型企业实施主辅分离、辅业改制，通过境内外首次公开发行股票并上市改制为国有控股企业，以及国有控股的上市公司增资扩股和收购资产按国家其他规定执行外，凡符合以下情况之一的，须执行国办发［2003］96号文件和本意见的各项规定：

1. 国有及国有控股企业（包括其全资、控股子企业，下同）增量引入非国有投资，或者国有及国有控股企业的国有产权持有单位向非国有投资者转让该企业国有产权的。

2. 国有及国有控股企业以其非货币资产出资与非国有投资者共同投资设立新

公司，并因此安排原企业部分职工在新公司就业的。

国有及国有控股企业以现金出资与非国有投资者共同投资设立新公司，并因此安排原企业部分职工在新公司就业的，执行国办发［2003］96号文件和本意见除清产核资、财务审计、资产评估、定价程序以外的其他各项规定。

3. 各级国有资产监督管理机构作出其他有关规定的。对由国有资产监督管理机构以外的其他部门履行出资人职责的企业，由相关部门规定。

（二）国有产权持有单位应与非国有投资者协商签订合同、协议，维护职工合法权益，防止国有资产流失，确保进入改制后企业的国有资产保值增值。对需要在改制后履行的合同、协议，国有产权持有单位应负责跟踪、监督、检查，确保各项条款执行到位。改制后的国有控股企业应当建立现代企业制度，完善法人治理结构，制定明确的企业发展思路和转换机制方案，加快技术进步，加强内部管理，提高市场竞争力。企业在改制过程中要重视企业工会组织的建设，充分发挥工会组织的作用。

（三）地方各级人民政府及其国有资产监督管理机构、国有及国有控股企业，要全面理解和正确贯彻落实党中央、国务院关于国有企业改革的方针、政策和措施。切实加强对国有企业改制工作的组织领导，严格执行有关改制的各项规定，认真履行改制的各项工作程序，有效防止国有资产流失。加强对改制企业落实职工安置方案的监督检查，切实维护职工的合法权益。地方政府及有关部门要关心改制后企业的改革和发展，督促落实改制措施，帮助解决遇到的困难和问题，为改制企业发展创造良好的环境和条件。地方各级人民政府要充分考虑企业、职工和社会的承受能力，妥善处理好原地方政策与现有政策的衔接，防止引发新的矛盾。各级国有资产监督管理机构要加强对国办发［2003］96号文件、本意见和国资委、财政部令第3号等有关规定贯彻执行情况的监督检查，及时总结经验，发现和纠正改制工作中存在的问题，促进国有企业改制工作健康、有序、规范发展。

国务院办公厅关于建立国有企业违规经营投资责任追究制度的意见

2016年8月2日　国办发［2016］63号

各省、自治区、直辖市人民政府，国务院各部委、各直属机构：

根据《中共中央　国务院关于深化国有企业改革的指导意见》、《国务院办公厅关于加强和改进企业国有资产监督防止国有资产流失的意见》（国办发［2015］79号）等要求，为落实国有资本保值增值责任，完善国有资产监管，防止国有资产流失，经国务院同意，现就建立国有企业违规经营投资责任追究制度提出以下意见。

一、总体要求

（一）指导思想。全面贯彻党的十八大和十八届三中、四中、五中全会精神，按照“五位一体”总体布局和“四个全面”战略布局，牢固树立和贯彻落实创新、协调、绿色、开放、共享的发展理念，深入贯彻习近平总书记系列重要讲话精神，认真落实党中央、国务院决策部署，坚持社会主义市场经济改革方向，按照完善现代企业制度的要求，以提高国有企业运行质量和经济效益为目标，以强化对权力集中、资金密集、资源富集、资产聚集部门和岗位的监督为重点，严格问责、完善机制，构建权责清晰、约束有效的经营投资责任体系，全面推进依法治企，健全协调运转、有效制衡的法人治理结构，提高国有资本效率、增强国有企业活力、防止国有资产流失，实现国有资本保值增值。

（二）基本原则。

1. 依法合规、违规必究。以国家法律法规为准绳，严格执行企业内部管理规定，对违反规定、未履行或未正确履行职责造成国有资产损失以及其他严重不良后果的国有企业经营管理有关人员，严格界定违规经营投资责任，严肃追究问责，实行重大决策终身责任追究制度。

2. 分级组织、分类处理。履行出资人职责的机构和国有企业按照国有资产分级管理要求和干部管理权限，分别组织开展责任追究工作。对违纪违法行为，严格依纪依法处理。

3. 客观公正、责罚适当。在充分调查核实和责任认定的基础上，既考虑量的标准也考虑质的不同，实事求是地确定资产损失程度和责任追究范围，恰当公正地处理相关责任人。

4. 惩教结合、纠建并举。在严肃追究违规经营投资责任的同时，加强案例总结和警示教育，不断完善规章制度，及时堵塞经营管理漏洞，建立问责长效机制，提高国有企业经营管理水平。

（三）主要目标。在2017年年底前，国有企业违规经营投资责任追究制度和责任倒查机制基本形成，责任追究的范围、标准、程序和方式清晰规范，责任追究工作实现有章可循。在2020年年底前，全面建立覆盖各级履行出资人职责的机构及国有企业的责任追究工作体系，形成职责明确、流程清晰、规范有序的责任追究工作机制，对相关责任人及时追究问责，国有企业经营投资责任意识和责任约束显著增强。

二、责任追究范围

国有企业经营管理有关人员违反国家法律法规和企业内部管理规定，未履行或未正确履行职责致使发生下列情形造成国有资产损失以及其他严重不良后果的，应当追究责任：

（一）集团管控方面。所属子企业发生重大违纪违法问题，造成重大资产损失，影响其持续经营能力或造成严重不良后果；未履行或未正确履行职责致使集团发生较大资产损失，对生产经营、财务状况产生重大影响；对集团重大风险隐患、内控缺陷等问题失察，或虽发现但没有及时报告、处理，造成重大风险等。

（二）购销管理方面。未按照规定订立、履行合同，未履行或未正确履行职责致使合同标的价格明显不公允；交易行为虚假或违规开展“空转”贸易；利用关联交易输送利益；未按照规定进行招标或未执行招标结果；违反规定提供赊销信用、资质、担保（含抵押、质押等）或预付款项，利用业务预付或物资交易等方式变相融资或投资；违规开展商品期货、期权等衍生业务；未按规定对应收款项及时追索或采取有效保全措施等。

（三）工程承包建设方面。未按规定对合同标的进行调查论证，未经授权或超越授权投标，中标价格严重低于成本，造成企业资产损失；违反规定擅自签订或变更合同，合同约定未经严格审查，存在重大疏漏；工程物资未按规定招标；违反规定转包、分包；工程组织管理混乱，致使工程质量不达标，工程成本严重超支；违反合同约定超计价、超进度付款等。

（四）转让产权、上市公司股权和资产方面。未按规定履行决策和审批程序或超越授权范围转让；财务审计和资产评估违反相关规定；组织提供和披露虚假信息，操纵中介机构出具虚假财务审计、资产评估鉴证结果；未按相关规定执行回避制度，造成资产损失；违反相关规定和公开公平交易原则，低价转让企业产权、上市公司股权和资产等。

（五）固定资产投资方面。未按规定进行可行性研究或风险分析；项目概算未经严格审查，严重偏离实际；未按规定履行决策和审批程序擅自投资，造成资产损失；购建项目未按规定招标，干预或操纵招标；外部环境发生重大变化，未按规定及时调整投资方案并采取止损措施；擅自变更工程设计、建设内容；项目管理混乱，致使建设严重拖期、成本明显高于同类项目等。

（六）投资并购方面。投资并购未按规定开展尽职调查，或尽职调查未进行风险分析等，存在重大疏漏；财务审计、资产评估或估值违反相关规定，或投资并购过程中授意、指使中介机构或有关单位出具虚假报告；未按规定履行决策和审批程序，决策未充分考虑重大风险因素，未制定风险防范预案；违规以各种形式为其他合资合作方提供垫资，或通过高溢价并购等手段向关联方输送利益；投资合同、协议及标的企业公司章程中国有权益保护条款缺失，对标的企业管理失控；投资参股后未行使股东权利，发生重大变化未及时采取止损措施；违反合同约定提前支付并购价款等。

（七）改组改制方面。未按规定履行决策和审批程序；未按规定组织开展清产核资、财务审计和资产评估；故意转移、隐匿国有资产或向中介机构提供虚假信息，操纵中介机构出具虚假清产核资、财务审计与资产评估鉴证结果；将国有资产以明显不公允低价折股、出售或无偿分给其他单位或个人；在发展混合所有制经济、实施员工持股计划等改组改制过程中变相套取、私分国有股权；未按规定收取国有资产转让价款；改制后的公司章程中国有权益保护条款缺失等。

（八）资金管理方面。违反决策和审批程序或超越权限批准资金支出；设立"小金库"；违规集资、发行股票（债券）、捐赠、担保、委托理财、拆借资金或开立信用证、办理银行票据；虚列支出套取资金；违规以个人名义留存资金、收支结算、开立银行账户；违规超发、滥发职工薪酬福利；因财务内控缺失，发生侵占、盗取、欺诈等。

（九）风险管理方面。内控及风险管理制度缺失，内控流程存在重大缺陷或内部控制执行不力；对经营投资重大风险未能及时分析、识别、评估、预警和应对；对企业规章制度、经济合同和重要决策的法律审核不到位；过度负债危及企业持续经营，恶意逃废金融债务；瞒报、漏报重大风险及风险损失事件，指使编制虚假财务报告，企业账实严重不符等。

（十）其他违反规定，应当追究责任的情形。

三、资产损失认定

对国有企业经营投资发生的资产损失，应当在调查核实的基础上，依据有关规定认定损失金额及影响。

（一）资产损失包括直接损失和间接损失。直接损失是与相关人员行为有直接因果关系的损失金额及影响。间接损失是由相关人员行为引发或导致的，除直接损失外、能够确认计量的其他损失金额及影响。

（二）资产损失分为一般资产损失、较大资产损失和重大资产损失。涉及违纪违法和犯罪行为查处的损失标准，遵照相关党内法规和国家法律法规的规定执行；涉及其他责任追究处理的，由履行出资人职责的机构和国有企业根据实际情况制定资产损失程度划分标准。

（三）资产损失的金额及影响，可根据司法、行政机关出具的书面文件，具有相应资质的会计师事务所、资产评估机构、律师事务所等中介机构出具的专项审计、评估或鉴证报告，以及企业内部证明材料等进行综合研判认定。相关经营投资虽尚未形成事实损失，经中介机构评估在可预见未来将发生的损失，可以认定为或有资产损失。

四、经营投资责任认定

国有企业经营管理有关人员任职期间违反规定，未履行或未正确履行职责造成国有资产损失以及其他严重不良后果的，应当追究其相应责任；已调任其他岗位或退休的，应当纳入责任追究范围，实行重大决策终身责任追究制度。经营投资责任根据工作职责划分为直接责任、主管责任和领导责任。

（一）直接责任是指相关人员在其工作职责范围内，违反规定，未履行或未正确履行职责，对造成的资产损失或其他不良后果起决定性直接作用时应当承担的责任。

企业负责人存在以下情形的，应当承担直接责任：本人或与他人共同违反国家法律法规和企业内部管理规定；授意、指使、强令、纵容、包庇下属人员违反国家法律法规和企业内部管理规定；未经民主决策、相关会议讨论或文件传签、报审等规定程序，直接决定、批准、组织实施重大经济事项，并造成重大资产损失或其他严重不良后果；主持相关会议讨论或以文件传签等其他方式研究时，在多数人不同意的情况下，直接决定、批准、组织实施重大经济事项，造成重大资产损失或其他严重不良后果；将按有关法律法规制度应作为第一责任人（总负责）的事项、签订的有关目标责任事项或应当履行的其他重要职责，授权（委托）其他领导干部决策且决策不当或决策失误造成重大资产损失或其他严重不良后果；其他失职、渎职和应当承担直接责任的行为。

（二）主管责任是指相关人员在其直接主管（分管）工作职责范围内，违反规定，未履行或未正确履行职责，对造成的资产损失或不良后果应当承担的责任。

（三）领导责任是指主要负责人在其工作职责范围内，违反规定，未履行或未正确履行职责，对造成的资产损失或不良后果应当承担的责任。

五、责任追究处理

（一）根据资产损失程度、问题性质等，对相关责任人采取组织处理、扣减薪酬、禁入限制、纪律处分、移送司法机关等方式处理。

1. 组织处理。包括批评教育、责令书面检查、通报批评、诫勉、停职、调离工作岗位、降职、改任非领导职务、责令辞职、免职等。

2. 扣减薪酬。扣减和追索绩效年薪或任期激励收入，终止或收回中长期激励收益，取消参加中长期激励资格等。

3. 禁入限制。5 年内直至终身不得担任国有企业董事、监事、高级管理人员。

4. 纪律处分。由相应的纪检监察机关依法依规查处。

5. 移送司法机关处理。依据国家有关法律规定，移送司法机关依法查处。

以上处理方式可以单独使用，也可以合并使用。

（二）国有企业发生资产损失，经过查证核实和责任认定后，除依据有关规定移送司法机关处理外，应当按以下方式处理：

1. 发生较大资产损失的，对直接责任人和主管责任人给予通报批评、诫勉、停职、调离工作岗位、降职等处理，同时按照以下标准扣减薪酬：扣减和追索责任认定年度50%~100%的绩效年薪、扣减和追索责任认定年度（含）前3年50%~100%的任期激励收入并延期支付绩效年薪，终止尚未行使的中长期激励权益、上缴责任认定年度及前一年度的全部中长期激励收益、5年内不得参加企业新的中长期激励。

对领导责任人给予通报批评、诫勉、停职、调离工作岗位等处理，同时按照以下标准扣减薪酬：扣减和追索责任认定年度30%~70%的绩效年薪、扣减和追索责任认定年度（含）前3年30%~70%的任期激励收入并延期支付绩效年薪，终止尚未行使的中长期激励权益、3年内不得参加企业新的中长期激励。

2. 发生重大资产损失的，对直接责任人和主管责任人给予降职、改任非领导职务、责令辞职、免职和禁入限制等处理，同时按照以下标准扣减薪酬：扣减和追索责任认定年度100%的绩效年薪、扣减和追索责任认定年度（含）前3年100%的任期激励收入并延期支付绩效年薪，终止尚未行使的中长期激励权益、上缴责任认定年度（含）前3年的全部中长期激励收益、不得参加企业新的中长期激励。

对领导责任人给予调离工作岗位、降职、改任非领导职务、责令辞职、免职和禁入限制等处理，同时按照以下标准扣减薪酬：扣减和追索责任认定年度70%~100%的绩效年薪、扣减和追索责任认定年度（含）前3年70%~100%的任期激励收入并延期支付绩效年薪，终止尚未行使的中长期激励权益、上缴责任认定年度（含）前3年的全部中长期激励收益、5年内不得参加企业新的中长期激励。

3. 责任人在责任认定年度已不在本企业领取绩效年薪的，按离职前一年度全部绩效年薪及前3年任期激励收入总和计算，参照上述标准追索扣回其薪酬。

4. 对同一事件、同一责任人的薪酬扣减和追索，按照党纪政纪处分、责任追究等扣减薪酬处理的最高标准执行，但不合并使用。

（三）对资产损失频繁发生、金额巨大、后果严重、影响恶劣的，未及时采取措施或措施不力导致资产损失扩大的，以及瞒报、谎报资产损失的，应当从重处理。对及时采取措施减少、挽回损失并消除不良影响的，可以适当从轻处理。

（四）国有企业违规经营投资责任追究处理的具体标准，由各级履行出资人职责的机构根据资产损失程度、应当承担责任等情况，依照本意见制定。

六、责任追究工作的组织实施

（一）开展国有企业违规经营投资责任追究工作，应当遵循以下程序：

1. 受理。资产损失一经发现，应当立即按管辖规定及相关程序报告。受理部门应当对掌握的资产损失线索进行初步核实，属于责任追究范围的，应当及时启动责任追究工作。

2. 调查。受理部门应当按照职责权限及时组织开展调查，核查资产损失及相关业务情况、核实损失金额和损失情形、查清损失原因、认定相应责任、提出整改措施等，必要时可经批准组成联合调查组进行核查，并出具资产损失情况调查报告。

3. 处理。根据调查事实，依照管辖规定移送有关部门，按照管理权限和相关程序对相关责任人追究责任。相关责任人对处理决定有异议的，有权提出申诉，但申诉期间不停止原处理决定的执行。责任追究调查情况及处理结果在一定范围内公开。

4. 整改。发生资产损失的国有企业应当认真总结吸取教训，落实整改措施，堵塞管理漏洞，建立健全防范损失的长效机制。

（二）责任追究工作原则上按照干部管理权限组织开展，一般资产损失由本企业依据相关规定自行开展责任追究工作，上级企业或履行出资人职责的机构认为有必要的，可直接组织开展；达到较大或重大资产损失标准的，应当由上级企业或履行出资人职责的机构开展责任追究工作；多次发生重大资产损失或造成其他严重不良影响、资产损失金额特别巨大且危及企业生存发展的，应当由履行出资人职责的机构开展责任追究工作。

（三）对违反规定，未履行或未正确履行职责造成国有资产损失的董事，除依法承担赔偿责任外，应当依照公司法、公司章程及本意见规定对其进行处理。对重大资产损失负有直接责任的董事，应及时调整或解聘。

（四）经营投资责任调查期间，对相关责任人未支付或兑现的绩效年薪、任期激励收入、中长期激励收益等均应暂停支付或兑现；对有可能影响调查工作顺利开展的相关责任人，可视情采取停职、调离工作岗位、免职等措施。

（五）对发生安全生产、环境污染责任事故和重大不稳定事件的，按照国家有关规定另行处理。

七、工作要求

（一）各级履行出资人职责的机构要明确所出资企业负责人在经营投资活动中须履行的职责，引导其树立责任意识和风险意识，依法经营，廉洁从业，坚持职业操守，履职尽责，规范经营投资决策，维护国有资产安全。国有企业要依据公司法规定完善公司章程，建立健全重大决策评估、决策事项履职记录、决策过错认定等配套制度，细化各类经营投资责任清单，明确岗位职责和履职程序，不断提高经营投资责任管理的规范化、科学化水平。履行出资人职责的机构和国有企业应在有关外聘董事、职业经理人聘任合同中，明确违规经营投资责任追究的原则要求。

（二）各级履行出资人职责的机构和国有企业要按照本意见要求，建立健全违规经营投资责任追究制度，细化经营投资责任追究的原则、范围、依据、启动机制、程序、方式、标准和职责，保障违规经营投资责任追究工作有章可循、规范有序。国有企业违规经营投资责任追究制度应当报履行出资人职责的机构备案。

（三）国有企业要充分发挥党组织、审计、财务、法律、人力资源、巡视、纪检监察等部门的监督作用，形成联合实施、协同联动、规范有序的责任追究工作机制，重要情况和问题及时向履行出资人职责的机构报告。履行出资人职责的机构要加强与外派监事会、巡视组、审计机关、纪检监察机关、司法机关的协同配合，共同做好国有企业违规经营投资责任追究工作。对国有企业违规经营投资等重大违法违纪违规问题应当发现而未发现或敷衍不追、隐匿不报、查处不力的，严格追究企业和履行出资人职责的机构有关人员的失职渎职责任。

（四）各级履行出资人职责的机构和国有企业要做好国有企业违规经营投资责任追究相关制度的宣传解释工作，凝聚社会共识，为深入开展责任追究工作营造良好氛围；要结合对具体案例的调查处理，在适当范围进行总结和通报，探索向社会公开调查处理情况，接受社会监督，充分发挥警示教育作用。

本意见适用于国有及国有控股企业违规经营投资责任追究工作。金融、文化等国有企业违规经营投资责任追究工作，中央另有规定的依其规定执行。

国务院
2016 年 8 月 2 日

后　记

七月流火，夜已深沉。当我完成本书的最后校对，慢慢起身，放眼遥望，夜空中繁星点点，楼宇间灯光璀璨。回想本书的写作历程，不禁心潮澎湃，感慨万千。

开始谋划这本书，还是在2017年的年末。那个时候，我作为一名混改专项法律顾问，刚刚牵头完成《天津市水产集团有限公司混合所有制改革法律意见书》的起草制定工作。依然清晰记得曾经奋战在混改法律服务的前线阵地的种种情形，深夜下班已成家常便饭，经常是外面寒风呼啸、冰天雪地，而我独自走在回家的路上，街边无人，只有疲倦，昏黄的路灯会把影子拉得很长。如今，水产集团已经签约，混改取得全面成功，而我的新书《国有企业混合所有制改革法律操作实务》也终于要和大家见面。

感谢我的恩师、南开大学教授何红锋先生。先生治学严谨、造诣深厚、和蔼可亲，可谓如父如友。是先生指导我的硕士论文；是先生开启我的律师生涯；是先生推荐我加入中伦文德；这次又是先生指点我写作、出版，并为本书欣然作序……这一切让我感受到良师的授业与关怀，更感受到父亲般的呵护和关爱。结识先生，是我之幸，我将谨记先生教诲，在专业领域不断精深、奋勇前进。

感谢我所温志胜主任，无论是在日常的工作、生活中还是对于本书的撰写出版，主任都给予了我很多的指点和帮助，也为我们去不断努力实现的未来树立了楷模，明确了方向。感谢中伦文德的同仁们，大咖云集不仅让我感受榜样的力量，还能不断汲取营养。在初稿草拟过程中，适逢中伦文德北京总所刘晓琴律师的新作《法律尽职调查指引》出版，该书对我撰写“开展尽职调查”一节给予了莫大的帮助，在向她表示感谢的同时，我也向大家推荐她的这本书。感谢我团队的同事杨利娜律师和付凯迪律师，为本书的出版承担了繁重而细致的校对工作，付出了太多的时间和精力。特别感谢天津易盈律师事务所的侯永福主任，我的好兄弟，在我迷茫困惑的时候，樽酒论文、指点迷津，也促成了本书撰写的正式开启。律海无涯，有伴为佳，在辛苦工作的同时，同行的伙伴们总是给我太多的依靠和支持，这让我无比欣喜，收获颇丰。

最后，向我的家人致以最恒久的谢意和祝福！正是由于你们的默默支持、无私奉献和无比信任，才使我信心十足、力量百倍、无所畏惧、坚定前行。希望我的努力能被你们看到，我的成长能让你们骄傲。

走笔至此，天已微亮。伫立窗前，任风拂面，清晨又会升起崭新的太阳，一切都充满希望，这样的感觉令我喜欢。

感谢国资系统和公安战线的战友，很怀念和你们并肩战斗的日子！感谢所有曾经出现在我生命中的人！

娄　爽

2019年7月于天津金融街中心